Gewaltfreiheit und Gewalt in den Religionen

AF280396

Religionen im Dialog

Eine Schriftenreihe der
Akademie der Weltreligionen
der Universität Hamburg

Band 9

Fernando Enns,
Wolfram Weiße (Hrsg.)

Gewaltfreiheit und Gewalt in den Religionen

Politische und theologische Herausforderungen

Waxmann 2016
Münster • New York

Bibliografische Informationen der Deutschen Nationalbibliothek
Die Deutsche Nationalbibliothek verzeichnet diese Publikation in
der Deutschen Nationalbibliografie; detaillierte bibliografische
Daten sind im Internet über http://dnb.d-nb.de abrufbar.

Religionen im Dialog, Band 9
Eine Schriftenreihe der
Akademie der Weltreligionen der Universität Hamburg

ISSN 1867-1292
Print-ISBN 978-3-8309-3382-3
E-Book-ISBN 978-3-8309-8382-8

© Waxmann Verlag GmbH, 2016
Steinfurter Str. 555, 48159 Münster

www.waxmann.com
info@waxmann.com

Umschlaggestaltung: Plessmann Design, Ascheberg
Titelbild: © prokop – photocase.de
Satz: Sven Solterbeck, Münster

Gedruckt auf alterungsbeständigem Papier,
säurefrei gemäß ISO 9706

Inhalt

Visionäre der Gewaltfreiheit – kritisch betrachtet

Gewaltfreiheit und Gewalt aus Sicht von Buddhismus, Hinduismus, Judentum, Christentum und Islam

Nachwort

Fernando Enns und Wolfram Weiße

Die zunehmende Relevanz des Themas Gewalt und Gewaltfreiheit in Religion und Gesellschaft

Eine Einführung

Das Spannungsfeld von Gewalt und Gewaltfreiheit

Die Themen von Aggression, Mord und Krieg durchziehen unsere Geschichte – nach der Hebräischen Bibel schon seit ihrem Beginn: seit dem Brudermord von Kain an Abel. Sie bilden die Schattenseite der Menschheitsgeschichte, und Religionen haben dabei oft eine Rolle gespielt, indem sie Gewalt überhöht haben oder indem sie als Legitimation für Gewaltanwendung herhalten mussten. Das betrifft die Kreuzzüge oder den 30-jährigen Krieg nicht minder als den Ersten Weltkrieg, in dem Christen in allen kriegführenden Nationen Gott auf ihrer Seite wähnten.

Das ist die eine Seite. Die andere Seite besteht darin, dass Religionen immer auch für eine Eindämmung von Gewalt und Frieden standen: Der Brudermörder Kain wird von Gott mit einem Zeichen versehen, damit es nicht zu einer Kettenreaktion von Gewalt kommt, und der Frieden wurde nicht nur verkündigt, sondern auch verkörpert. Dafür stehen die Propheten im Judentum ebenso wie Buddha, Jesus oder Mohammed. Zudem gab es in der Geschichte bis heute immer Mutige, die auf Frieden setzten: So ist Friedrich Siegmund-Schultze vor und nach dem Ersten Weltkrieg gegen den Krieg und seine Legitimierung durch die Kirchen eingetreten (Siegmund-Schultze 1990); so hat Dietrich Bonhoeffer schon 1933 gegen das barbarische Nazi-Regime, gegen die Diskriminierung der Juden und gegen die geschürte Kriegsmentalität öffentlich seine Stimme erhoben.[1]

Gewalt und das Eintreten für Frieden bilden ein Spannungsfeld, das keine einfachen Antworten auf die Frage nach der Rolle der Religionen zulässt. Deswegen sind wir gefordert, uns der Frage von Gewaltfreiheit und Gewalt in den Religionen grundlegend und aus unterschiedlichen Perspektiven zu stellen. Das umso mehr, als gegenwärtig eine weltweite Zunahme an gesellschaftlicher und kriegerischer Gewalt zu verzeichnen ist, bei der Religionen mit einbezogen sind. Dies betrifft die Terrorattacke gegen die Twin-Towers in New York am 11. September 2001 und etliche der seit dieser Zeit verübten Anschläge wie jenem in Paris im Januar 2014, dies betrifft den Konflikt im Nahen Osten, und dies betrifft ganz massiv den sogenannten „Islamischen Staat" (IS) mit seinem brutalen Vorgehen, das durch Religion zu rechtfertigen versucht wird. Diesen Herausforderungen müssen wir uns stellen, um zu ergründen, inwiefern Religionen bei diesen Gewaltkonflikten

---

1 Dietrich Bonhoeffer hielt seinen öffentlichen Vortrag mit dem Titel „Die Kirche vor der Judenfrage" im April 1933. Das Manuskript wurde am 1.7.1933 in der Niederdeutschen Kirchenzeitung (Vol. 3, Nr. 13, S. 234–238) gedruckt. Wiederabdruck in Bonhoeffer, 1959.

tatsächlich eine Rolle spielen oder ob Religionen von Grund auf gegen Krieg und für Gewaltfreiheit stehen. Wir können dem Thema schon deswegen nicht ausweichen, weil Gewaltkonflikte global Konsequenzen nach sich ziehen – die steigenden Flüchtlingszahlen aus den Kriegsgebieten betreffen nicht nur die je angrenzenden Staaten, sondern auch Europa, einschließlich Deutschland. Und wir sind zu einer Auseinandersetzung mit dem Thema gefordert, um alternative Denk- und Handlungsspielräume in den Religionen auszuloten, die eine ganz andere Sprache sprechen, nämlich die von Frieden, Gerechtigkeit und Gewaltfreiheit. Die großen Religionen – die Weltreligionen – können zu dieser Alternative nicht nur regional beitragen, sondern wegen ihrer globalen Verbreitung auch international.

Mit diesem Fragenkomplex befasst sich die vorliegende Publikation. Sie geht auf eine Ringvorlesung im Wintersemester 2014/2015 zum Thema „Religionen, Gewaltfreiheit und Gewalt" an der Universität Hamburg – unter Einbezug einiger Beiträge aus einer gleichlautenden Veranstaltung an der Vrije Universiteit Amsterdam – zurück, die durch die „Arbeitsstelle Theologie der Friedenskirchen" und die „Akademie der Weltreligionen der Universität Hamburg" gemeinsam getragen wurde. Diese beiden Einrichtungen der Hamburger Universität bilden den institutionellen Rahmen für die Beschäftigung mit dem Thema und sollen im Folgenden kurz vorgestellt werden, ehe wir in Form einer Übersicht die Beiträge dieser Publikation skizzieren und einordnen.

Die Arbeitsstelle Theologie der Friedenskirchen an der Universität Hamburg

Die Arbeitsstelle Theologie der Friedenskirchen (ATF) ist eine seit 2006 bestehende Einrichtung der Universität Hamburg innerhalb des Fachbereichs Evangelische Theologie. Ihre Aufgabe besteht in der systematisch-theologischen Erforschung, Durchdringung und Weiterentwicklung einer Friedenstheologie und -ethik im weitesten Sinne. Sie untersucht diese im Kontext ökumenischer und interreligiöser Fragestellungen und arbeitet dabei verstärkt die Beiträge aus der Tradition der historischen Friedenskirchen heraus (vgl. Enns, 2012 und ders., 2013).

Unter dem Begriff „historische Friedenskirchen" werden jene evangelischen Freikirchen der Mennoniten, der Quäker („Religiöse Gesellschaft der Freunde") und der *Church of the Brethren* (Kirche der Brüder) zusammengefasst. Die älteste dieser Glaubensgemeinschaften sind die Mennoniten, die aus der Täuferbewegung der protestantischen Reformation des 16. Jahrhunderts hervorgegangen sind. Die Ursprünge der Quäker finden sich im englischen Puritanismus des 17. Jahrhunderts, die der *Church of the Brethren* im Pietismus des 18. Jahrhunderts. Gewaltfreiheit ist in diesen Traditionen nicht nur wesensmäßiges Element einer theologischen Ethik, sondern zugleich ein regulatives Prinzip allen theologischen Denkens. Daraus ergeben sich genuine theologische Ansätze, nicht nur zu den theologischen Hauptthemen Gottesbild, Christologie, Ekklesiologie und Eschatologie, sondern insbesondere zu Fragen einer theologischen Ethik aus der Perspektive des christlichen Glaubens.

Mit diesem Forschungsschwerpunkt werden vielfältige Positionen der theologischen Disziplinen miteinander ins Gespräch gebracht: Mithilfe der biblischen Exegese wird nach orientierenden Grundlagentexten des Alten und Neuen Testaments gefragt; klassische Texte der Theologie und Philosophie, die wirkungsgeschichtlich prägende Positionen hervorgebracht haben, werden untersucht; systematisch-theologische und ethische Reflexionen der Gegenwart werden erörtert und deren Implikationen für gegenwärtige gesellschaftliche Herausforderungen in Gesellschaft, Ökumene und im interreligiösen Zusammenleben erforscht. In der Lehre werden diese Inhalte im größeren Zusammenhang der Systematischen Theologie sowie der Ökumenik vermittelt.

In ihrer interdisziplinären Ausrichtung sucht die ATF zudem die Kooperation mit anderen Fachdisziplinen, Instituten und Einrichtungen in Hamburg, insbesondere der Akademie der Weltreligionen der Universität Hamburg, dem Institut für Friedensforschung und Sicherheitspolitik an der Universität Hamburg, dem Carl Friedrich von Weizsäcker-Zentrum für Naturwissenschaft und Friedensforschung, der Missionsakademie an der Universität Hamburg sowie dem katholischen Institut für Theologie und Frieden. Inzwischen konnte zudem ein interdisziplinärer Arbeitskreis „Peacebuilding" eingerichtet werden, der fächerübergreifend ein eigenständiges Curriculum zur Friedensbildung und -erziehung anbietet, sowie regelmäßig interdisziplinäre Summer Schools mit renommierten internationalen Persönlichkeiten aus der Friedens- und Gewaltforschung veranstaltet.

International beteiligt sich die ATF federführend an verschiedenen Studien des Ökumenischen Rates der Kirchen (ÖRK, auch Weltkirchenrat genannt), insbesondere an der internationalen, ökumenischen „Dekade zur Überwindung von Gewalt: Kirchen für Frieden und Versöhnung. 2001–2010" (parallel zur ähnlich ausgerichteten UN-Dekade) und nun, seit der letzten ÖRK-Vollversammlung in Busan (Südkorea) 2013, an dem übergreifenden Programm „Pilgerweg der Gerechtigkeit und des Friedens" (vgl. Enns, 2015 und Enns & Mosher, 2013). Es bestehen vielfältige Kontakte zu verschiedenen Bildungseinrichtungen und theologischen Fakultäten auf internationaler Ebene. Dadurch werden Forschung und Lehre der ATF intensiviert, und sie trägt so zur Außendarstellung der Universität Hamburg insgesamt bei.

All das macht die Einmaligkeit dieser Arbeitsstelle in der deutschen Universitätslandschaft aus. Die Theologie der historischen Friedenskirchen war bis zur Einrichtung der ATF in der deutschen Forschungslandschaft nicht vertreten. In Europa sind das *Doopsgezind Seminarium* an der Vrije Universiteit Amsterdam und das Theologische Seminar Bienenberg (bei Basel) die einzigen theologischen Schulen mit diesem Schwerpunkt. Theologie und theologische Ethik aus der Perspektive dieser evangelischen Freikirche der Reformation (der Mennoniten) wurde bisher vorwiegend in Nordamerika und Kanada erforscht und gelehrt. Dorthin bestehen enge Forschungskontakte.

Die Akademie der Weltreligionen der Universität Hamburg

Die Akademie der Weltreligionen der Universität Hamburg verfolgt – so wie ihr Vorläufer, das „Interdisziplinäre Zentrum Weltreligionen im Dialog" – seit ihrer Gründung im Jahr 2010 einen dialogorientierten Ansatz, der neben Christentum und Islam weitere ausgewählte Religionen wie Judentum (vgl. Meir, 2011), Buddhismus (vgl. Roloff, Weiße & Zimmermann, 2011), Hinduismus (vgl. Roloff & Weisse, 2015) und Alevitentum (vgl. Aksünger & Weiße, 2015) einbezieht und sich dabei nicht auf das Nebeneinander der Religionen beschränkt, sondern auf die Wechselwirkungen zwischen den Religionen gerichtet ist. Damit löst sie ein, was auch der Wissenschaftsrat 2010[2] empfohlen hat: die religiöse Pluralisierung an der Universität. Dieser Dialogansatz wird in Forschung, Lehre und Praxis verfolgt. Konkret bedeutet dies für die Lehre, dass die Theologien und Lehren der verschiedenen Religionen nicht nebeneinander, sondern miteinander unterrichtet werden. Dadurch werden die jeweiligen theologischen Entwürfe einer Weltreligion mit denen einer anderen Weltreligion in Verbindung gebracht, um Gemeinsamkeiten und Differenzen fundiert und umfassend zu thematisieren. So wird eine Basis geschaffen, um den interreligiösen Dialog wissenschaftlich zu verankern (vgl. Amirpur & Weiße, 2015). Darüber hinaus wird der Horizont erweitert: Fragen des interreligiösen Dialogs werden an der Akademie der Weltreligionen nicht nur in grundlegenden Dimensionen, sondern in Bezug zu gesellschaftlichen Problemfeldern in modernen Einwanderungsgesellschaften erörtert, um einen praktischen Beitrag für das Zusammenleben in unserer multikulturellen und multireligiösen Gesellschaft zu leisten.

Um diese Aufgaben zu erfüllen, ist die Akademie der Weltreligionen an der Universität Hamburg gut vernetzt, u.a. auch mit der „Arbeitsstelle Theologie der Friedenskirchen" sowie durch die Tatsache, dass sie von Professorinnen und Professoren von drei Fakultäten der Universität Hamburg – der Fakultät für Erziehungswissenschaft, der Fakultät Wirtschafts- und Sozialwissenschaften sowie der Fakultät für Geisteswissenschaften – getragen wird. In einem Beirat wird die Akademie der Weltreligionen in Hamburg durch Vertreterinnen und Vertreter aus Religionsgemeinschaften, Politik und Gesellschaft unterstützt. National und international ist die Akademie der Weltreligionen gut vernetzt.[3]

Aufgrund ihrer Ausrichtung ist es für die Akademie der Weltreligionen unabdingbar, sich mit zentralen sozialethischen Themen wie dem der Gewalt und Gewaltfreiheit zu befassen. Die wissenschaftlichen Potenziale, die an der Akademie der Weltreligionen präsent sind, ermöglichen es, dieses Thema mit der notwendigen Vielfalt der Perspektiven aufzunehmen. Dieser multiperspektivische Ansatz

---

2   Die „Empfehlungen zur Weiterentwicklung von Theologien und religionsbezogenen Wissenschaften an deutschen Hochschulen" vom 29. Januar 2010 können eingesehen werden unter: http://www.wissenschaftsrat.de/download/archiv/9678–10.pdf (Letzter Zugriff am 19.8.2015).

3   Detaillierte Angaben hierzu finden sich auf: www.awr-uni-hamburg.de

kennzeichnet auch das große europäische Forschungsprojekt „ReDi: Religion und Dialog in modernen Gesellschaften" (vgl. Weiße, Amirpur, Körs & Vieregge, 2014b), das an der Akademie der Weltreligionen angesiedelt ist. Es widmet sich seit 2013 dem Thema des interreligiösen Dialog, an den hohe gesellschaftliche Erwartungen für die Gestaltung des Zusammenlebens von Menschen unterschiedlichen religiösen und kulturellen Hintergrunds geknüpft sind, zu dem allerdings noch viel zu wenig wissenschaftliche Erkenntnisse vorliegen (vgl. auch Weisse, Amirpur, Körs & Vieregge, 2014a). Die Forschung in diesem Projekt läuft auf zwei Ebenen – „Dialogische Theologie" und „Dialogische Praxis" genannt –, und beide sind für das Thema der Möglichkeiten und Notwendigkeiten von Frieden zwischen Menschen unterschiedlicher Religion wichtig. Hierzu eine kurze Erläuterung:

Die Entwicklung einer dialogisch ausgerichteten Theologie ist eine wissenschaftlich notwendige Grundlage und kann zudem eine Ressource für das friedliche Zusammenleben von Menschen unterschiedlicher religiöser und weltanschaulicher Hintergründe in unserer Gesellschaft bilden. Entgegen der weit verbreiteten Annahme, Religionen seien eher auf Abgrenzung und Kampf gegen andere ausgerichtet, geht das ReDi-Forschungsprojekt von einer mittlerweile sehr gut gestützten Hypothese aus, dass es im theologischen Grundbestand aller Religionen Kernelemente gibt, die sowohl den Dialog als auch die Akzeptanz und die Anerkennung von Menschen anderer religiöser und kultureller Zugehörigkeit begründen. Auf der zweiten Forschungsebene, der dialogischen Praxis, werden mit Methoden empirischer Sozialforschung die Vorstellungen und Erfahrungen von Menschen unterschiedlicher Religion – und auch von Menschen ohne religiöse Bindung – im Blick auf Möglichkeiten und Grenzen des Zusammenlebens miteinander untersucht. Hierbei wird ausgelotet, wo Menschen unterschiedlicher Religion Handlungsspielräume für ein friedliches Zusammenleben sehen, wo aber auch mögliche Stolpersteine und Barrieren vorliegen. Solche Untersuchungen sind geeignet, über allgemeine Einschätzungen z. B. in den Medien hinauszugehen und mögliche Stereotypen aufzubrechen.

Insgesamt geht es sowohl um die theoretische Durchdringung der Offenheit in den Religionen gegenüber Menschen anderer Religion und Kultur, als auch um die Frage, wie durch interreligiösen Dialog ein Beitrag zur Lösung von gesellschaftlichen Problemen geleistet werden kann, die in unserer modernen Einwanderungsgesellschaft z. B. durch wechselseitige Beziehungen zwischen Mehrheiten und Minderheiten entstehen können. Es geht also auch ganz zentral um Fragen eines friedlichen und gewaltfreien Zusammenlebens von Menschen unterschiedlicher Religion und Kultur in unserer multikulturellen und multireligiösen Gesellschaft.

Die Beiträge dieser Publikation

Die vorliegenden Beiträge bearbeiten das Thema „Gewaltfreiheit und Gewalt in den Religionen" aus unterschiedlichen wissenschaftlichen Perspektiven. Das liegt angesichts der Komplexität des Themas nahe. Zusätzlich haben wir auch soweit möglich dafür gesorgt, dass Beiträge aufeinander Bezug nehmen oder dass sie aus anderer Sicht kommentiert werden – etwa zur Frage des Sündenbockmechanismus, zum Palästinakonflikt, zu Martin Luther King, Mahatma Gandhi und zu Utopien der russischen Kulturgeschichte. Wir sehen in diesen Bezügen und Kommentaren die Möglichkeit einer mehrperspektivischen Durchdringung des Themas, die aus der Ringvorlesung, die dieser Publikation zugrunde liegt, stammt. Die lebhaften Diskussionen, die sich mit der großen Zahl interessierter Zuhörender nach jedem der Beiträge ergab, können hier leider nicht dokumentiert werden.

Im ersten Abschnitt dieses Buches werden Positionen zum Thema aus der Sicht von Vertreterinnen und Vertretern der Bereiche Religion und Politik in Hamburg dargelegt.

Sie gehen auf zwei Podiumsdiskussionen zurück, die wir zu Beginn der Ringvorlesung auf einem Studientag durchgeführt und später transkribiert haben. Diese Positionen aus Religion und Politik verdeutlichen am Beispiel von Hamburg, welch große Relevanz die Frage von Gewalt und die Notwendigkeit von Alternativen gegenwärtig besitzen.

Die Beiträge des ersten Podiums mit Repräsentanten verschiedener Religionen zeigen: Alle grenzen sich eindeutig von Gewalt ab – das gilt für die hier vertretenen christlichen Kirchen und den Buddhismus ebenso wie für den Islam. In klaren Worten wird auf die Alternative von Dialog statt Gewalt im Miteinander verwiesen. Gerade im Wissen um – geschichtliche oder gegenwärtige – Rechtfertigungen von Gewalt in der je eigenen Glaubenstradition wird umso mehr darauf gedrungen, Gewalt und Terror eindeutig zu verurteilen. Die versuchte Rechtfertigung von Gewalt z. B. durch den „Islamischen Staat" (IS) wird generell und ganz eindeutig vom Schura-Vorsitzenden Hamburg abgewiesen. Die Teilnehmenden des Podiums plädieren eindeutig dafür, sich nicht mit Gewalt abzufinden, sondern Dialog, Gerechtigkeit und eine Perspektive der Gewaltfreiheit zu stärken.

Auf dem zweiten Podium mit den Vertreterinnen und Vertretern der Politik in Hamburg gibt es eine alle Parteigrenzen übergreifende Grundposition, die bemerkenswert ist: Religionen seien wichtig für die Gesellschaft, z. B. wenn es um die Übernahme von Verantwortung im sozialen Bereich und in der Flüchtlingsfrage gehe. Religionen haben zudem die Aufgabe, sich gegen die irrtümliche Meinung zu stemmen, Gewalt könne aus religiösen Gründen gerechtfertigt werden. Als Beispiel wird durchgängig auf den „IS" hingewiesen, dessen Propaganda auch im Namen von Religion gewehrt werden müsse, gerade auch um zu verhindern, dass Jugendliche sich vom „IS" anwerben lassen. Unterschiedlich wird die Funktion von Religionen für den privaten oder den öffentlichen Bereich akzentuiert, aber:

Religionen werden als moralische Instanzen gesehen, die gerade für die öffentlich diskutierten Fragen von Gewalt und Gewaltfreiheit allgemein und konkret u. a. in der Flüchtlingsproblematik als notwendige Institutionen für Politik und Gesellschaft angesehen werden.

Im zweiten Abschnitt des Buches wird die Rolle von Religionen in Gewaltkonflikten aus unterschiedlicher wissenschaftlicher Perspektive und mit verschiedenen Fokussierungen analysiert.

Die ersten drei Beiträge stammen von Politikwissenschaftlern.

Andreas Hasenclever trifft als Ausgangspunkt seiner Analyse die Feststellung, dass die Welt ohne Religion nicht friedlicher wäre als mit Religion. Wenn für die Anwendung von Gewalt Religionen als Rechtfertigung herangezogen werden, dann liege dem, so Hasenclever, ein reduziertes Verständnis von Religion zugrunde, eine „halbierte Religion". Umgekehrt müsse gesehen werden, dass Religionen durch ihr sozialkritisches Potenzial in der Lage seien, viel für eine friedliche Beilegung von Konflikten zu bewirken. Hasenclever markiert vier unterschiedliche Positionen zum Thema Religion und Krieg und rekurriert auf empirische Befunde zum Zusammenhang von Religion und Gewalt. Im Ergebnis konstatiert er, dass es in der Forschung keine Belege gebe, die auf einen Zusammenhang von religiösen Unterschieden und Gewaltkonflikten hinweisen. Demgegenüber ist die Bedeutung politischer und ökonomischer Faktoren entscheidend. Bei genauerer Untersuchung spiele auch der Zusammenhang von Terror und Religion keine entscheidende Rolle, zumal auch bei der politischen Radikalisierung von Muslimen nur eine oberflächliche Kenntnis der eigenen Religion – somit einer „halbierten Religion" – zu beobachten sei. Religion und Gewalt, so Hasenclever, hängen damit nicht zusammen.

Rainer Tetzlaff stellt sich den Grundfragen von Gewalt und Religion im globalen Rahmen. Er unterstreicht die Spannung zwischen dem Tötungsverbot in den Religionen und der Legitimierung sowie der Teilnahme an Gewaltkonflikten auf der Welt. Mit Rückgriff auf die politikwissenschaftliche Friedens- und Konfliktforschung weist er darauf hin, dass in vielen Konflikten der lokale politische Kontext auf die Interpretation religiöser Texte durchschlägt und diese für bestimmte politische Zwecke vereinnahmt werden. Analysiert werden Gewaltkonflikte und die Rolle von Religionen im Sudan, in Israel-Palästina sowie in „internen" Konfliktszenarien zwischen Sunniten und Schiiten. Ein Exkurs zur Verquickung von Religion, Gewalt und Politik im Ersten Weltkrieg verdeutlicht, dass dieses Thema nicht nur für andere Regionen eine große Herausforderung darstellt, sondern auch – freilich auf die Geschichte bezogen – für Deutschland.

Markus A. Weingardt setzt einen anderen Akzent. Er illustriert anhand einer ganzen Reihe von Beispielen aus der Weltpolitik, dass Religionen einen großen Stellenwert für Gewaltüberwindung im politischen Bereich spielen können und diese Rolle auch eingenommen haben. Er führt hierfür die katholische Laienbewegung im Bürgerkrieg Mosambiks auf, die Einflussnahme der evangelischen

Kirchen auf die „friedliche Revolution" in der DDR, die Ablehnung von Gewalt
in Ruanda durch Muslime, die trotz Gefährdung des eigenen Lebens durch die
Todesschwadrone den Flüchtlingen halfen u. v. m. Weingardt begründet auch, warum religiöse Akteure wichtige Föderer für den Frieden sein können und entwirft
abschließend Vorschläge dafür, wie Religionen in ihrem Eintreten für den Frieden
und gegen Gewalt gestärkt werden können.

Rolf Schieder, Religionspädagoge in Berlin, wählt einen Fokus, der in einer
produktiven Spannung zum vorangehenden Beitrag steht, indem er zunächst nach
dem Gewaltpotenzial von Religionen fragt. Schieder entdeckt in der Differenzierung des Gewaltbegriffs durch Jan Philipp Reemtsma eine religionstheoretische
Herausforderung: Gewalt wurzele im Bestreben des Menschen, sein zu wollen wie
Gott – die „Ursünde des Menschen". Fragt man nach dem Gewaltpotenzial der
Religionen, dann ziele diese Frage eigentlich darauf, welchen Einfluss Religionen
auf die immer schon vorhandene Gewaltbereitschaft des Menschen habe. Dualistisch-apokalyptische Religionsformen und politische Religionen zeigen sich als
besonders anfällig, Gewalt eher noch zu verstärken, weil sie sich legitimiert sehen,
diese im Namen Gottes auszuführen. Eine Zivilisierung sei allein durch Bildung
zu erreichen, so Schieder, keinesfalls durch eine Ausblendung von Religion aus
dem gesellschaftlichen Diskurs.

Wolfgang Palaver, der eine „Professur für Christliche Gesellschaftslehre" an der
katholischen-theologischen Fakultät der Universität Innsbruck bekleidet, widmet
sich der Analyse des in nahezu allen Kulturen auftretenden Sündenbock-Mecha-
nismus. Ausgehend von den wegweisenden Untersuchungen des Kulturanthropologen René Girard zu den Zusammenhängen von archaischen Riten in Religionen
und der damit einhergehenden Legitimierung von Gewalt sowie unter Rückgriff
auf Arbeiten des nordamerikanischen mennonitischen Theologen John Howard
Yoder erklärt Palaver zunächst die Funktion des Sündenbockmechanismus: Der
eigene Schuldkonflikt wird einem einzelnen zu Bestrafenden auferlegt, der stellvertretend Leid auf sich nimmt und so die Gemeinschaft von Gewalt reinigt. In
diesem gewalttätigen Gründungsakt wurzeln zentrale Elemente aller archaischen
Religionen. Die Josephsgeschichte der Hebräischen Bibel und des Korans sowie
die neutestamentlichen Zeugnisse vom Kreuzestod Jesu entlarven diesen Mechanismus aber und deuten auf einen „gewaltfreien Gott der Opfer", der sich mit den
Sündenböcken aller Zeiten solidarisiert. Und dennoch: Gerade Vertreter der drei
abrahamischen Religionen hätten in der Folge immer wieder dazu geneigt, sich
gerade mit diesem Gott an ihrer Seite auf eine „Jagd nach den Sündenbockjägern"
zu begeben, und so Gewalt von Neuem zu legitimieren. Palaver zeigt die Relevanz
dieser Dynamiken auch für die gegenwärtigen Auseinandersetzungen um einen
religiös begründeten Terrorismus auf und plädiert für eine Transformation, nicht
Ausrottung des Sündenbockmechanismus.

Mehr als einen Kommentar hierzu leistet der evangelische Theologe *Marco
Hofheinz.* Trotz Würdigung und grundsätzlicher Zustimmung sieht dieser Beitrag doch Einschränkungen im Blick auf die Leistungsfähigkeit der Thesen René

Girards und fordert eine entscheidende Korrektur hinsichtlich der Applikation der Sündenbock-Theorie im Blick auf die soteriologischen Implikationen des Kreuzestodes Jesu. Hofheinz streicht hierfür das Heilshandeln Gottes in diesem stellvertretenden Sühneakt heraus, im Gegensatz zum (kultischen) Handeln der Menschen *vor* Gott. Erst dadurch werde die Gewalt tatsächlich zum „Heil" transformiert, indem Gott selbst als handelndes Subjekt in Christus stellvertretend Versöhnung stifte, einen „neuen Menschen" schaffe und nicht nur von Schuld „erlöse". Bliebe es hier allein bei einer Deutung der Entlarvung retributiv ausgeübter Gewalt und der Solidarisierung mit den Opfern, dann führe dies, so Hofheinz, zur Reduzierung des Christus auf ein ethisches Exempel. Damit aber seien gerade neue Gefahren in der Friedensethik verbunden, wie der Hingabe anderer in die Gewalt oder eine schrankenlose Selbstüberforderung der Menschen.

Die christlich-palästinensische Theologin *Viola Raheb* setzt die Frage nach den Möglichkeiten des gewaltfreien Widerstands dem harten Kontext der Besatzung in Israel/Palästina aus. Ihre eigene Biografie wie ihre erfahrungsgesättigte theologische Reflexion ist von diesem politischen Kontext und dem fortwährenden Kampf gegen die herrschenden Ungerechtigkeiten geprägt. In ihrem Beitrag beschreibt sie zunächst kurz die unterschiedlichen Phasen des palästinensischen Widerstands, von den ersten gewaltfreien Versuchen über die erste und zweite Intifada bis hin zum verzweifelten Stemmen gegen den Bau der über 700 Kilometer langen Trennmauer. Sie nennt eine Reihe praktischer Beispiele, auch um zu demonstrieren, wie intensiv die Debatte um legitime Gewaltanwendung unter Palästinensern selbst stets geführt wurde. Ihr Blick konzentriert sich explizit auf die Perspektive des christlichen Glaubens: Die Entwicklung einer eigenständig argumentierenden palästinensischen (Befreiungs-)Theologie mündete schließlich auch in die gemeinsame Formulierung des sog. „Kairos-Dokuments", in dem das christliche Gottesbild direkt mit den Fragen nach Gerechtigkeit und Feindesliebe verbunden werden. In einer Art Bilanz hält Raheb fest: Das Ringen um angemessene Formen des Widerstands gegen die nun bald 50 Jahre währende Besatzung, Diskriminierung und das tägliche Unrecht findet sich nicht allein unter Christen, sondern bei Glaubenden aller dort vertretenen Religionen, einschließlich mutiger Jüdinnen und Juden. Die sehr langsam wachsende internationale Solidarität gibt Hoffnung in einer zu oft aussichtslos scheinenden Situation.

Fernando Enns reagiert in seinem kurzen Kommentar vor allem auf Fragen zur aktuellen politischen wie medial ausgetragenen Auseinandersetzung und schließt einige friedenstheologische Überlegungen an, die sich gerade in diesem Kontext einer harten Bewährung ausgesetzt sehen.

Im dritten Teil dieser Publikation geht es um Analysen weltbekannter Vorreiter zur Frage von Gewaltfreiheit.

Die Amerikanistin *Susanne Rohr* analysiert den Ansatz und den Kontext, in dem Martin Luther King Jr. wirkte. Sie unterstreicht seine Strahlkraft in den USA bis in die heutige Zeit, verweist aber auch auf gegenwärtige Kontroversen. Es gehe nicht darum, Martin Luther King als Vorreiter einer erfolgreich abgeschlossenen Bürgerrechtsbewegung einzustufen, sondern aus seinem Kampf gegen den Rassismus grundlegende Fragen der Gegenwart zu entwerfen. Für die Zeit seines Wirkens wird herausgestellt, wie stark der „Traum" von Martin Luther King von den damaligen staatlichen Ordnungsorganen mit allen Mitteln einzudämmen und zu diskreditieren versucht wurde. Analysiert wird die religiöse Prägung der Position von King und seine Mahnung, dass trotz staatlicher Gewalt der Protest gegen die Rassendiskriminierung auf die Kreativität von Protestmethoden und nicht auf Gegengewalt setzen solle.

Der Theologe *Hans-Jürgen Benedict* befasst sich ebenfalls mit Martin Luther Kings Ansatz der Gewaltfreiheit. Er legt sein Augenmerk auf die Frage, wie dieser in Deutschland rezipiert worden ist, und bindet dabei persönliche Erfahrungen mit ein. Bezug wird auf Demonstrationen und Auseinandersetzungen mit der Polizei im Rahmen der 1968er Studentenbewegung und den Anti-Atomkraft-Demonstrationen ab Ende der 1970er Jahre in Deutschland genommen. Angesichts verschärfter Gewaltszenarien bildete der Rückbezug auf Martin Luther King ein wichtiges Element, um Gewalt einzudämmen und denjenigen, die wie die Terroristengruppe RAF auf Gewalt setzten, eine klare Position entgegenzusetzen. Weiterhin wird die Wirkung des Ansatzes von King für die gewaltfreien Proteste in der Wendezeit der DDR herausgestellt und abschließend gefragt, wie die Grundimpulse von Martin Luther King auch für unsere gegenwärtige Gesellschaft fruchtbar gemacht werden können.

Der Theologe und Religionswissenschaftler *Ulrich Dehn* befasst sich mit dem Leben, den Grundmotiven und Ideen der Gewaltfreiheit von Mohandas („Mahatma") Gandhi. Die Rolle des weltweit beachteten Pioniers für gewaltfreies Handeln wird unterstrichen, es werden jedoch auch Ambivalenzen und Widersprüche im Denken und Handeln von Gandhi aufgezeigt, um diesen nicht zu idealisieren. Dies wird durch die Rekonstruktion seines Lebensweges erreicht. Auf der Grundlage der Autobiografie von M. Gandhi werden dessen familiäre Wurzeln und religiöse Entwicklung analysiert, von seinem Aufwachsen in Indien, seinem Studium in London, seinem Wirken in Südafrika bis hin zu seiner Rückkehr nach Indien und seinem Lebensende. Deutlich wird, dass Gandhi Schritt für Schritt einen eigenen Ansatz des gewaltfreien Wiederstandes entworfen und in die Praxis umgesetzt hat. Dies gilt nicht nur für seine Zeit in Südafrika, in der er sich erfolgreich für die Rechte der dortigen, aus Indien stammenden Bevölkerung – nicht aber für die Schwarzen – einsetzte; insbesondere gilt es für die weltweit beachteten Aktionen des gewaltlosen Wiederstandes gegen die britische Kolonialmacht in Indien. Vor dem Hintergrund dieses Lebensweges werden die Grundideen von Gandhi in ihrer Entwicklung und Erprobung in unterschiedlichen politischen Kontexten deutlich. Dabei wird herausgearbeitet, inwiefern diese Ansätze mit religiösen Vorstellungen gekoppelt sind, die sich nicht nur auf den Hinduismus beschränken.

Die aus Indien stammende und zurzeit in Hamburg wirkende Theologin *Pearly Usha Walter* setzt in ihrem Beitrag zu Gandhi einen kritischen Akzent. Ohne seine

Verdienste zu leugnen arbeitet sie vor allem die Spannungen und Gegensätze zwischen den Ideen von Gandhi und seinem konkreten Handeln heraus. Sie wertet die Auffassung, dass er von „Wahrheit zu Wahrheit" geschritten sei, als ein Überdecken der Inkonsistenzen seiner Grundauffassungen. Besonders scharfe Kritik übt sie daran, dass Gandhi das Kastenwesen in Indien nicht bekämpft, sondern sogar legitimiert habe. Für seine Zeit in Südafrika moniert sie, dass dieser sich zwar für die Rechte der indischen Bevölkerung, aber in keiner Weise für die Belange der Schwarzen in Südafrika eingesetzt, sondern im Gegenteil, sich von diesen distanziert habe. Pearly Usha Walter negiert nicht den „revolutionären" Ansatz der Gewaltfreiheit Gandhis, verweist aber darauf, dass dieser nicht konsequent für alle Menschen zur Geltung gebracht worden sei.

Der nächste Beitrag stammt von dem russisch-orthodoxen Theologen und Religionspädagogen *Fyodor Kozyrev* aus St. Petersburg. Er bezieht sich auf die literarischen Ansätze von russischen Visionären – „Utopisten", wie er sagt – , die sich in ganz unterschiedlicher Form mit dem Thema von Gewalt und Religion auseinandergesetzt haben. Der Roman „Die Brüder Karamasov" von Dostojewski wird ausführlich zitiert und interpretiert, um den Zusammenhang von Religion und Gewalt in seiner ganzen Problematik anzusprechen. Im Dialog zwischen Ivan und Aljoscha wird deutlich, dass es bei diesem Thema nicht nur um Sozialethik, sondern auch um den Kern von Theologie – die Gottesfrage – geht. Weiterhin wird die radikal gegen Gewalt und Unterdrückung gerichtete Position von Lew Tolstoi skizziert und die Frage gestellt, ob sein Ansatz paradoxerweise nicht auch für Blutvergießen in der russischen Geschichte mit verantwortlich war. Schließlich wird auf Grundgedanken anderer russischer Literaten wie V. Rosanow rekurriert, der sich zum Thema Gewalt im Rahmen einer Kritik gegen christliche Moralvorstellungen äußerte.

Der Theologe *Christoph Störmer,* Hauptpastor in Hamburg und Aktivist gegen Waffenexporte vom Hamburger Hafen in (Bürger-)Kriegsgebiete aller Welt, stellt in seinem Beitrag Fragen an die Ausführungen von Fyodor Kozyrev, die sich hauptsächlich auf die Gegenwart in Russland beziehen. So wird nach der Rolle der russisch-orthodoxen Kirche in Staat und Gesellschaft gefragt, nach den Wurzeln von Destruktivität und den Möglichkeiten für neue Visionen in Russland, so wie sie M. L. King in den USA vertreten hat. Im Blick auf die referierte Position von Rosanow wird gefragt, welche Relevanz sein Ansatz für gegenwärtige Moralvorstellungen haben könnte, insbesondere im Blick auf die homophoben Tendenzen in Kirche und Politik Russlands. Schließlich wird eine Wiederaufnahme der Positionen von Tolstoi angeregt mit dem Grundtenor, dass damit starke Impulse für die Ethik der russisch-orthodoxen Kirche in der heutigen Zeit verbunden sein könnten.

Der vierte Teil befasst sich mit Analysen zu einzelnen Religionen und deren Verhältnis zu Gewalt und Gewaltfreiheit. Zwei Beiträge analysieren die Haltung des Buddhismus zu Gewalt und Gewaltfreiheit.

Carola Roloff, Senior Researcher an der Akademie der Weltreligionen, weist eingangs auf die folgende Diskrepanz hin: Einerseits gilt der Buddhismus als *die* gewaltfreie Religion, andererseits ist in Ländern, in denen Buddhisten die Mehrheit der Bevölkerung bilden, durchaus ein gewaltbereites Potenzial gegenüber religiösen Minderheiten zu beobachten. Festzuhalten bleibe hier, dass die Gewaltfreiheit das Fundament der buddhistischen Ethik bilde, die sich gegen physische, verbale und psychische Gewalt richte – im Theravāda wie im Mahāyāna Buddhismus. Motiv hierfür sei nicht nur die Erlangung eines individuellen, inneren Friedens, sondern dies werde durchaus auch als realpolitisches Ziel verstanden. Allerdings wird auch konstatiert, dass es in „buddhistischen Staaten" Rechtfertigungen von Krieg und Gewalt sowie individuelle Grenzfälle gebe, bei denen ein Einbezug von Gewalt als notwendig angesehen werden kann. Summierend wird allerdings unterstrichen, dass der Buddhismus die Gewaltfreiheit als Lösung von Konflikten eindeutig bevorzuge. Um diesen Weg zu befördern, wird auf die Relevanz von Bildung gewiesen. An Stelle von Krieg gehe es – so auch der Dalai Lama – darum, den Dialog zwischen Menschen unterschiedlicher Religion zu stärken.

André van der Braak geht ebenfalls von der öffentlichen Wahrnehmung des Buddhismus als gewaltfreier Religion aus, macht aber deutlich, dass diese einseitige Rezeption durch die Klärung überwunden werden müsse, um welchen Buddhismus es gehe und welche Grundgedanken für die Frage der Gewaltfreiheit aus dem Buddhismus unterstrichen würden. Der Karma-Gedanke im indischen Buddhismus wird konstruktiv-kritisch beleuchtet und es wird herausgestellt, dass Karma keinesfalls eine Quelle von Konflikt und Krieg bilden müsse. Für den chinesischen Buddhismus wird der Grundgedanke herausgestellt, dass das eigene Schicksal immer schon mit dem der Anderen verbunden sei. Für den „humanistischen" Buddhismus wird herausgearbeitet, dass es einen sozial engagierten Buddhismus gibt, der mit indischen und chinesischen Ansätzen verbunden werden kann. Van der Braak arbeitet so – bei aller Verschiedenheit buddhistischer Ansätze – einen Kerngedanken für Gewaltfreiheit heraus, den er in einer „wechselseitigen Verbundenheit" (*mutual interconnectedness*) sieht. Mit dieser Fokussierung könne Buddhismus einen wichtigen Beitrag für die Frage der Gewaltfreiheit leisten.

Victor van Bijlert, Hochschuldozent für Hinduismus und Buddhismus an der Theologischen Fakultät der Vrije Universiteit Amsterdam, schließt an die Beiträge von U. Dehn und P. Walter zu Gandhi im dritten Teil dieser Publikation an. Er fragt nach der Relevanz von Gewaltfreiheit im hinduistischen Denken. Dabei ist ihm daran gelegen, den Hinduismus in seinen Entstehungsbedingungen und in seinem Denken zu charakterisieren – wobei auch auf die Frage der Kastenzugehörigkeit rekurriert wird. Es wird herausgearbeitet, dass sich am Ende des 19. Jahrhunderts ein Hindu-Nationalismus herausgebildet habe, der – auch mit Rekurs auf die Bhagavad Gita – auf einen bewaffneten Kampf gegen die britische Kolonialherrschaft setzte. Diesen Bestrebungen werden zwei Ansätze entgegengestellt, nämlich die von R. Tagore und M. Gandhi. Beide äußerten grundlegende moralische Zweifel an einem gewaltsamen antikolonialen Kampf. Während sich Tagore eher in Absetzung vom Hinduismus gegen Gewalt aussprach, ging Gandhi einen anderen Weg. Er sah in den Kämpfen und Kriegen, die in der Bhagavad Gita dargestellt sind, nicht eine Ermutigung zu Gewalt, sondern eine Symbolik für Auseinandersetzungen im Glauben. In einer neuen, gegen den Mainstream gerichteten Interpretation sah Gandhi in der Bhagavad Gita eine wichtige Quelle für Gewaltfreiheit.

Die folgenden beiden Beiträge befassen sich mit jüdischen Ansätzen zum Thema. *Ephraim Meir* stellt klar, dass er eine Entgegensetzung von Gewalt nicht im Begriff der Gewaltfreiheit sieht, sondern in der Vorstellung von Frieden: *shalom*. Dabei sieht er die Frage von Gewalt als allgemeines menschliches Phänomen an, das nicht nur, aber auch auf Religion bezogen werden müsse. Im Blick auf das Judentum nimmt er die Schattenseiten der eigenen Tradition auf und kommt zu dem Schluss, dass Gewalt in der Hebräischen Bibel vorkommt, diese aber überwunden werden soll durch den „shalom", einen der Namen Gottes. Rückbezüge auf die Tradition machen mehr als deutlich, wie tief dieser shalom begründet ist, z. B. im Psalm 85, Vers 12, in dem es heißt, dass Liebe und Wahrheit zusammengehen und „Gerechtigkeit und Frieden sich küssen". Meir zieht eindeutige Schlussfolgerungen, so in seiner Aussage, dass Gottes Altar nicht auf Krieg, sondern auf Frieden gründe. Shalom beinhalte zudem die Grundannahme der Verbundenheit mit allen Menschen und eine gewaltfreie Koexistenz mit allen Menschen in Liebe und Solidarität.

Rachel Reedijk, jüdische Gelehrte und Autorin aus den Niederlanden, führt drei Perspektiven zusammen, um einen gewaltfreien Aufbau von Frieden aus jüdischer Perspektive zu begründen. Die erste Perspektive umfasst die äußeren Bedingungen, d. h. die Strukturen, die Ideologien, die philosophischen Zugänge zum Thema. Die zweite Perspektive ist auf den Aufbau von Beziehungen im Kontext des interreligiösen Dialogs gerichtet. Mit Bezug auf ihre eigene Biographie unterstreicht sie, dass es als paradox erscheinen könne, die eigene Religion zu stärken und zugleich eine Öffnung auf andere Religionen im interreligiösen Dialog zu entwickeln. Sie hält indes beide Pole für wichtig und versteht den Umgang mit diesem Paradox als eine dem Judentum vertraute Möglichkeit, verschiedene und sogar als gegensätzlich verstandene Positionen zusammenzusehen und zusammenzubringen. Für den interreligiösen Dialog und für eine Verständigung zwischen Kulturen und Religionen sei es von zentraler Bedeutung, mit Paradoxien umzugehen. Die dritte Ebene bezieht sich auf den Begriff der *teshuva,* den grundlegenden spirituellen Potenzialen jedes Menschen. In diesem Begriff sieht die Autorin die verbindende Kraft, um Versöhnungsprozesse zwischen Individuen, Gesellschaften und der Weltentwicklung insgesamt zu initiieren.

Drei Beiträge zum Stellenwert von Gewalt im Christentum und im Islam schließen diesen Themenkomplex ab. *Hans-Martin Gutmann* befasst sich mit der Ambivalenz christlicher Religion im Blick auf Gewalt und Gewaltunterbrechung. Die gegenwärtige Situation sieht er durch zunehmende Krisen und Kriege charakterisiert, die z. T. auch durch Religion legitimiert werden. Vor diesem Hintergrund sei es umso wichtiger, Gegenkräfte zu stärken, die auf Verhinderung oder Eindämmung von Gewalt gerichtet seien. Angesichts eines ambivalenten Verhältnisses des Christentums zu Gewalt sei es notwendig, Gewalterzählungen in der Bibel als Bezugspunkte aufzunehmen, sie aber in Richtung auf eine notwendige Gewaltunterbrechung zu verstehen. Mit Rückgriff auf die christliche Religion wird vorgeschlagen, die Forderung nach Feindesliebe als zentrale Handlungsmaxime anzusehen. Die damit verbundene Haltung ziele nicht auf Selbstauslieferung oder Unterwürfigkeit, sondern auf eine Unterbrechung von Gewalttätigkeit durch Akte einer unerwarteten Zuwendung und Solidarität. Durch eine so verstandene Feindesliebe und durch die Kraft von gewaltunterbrechenden Erzählungen, wie sie sich in allen großen Religionen finden, werde veränderndes Handeln möglich.

Fernando Enns schließt sich den Grundgedanken von Hans-Martin Gutmann an und unterstreicht, dass zwar im Christentum, nicht aber im Neuen Testament eine Ambivalenz im Blick auf Gewalt vorliege. Religionen seien immer dann anfällig für Gewalt, wenn sie einen beherrschenden Teil in einem Staat bildeten oder diese Herrschaft anstrebten. Kleinere, auf Gewaltfreiheit setzende Gruppierungen allerdings würden von der Mehrheitsreligion oft als Häretiker etikettiert. Im Horizont der weltweiten ökumenischen Bewegung sei ein Paradigmenwechsel zu erkennen: Statt sich mit der Frage des „gerechten Krieges" zu beschäftigen, werden seit mehr als 15 Jahren die Herausforderungen eines „gerechten Friedens" bedacht. In diesem Kontext wird die Verantwortung für den nahen und fernen Nächsten nicht länger auf nationale Belange beschränkt, sondern auf internationale Sicherheit für alle Menschen geöffnet. Militärische Gewalt wird aus dieser Perspektive abgelehnt, aber zur Beilegung von Konflikten werden neue Mittel – namentlich der Einsatz von Polizeikräften – in Erwägung gezogen. Im Rahmen des Ökumenischen Rates der Kirchen werden zudem weltweit Programme entwickelt, die einen Weg der Gewaltfreiheit und konkreter Friedensanstrengungen der Kirchen bahnen sollen. Enns weist auf die Initiative eines ökumenischen „Pilgerweges der Gerechtigkeit und des Friedens" hin.

Katajun Amirpur setzt sich mit dem öffentlich geäußerten Vorwurf auseinander, der Islam selber trage zu einer Rechtfertigung von Terrorismus bei. Dieser Verdacht, so Amirpur, sei schon deswegen merkwürdig, weil dabei übersehen werde, dass es doch gerade Muslime seien, die sich durch den Islamischen Staat und andere Terrororganisationen bedroht sehen und gegen diese angingen. Gefragt wird, warum die vielen Stellungnahmen von Muslimen gegen jegliche Form von Terror und Gewalt in der Öffentlichkeit so wenig zur Kenntnis genommen werden. Amirpur verweist darauf, dass national und international von muslimischer Seite klare Distanzierungen zu Gewalt formuliert und veröffentlicht worden sind. So habe sich der Dachverband der Muslime in Hamburg, die Schura, ebenso entschieden von gewaltbereiten Muslimen distanziert wie die Professorinnen und Professoren für islamische Theologie in Deutschland, die sich gegen jegliche Deutungen von Hass und Gewalt mit Rückbezug auf den Islam klar ausgesprochen haben. Und in einem weit verbreiteten Brief haben sich 120 renommierte islamische Gelehrte aus aller Welt und aus unterschiedlichen Strömungen des Islams gegen den

Terror des Islamischen Staates verwahrt. Dies zeige, dass die islamische Theologie genügend Argumente besitze, um sich eindeutig gegen Gewalt im Namen des Islam zu stellen. Einzelne Gelehrte gehen einen Schritt weiter und lehnen nicht nur Gewalt gegen Andersgläubige ab, sondern legen mit Bezug auf den Koran auch die Basis dafür, um aus dem Islam heraus eine pluralistische Theologie zu entwickeln, die auf alle großen Religionen hin geöffnet ist – ein Beitrag zum gewaltfreien Zusammenleben.

Im Nachwort äußert sich der Theologe und langjährige Präsident der Universität Hamburg, Peter Fischer-Appelt, zum Thema „Gewalt und Gewaltfreiheit in den Religionen". Systematisch werden die Grundherausforderungen dieses Themas anhand von vier Punkten reflektiert: Sprache, Gewalt, Religion und Versöhnung. Er plädiert dafür, die Sprache zu „zügeln" und statt eines übermäßigen Gebrauchs des Wortes „gewaltfrei" sprachlich genauer zu erfassen, worum es bei Gewaltproblemen konkret gehe. Das Verhältnis von Religion und Staat wird im Hinblick auf das Thema der Gewalt differenziert. Dabei wird verdeutlicht, dass hier grundlegend eine andere Ebene ins Spiel kommt, nämlich die Verantwortung von Bürgerinnen und Bürgern in ihrem Eintreten gegen Unrecht. Gegen eine allzu schnelle Auffassung, dass die monotheistischen Religionen denselben Gott meinen und anbeten, wird das Argument vertreten, dass hierzu ein Austausch notwendig sei, damit diese Vorannahme nicht auf Missverständnissen beruhe, sondern auf wechselseitigen Verstehensprozessen aufbaue. Schließlich wird in starken Worten der große Stellenwert von Versöhnung unterstrichen, ja es wird von Fischer-Appelt hervorgehoben, dass das Proprium aller Religionen sich in diesem Begriff finde. Die Religionen werden ermutigt und gemahnt, entschieden für den Frieden einzutreten: „Seid tapfer, bewegt euch, geht über schwankende Brücken, versöhnt euch!", so der eindrückliche Schluss dieses Beitrages.

Dank

Unser aufrichtiger Dank gilt zunächst den Teilnehmerinnen und Teilnehmern an den lebendigen Podiumsdiskussionen während des außerordentlich gut besuchten Studientages zum Auftakt dieser Vorlesungsreihe. Es ist keine Selbstverständlichkeit, dass sich hochrangige Vertreterinnen und Vertreter aus Politik und Religion in eine öffentliche Auseinandersetzung mit wissenschaftlichem Anspruch begeben, vor allem wenn es sich um ein so herausforderndes und brisantes Thema wie das der Gewalt(freiheit) in ihrer religiösen Begründung handelt. Des Weiteren ist den Autorinnen und Autoren des vorliegenden Bandes zu danken, die nicht nur durch ihre Diskussionsbeiträge in Hamburg (und einige auch in Amsterdam) zu überaus anregenden Diskussionen beitrugen, sondern diese auch als Manuskripte für die vorliegende Publikation zur Verfügung gestellt haben.

Die gemeinsame Planung des Studientages mit Dr. h.c. Annelie Kümpers-Greve und Dr. Günter Gorschenek, Direktor em. der Katholischen Akademie

Hamburg, hat sich als außerordentlich fruchtbar erwiesen. Beide sind, wie die Herausgeber dieses Bandes, Mitglieder der „Klasse VII" (Weltreligionen) der Europäischen Akademie der Wissenschaften und Künste. Frau Dr. h.c. Kümpers-Greve ist überdies für die großzügige Ausrichtung des Studientages sowie die finanzielle Unterstützung zur Drucklegung dieser Publikation ganz herzlich zu danken. An die Udo-Keller Stiftung geht ebenso unser Dank für die Unterstützung der Ringvorlesung.

Ohne die hervorragenden Mitarbeiter-Teams in der Arbeitsstelle Theologie der Friedenskirchen und der Akademie der Weltreligionen der Universität Hamburg wäre der organisatorische Aufwand nicht zu bewältigen gewesen. Hervorzuheben sind hier vor allem die Betreuung der einzelnen Vorlesungen durch Ulrike Caspar-Seeger und die sehr sorgfältige Bearbeitung der Manuskripte durch Heike Stamer sowie das Korrekturlesen durch Henrike Hundertmark, Maryam Assad, Tuğba Uyanik und Ulrika Kilian. Beate Plugge vom Waxmann Verlag danken wir für die professionelle Begleitung und Produktion des Buches.

Mögen diese Beiträge dazu beitragen, weitere wegweisende Diskussionen anzuregen, um die komplexen Dynamiken von Gewalt und Religion noch genauer zu verstehen, um so letztlich zu einer friedlichen Konvivenz beizutragen.

Widmen möchten wir dieses Buch all jenen, die im Namen ihrer Religion Wege der gewaltfreien Konfliktlösung nicht nur theoretisch herausarbeiten, sondern diese auch mutig und beharrlich selbst beschreiten.

Literatur

Aksünger, H. & Weiße, W. (2015). *Alevitische Theologie an der Universität Hamburg. Dokumentation einer öffentlichen Antrittsvorlesung.* Dokumentationsreihe der Akademie der Weltreligionen Nr. 3, Münster: Waxmann.

Amirpur, K. & Weiße, W. (Hrsg.). (2015). *Religionen, Dialog, Gesellschaft. Analysen zur gegenwärtigen Situation und Impulse für eine dialogische Theologie.* Religionen und Dialog. Eine Schriftenreihe der Akademie der Weltreligionen der Universität Hamburg Bd. 8, Münster: Waxmann.

Bonhoeffer, D. (1959). Die Kirche vor der Judenfrage [Vortrag vom April 1933], in: ders. *GS II*, München: Christian Kaiser, 44–53.

Enns, F. (2012). *Ökumene und Frieden. Theologische Anstöße aus der Friedenskirche.* Theologische Anstöße Bd. 4. Neukirchen-Vluyn: Neukirchener.

Enns, F. (2013). Gerechter Frieden zwischen Interventionsverbot und Schutzgebot. Das ethische Dilemma der Gewaltanwendung. In I.-J. Werkner & D. Rademacher (Hrsg.), *Menschen geschützt – gerechten Frieden verloren? Kontroverse um die internationale Schutzverantwortung in der christlichen Friedensethik* (S. 95–109). Münster: Lit.

Enns, F. (2015). „Behutsam mitgehen mit deinem Gott". Der Ökumenische Pilgerweg der Gerechtigkeit und des Friedens – als Neuausrichtung der Ökumenischen Bewegung. In *Ökumenische Rundschau 1/2015*, 16–30.

Enns, F. & Mosher, A. (Hrsg.). (2013). *Just Peace. Ecumenical, Intercultural, and Interdisciplinary Perspectives.* Eugene/OR: Pickwick Publications.

Meir, E. (2011). *Differenz und Dialog.* Religionen und Dialog. Eine Schriftenreihe der Akademie der Weltreligionen der Universität Hamburg Bd. 4, Münster: Waxmann.

Roloff, C., Weiße, W. & Zimmermann, M. (2011). *Buddhismus im Westen. Ein Dialog zwischen Religion und Wissenschaft.* Religionen und Dialog. Eine Schriftenreihe der Akademie der Weltreligionen der Universität Hamburg Bd. 6, Münster: Waxmann.

Roloff, C. & Weiße, W. (2015). *Dialogue and Ethics in Buddhism and Hinduism. Public Presentations of the 14th Dalai Lama, Sallie B. King, Anantanand Rambachan and Samdhong Rinpoche*, Dokumentationsreihe der Akademie der Weltreligionen Nr. 2, Münster: Waxmann.

Siegmund-Schultze, F. (1990). *Friedenskirche, Kaffeeklappe und die ökumenische Vision. Texte 1910–1969*, Hg. Von Wolfgang Grünberg in Zusammenarbeit mit Elisabeth Hesse, Hans Gressel, Klaus Rehbein, Thorsten Schweda und Wolfram Weiße, München: Christian Kaiser.

Weisse, W., Amirpur, K., Körs, A. & Vieregge, D. (Hrsg.). (2014a). *Religions and Dialogue. International Approaches.* Religionen und Dialog. Eine Schriftenreihe der Akademie der Weltreligionen der Universität Hamburg Bd. 7, Münster: Waxmann.

Weiße, W., Amirpur, K., Körs, A. & Vieregge, D. (Hrsg.). (2014b). *Religion und Dialog in modernen Gesellschaften. Dokumentation der öffentlichen Auftaktveranstaltung eines internationalen Forschungsprojektes.* Dokumentationsreihe der Akademie der Weltreligionen Nr. 1, Münster: Waxmann.

Aktuelle Positionen
zu Gewaltfreiheit und Gewalt

Bischöfin Kirsten Fehrs, Weihbischof Hans-Jochen Jaschke,
Schura-Vorsitzender Mustafa Yoldaş, Carola Roloff und
Fernando Enns im Gespräch mit Wolfram Weiße[1]

Vertreterinnen und Vertreter aus den Religionen zu Gewaltfreiheit und Gewalt

Ein Podiumsgespräch

Wolfram Weiße: Eigene Positionen zu Religion und Gewalt darzulegen, ist bei denen, die wie Sie auf dem Podium selber eine Religion repräsentieren, nicht denkbar ohne Rückgriff auf grundlegende Eckpunkte der je eigenen Tradition. Darf ich zunächst die Bischöfin der Evangelisch-Lutherischen Nordkirche fragen, auf welchen Luther Sie sich beziehen wollen: auf den, der die Freiheit des Christenmenschen proklamiert und die religiöse und gesellschaftliche Emanzipation über Jahrhunderte mit einem kräftigen Impuls ausgestattet hat, oder auf den, der die Streitschriften gegen die Juden verfasst hat?

Bischöfin Kirsten Fehrs: Luther ist in seinen späteren Jahren ziemlich fundamental aufgetreten, aus Gründen, die wir jetzt nicht in epischer Breite erläutern müssen. Das ist natürlich nicht das, was als Vorbild steht. Aber es gibt einen früheren Luther, der zum Beispiel 1520 oder 1523 einen wunderbaren Satz ausgesprochen hat, der mir sehr nachgeht. Der heißt sinngemäß: „Gibt man einen Gulden zum Türkenkrieg, so sind 100 nicht zu viel, um einen Knaben, respektive ein Mädchen, zu einem rechten Christenmenschen zu bilden." Und das heißt weitergedacht: Eine Relation der Güterverteilung eins zu hundert für Bildung, bei einem Rüstungsetat der USA im Moment von 610 Milliarden und einem umgerechnet deutschen Verteidigungshaushalt von 46 Milliarden US Dollar, das wäre eine echte Chance für eine Bildung, die in die Tiefe geht – die auch ermöglicht, dass man ‚im eigenen Haus', wenn man so will, aufräumt. Das heißt: Sich wo nötig zu distanzieren, aber auch im interreligiösen Dialog die Gesprächspartner darin zu stärken, wenn sie sich positionieren – was ja nicht immer einfach ist, weil sehr viele nicht viel von ihrer Religion wissen. Und zum Beispiel Mustafa Yoldaş darin zu bestärken, sich gegen den IS so klar abzugrenzen, wie er es kürzlich getan hat.
Zu meiner Position: Die reformatorische Position sagt ja, zusammengefasst: „sine vi, sed verbo". Also nicht menschliche Gewalt, sondern das Wort Gottes – also das Wort, das im Dialog im konsensualen Gespräch der ‚Wahrheit' nahekommt. Das ist eine Übung, die sich leicht anhört, die aber gelernt sein

---

1   Der Text ist die nur leicht redigierte Transkription einer Podiumsdiskussion, die im Oktober 2014 im Rahmen einer öffentlichen Veranstaltung zum Thema „Gewaltfreiheit und Gewalt in den Religionen" an der Universität Hamburg stattgefunden hat.

muss. Deshalb bin ich eine absolute Verfechterin unseres ‚Religionsunterrichts für alle'. Das halte ich für eine ganz konkrete Maßnahme, im dialogischen Prinzip Religion miteinander zu erlernen, indem man sich mit dem Unterschied befreundet, anstatt ihn dauernd zu befürchten.

Wolfram Weiße: Danke schön. Herr Weihbischof Dr. Jaschke, Sie vertreten die Position, auch die katholische Kirche müsse sich der Tatsache stellen, dass im Namen der Kirche Gewalt ausgeübt worden ist. Meine Frage: Ist jetzt Papst Franziskus derjenige, der mit seinem Einsatz für weltweite Gerechtigkeit eine entscheidende Wende bringt und der ein großes Potenzial an Gewaltfreiheit vertritt? Oder ist es so einfach auch nicht?

Weihbischof Dr. Jaschke: So einfach ist gar nichts. Der Heilige Franziskus hat sehr große Wirksamkeit entwickelt. Papst Franziskus knüpft in vieler Hinsicht an ihn an, und es bewegt und berührt uns, aber mit politischen Appellen ist es natürlich auch nicht getan. Klar tut es gut, dass ein anderer Ton hinein kommt, dass man sich nicht abfindet mit dem, was eben so ist, wie es ist. Ich will aber nochmal reagieren. Ich meine, man muss der Gewalt die Maske vom Gesicht reißen, und dann kommt eine ganze Menge zum Vorschein. Das böse Herz kommt zum Vorschein, aber es kommen auch die Ausreden zum Vorschein, die Schönreden, die die Gewalt verkleistern. „Gewalt der Gründe", sagen sie. Ja, es gibt schlimme Gründe für Gewalt, aber damit ist Gewalt nicht schon im Recht. Gewalt wird nicht dadurch Recht, dass es Gründe für sie gibt. Wo kommen wir da hin? Wir müssen die Gründe sehen. Und eine gerechte Ordnung muss versuchen, die Gründe aus dem Weg zu räumen. An den Gründen müssen wir arbeiten, genauso wie wir an der Haltung arbeiten müssen, dass wir nicht alles mit Gewalt lösen können. Also: Friedenserziehung, Friedensethik, Mechanismen mit den Problemen umzugehen. Ich möchte nochmal fragen, und vielleicht reagieren auch die anderen darauf: Die Gründe gegen Gewalt werden doch wohl auch dadurch einsichtiger und plausibler, wenn wir als Menschen in einer verlässlichen Ordnung leben, in einer Ordnung, die sich um Recht und Gerechtigkeit sorgt, in einer Ordnung, die die Begrenzung von Gewalt ist, anstatt deren Legitimation zum Ziel zu haben. Das brauchen wir in der realen Welt von heute. Wir haben als Katholiken, als Christen früher oft von ‚gerechtem Krieg' gesprochen. Das tun wir heute nicht mehr; wir sprechen von einem ‚gerechten Frieden'. Ja, Gerechtigkeit brauchen wir unbedingt als Grundlage, als Voraussetzung für Frieden. Noch einmal: Zu sagen, „Gewalt hat Gründe", das erscheint mir als Schönrederei, als Ausrede; damit kann ich nicht blinde Gewalt und blinden Terror rechtfertigen. Das will ich sehr massiv nochmal unterstreichen.

Wolfram Weiße: Ganz herzlichen Dank. Herr Yoldaş: Die Muslime stehen permanent in der Beweispflicht, ob sie wirklich gegen Gewalt eintreten. Katajun Amirpur, meine Kollegin an der Akademie der Weltreligionen, sagte einmal:

„Ich kann es kaum mehr ertragen. Warum unterstellt man uns Muslimen eigentlich, dass wir eher für die Täter als für die Opfer Sympathie haben?" Was meinen Sie dazu und wie ist Ihre Position zum Thema Gewalt und Gewaltfreiheit in den Religionen?

Mustafa Yoldaş: Ich möchte hier ganz klar betonen, dass es meine innerste Überzeugung als Muslim ist, für die Gerechtigkeit einzutreten. Und die Gerechtigkeit bedeutet, gemäß koranischem Auftrag, auch dagegen aufzustehen, wenn eigene Glaubensbrüder Unrecht tun. Und das ist jetzt nirgendwo evidenter als in dem Autoritätsvakuum, das der unsägliche Krieg, den George Bush angezettelt hat im Irak und in Syrien, als jetzt, wo sich ein sogenannter Islamischer Staat selbst ausgerufen hat. Nirgendwo wird auf eine bestialischere Art und Weise das Prinzip des Islam, Gerechtigkeit walten zu lassen, mit Füßen zertreten, als derzeit dort. Und ich kann Ihnen versichern, die meisten Muslime der Welt denken genauso, dass das mit dem Islam nichts zu tun hat. Islam hat Ordnung und Gerechtigkeit unter die Menschen gebracht. Und ich verstehe meine Religion so: Wenn jemand einem Christen oder einem anderen Andersgläubigen beispielsweise eine Flasche Wein wegnimmt, weil das im Islam verboten ist, dann müsste ich auf der Seite des Christen Position beziehen und ihn beschützen, weil das sein Recht ist. Er darf das trinken. Das heißt, ich muss unter Umständen Zeugnis walten lassen gegen meinen eigenen Glaubensbruder, der Gerechtigkeit zuliebe. Wo kämen wir hin, wenn jeder, der sich stark fühlt, dem anderen sein Recht aus den Händen nimmt und ihn in seiner Überzeugung seines Glaubens, seines Besitzes und seines Lebens beraubt? Die zentrale Botschaft ist: „Lasst euch nicht unterdrücken und unterdrückt nicht." Und das ist etwas, was der Prophet uns – Friede sei mit ihm – auf den Weg gegeben hat. Ich kann Ihnen versichern, ich persönlich lebe hundertmal lieber hier in Deutschland mit Christen, mit Juden, mit Atheisten, mit Homosexuellen in Frieden, als unter einem Joch, das sich islamisch nennt, aber mit dem Islam nichts zu tun hat. Ich wurde dazu angehalten, mich klar zu positionieren und zu distanzieren. Wir müssen Unrecht, das auch Muslime verüben, deutlich benennen und im Moment ist das, was dort an Mord und Raub und Unrecht betrieben wird einfach etwas, wogegen sich die ganze Menschheit wehren muss –insbesondere die Muslime. Sie müssen sich dagegen erheben, dass ihre Religion pervertiert wird, denn wir sind 1,5 Milliarden und wir können nicht die Deutungshoheit unserer Religion einer Handvoll Banditen überlassen.

Wolfram Weiße: Vielen Dank für die klaren Worte. Fernando Enns, wenn alle Menschen einer Friedenskirche angehören würden, zum Beispiel wie Sie Mennoniten wären, hätten wir dann alle Probleme gelöst?

Fernando Enns: Das bezweifle ich. Mennoniten müssen sich selbst viele Fragen stellen. Wir machen es uns im letzten Falle dann auch nicht zu einfach und stehen – genauso wie alle anderen glaubenden Menschen – ständig vor der Frage:

Sind die Antworten, die wir bis jetzt entwickelt und gefunden haben, ausreichend? Es ist eben mit der Friedensethik nicht so, dass man einfach eine Lehre entwickelt oder eine Auffassung herausbildet oder sich gar ein Verhaltensmuster aneignet und damit seien die Fragen gelöst. So funktioniert es leider nicht, aber vielleicht ist das auch gerade gut so. Vielmehr muss in jeder Situation neu entschieden werden. Das wissen Mennoniten genauso gut wie alle anderen. Aber wie wir in dieser besonderen Situation dann entscheiden, das ist sehr stark davon abhängig, welche Glaubensgrundlagen, welche politischen Analysen, welches Potenzial wir zuvor auch entwickelt haben. Das hat vielleicht auch etwas damit zu tun, ob man einer Minderheitskirche, einer Minderheitsreligion angehört oder einer Mehrheitsreligion. Die Mehrheitsreligionen – das kann man leicht belegen – tendieren immer stärker dazu Gewalt zu legitimieren. Sie sagen dann: „Wir müssen ja rechtserhaltende Gewalt anwenden und wir wollen doch diese Gesellschaft nicht auseinanderfallen lassen, und, und, und." Oder: „Wir sind ja verantwortlich für die Gesamtgesellschaft, also muss auch mal ein bisschen Gewalt her, dann funktioniert das Zusammenleben auch." In dieser Versuchung stehen die Mehrheitsreligionen durch die Bank – Christen genauso wie Buddhisten und Muslime – immer stärker. Minderheiten hingegen haben die Chance, stärker die prophetische Stimme aufrechtzuerhalten und an kritisches Potenzial zu erinnern. Das ist nun auch das große Problem mit dem IS: Alle haben den Eindruck: „Ja, man kann doch nicht nichts tun." Das ist der Satz, der Ihnen wahrscheinlich auch in der jüngeren Vergangenheit ständig begegnet ist: „Man kann doch nicht nichts tun. Ihr gewaltfreien Mennoniten, was sagt ihr denn?" Nein, man kann nicht nichts tun. Es hat auch niemand gesagt, dass nichts getan werden soll. Im Gegenteil, es muss sehr, sehr viel getan werden. Aber dieser Satz „Man kann doch nicht nichts tun" ist doch keine Legitimation für eine Gewaltanwendung. Darin steckt doch noch keinerlei Aussage über die legitimen Mittel, die jetzt anzuwenden wären, um die Gewalt zu stoppen. Dass dieser Schritt zur Legitimation der Gegengewalt so schnell gemacht wird, auch von Vertretern der christlichen Religion, auch hier in Deutschland, das erstaunt mich zutiefst. Ich habe bei Wolfgang Huber in der Vorlesung gesessen, ich habe meine Friedensethik bei ihm gelernt – in den 1980er Jahren in Heidelberg. Und dass ich heute ein so überzeugter Pazifist bin – nicht ein radikaler Pazifist, sondern ein ‚vernünftiger Pazifist', wie es andere bezeichnet haben – das habe ich mehr meinem friedensethischen Lehrer Wolfgang Huber zu verdanken als den Mennoniten. Aber ich beobachte und frage auch ihn: „Wie kannst du diesen Schritt hin zur Legitimation der Gegengewalt denn so schnell machen?" Wenn die Antwort schlicht ist: „Man kann doch nicht nichts tun", dann ist das zu einfach. Das ist auch zu nah an der Versuchung, wir könnten es doch richten, wir könnten es doch regeln, wir seien doch in der Verantwortung. Ja, wir haben eine Verantwortung, auch gegenüber unseren kurdischen Geschwistern, für unsere muslimischen Geschwister insgesamt. Wir haben eine Verantwortung dafür, was in der Welt passiert, wo immer Gewalt angewendet wird. Aber das alles sagt noch gar nichts darüber aus, welche Mittel wir denn für legitim halten dürfen. Das allein ist noch gar keine Rechtfertigung dafür, dass wir nun meinen, wiederum Waffen liefern zu müssen in ein Gebiet, das schon so vollgestopft ist mit Waffen. Als sei das die Rettung und die Lösung.

Das Problem ist wirklich, dass die Propheten immer erst gerufen werden, wenn das Kind in den Brunnen gefallen ist. „Was sagst du nun, du Prophet?" Die Propheten sagen eindeutig: „Man muss das Recht wahren". Die Propheten sagen auch: „Man muss in gerechten Beziehungen leben". Die Propheten sagen das schon, bevor der Konflikt da ist. Es ist für sie dann schwierig zu sagen: „Hättet ihr auf mich doch früher gehört." Das reicht dann auch nicht. Auch ich glaube sehr wohl, dass es eine Art von Zwang geben muss, in Anknüpfung an die Definitionen von Reemtsma, eine „dritte Art von Gewalt". Das würden Mennoniten nicht ablehnen. Und dafür gibt es auch gute theologische Gründe, die ich hier jetzt nicht alle entfalten kann. Aber das heißt eben gerade nicht, dass wir diesen extremen Ausnahmefall zur Regel machen dürfen, dass wir theologisch legitimieren dürften, Waffen in Kriegsgebiete zu liefern, weil daran die Welt wohl genesen mag. Solche Schritte gehen theologisch auf sehr, sehr dünnem Eis und führen geradewegs zu der Wahrnehmung: „Die Religionen legitimieren weiterhin Gewalt und sie sorgen selbst nicht für die gerechten Beziehungen, für die sie eigentlich einstehen sollten."

Wolfram Weiße: Gibt es ein Beispiel für diese Position?

Fernando Enns: Also ein Beispiel: Ich bin vorgestern Abend aus Kolumbien zurückgekommen. Mein Hauptgrund, nach Kolumbien zu fahren, war es, in ein Konfliktgebiet zu gehen, weil ich wissen möchte: Funktioniert diese Friedenstheologie, die so stark die Gewaltfreiheit als zentrale Botschaft des christlichen Glaubens, des Lebens und des Sterbens und des Auferstehens Jesu Christi propagiert? Das will ich sehen. Und deswegen muss ich ab und zu auch wirklich mit Menschen sein, die nicht nur in der Universität beheimatet sind, sondern die im realen Leben von Gewalt bedroht sind. Eine kleine mennonitische Gemeinschaft auf dem Land ist direkt bedroht; sie gerät zwischen alle Fronten. Sie weigert sich dennoch standhaft, selber Waffen in die Hand zu nehmen. An einigen Tagen kommt die FARC (*Fuerzas Armadas Revolucionarias de Colombia*), die Guerilla-Truppen ziehen durchs Dorf, lassen sich bedienen und bringen erst einmal ein paar Leute um, damit klar ist: Angst und Schrecken sind schon mal präsent. Daraufhin tut die Bevölkerung alles, um die Gewalttäter zufrieden zu stellen, sie dürfen dort schlafen, sie schlachten ihre letzte Kuh, um sie auch noch zu versorgen. Am nächsten Tag ziehen sie weiter. Am darauffolgenden Tag kommen die Regierungstruppen und sagen: „Ihr helft den Guerilleros, ihr steckt mit denen unter einer Decke. Deswegen werdet ihr jetzt bestraft." Und dann kommt die Gewalt von der anderen Seite. Was soll man tun? „Man kann doch nicht nichts tun!" Ja, die einfache Lösung wäre, zu sagen: „Wir bewaffnen uns, und der Nächste, der hier vorbei kommt, den schießen wir selber über den Haufen." Das machen diese Mennoniten nicht, sondern sie sagen: „Wir werden gewaltfrei bleiben, das ist die einzige Chance, die wir überhaupt haben, und wenn wir das lang genug trainieren, dann machen wir uns nicht selber zu Gott, wie die anderen, sondern wir bleiben Menschen. Wir dürfen Menschenleben nicht einfach in unsere Hand nehmen." Diese einfachen Menschen bleiben aber nicht einfach nur passiv, sie setzen ganz gezielt und klug auf eine aktive Gewaltfreiheit. Das sieht man zum Beispiel am Pastor dieser Gemeinde, der am meisten bedroht ist, weil er der Sprecher des Dorfes ist. Er hat mehrfach direkte Morddrohungen erhalten. Daher haben sich die Gemeindemitglieder gesagt: „Wir wollen uns nicht bewaffnen, aber jede Nacht werden einige von uns um sein Haus herum schlafen, damit, wenn sie kommen und unseren Pastor umbringen wollen, sie gezwungen sein werden, uns alle umzubringen." Das hält die Gewalt nicht notwendig auf, es ist keine Patentlösung, das ist kein Rezept, das sind keine Heiligen. Aber es sind kluge Menschen, die für sich entschieden haben: „Selber Gewalt in die Hand zu nehmen, steht uns einfach nicht zu"; diese Haltung aber eröffnet erst den Weg, wirklich alle anderen gewaltfreien Möglichkeiten auszuschöpfen. – Ich bin davon sehr beeindruckt.

Wolfram Weiße: Ganz herzlichen Dank. Frau Roloff, es gibt ja viel Sympathie für den Buddhismus in Deutschland. Oft ist das eher ein ‚Buddhismus light' nach dem Muster: „Ich bin ein bisschen buddhistisch, ich meditiere manchmal, mir geht's jetzt besser." Meine Frage: Wenn die Leute es mit dem Buddhismus ernster meinten, würden sie dann auch friedlicher werden; nicht auf Revanche bedacht, sondern ruhiger werden, gewaltfreier?

Carola Roloff: Ich denke, wenn man wirklich ernsthaft die gewaltfreie Ethik des Buddhismus anwendet, dann muss sich etwas bewegen, sodass man im täglichen Miteinander merkt, dass man anders miteinander umgeht. Und wenn das nicht passiert, dann läuft irgendetwas schief bei der eigenen Praxis. Da muss man sich schon fragen, was dann der Grund ist. Es stand ja eben der Satz im Raum: „Man kann doch nicht nichts tun." Was ich mir wirklich wünschen würde ist, dass auch von der Politik mehr begründet wird, warum man eigentlich in welchem Fall wie reagiert. Warum hat man zum Beispiel im Falle von Tibet einfach zugeguckt, wie eine Million Menschen umgebracht werden, und warum tut man das an anderer Stelle nicht und meint, sofort reagieren zu müssen? Wenn ich das so richtig recherchiert habe, hat Bundespräsident Gauck auch ganz aktuell die Debatte losgetreten über die Ethik militärischer Gewalt. Das ist sicher eine Diskussion, die auch auf die Religionen zukommen wird. Es wird sich zeigen, wie diese sich in dieser Frage positionieren.
Aus buddhistischer Überzeugung sagt man, der Grund für Gewalt ist Hass, und die Ursache für Hass ist wiederum Verblendung oder Unwissenheit – also dass ich zu stark zwischen mir und den anderen differenziere, weil ich das

falsch wahrnehme. Dagegen muss man eigentlich angehen, also gegen dieses Haften am Selbst und dass man alles für sich selbst tut und für das, was meinen Freunden gut tut, und dass man sich gegen alles, was fremd ist, sträubt und es ablehnt, Hass dagegen entwickelt. Die Ursache ist eben diese Unwissenheit, und was man dem entgegensetzt, sind die Liebe und das Mitgefühl. Und diese Liebe und das Mitgefühl, also im Sinne von „Liebe deinen Nächsten wie dich selbst", das nennt man im Buddhismus „das Austauschen von Selbst und Anderen". Man setzt sich selbst an die Stelle des anderen und sagt: „Ich will nicht, dass man so mit mir umgeht, deswegen sollte ich so auch mit den anderen nicht umgehen." Im Buddhismus geht man wirklich davon aus, dass dieses Grundprinzip in jedem verwirklicht werden kann. Man geht davon aus, dass das Mitgefühl, das auch zunehmend in der säkularen Welt Anklang durch Forschungsergebnisse in den Neurowissenschaften findet, potenziell in jedem Menschen angelegt ist und so von jedem Menschen entwickelt werden kann.

Es wird ja manchmal gesagt, dass das Potenzial zu Gewalt jedem Menschen angeboren ist. Da könnte ich buddhistisch noch mitgehen. Aber das gehört nach buddhistischer Ansicht nicht zur Natur des Geistes, sondern kann mit der Zeit ausgeräumt werden. Aus Sicht der christlichen Traditionen höre ich mitunter: „Sünde ist, sein zu wollen wie Gott." Da müsste ich jetzt aus buddhistischer Sicht in den Widerspruch gehen, weil Buddhisten, zumindest im Mahāyāna, alle ein Buddha werden wollen. Das heißt, sie wollen genau wie der Buddha vollkommen werden, alles erlangen an Tugenden, was man erlangen kann und alles aufgeben, was sie an Fehlern haben. Das kann man nicht in einem Leben, das geht dann nur mit der Perspektive von Wiedergeburt über viele Leben. Aber man glaubt an diesen guten ‚Kern', an die Buddha-Natur in jedem Wesen. Deswegen schließt man auch einen Übeltäter nicht völlig von seinem Mitgefühl aus, sondern sagt: „Selbst ein Terrorist ist nicht von Geburt an schlecht, sondern es gibt Ursachen dafür, warum der so geworden ist." Und daran gilt es zu arbeiten, an den Ursachen.

Wolfram Weiße: Vielen Dank. Wir kommen jetzt zur Abschlussrunde, in der alle auf dem Podium zusammenfassend sagen können, was ihnen bei unserem Thema besonders wichtig ist.

Mustafa Yoldaş: Islam bedeutet Frieden. Ein Muslim findet Frieden, indem er sich Gott ergibt; das ist die zweite Bedeutung, also Gottergebenheit. Und Frieden bedeutet nicht bloßer Waffenstillstand, sondern das ist eine höhere metaphysische Ebene, in der der Mensch, der ein Teil dieses Universum ist, seinen Schöpfer erkennt, seine Mitmenschen respektiert, die Mitgeschöpfe achtet. Deshalb hat der Prophet Mohammed – Friede sei mit ihm – gesagt: „Wenn ihr in einen Krieg verwickelt werdet, schont Kinder, tötet keine Frauen, tötet keine älteren Menschen, zündet keine Felder an, tötet keine Tiere und schont die Menschen, die sich in Klöstern und Synagogen verschanzt haben." Das heißt, wenn wir diese Botschaft ernst nehmen, kommen wir einem Weltfrieden, einer gemeinsamen Weltfriedensethik näher – wenn jeder bloß seine Religion ernst nehmen würde! Diejenigen, die Gewalt ausüben, indem sie anderen das Existenzrecht absprechen, sogar einigen Glaubensbrüdern, denen gehört das Handwerk gelegt, und zwar in allen Religionen.

Carola Roloff: Ich würde gerne unterstreichen und sagen: Der Frieden beginnt in einem selbst. Aber das heißt, wir können nicht einfach eine Checkliste im Sinne eines Patentrezepts machen, wie man mit all den schrecklichen Problemen, die in der Welt passieren, umgeht, sondern müssen jeden Fall einzeln betrachten. Und dafür braucht man eben eine Kenntnis der gesamten Situation. Das erfordert, dass durch Friedensforschung und investigativen Journalismus, nicht im Sinne von Boulevardjournalismus, sondern von seriöser Recherche, ein möglichst großer Informationsteppich gelegt wird. Carl-Friedrich von Weizsäcker sagte hier in Hamburg als er 1991 zusammen mit S.H. dem Dalai-Lama auftrat, er sei persönlich seit langem der Meinung, dass Krieg die Folge der Angst sei. Angst sei der Urgrund für eine Spirale des Aufrüstens, und er fügte hinzu, dass Angst Angst erzeuge. Und ich zitiere ihn wörtlich: „Das ist das Problem. Dann ist manchmal der Hass ein Mittel, die eigene Angst erträglich zu machen". Ähnliches meine ich im Genderbereich zu beobachten: dass die Diskriminierung von Frauen oder von sexuell anderen oder anders orientierten sehr häufig durch Angst bedingt ist. Deswegen müssen wir, denke ich, in der Forschung noch viel mehr die Religionspsychologie mit einbeziehen und schauen, wo die Ursachen für die Gewalt liegen.

Fernando Enns: Ich möchte für mich und vielleicht auch für andere festhalten, dass wir Christen der Meinung sind, dass diese Bergpredigt, die wir im Neuen Testament finden, tatsächlich für *diese* Welt gesprochen und gesagt ist – und nicht für irgendeine Welt, die vielleicht in einer Zukunft liegt und wo dann alles schön und perfekt aufgelöst ist. Das, was da steht, dass wir nämlich nicht nur unsere Nächsten lieben sollen, sondern auch die Feinde lieben sollen, das ist tatsächlich in diese Welt hinein gesprochen. Dieser Herausforderung möchte ich nicht ausweichen, da ich sonst befürchte, dass die Glaubwürdigkeit der christlichen Religion weiter leidet. Und das ist vielleicht das größte Problem, auch im politischen Bereich des Westens: Mit welcher Anmaßung meinen wir eigentlich, dass wir noch glaubwürdig auftreten können? Wir werden international nicht als diejenigen wahrgenommen, die auf der guten Seite stehen, nicht als diejenigen, die für die Menschenrechte eintreten, auch nicht als diejenigen, die immer für das internationale Recht eintreten, sondern wir werden ganz oft ganz anders wahrgenommen. Und deswegen bin ich so vorsichtig mit all diesen politischen Schritten, die aus der Entrüstung heraus geboren werden. Es gibt eine christliche Verantwortung zur Schutzpflicht. Das würde ich unbedingt unterschreiben. Dies gehört mit zur der Liebe für die Nächsten und sogar für die

Feinde. Dieser Verantwortung müssen wir uns stellen. Aber dies beantwortet dann noch nicht die Frage: Welche Mittel halten wir Christen und Christinnen für angemessen und was steht uns denn zur Verfügung? Nehmen wir unsere eigene Religion eigentlich ernst oder sind da viele „Sonntagsreden" zu hören, die wir im Alltag selbst für irrelevant erklären?

Weihbischof Dr. Jaschke: Wir kommen dem Versuch, uns kurz auszudrücken, immer näher: Also, Gewalt muss erkannt und benannt, nicht entschuldigt werden. Gewalt wird überwunden durch Recht und Gerechtigkeit. Wichtig bleiben einzelne Personen – Friedensstifter, Friedensstifterinnen – und Gruppen.

Bischöfin Fehrs: Den ersten Teil meines Satzes hat eben schon Fernando Enns gesagt, und ich schließe an: Es muss in uns eine prophetische Kraft bleiben, die in dem biblischen Wort enthalten ist, dass das Böse mit dem Guten überwunden werden kann. Ich als Christin finde, es ist die Perspektive nach vorn, die sich aus dem Reich Gottes in diese Welt hineindenkt. Ich denke also von der Zukunft des Reiches Gottes her in diese Welt. Und mich befreit das. Ich hoffe, dass mich das weiter davon befreien mag, den Affekten der Entrüstung immer sofort stattzugeben. Es gilt voranzuschreiten, mit Besonnenheit und Klugheit und dem Glauben, dass Gutes bleibt.

Wolfram Weiße: Danke an das Podium und an das Plenum.

Antje Möller, Dietrich Wersich, Ekkehard Wysocki und
Hans-Martin Gutmann im Gespräch mit Wolfram Weiße[1]

Politikerinnen und Politiker zu Gewaltfreiheit und Gewalt

Ein Podiumsgespräch

Wolfram Weiße: In diesem Podium geht es um die Frage: Wie gehen politische
Akteure mit dem Thema Gewalt und Gewaltlosigkeit in den Religionen um
und was sagt ein Vertreter wissenschaftlicher Theologie dazu, der sich mit dem
öffentlichen Mandat von Kirche in unserer Gesellschaft beschäftigt. Ich möchte mit dem Fraktionsvorsitzenden der Christlich-Demokratischen Partei in
Hamburg anfangen. Herr Wersich, Sie haben vor einiger Zeit deutlich gesagt:
„Wir müssen uns politisch mit der Frage von Gewalt und Religion auseinandersetzen." Was heißt das für die Gesellschaft in Hamburg?

Dietrich Wersich: Vielen Dank. In meiner Wahrnehmung ist ganz klar, dass die
Konflikte, die im arabischen Raum stattfinden, sich teilweise hier – auch in
Hamburg – abbilden und dass das kein Konflikt des Islam gegen alle anderen
oder umgekehrt ist. Deswegen heißt es für uns in Hamburg ganz konkret, dass
unsere Bemühungen nur gemeinsam mit den islamischen Organisationen und
Verbänden fruchtbar sein können. Wir sitzen im selben Boot, haben dieselben
Interessen und müssen gemeinsam agieren. Wir müssen zweitens in Hamburg
aufpassen, dass wir – vor allem in der Öffentlichkeit – sehr differenziert argumentieren. Im Moment vermischen sich in Hamburg die Diskussionen um
Konflikte stark, zum Beispiel mit dem, was wir mit den Flüchtlingen erlebt
haben. Das halte ich für ganz fatal. Es sind nicht die Flüchtlinge, die hier auf
die Straße gehen, sondern es sind ganz andere Bevölkerungsgruppen. Mitunter
wird dann in der öffentlichen Diskussion so getan, als gäbe es diese Konflikte
nicht, wenn die Flüchtlinge nicht hier wären. Es wird viel auf die Flüchtlinge
projiziert, und das halte ich für ganz gefährlich.
Ich finde auch, dass die Rolle der deutschen Konvertiten unterschätzt wird. In
der öffentlichen Debatte wird es oft so dargestellt, als seien gewisse Verhaltensweisen kulturell oder genetisch bedingt. Der Hamburger Senat hat Zahlen
veröffentlicht, die besagen, dass von den 40 jungen Leuten, die als Dschihadisten ausgereist sind, mehr als die Hälfte deutsche Staatsbürger sind und dass von
denen mehr als die Hälfte keinen Migrationshintergrund haben. Das heißt, wir
haben es hier mit einem Phänomen zu tun, das offenbar attraktiv ist für junge
Leute auf der Sinnsuche in einer globalisierten Welt, in der es vielleicht wenig

---

1 Der Text ist die nur leicht redigierte Transkription einer Podiumsdiskussion, die im Oktober
2014 im Rahmen einer öffentlichen Veranstaltung zum Thema „Gewaltfreiheit und Gewalt
in den Religionen" an der Universität Hamburg stattgefunden hat.

Halt gibt. Es scheint, dass diese Leute in solchen extremistischen Ideen ihren Sinn finden. Darin steckt ein Mechanismus, der aus meiner Sicht übrigens unabhängig von den Religionen ist. Wir hatten schon andere, auch politische Ideen, für die junge Leute Gewalt angewendet haben und in Bürgerkriege gezogen sind. Ich halte es also für wichtig, eine Abstraktion in der Diskussion vorzunehmen.

Die dritte Gleichsetzung, die ich viel zu oft erlebe, ist, dass die hier lebenden Bevölkerungsgruppen, deren Wurzeln in jenen konfliktträchtigen Gebieten liegen, gleichgesetzt werden mit den Konflikten dort – woraus dann natürlich auch die Folge gezogen wird: „Wären die nicht hier, wäre hier alles friedlich." Also das sind für mich so die drei *no-goes*, und wir müssen, finde ich, gemeinsam klare Grenzen setzen, und zwar rechtstaatlich, ohne Willkür und ohne Eifer; das finde ich im Kampf gegen diese Extremisten wichtig. Und wir müssen klugen Widerstand leisten. Denn das Interesse dieser Extremisten ist ja im Endeffekt, die Gesellschaft zu spalten, die Menschen gegeneinander aufzuhetzen. Genau das dürfen wir nicht zulassen! Wir dürfen nicht dazu beitragen, dass wir durch unseren Umgang damit die Radikalisierung noch fördern; dass am Ende mehr junge Leute sich von diesen Gruppen angezogen fühlen, weil wir denen eben auf dem Leim gehen, mithelfen, diese Gesellschaft zu spalten. Das darf nicht passieren.

Wolfram Weiße: Vielen Dank, Herr Wersich. Herr Wysocki, Sie sind kirchenpolitischer Fachsprecher der SPD-Fraktion und Mitglied der Bürgerschaft in Hamburg. Wie ist Ihre Position zum Thema Gewaltfreiheit und Gewalt in den Religionen?

Ekkehard Wysocki: Ich will auf zwei Aspekte hinweisen, die mir als wichtig erscheinen. Der erste betrifft die Rolle der Kirchen bei der Frage von Gewalt und Gewaltlosigkeit, und diese Rolle ist nicht immer einfach zu fassen. Ich kenne nämlich auch Länder, wo die Kirche als Vermittler verbrannt ist. In Spanien würde niemand mehr auf die Idee kommen, die katholische Kirche als „Vermittler" zu beauftragen, weil sie sonst auch Partei wäre. Anders verhält es sich mit dem außenpolitischen Konflikt zwischen Argentinien und Chile. Da musste wirklich ein Vertreter des Vatikans dorthin kommen, um das zu regeln, weil die lokale Kirche selbst dazu nicht mehr in der Lage war. Was mich allerdings noch viel mehr interessiert ist der Aspekt, den Herr Wersich schon erwähnt hat, nämlich die gesamte Problematik der Flüchtlinge. Ich sehe sehr deutlich die friedensstiftende Wirkung, die von Religion, insbesondere von der katholischen und der evangelischen Kirche, ausgeht. Ich denke da insbesondere an die Organisation, Betreuung und Durchführung der sogenannten „Runden Tische", die sich um die ersten Flüchtlingsunterkünfte gebildet haben. Angesichts der abnehmenden Bindungswirkung der beiden großen Kirchen ist es eigentlich erstaunlich, wenn in solchen Diskussionen Pastoren – egal welcher Couleur –

aufstehen und dort an den Aspekt der Mitmenschlichkeit appellieren und deutlich machen, dass wir uns um die Menschen kümmern müssen. Alles andere können wir später politisch klären, aber um die Menschen hier vor Ort müssen wir uns kümmern. Dann beruhigt sich so eine Versammlung ziemlich schnell und wird konstruktiv. Diesen Aspekt von Religion, denke ich, den sollte man fördern. Wir sollten die Kirche ermuntern, dass sie dies tut. Ich war noch nie der Meinung, dass Kirche sich mit politischen Stellungnahmen zurückhalten sollte. Entscheidend ist aber ohnehin nicht ihre Meinung, sondern was sie tut.

Wolfram Weiße: Vielen Dank, Herr Wysocki. Frau Möller, Sie sind innen- und flüchtlingspolitische Sprecherin der GRÜNEN und Vizepräsidentin der Bürgerschaft in Hamburg. Wie ist Ihre Position zur Frage „Gewaltfreiheit und Gewalt in den Religionen" mit Bezug auf unsere Gesellschaft hier in Hamburg?

Antje Möller: Ich möchte gerne die große Solidarität der Gesellschaft hier in Hamburg aufgreifen: die große Unterstützung durch viele Initiativen, Vereine, Einzelpersonen, aber eben auch die Religionsgemeinschaften und die Kirchen, die sich für die Flüchtlinge einsetzen. All das hätte für mich heute überhaupt nichts mit dem Thema „Gewalt und Gewaltfreiheit" zu tun gehabt, denn es geht von den Flüchtlingen ja keine Gewalt aus. Da muss nicht moderiert oder ein Konflikt gelöst werden, sondern das ist vor allem eine soziale Aufgabe. Aber natürlich ist es richtig, es hat im ganz großen Rahmen dann vielleicht auch mit der Situation zu tun, in der wir uns alle befinden. Ich meine die Suche nach politischen oder anderen Lösungsstrategien gegenüber dieser archaischen Gewalt, die derzeit in vielen Staaten ausgeübt wird. Für mich stellt sich aber auch die Frage: Wie verhält es sich mit dem Islamischen Staat und den Kriegen, die diese Bewegung führt? Aus meiner Sicht agiert die Politik auf diesen Krieg vor allem reflexhaft, und zwar weltweit und eher strategisch. Aber: Es geht doch auch immer um Ökonomie. Es geht auch immer um Fragen wie: Was passiert eigentlich, wenn wir – wir als ein Staat oder wir als NATO, wir als UN, wie auch immer – eingreifen? Welche Auswirkung hat das konkret? Nicht nur dort vor Ort, sondern was bedeutet das weltweit? Und da kommt man mit diesen Moderationsregeln nicht wirklich voran. Vor Ort scheitern die Leute ganz oft an diesem strategischen Denken von Politik.
Die Muslime wehren sich laut und öffentlich gegen das, was der IS propagiert hat. Das liest man aber wenig. Man findet das als kleine Notiz durchaus in den Zeitungen, aber es ist nicht Teil der öffentlichen Diskussion. Dort geht es mehr darum, ob da ein „Kurdenproblem" gelöst wird oder nicht. Es gibt ja nicht nur die öffentlichen Stellungnahmen von den 120 Imamen, sondern auch direkt vor Ort eine Auseinandersetzung zwischen Muslimen, bzw. zwischen extremistischen und Mainstream-Muslimen. Das sehe ich als die Ausgangslage, von der aus wir hier in Hamburg versuchen, etwas gegen den Einfluss oder die Attraktivität von Anwerbern zu unternehmen. Wir versuchen uns politisch

in Deutschland damit auseinanderzusetzen: Was bedeutet es, wenn junge Menschen – oder auch nicht so junge Menschen – zurückkehren aus den Kämpfen? Und wir versuchen, dafür politische Lösungen zu finden.

Wolfram Weiße: Dankeschön, Frau Möller. Wie steht der praktische Theologe Hans-Martin Gutmann, der viel zur öffentlichen Rolle von Religion und speziell auch zur Frage von „Gewaltunterbrechung" gearbeitet hat, zur Thematik dieses Podiums?

Hans-Martin Gutmann: Das ist im Kern ein Problem des Fundamentalismus politischer oder religiöser Prägung. Das Eigene wird idealisiert, harmonisiert, es gibt ideale Gemeinschaften; alle Konflikte werden verleugnet oder nach außen geschoben; alles, was anders ist, muss vernichtet werden. Es gibt Fragen an die religiösen Leute und es gibt Fragen an die politischen Leute. Die Schwertverse oder die Gewalterzählungen, die es in der Hebräischen Bibel und im Neuen Testament ja auch gibt, müssen aber in der ganzen Erzählbewegung kontextualisiert und auf ihre historischen Orte befragt werden. Und es muss den fundamentalistischen Leuten das Recht bestritten werden, sich auf diese Erzähltradition zu Recht zu berufen. Ich wünsche mir, dass auch christliche Kirchen ähnlich deutlich gegen fundamentalistische Christen im Mittleren Westen der USA oder in Afrika auftreten, so wie es Mustafa Yoldaş gegen den IS formuliert. Jede Form religiöser Begründung von Gewalt gegen andere – und auch politischer Art – muss mit theologischen Argumenten bekämpft werden.

Es muss aber auch die positive Seite gezeigt werden können: Es gibt nicht nur die Gewalterzählung, sondern es gibt immer wieder die Umkehrung in der Erzählbewegung von Gewalt in Hingabe oder in Gabe. Nicht nur Gewalt wirkt ansteckend, sondern auch Gabe, Freundlichkeit, Solidarität, Hingabe. Im Zentrum der Christusbewegung, der Passionsgeschichte, wo es eine Pogromstimmung gibt – die Rufe „Kreuzigt ihn!" und der falsche Prozess – steht die Lebenshingabe dieses Rabbis aus Nazareth für seine Freunde. Diese Bewegung findet sich in den Erzählbewegungen der Bibel immer wieder und in anderen Religionen auch. Wir müssen Vertrauen ineinander haben und die Erzählbewegungen der biblischen oder der heiligen Schriften wertschätzen. Es ist wichtig zu fragen: Warum ist und wird Fundamentalismus attraktiv für die Leute? Wir stoßen immer wieder auf Leute, denen die Gegenperspektive geraubt wird, die überflüssig gemacht werden, die weltweit anfällig sind für diese Muster – für das Versprechen, zu einer Gemeinschaft zu gehören. Wenn wir in unserer Gesellschaft, in unserer Stadt, Ausgrenzung erfahren, dann verstärkt das die Anfälligkeit für solche Versprechen.

Wichtig ist zu wissen, dass weltweit ganze Regionen in soziale Armut und Rechtlosigkeiten, politische Destabilisierung stürzen und es wieder zu neuen Flüchtlingsströmen kommt. Ich finde, das sind riesige politische Aufgaben.

Wolfram Weiße: Herzlichen Dank. Meine Frage an Sie alle: Können Sie als Politikerinnen und Politiker den Mitgliedern von Religionen oder Repräsentanten von Religionen einen Vertrauensvorschuss in Sachen Gewaltlosigkeit geben? Oder sagen Sie: Da gibt es doch ganz andere Gruppen in unserer Stadt, die gerade für den Frieden wichtiger sind. Religion spielt dabei keine oder nur eine marginale Rolle?

Dietrich Wersich: Wir dürfen Religion nicht ins Private abdrängen. Religion ist eine öffentliche Sache. Aber gesellschaftlich gilt: Je weniger Menschen einer Religion anhängen, desto größer wird auch ihr Legitimationsdruck, egal ob es jetzt ein Feiertagsschutz ist oder was auch immer. Ich bin ein großer Verfechter dessen, dass Religion eine öffentliche Angelegenheit bleiben muss. Sie vermittelt Werte und ein Menschenbild. Es heißt nicht umsonst in unserer Verfassung „in Verantwortung vor Gott und den Menschen". Das weist darauf hin, dass es etwas gibt, das mehr ist als das persönliche Interesse eines jeden Einzelnen. Das heißt, es gibt etwas Höheres und es gibt etwas, das die Menschheit verbindet. So und in diesem Sinne halte ich den Wert von Kirchen und von Religionen für unverzichtbar.

Ich selbst habe mich ein bisschen in meiner Auffassung gewandelt. Ich war ja auch einmal zuständig für die Integrationspolitik in der Stadt. Da war ich sehr zurückhaltend, was den interreligiösen Dialog und dessen Verhältnis zum Staat betrifft, weil ich den interreligiösen Dialog für sehr schwierig hielt – oder halte – und ich fand, dass dies nicht unbedingt Sache des Staates ist. Ich habe es aber unterschätzt, denn die Frage der Toleranz und Akzeptanz von Menschen mit anderen Wurzeln hängt eben doch auch wesentlich mit der Toleranz und Akzeptanz gegenüber deren Religion zusammen. Man kann das nicht ausgrenzen. Man kann nicht sagen: 50, 60 Jahre Leben und Arbeiten in Deutschland, aber bitte die Religion im Hinterhof, sodass es keiner sieht. Das geht nicht. Auf der anderen Seite ist interreligiöser Dialog ja auch nicht einfach nur die Begegnung eines Menschen mit muslimischem, mit christlichem Glauben. Das hat auf dieser Ebene auch etwas mit Experten und Expertise zu tun. Also mittlerweile glaube ich, dass der interreligiöse Dialog nicht nur wichtig ist zwischen den Kirchen und Glaubensgemeinschaften, sondern dass er auch einbezogen werden muss in die politischen Aktivitäten in der Stadt und dass die kirchlichen und muslimischen Vertreter eine wichtige Rolle dabei spielen, den inneren Frieden in der Stadt zu wahren.

Es gibt keine Rechtfertigung für Extremismus. Das zweite ist, wenn man es aus der Mitte unserer Gesellschaft heraus sieht, dann sind es nicht unbedingt diejenigen, die hier perspektivlos sind, denen nichts anderes übrig bleibt, als in den Heiligen Krieg zu ziehen. Da sind teilweise ganz andere Motive dahinter, natürlich auch psychologische, auch die Frage des Alters, Adoleszenz und Allmachtfantasien, die man in einem bestimmten Alter hat oder sozusagen kriegerisches Naturell, was vielleicht im 18., 19. Lebensjahr besonders ausgeprägt ist. Und diese werden auch in den besten aller Welten vorkommen. Es ist eine Frage der Zivilisation, in welche Bahnen wir sie lenken und wie stark wir im Inneren sind.

Es geht auch um das Gewaltmonopol des Staates in Verbindung mit dem Rechtsstaat. Das läßt weder Beziehungsgewalt noch Gewalt als Mittel von Kriminalität noch die religiöse oder politische Gewalt zu. Diese Regeln brauchen politische Unterstützung bei uns und auch international. Wir haben ein internationales Recht, das beachtet werden muss, aber wir haben noch kein internationales Gewaltmonopol. Aber im Grunde genommen ist es das, was unsere Gesellschaft immer friedlicher gemacht hat; wir erleben immer weniger Gewalt in unserer Gesellschaft. Das basiert auf Rechtsstaat und Gewaltmonopol des Staates und das ist auch das internationale Modell, denke ich, das die Vereinten Nationen sein sollen, was sie aber noch lange nicht sind. Dass es immer wieder Konflikte gibt, ist klar. Der Mensch ist ja auch nicht perfekt, wie wir wissen. Aber die entscheidende Frage ist, wie wir die Konflikte austragen, und da müssen wir eben gemeinsam gegen Gewalt sein.

Wolfram Weiße: Dankeschön. Herr Wysocki, wie sehen Sie das denn als politisch Handelnder? Haben bei Ihnen die Kirchen und überhaupt die Religionsgemeinschaften in Hamburg – es sind immerhin über 100 – einen Vertrauensvorschuss? Und was bedeutet das eigentlich für praktisches Politiktreiben? Und als Zweites bitte ich Sie, die Frage, die Herr Gutmann gestellt hat, zu kommentieren: Haben denn Fragen von sozialer und wirtschaftlicher Gerechtigkeit Implikationen für die Frage von gewaltloser oder gewaltsamer Austragung von Konflikten?

Ekkehard Wysocki: Ich finde es ganz wichtig, religiöse Gewalt, zum Beispiel auch die Hinwendung zum Salafismus, nicht an einem einzigen Grund festmachen zu wollen; nämlich daran, dass es den Status von Entrechteten gibt und eine soziale Spaltung der Gesellschaft. Die gibt es in Ansätzen, aber das ist mir einfach zu monokausal. Herr Wersich hat darauf hingewiesen, dass sehr differenziert betrachtet werden muss, aus welchen Schichten, mit welchem Hintergrund, in welcher Phase sich junge Leute befinden, welchen Migrationshintergrund sie haben oder eben nicht.

In diesen Tagen wird der Hamburger Senat das Programm zur Bekämpfung des gewaltbereiten Salafismus verabschieden. Da wird es sich widerspiegeln, dass die Bekämpfungsstrategie eben nicht nur auf einen Pfad setzt, sondern auf ganz viele Pfade setzen muss; dass mehrere Hürden da sind, weil ganz viele Aspekte betrachtet werden müssen, um dieses Phänomens auch tatsächlich Herr zu werden. Also so monokausal reicht mir das wirklich nicht aus.

Ein wichtiger Aspekt ist auch – wie gesagt – das Gewaltmonopol des Staates – was immer so „altbacken" klingt. Ich will das einmal ausdrücklich aus sozialdemokratischer Sicht sagen: Der Rechtsstaat und das Gewaltmonopol des Staates sind Errungenschaften auch der sozialdemokratischen Partei oder eben auch der Gründerbewegung. Reiche Leute und Konzerne brauchen keinen Rechtsstaat. Der Rechtsstaat ist dazu da, um Ansprüche und Rechte durchzusetzen, die Leute im normalen Kräftespiel nicht hätten. Deswegen ist diese Grundvoraussetzung unserer Verfassung ein elementarer Punkt. Das betrifft auch das Thema der Gewaltausübung. Ich will Herrn Wersich auch voll darin unterstützen, wenn er sagt: „Es gibt keine Rechtfertigung von Gewalt, es gibt nur Erklärungen von Gewalt."

Sie, Herr Weiße, fragten mich auch danach, ob die verschiedenen Religionsgemeinschaften einen Vertrauensvorschuss von Seiten der Politik haben. Das würde ich so generell gar nicht beantworten; das mache ich immer gern an Personen fest. Aber der Punkt ist, dass ich auch in meinem Wahlkreis in Rahlstedt erlebe, dass die verschiedenen Religionsvertretungen diejenigen sind, die für den sozialen Kitt innerhalb des Stadtteils sorgen. Auch wenn wir wissenschaftlich ausgedrückt gern vom „Wertekanon" sprechen, ist doch für die Vermittlung vor Ort das eigentlich Entscheidende, dass dort Leute und Institutionen sind, die diese Werte tatsächlich leben und vermitteln. Ein großer Aspekt bei den Verträgen des Hamburger Senats mit den Religionsgemeinschaften, die seit ungefähr einem Jahr in Kraft sind, ist tatsächlich, dass wir erkannt haben, welche Verschiedenartigkeit es innerhalb der Stadt gibt. Es gibt nicht mehr die Mehrheitsreligion. Wenn dem so wäre, dann wären es wohl die Leute, die keine bestimmte Religionszugehörigkeit haben. Aber der Punkt ist, dass wir anerkennen, dass Religion einerseits etwas sehr Privates ist, aber dass Religionen andererseits natürlich Ausformungen in der Gesellschaft haben. Wir wollen auch nicht, dass sich dieser Einfluss in der nächsten Zeit verringert, weil das eine Gefahr für den Zusammenhalt der Gesellschaft insgesamt bedeuten würde.

Wolfram Weiße: Haben Sie vielen Dank. Frau Möller, ich bin mir nicht sicher, wie vor 15 oder 20 Jahren Ihre Antworten ausgefallen wären, als Hamburg sich eher als säkularer Stadtstaat verstanden hat. Wie stehen sie zur Frage eines möglichen Vertrauensvorschusses für Religionsgemeinschaften?

Antje Möller: Ich setze die Argumentation anders fort. Ich bin weiterhin, wie vor 15 oder 20 Jahren, der Meinung, dass Religion eine Privatsache ist. Jeder, jede soll das glauben dürfen und das praktizieren dürfen, was ihr oder ihm gut tut. Wichtig ist für eine Lebensperspektive, und das gewährleisten wir durch Grundgesetz und Verfassung, dass auch die notwendigen Grundlagen geschaffen sind, um verschiedenen Religionsgemeinschaften ein gemeinsames Leben in einer Gesellschaft zu ermöglichen. Der Staat muss sich da heraushalten. Das ist aber keine Gegenaussage zu dem, ob es einen Vertrauensvorschuss gibt für bestimmte Religionen oder für Vertreter und Vertreterinnen von Religion. Natürlich gibt es diesen Vertrauensvorschuss, wenn es sich um Menschen als Gegenüber der Politik handelt, die der eigenen Religion angehören. So gesehen würde ich selbstverständlich sagen: Dieses Vertrauen darf auch sein, aber jeweils andere Religionen nicht ausgrenzen. Und wenn wir ganz konkret reden, dann haben wir uns ja eigentlich längst über die Notwendigkeit, aber auch die Selbstverständlichkeit verständigt, dass es auf den Zusammenhalt von Politik und Religionsgemeinschaften insgesamt ankommt. Das wäre mein Weg und das ist eine Grundlage für uns, um überhaupt erfolgreich bei gemeinsamen Aufgaben zu sein.

Zu einer anderen Frage möchte ich deutlich sagen: Die Zahl der Extremisten, die hier möglicherweise angeworben werden oder heranwachsen oder längst schon existent sind, ist ja zum Glück noch sehr gering! Wir haben es mit einem Phänomen zu tun, das gefährlich ist, das den Familien und den jungen Menschen ihr Leben zerstört, aber das kein Massenphänomen ist und sicherlich auch nicht werden wird. Aber umso deutlicher müssen wir jetzt schon sagen: Es müssen Wege gefunden werden, dagegen anzugehen. Und ich glaube tatsächlich, dass es notwendig ist, sich um die soziale Situation, die Perspektiven und Chancen der Jugendlichen und ihren Familien auch stärker zu kümmern. Und es geht nicht um Rechtfertigung für Extremismus, sondern es geht um die Biografien von Menschen. Es geht darum, die Phänomene von Extremismus zu erkennen, um dann entgegenwirken zu können. Und das geht ganz konkret nur, wenn es auch bei Familien einen Vertrauensvorschuss gibt. Die Familien haben dieses Vertrauen in der Regel gegenüber der Schura oder einem muslimischen Imam; sie haben dieses Vertrauen nicht gegenüber der Politik – das kann ich auch gut verstehen; das will ich auch gar nicht von jemandem einfordern. Aber dass wir uns dieses Vertrauen der Leute in die Religionsvertreter zunutze machen, das bleibt meiner Meinung nach unsere Hauptaufgabe.

Unser Schwerpunkt liegt in der Bildung. Bildung muss aber dann auch zu besseren Chancen führen. Obwohl wir einen steigenden Anteil von Abiturientinnen und Abiturienten haben, ist das Phänomen weiterhin so, dass der nicht typisch deutsche Name oder das nicht typisch deutsche Aussehen immer noch die Chancen in dieser Gesellschaft, auch in Hamburg, schlicht erschwert. Und das bleibt die große Aufgabe. Das ist nichts, was man sofort erreichen kann, aber das muss man immer mit diskutieren aus meiner Sicht.

Und da gibt es noch ein weiteres Phänomen: Ich habe selbst Pierre Vogel lange zugehört, weil ich mich als innenpolitische Sprecherin von Grund auf, im Original sozusagen, informieren möchte. Er hat bei uns am Hauptbahnhof gesprochen. Vor allem habe ich mir die jungen Leute angeguckt, die dort standen. Da gibt es diese Faszination, die da entsteht, dieser Effekt, den sonst Popstars haben. Es ist sicherlich auch Mode, dies toll zu finden. Ich habe Erfahrungen mit einem Flüchtling, den ich lange begleitet habe. Ich habe seine Familie aufwachsen sehen, die kleinen Kinder spielten mit mir, aber der 14-Jährige gibt mir jetzt nicht mehr die Hand. Ja, so ist das. Das sind bittere Erfahrungen und die wird es immer geben. Die führen alle nicht in den Djihad, aber genau an dem Punkt muss man versuchen, politisch anzusetzen, und sich fragen: Wann biegt es denn ab in die Ecke, wo Menschen ihr eigenes Leben und auch das anderer gefährden?

Wolfram Weiße: Vielen Dank Frau Möller. Damit haben wir schon einen Aspekt, den wir unter Gewaltprophylaxe einreihen können. Herr Kollege Gutmann, wie könnte man noch stärker Räume und Strukturen schaffen, die Gewalt verhindern oder zumindest eindämmen?

Hans-Martin Gutmann: Als Vorbemerkung gilt für mich: Es gibt überhaupt keine Rechtfertigung für extremistische Gewalt. Darum geht es gar nicht, sondern es geht um Erklärungsmuster. Ich glaube, es gibt besondere Aufgaben für religiös fundierte Leute in den verschiedenen Religionen und Konfessionen. Ihre Sehnsucht danach, anerkannt und wertgeschätzt zu sein, für wichtig erachtet zu werden, diese Sehnsucht muss insbesondere von der Politik unbedingt ernst genommen werden, wahrgenommen werden und die Menschen müssen Lebensperspektiven haben, dass sie das empfinden können. Religionsvertreter können in ihren Kirchengemeinden, in ihren Synagogen, in ihren Moscheen Gemeinschaftserfahrungen anbieten, ohne auszugrenzen und ohne dass es eine Gewaltbereitschaft gegenüber Fremden geben würde. Das finde ich sehr wichtig. Ihre Gewaltsehnsucht ist ja eine Sehnsucht nach Grandiosität und die kann ja auch anders gewählt werden, zum Beispiel in Lebenslust und in der Feier des Lebens. Dafür gibt es Rituale und Festmöglichkeiten. Ich finde, dass die politische Aufgabe jetzt darin besteht, religiöse Menschen darin zu unterstützen.
Es gibt auf der globalen Ebene Prozesse, die durch die Kriegsmethoden im Augenblick immer wieder überdeckt werden. Wir haben eine grassierende Umweltvernichtung, die dazu führt, dass weltweit immer mehr Weidegründe, Vorräte an Wasser, Lebensmöglichkeiten zerstört werden. Und wir haben eine Finanzmacht, die weitgehend ungebremst ist und die auch dazu beiträgt, dass weltweit immer wieder neue Flüchtlingsbewegungen produziert werden, die dann auch bei uns zum Teil ankommen. Auch bei uns gibt es schwierige Lebensverhältnisse. Wir müssen einfach wahrnehmen, dass wir hier Regionen in Deutschland haben, wo Menschen überhaupt nicht die Erfahrungen machen, wertgeschätzt zu sein – die nicht erfahren: „Du bist wichtig." Und da treten die dann in braunen Klamotten in Mecklenburg-Vorpommern auf oder eben auch als Salafisten. Das ist ein politisches Problem. Das muss wahrgenommen werden. Wir müssen Räume schaffen, wo Jugendliche und auch teilweise Erwachsene entgegen ihrer bisherigen Lebenserfahrung genau diese Zusage erhalten, wichtig und wertgeschätzt zu sein. Es gilt unsere Bildungseinrichtungen und unsere öffentlichen Räume so zu gestalten, dass Leute empathiefähig werden, aber auch die Erfahrung machen können, in ihrer Lebensleistung oder einfach auch als Menschen, die sie so sind, geliebt zu werden, wahrgenommen zu werden und geschützt zu werden. Das ist die zentrale politische Aufgabe.

Wolfram Weiße: Ganz herzlichen Dank. Was löst das bei den Politikern aus, wenn solche Forderungen an Sie gestellt werden? Sagen Sie: Das ist ja nicht der Bereich der Politik, sondern des Mitmenschlichen; das sollen die Kirchen, das sollen die Religionsgemeinschaften tun? Oder wo gibt es Handlungsspielräume für Gewaltprophylaxe, die Sie als Politiker sehen?

Dietrich Wersich: Das ist doch im Grunde das Streben unserer ganzen Gesellschaft: das Leben zu verbessern, die Bildung zu verbessern. Ich würde das auch nicht nur der Politik zuschreiben, denn das ist Antrieb von zivilisatorischen Prozessen.

Ich will nochmal die Dimensionen von Gewalt etwas ausdifferenzieren, um deutlicher zu machen, dass es neben der Frage von Bildung, Umweltschutz und all diesen Dingen auch noch um anderes geht. Wir haben drei Bereiche, wo in der Gesellschaft Gewalt angewendet wird – aber glücklicherweise, ich sage es nochmal: immer weniger. Die Gesellschaft setzt immer weniger körperliche Gewalt ein. Wir haben diese Dimensionen in Familien, in Erziehung, in Beziehungen. Wir haben zum Beispiel im Hamburger Stadtteil Steilshoop zusammen das StoP-Projekt gestartet, „Stadtteile ohne Partnergewalt". Das sind für mich ganz wichtige Beispiele dafür, dass Menschen aus dem Stadtteil das Thema Beziehungsgewalt ins öffentliche Bewusstsein bringen, es aufdecken, Ansprechpartner sind, das thematisieren. Die gängigste Form von Gewalt ist heute diejenige, die in unserem unmittelbaren sozialen Umfeld stattfindet. Da passieren auch die meisten Tötungsdelikte. Die zweite Dimension ist Gewalt im Rahmen von Kriminalität, zum Beispiel wenn einer auf der Straße einer alten Frau die Faust ins Gesicht schlägt und ihr die Handtasche wegnimmt. Um dieser Form von Kriminalität entgegenzuwirken, bedarf es einer Zivilcourage, aber auch eines klaren Rechtsstaats, der dagegen vorgeht. Und das Dritte ist das Thema „politische und religiöse Gewalt", und da finde ich die Erklärungsmuster mancher ganz problematisch, die Verständnis für Gewalt äußern oder sogar versuchen, sie zu rechtfertigen. Ich finde, es ist keine legitime Anwendung von Gewalt, wenn man die Gleise am Hauptbahnhof „friedlich" blockiert als Ausdruck des Protestes gegen das, was da im Nahen Osten passiert. Und es hilft auch niemandem. Ich finde, wir müssen einen gesellschaftlichen Konsens finden, der ganz entschieden jede Form von Gewalt gegen Sachen oder Menschen, auch aus politischen oder religiösen Motiven, ächtet.

Ich bin, etwas anders als Frau Möller, der Auffassung, dass die religiösen Führer tatsächlich eine moralische Instanz sind, die über ihre Gemeinschaften und ihre Anhänger hinausgeht. Ich persönlich habe großen Respekt vor dem Papst oder auch vor dem Dalai Lama. Das sind für mich Personen, die der Welt etwas zu sagen haben. Auch wenn ich nicht katholisch bin, auch wenn ich nicht buddhistisch bin. Deswegen sehe ich Religion als eine wirklich wichtige moralische Institution in unserer Gesellschaft an, die wir auch öffentlich zu Gehör bringen wollen.

Wolfram Weiße: Vielen Dank, Herr Wersich. Ja, was kann die Politik tun? Herr Wysocki, wo sehen Sie politisch Möglichkeiten, Räume für Gewaltprophylaxen zu vergrößern und überhaupt auf diesem Gebiet politisch proaktiv zu handeln?

Ekkehard Wysocki: Bevor ich Ihre Frage beantworte, muss ich zugeben, dass ich mich etwas unwohl fühle. Und zwar bei dem, was von theologischer Seite gerade als Aufgabe der Politik bezeichnet wurde. Ich bin sehr misstrauisch, wenn es darum geht, dass Politik verantwortlich sein soll für die persönliche Glücksgestaltung der Bevölkerung. Denn das lehne ich ab, um es mal so zu sagen. Wir machen ein politisches Angebot; wir haben eine bestimmte Sichtweise und machen vorzugsweise in Wahlkämpfen deutlich, wo die Neuorientierung hingeht. Wir gestalten politische Maßnahmen, die diesen Zielen hoffentlich einigermaßen nahekommen. Aber für Wertschätzung oder für das Gefühl von Ausgegrenztheit verantwortlich zu sein, das mache ich nicht mit, um es mal deutlich zu sagen. Wir haben uns bemüht bestimmte Voraussetzungen für Bildung wieder erträglicher zu machen, wir haben Studiengebühren und viele andere Gebühren abgeschafft. Es gibt breite Bildungsangebote, frühkindliche Bildung, KITAs und ähnliches, gerade in Bezug auf die Programme, die im Rahmen von Integration heute schon laufen. Das betrifft zum Beispiel auch das Programm gegen den Rechtsextremismus, weil wir dort ähnliche Phänomene haben, auch in den Motiven der Anhängerschaft, die jetzt plötzlich religiös sind. Diese Programme werden aus gutem Grund geführt und werden natürlich auch bedingt durch den auftretenden Salafismus, wobei ich Frau Möller zustimme: Das ist kein Massenphänomen, aber es ist gefährlich. Und das ist der entscheidende Punkt. Und deswegen muss man diese Programme jetzt auch machen. Aber für das persönliche Gefühl eines Menschen in diesem Staat sollte die Politik nicht verantwortlich gemacht werden. Wir haben schon das Phänomen Politikverdrossenheit – wobei man immer genau weiß, das ist eigentlich eine Parteienverdrossenheit. Die Menschen sind alle sehr interessiert an dem, was politisch passiert. Aber wenn die Parteien sich jetzt noch aufschwingen sollen, für das persönliche Glücksgefühl verantwortlich zu sein oder in diese Rolle gedrängt zu werden, dann würde ich das vehement ablehnen.

Wolfram Weiße: Danke schön, Herr Wysocki. Frau Möller, wie ist Ihre Meinung?

Antje Möller: Die Grundfrage ist doch die: Kann Religion eine moderierende und eine konfliktlösende Aufgabe übernehmen? Das habe ich bereits bestätigt.
Aber ich möchte noch einmal anders ansetzen bei der Frage „Was muss denn geschehen?". Ich glaube, wir müssen in der Politik vor allem bei der äußerst sorgfältigen, differenzierten Argumentation bleiben. Vorhin wurde kurz die Rolle der Medien erwähnt und die ist gerade hier in Hamburg eine außergewöhnliche, man könnte auch sagen „wichtige" – so wichtig, dass man sie sich sehr sorgfältig angucken muss. Sie kann auch gefährlich sein. Wenn wir nicht differenziert diskutieren, dann bekommen wir auch keine differenzierte Argu-

mentation in den Medien hin. Und dann können wir uns auch nicht gegenüber undifferenzierter Argumentation in den Medien zur Wehr setzen. Wenn wir schon über Politik reden, dann müssen wir uns auch darüber im Klaren sein, dass uns ein Wahlkampf mit einer wahrscheinlich sehr populistisch agierenden, zusätzlichen Partei erwartet. Und dann wird differenzierte Argumentation noch notwendiger sein. Deswegen halte ich es für falsch, was gerade in Bayern in einem Einzelfall passiert ist, dass nämlich ein junger Mann mit zwei Staatsangehörigkeiten, der sich strafrechtlich nichts hat zu Schulden kommen lassen, in die Türkei abgeschoben wurde und zwar mit dieser völlig undifferenzierten Äußerung des zuständigen Innenministers: „In der Türkei wird dann schon angemessen mit ihm umgegangen werden, weil er ja dem Salafismus folgt." Das, so meine ich, schafft mehr Märtyrer als dass damit eine wirklich hilfreiche präventive Erklärung verbunden ist. Also: Wir müssen differenziert bleiben; wir haben ein Strafmaß, das muss angewendet werden, aber wir dürfen keinen Generalverdacht zulassen. Und so wie man im anderen politischen Extremismus gerne auch Karl Marx noch einmal lesen darf, ohne deswegen gleich in eine bestimmte Ecke gestellt zu werden, kann es ja auch Teil von Bildung sein, sich eine „Schleife" zu extremistischeren Gedanken zu leisten. Das ist auch Teil dessen, was wir im Rechtsstaat machen dürfen. Und das ist manchmal ganz schwer auszuhalten, aber ich glaube, dass es wichtig ist, dass wir vom Generalverdacht wegkommen. Nur damit können wir die jeweils individuelle Entwicklung der Jugendlichen fördern, denn die sollen doch selbstständig denken.

Wolfram Weiße: Herzlichen Dank an alle Vertreterinnen und Vertreter aus Politik und aus der Universität. Sie haben uns wichtige Anstöße für ein gesellschaftlich wie religiös zentrales Thema gegeben!

Die Rolle von Religionen in Gewaltkonflikten

Andreas Hasenclever

Zwischen Himmel und Hölle

Überlegungen zur Politisierung von Religionen in bewaffneten Konflikten

Einleitung

Angesichts der Gräueltaten des sogenannten Islamischen Staates im Vorderen Orient, des Wütens der Lord Resistance Army in Zentralafrika, der Pogrome indischer Hindunationalisten oder auch der blutigen Terrorpolitik von Boko Haram in Nigeria wird in letzter Zeit wieder verstärkt die Frage diskutiert, ob es nicht einen genuinen Zusammenhang zwischen Glauben und Gewalt gibt. Vor allem der Islam wird in diesem Rahmen von vielen Zeitgenossen als äußerst gefährliche Religion eingeschätzt. So bescheinigt Samuel Huntington (1996, S. 420) der muslimischen Welt besonders blutige äußere wie innere Grenzen, für Heinrich Meier (2013, S. 305 f.) ist „der politisch-religiöse Radikalismus (…) zuallererst islamischer Herkunft", nach Monika Toft (2007, S. 105) ist die Verpflichtung zur bewaffneten Glaubensverteidigung im Islam außerordentlich stark ausgeprägt, Ungarns Ministerpräsident Viktor Orbán bezeichnet muslimische Flüchtlinge als ernstes Sicherheitsrisiko für sein Land und französische Lokalpolitiker wollen aus Selbstschutz nur noch Christen aus Syrien Asyl gewähren.[1] Angesichts dieser kritischen Debattenlage zum Zusammenhang von Religion und Gewalt im Allgemeinen und zur Rolle des Islams im Besonderen werde ich in diesem Beitrag eine dezidierte Gegenposition beziehen.

Zunächst wäre eine Welt ohne Religionen nach meiner Überzeugung nicht friedlicher als eine Welt mit Religionen. Das hängt damit zusammen, dass Krieg und Gewalt durch und durch säkulare Phänomene sind und Menschen keine Religion brauchen, um sich zugrunde zu richten. Darüber hinaus muss nicht überall dort, wo Religion draufsteht, auch Religion drin sein. So gibt es gegenwärtig zwar viele Konflikte, die im Namen eines wie auch immer begriffenen Heiligen ausgetragen werden. Gleichwohl habe ich den Eindruck, dass das, was in diesem Zusammenhang als Religion verkauft wird, seinen Heilsbezug verloren hat und zu einer Ideologie unter anderen geworden ist. Wir haben es mit „halbierter Religion" zu tun. Schließlich halte ich Religion in einem anspruchsvollen Sinn zur Rechtfertigung von Gewalt für strukturell unfähig. Umgekehrt können Religionen als Religionen aber viel für den Frieden tun. Ihnen kommt ein hohes sozialkritisches Potential zu und ihre Repräsentanten sind immer wieder in der Lage, Eskalationsprozesse zu unterbrechen oder Friedenskonsolidierungsmaßnahmen zu unterstützen. Hierzu

---

1 Vgl. TAZ (22.8.2015) „Asyl nur für Christen?" und FAZ (9.9.2015) „Frankreich: Bibeltest für Flüchtlinge".

müssen Religionen allerdings vor Instrumentalisierung geschützt werden. Denn nur dort, wo sie nicht Teil des Problems sind – in Form von „halbierter Religion" – können sie zu einem Teil der Lösung werden.

Im Folgenden werde ich versuchen, meine drei Thesen in vier Schritten zu entwickeln. In einem ersten Schritt werde ich knapp vier Grundpositionen in der Debatte um die Rolle von Religion in bewaffneten Konflikten skizzieren: Eine religionskritische Position, die besagt, dass ein genuiner Zusammenhang zwischen Glaube und Gewalt besteht, wobei religiöse Differenzen sowohl das Konfliktrisiko als auch die Konfliktintensität erhöhen, eine säkular-skeptische Position, deren Vertreter keinen solchen Zusammenhang sehen, sondern Krieg und Frieden auf materielle Faktoren zurückführen, eine ambivalente Position, die meint, dass Religionen sowohl zu Gewalt als auch zu Frieden beitragen können, und eine enthusiastische Position, aus deren Sicht Religionen im eigentlichen Sinne nichts mit Krieg, aber viel mit Frieden zu tun haben.

In einem zweiten Schritt werde ich einen Blick auf empirische Befunde aus der Friedens- und Konfliktforschung werfen, die uns helfen können, die Debatte zwischen den vier skizzierten Positionen einer Klärung näherzubringen. Wie gesagt: Ich meine, dass uns die vorliegenden Forschungsergebnisse keine starken Hinweise auf eine besondere Virulenz religiöser Differenzen liefern. Bewaffnete Konflikte folgen vielmehr einer säkularen Logik. Im Rahmen dieser Logik können religiöse Traditionen spezifische Funktionen übernehmen. Sie können Gewalt legitimieren und Menschen mobilisieren. Allerdings sind sie in dieser Hinsicht substituierbar.

Deshalb müssen wir uns in einem dritten Schritt fragen, ob wir es in solchen Fällen überhaupt noch mit Religion in einem anspruchsvollen Sinn zu tun haben. Hierzu werde ich zunächst versuchen, mein – wahrscheinlich sehr angreifbares – Religionsverständnis zu erläutern. Anschließend werde ich einen Blick auf die aktuelle Terrorismusforschung werfen, um zu plausibilisieren, dass Terror im Namen des Heiligen mit halbierter Religion einhergeht. Überspitzt formuliert haben wir es in solchen Fällen mehr mit Magie als mit Offenbarung zu tun – falls es Letzteres überhaupt gibt.

Abschließend möchte ich dann noch auf den oft vergessenen Zusammenhang von Religion und Frieden eingehen. Ich werde zeigen, dass aus der Mitte von Glaubensgemeinschaften immer wieder sehr erfolgreiche Friedensbewegungen hervorgegangen sind und hervorgehen. Sie haben Merkmale, die auf ein komplexes Religionsverständnis hinweisen, welches auf eine strikte Unterscheidung von Politik und Glaube hinausläuft. So sollte Politik weltlichen Argumenten folgen, während Religion in diesem Zusammenhang zwar eine kritische Funktion zukommen kann aber keine konkretisierende. Wie deutlich werden sollte, können Religionen in meinem Verständnis keine Antwort auf die Frage geben, wie eine Gesellschaft im Einzelnen zu gestalten ist. Sie können auf Missstände hinweisen und sie können sich auch an der Debatte um die richtige Politik beteiligen, aber wenn sie das tun, zählen am Ende vernünftige Gründe und keine religiösen Argumente.

Vier Positionen in der Debatte um Religion und Krieg

Die Religionskritiker

Aus kritischer Perspektive gehen Religionen mit absoluten Wahrheits- und Geltungsansprüchen einher. Sie sind intrinsisch auf Abgrenzung gegenüber fremden Religionen angelegt und nehmen Andersgläubige als kosmische Widersacher wahr, mit denen kein dauerhafter Friede möglich ist. In diesem Sinne meint beispielsweise Ulrich Beck (2008, S. 87), dass Religionen eine „totalitäre Versuchung" innewohne, die Glaubensgemeinschaften nach innen integriere und nach außen zu kompromisslosen Gegnern mache. Andersgläubigen werde jedes Recht auf Schonung abgesprochen, während die eigene Heilsgewissheit auch die brutalsten Mittel rechtfertige und zu größten Opfern motiviere. In ähnlicher Weise urteilt Jan Assman (2006, S. 475): „Die Religion erweist sich heute […] weniger als das Opium, sondern vielmehr als das Dynamit des Volkes."

Als besonders gefährlich gelten in diesem Zusammenhang monotheistische Religionen. So ist nach Jan Assmann (2006, S. 479) „an einem ursprünglichen Zusammenhang von Monotheismus, Ikonoklasmus und Gewalt nicht zu zweifeln". Denn jeder Monotheismus verlange unbedingte Treue zu einem einzigen Gott. Entsprechend verspiele jeder, der nicht entschlossen genug gegen die Feinde Gottes vorgehe, sein Heil. Auch nach Ulrich Beck (2008, S. 77) wohnt dem Monotheismus eine radikale Entweder-Oder-Logik inne, welche die Welt messerscharf in Gläubige und Ungläubige sortiere und gegeneinander aufbringe:

> „Das Samenkorn religiös motivierter Gewalt liegt im Universalismus der Gleichheit der Glaubenden begründet, die den Anders- oder Ungläubigen entziehe, was sie den Glaubenden verheiße: Mitmenschenwürde".

Den schlechtesten Ruf unter den monotheistischen Religionen hat in der westlichen Welt der Islam. So ist er für Karl-Heinz Bohrer (2001, S. 955) „eine unaufgeklärt gebliebene, frühmittelalterliche Religion, die periodisch aggressiv ausbricht". Der Westen solle sich nichts vormachen: „Der Terror kommt durchaus aus dem Islam". In ähnlicher Weise beobachtet Monica Duffy Toft (2007, S. 112–117), dass Muslime im Verhältnis zu Angehörigen anderer Religionen bemerkenswert oft in bewaffnete Auseinandersetzungen verwickelt seien und dass diese außerordentlich brutal ausgetragen würden. Auch aus ihrer Sicht hat das vor allem damit zu tun, dass „der" Islam seine Aufklärung noch vor sich habe.

Als Antwort auf das immanente Gewaltpotential der Religionen setzen die Religionskritiker auf rechtsstaatliche Einhegung des Glaubens und seine Verdrängung aus dem öffentlichen Leben. Religiöse Gewalt sei mit polizeilichen Mitteln zu unterbinden und Politik müsse strikt säkularisiert werden, um ihre Kompromissfähigkeit zu erhöhen und pragmatische Lösungen auf drängende Weltfragen zu ermöglichen.

Die Skeptiker

Sozialwissenschaftliche Skeptiker wie James Fearon und David Laitin (2003) oder auch Dieter Senghaas (1998) können keinen genuinen Zusammenhang zwischen Religion und Gewalt erkennen. Auch wenn sie nicht bestreiten, dass politische Auseinandersetzungen immer wieder religiös aufgeladen werden, halten sie dies im Letzten für analytisch irrelevant. Vielmehr seien für die Erklärung bewaffneter Konflikte die strategischen Kalküle politischer Eliten im Kontext von Modernisierungs- und Globalisierungsprozessen maßgeblich. Wenn politische Eliten der Meinung seien, dass sich ihre Interessen mit der Waffe in der Hand optimal verwirklichen ließen, dann nehme das Bürgerkriegsrisiko dramatisch zu. In solchen Situation würden politische Eliten dann zwar immer wieder auch auf religiöse Traditionen zurückgreifen, um Gewalt zu legitimieren und gesellschaftliche Unterstützung zu mobilisieren. Aber dies sei gegenüber den grundlegenden politischen und wirtschaftlichen Interessenkonstellationen zweitrangig. So ging beispielsweise Slobodan Milosevic in den jugoslawischen Nachfolgekriegen zunächst eine enge Allianz mit der orthodoxen Landeskirche ein, um seine großserbischen Pläne zu rechtfertigen. Als aber die orthodoxe Führung während der Dayton-Verhandlungen zum politischen Ballast wurde, wurden religiöse Erwägungen den strategischen Kalkülen des serbischen Regimes strikt untergeordnet und marginalisiert.

Aus skeptischer Sicht haben wir es also mit einem instrumentellen und keinem originären Verhältnis zwischen Glaube und Gewalt zu tun. Entscheidend sind die Nutzenkalküle von Eliten und nicht die religiösen Differenzen zwischen Bevölkerungsgruppen. Zu politischer Gewalt komme es, wenn politische Unternehmer dies für nützlich halten. Zur Vermeidung bewaffneter Konflikte müssten deshalb die Opportunitätskosten der Gewalt durch funktionierende politische Institutionen, wirtschaftliches Wachstum und eine faire Verteilung von Partizipationschancen erhöht werden. Unter solchen Bedingungen würde es politischen Unternehmern schwerer fallen, die notwendige gesellschaftliche Unterstützung für Gewaltstrategien zu mobilisieren. Als Folge würde das Kriegsrisiko insgesamt deutlich sinken und die Religionen ihre Virulenz verlieren.

Die Ambivalentiker

Ambivalentiker wie Scott Appleby (2000) oder Perry Schmidt-Leukel (2004) gehen mit den Religionsskeptikern davon aus, dass sich bewaffnete Konflikte nicht bruchlos auf Nutzenkalküle von Gewaltunternehmern zurückführen lassen. Vielmehr würden politische Eliten immer in Kontexten handeln, in denen Religionen die gesellschaftlichen Wertvorstellungen und Konfliktwahrnehmungen nachhaltig prägen würden. Deshalb sind sich die Ambivalentiker auch mit den Religionskritikern darin einig, dass Religionen das Eskalationsrisiko von Konflikten erheblich erhöhen können. Gleichzeitig dürfe aber ihr Friedenspotential nicht übersehen werden. Immer wieder würden sich Glaubensgemeinschaften für die Prävention von Gewalt oder die Versöhnung ehemaliger Feinde einsetzen. Menschen können offenkundig aus genuin religiösen Überzeugungen sowohl morden als auch Frieden stiften. Entsprechend schreibt beispielsweise Scott Appleby (2000, S. 30):

> „At a given moment any two religious actors, each possessed of unimpeachable devotion and integrity, might reach diametrically opposed conclusions about the will of God and the path to follow: Violent as well as nonviolent acts fall readily within the range."

Religionen wohnt also etwas inne, was sie auf der einen Seite zu einer gewalttreibenden Kraft machen kann. Auf der anderen Seite sei aber auch immer wieder zu beobachten, dass Glaubensgemeinschaften und ihre Vertreter einen genuinen Beitrag zum Frieden leisten. Wann Religionen in die eine und wann in die andere Richtung wirken, muss aus Sicht der Ambivalentiker als empirische und nicht als grundsätzliche Frage begriffen werden, die es weiter zu erforschen gilt. Im Sinne eines „religious engineering" wären dann die Glaubens- und Gesellschaftsmerkmale, die den Frieden unterstützen, zu stärken, während die dunklen Seiten der Religionen zurückgedrängt werden müssten (Almond et al., 2003).

Die Enthusiasten

Für die Enthusiasten schließlich haben Religionen nichts mit Krieg und Gewalt und viel mit Frieden und Versöhnung zu tun. So schreibt beispielsweise der muslimische Friedensaktivist und Träger des alternativen Nobelpreises Asghar Ali Engineer (2009): „Religions never clash. (…) The purpose of religion is definitely peace." Genauso meint der ehemalige Papst Benedikt, dass „die recht gelebte Hinordnung des Menschen zu Gott eine Kraft des Friedens [ist]". Gewalt erscheint demgegenüber nicht als Folge von zu viel, sondern von zu wenig Religion. Dabei bestreitet der Papst nicht, dass bewaffnete Auseinandersetzungen immer wieder religiös legitimiert werden würden. Allerdings verfehle eine solche Rechtfertigung das „wahre Wesen von Religion" und trage zu ihrer Zerstörung bei.

Ganz ähnlich sieht das die Evangelische Kirche in ihrer Denkschrift „Aus Gottes Frieden leben – für gerechten Frieden sorgen": Gewalt sei Ausdruck der Sünde und spiegle ein verkehrtes Verhältnis zu Gott wider. Zwar sei nicht zu leugnen, dass auch christliche Traditionen in der Geschichte immer wieder zur Rechtfertigung von Aggression eingesetzt worden seien. Dies würde aber der Verkündigung Jesu in eklatanter Weise widersprechen. Deshalb sollten

> „die offiziellen Repräsentanten der Religionen dort, wo kriegerische oder terroristische Gewalt mit religiösen Argumenten legitimiert, propagiert oder ausgeübt wird, beharrlich und öffentlich solchen Taten und ihren religiösen Begründungen widersprechen" (EKD, 2007, S. 33).

Aus Sicht der Enthusiasten werden Religionen also de facto immer wieder für politische Zwecke missbraucht. Dem sei durch mehr und nicht durch weniger Religion entgegenzuwirken. Was die Welt brauche, seien starke Religionen, die in der Lage seien, ihrer Vereinnahmung durch weltliche Interessen entgegenzuwirken und ihren Verkündigungsauftrag in der Welt zu erfüllen. Dabei sei klar, dass dieser Verkündigungsauftrag keine Gewalt rechtfertigen könne.

Empirische Befunde zum Zusammenhang von Religion und Gewalt

Auf den ersten Blick scheinen die Religionskritiker Recht zu haben. In vielen Konflikten unterscheiden sich die Gegner eindeutig nach Maßgabe ihrer Glaubensüberzeugungen. Zu denken ist an die blutigen Auseinandersetzungen in Ägypten, Afghanistan, Indien, Indonesien, Irak, Jemen, Libyen, Mali, Nigeria, Palästina, Myanmar, Sri Lanka, Pakistan, Philippinen, Syrien, Thailand oder Tschetschenien. In all diesen Fällen haben religiöse Überzeugungen fraglos eine identitätsbildende Funktion: Sie fördern den inneren Zusammenhalt der Konfliktparteien, sie ermöglichen klare Abgrenzungen vom Gegner, sie rechtfertigen Gewalt im Namen des Heiligen und sie steigern die individuelle Opferbereitschaft (De Juan & Hasenclever, 2015). Außerdem ist nicht zu bestreiten, dass viele Kämpfer meinen, was sie sagen. Es gibt fanatische Überzeugungstäter, und Menschen töten andere Menschen, weil sie glauben, dies im Namen ihrer Religion tun zu müssen – das haben uns nicht erst die furchtbaren Interviews gezeigt, die Jürgen Todenhöfer (2015) mit IS-Kämpfern in Syrien geführt hat.

Ein zweiter Blick auf das globale Konfliktvorkommen zeigt dann allerdings, dass ethnische oder ideologische Konflikte im Gegensatz zu den Erwartungen der Religionsskeptiker nicht weniger brutal sind als Auseinandersetzungen zwischen Glaubensfeinden (Lacina, 2006; Nordas, 2007). Hierfür stehen beispielsweise die Genozide in Dafur, Guatemala, Kambodscha, Ruanda und Somalia oder auch die maßlose Gewalt in Burundi, im Kongo und im Südsudan. Entsprechend kam Susanna Pearce (2005) in einer quantitativen Studie zu dem Ergebnis, dass zwar 20 Prozent aller Auseinandersetzungen mit religiösem Bezug eine sehr hohe Gewaltintensität erreichten. Bei „säkularen" Konflikten waren es aber 24 Prozent! Ganz ähnlich lautete der Befund bei Frances Stewart (2009, S. 20):

> „An overview of cases with very high death rates (with 200,000 or more deaths) since 1956 shows ethnic incidents of these mass lethal events being far the most pervasive; there is no single case of religion alone, but religion combined with ethnicity/nationality played a role in four cases out of the 16. The very worst cases – over 1 million deaths – include four with no religious element (Pakistan, Cambodia, Rwanda, the Congo) and three with some religious motivation (Bosnia, Sudan and Iraq/Iran)."

Menschen sind offenkundig auch ohne ihre Götter in der Lage, sich bis aufs Blut zu bekämpfen. Mit Blick auf die Intensität der Gewalt lässt sich jedenfalls kein Unterschied zwischen religiösen und säkularen Konflikten erkennen. Krieg und Gewalt setzen eine gemeinsame Identität voraus, das ist unstrittig. Glaubensunterschiede sind in ihrer konfliktkonstituierenden und gewaltmotivierenden Kraft aber durch ethnische oder ideologische Differenzen substituierbar. An der Brutalität von Konflikten jedenfalls verändert der Identitätstyp einer Gruppe relativ wenig. Oder um es überspitzt zu formulieren: Ob Gewalt im Namen von Religion, Ideologie oder Ethnizität gerechtfertigt wird, ist für die konkreten Konfliktverläufe etwa so bedeutsam wie der Unterschied zwischen Wodka, Whisky oder Gin für die Gewaltbereitschaft von Jugendlichen.

Das Gleiche gilt für die Wahrscheinlichkeit bewaffneter Auseinandersetzungen (Buhaug et al., 2014; Bussmann et al., 2009). Bislang ist es der quantitativen Forschung trotz intensiver Suche nicht gelungen, einen robusten Zusammenhang zwischen religiösen Differenzen und dem Risiko von Gewaltkonflikten zu finden (Basedau et al., 2011; Hegre & Sambanis, 2009). Was sich demgegenüber immer wieder zeigt, ist die große Bedeutung ökonomischer und politischer Faktoren. So wächst das Bürgerkriegsrisiko eines Landes in direkter Abhängigkeit von Wirtschaftskrise, schlechter Regierungsführung und politischer Diskriminierung. Unabhängig von der religiösen Demografie zieht anhaltende Knappheit regelmäßig massive Verteilungskonflikte nach sich. Wenn diese Konflikte nicht im Kontext funktionierender Institutionen zufriedenstellend bearbeitet werden, steigt das Risiko staatlicher Repression. Repression kann aber nur so lange funktionieren, wie der Staat hinreichend stark und die Regierung hinreichend einig sind. Wenn diese Bedingungen wegfallen, dann nimmt das Bürgerkriegsrisiko signifikant zu. Es kommt deshalb nicht von ungefähr, dass bewaffnete Feindseligkeiten vor allem in krisengeschüttelten Regionen des Südens zu beobachten sind, während sie in den reichen Demokratien des Nordens ganz unabhängig von ihrer Religionslandschaft außergewöhnlich selten bleiben.

Schließlich zeigen mehrere quantitative Studien, dass die islamische Welt mit Blick auf die Wahrscheinlichkeit bewaffneter Konflikte und ihrer Intensität keine Ausnahme darstellt. So gibt es keine Hinweise auf eine besondere Brutalität von Muslimen oder zwischen Muslimen (De Soysa & Nordas, 2007, S. 927; Fish et al., 2010). Außerdem ist die Konfliktanfälligkeit muslimischer Gesellschaften nicht ungewöhnlich hoch, wenn ihre politische, wirtschaftliche und soziale Situation berücksichtigt wird (Karakaya, 2015; Sørli, Gleditsch & Strand, 2005). Zu ähnlichen Schlüssen kommen vergleichende Untersuchungen zu politischen Bewegungen im Vorderen Orient (Albrecht & Köhler, 2008; Asal et al., 2014; Hafez, 2004). Sie zeigen, dass die ideologische Ausrichtung für die Gewaltbereitschaft bewaffneter Gruppen zweitrangig ist und dass sich Gruppen mit ähnlicher Dogmatik in ihrem Gewaltverhalten deutlich unterscheiden, wobei diese Unterschiede wiederum verständlich werden, wenn der politische, wirtschaftliche und soziale Kontext der jeweiligen Gruppen berücksichtigt wird. Dies spricht dafür, dass es weniger die

Religion und mehr die Opportunitätsstrukturen sind, die erklären können, warum Islamisten beispielsweise in Jordanien und Marokko ihre Ziele vorrangig ohne Gewalt verfolgen, während Bewegungen wie al-Gamaa al-Islamiyya oder Islamischer Jihad in Ägypten und Armée Islamique du Salut oder Groupe Islamique Armée in Algerien zum bewaffneten Kampf gegen Regierungen aufrufen. Nach Quintan Wiktorowicz (2004, S. 3) macht es folglich keinen Sinn, militante Islamisten als Gewaltakteure sui generis zu begreifen. Sie verhalten sich verglichen mit anderen Gewaltbewegungen vielmehr erschreckend „normal".

Insgesamt zeigt die Forschung zu bewaffneten Konflikten also, dass der Zusammenhang von Religion und Gewalt längst nicht so eindeutig ist, wie viele Zeitgenossen meinen. Vielmehr spricht einiges dafür, dass Gewaltkonflikte einer säkularen Logik folgen. Im Rahmen dieser Logik können religiöse Traditionen spezifische Funktionen übernehmen. Sie können Gewalt legitimieren und sie können Menschen mobilisieren. Allerdings sind sie in dieser Hinsicht substituierbar. Sie werden zu einer Ideologie unter vielen und funktionieren nach bekannten Mustern. Deshalb müssen wir uns in einem dritten Schritt fragen, ob wir es in solchen Fällen überhaupt noch mit Religion in einem anspruchsvollen Sinn zu tun haben.

Überlegungen zum Religionsbegriff

Der Religionsbegriff ist in der Wissenschaft aus guten Gründen strittig. Umso wichtiger ist es, bei Arbeiten mit empirischem Anspruch das erkenntnisleitende Religionsverständnis so klar wie möglich auszuflaggen. Hierzu will ich an Überlegungen von Wolfhart Pannenberg, Detlef Pollack, Martin Riesebrodt und Heinrich Schäfer anknüpfen. Nach Meinung von Martin Riesebrodt (2007, S. 113) lässt sich religiöse Praxis zu allen Zeiten und in allen Gesellschaften klar von nichtreligiöser Praxis unterscheiden. Dabei beruht religiöse Praxis auf der „Prämisse der Existenz in der Regel unsichtbarer persönlicher oder unpersönlicher übermenschlicher Mächte", die nicht den Gesetzen unserer Endlichkeit unterworfen sind und in diesem Sinne als transzendente Mächte begriffen werden können. Von ihnen wird erwartet, dass sie angesichts der unausweichlichen Kontingenz menschlichen Lebens Unheil abwehren, Krisen bewältigen und Heil herbeiführen können. Religionen stellen also die Frage nach der Erträglichkeit von Unterdrückung und Tod und sie beantworten diese Frage mit dem Verweis auf das rettende Wirken persönlicher oder unpersönlicher Mächte. Dabei müssen die verehrten Mächte im Verständnis der Gläubigen von den Zwängen der Endlichkeit befreit sein, um das in den Religionen kommunizierte Heilsversprechen auch einlösen zu können. Wir wollen mit unseren Göttern nicht dauerhaft in einem Boot sitzen (vgl. auch Pollack, 1995, S. 186; Schäfer, 2009, S. 9–10).

Während die Heilszusage nicht von dieser Welt ist, sind es Religionen in einem unausweichlichen Sinne. Sie begegnen uns immer in Form von Symbolsystemen, die das Heilsversprechen den Gläubigen in einer Sprache kommunizieren, die sie verstehen. Nicht zuletzt deshalb beschreibt Wolfhart Pannenberg (1988, S. 157) Religionen auch als „doppelseitige Größen", deren primäre Aufgabe darin bestehe, das „Unendliche mit dem Endlichen" zu vermitteln und dabei ein Bewusstsein der eigenen Endlichkeit zu bewahren. Denn wie die Religionssoziologie zeigt, bleiben Religionen immer Kinder ihrer Zeit (Schäfer, 2004). Es ist unmöglich, sie aus ihren jeweiligen gesellschaftlichen Kontexten zu lösen, in deren Sprachen und Sinnhorizonten sie den Gläubigen das Heilsversprechen der verehrten Mächte verkünden und zum Kult auffordern. Oder anders formuliert: Religionen organisieren den Transzendenzbezug für ihre Anhänger in einer historischen Gestalt, die als solche wandelbar ist, auch wenn die intendierte Wahrheit als unwandelbar gilt.

Folglich müssen sich Religionen daran bewähren, das zugesprochene Heil unter den Bedingungen der Zeit angemessen zur Geltung zu bringen. Dabei kommen die Religionsvertreter nicht um den Gebrauch der eigenen Vernunft und die „Vorläufigkeit menschlicher Urteilsbildung" herum (Pannenberg, 1999, S. 169). Denn den Religionen ist es aufgegeben, ihrer intendierten Wahrheit so gerecht wie möglich zu werden. Gleichzeitig ist diese intendierte Wahrheit auf eine Art und Weise ungeheuerlich, dass sie niemals vollkommen im Horizont der endlichen Wirklichkeit zum Ausdruck gebracht werden kann. Religionen erscheinen deshalb bei Pannenberg als Versuch, angemessen auf die Heilszusage zu antworten – und zwar in dem Wissen, dass diese Antwort nur vorläufig sein kann und mit endlichen Beschränkungen durchsetzt ist. Während die Heilszusage also eindeutig und zeitunabhängig ist, ist das, was aus ihr für das Leben der Gläubigen folgt, alles andere als eindeutig und kontextfrei.

Diese Offenheit der Heilszusage für die Organisation des weltlichen Lebens spiegelt sich darin wider, dass alle Religionen über höchst komplexe und spannungsreiche Überlieferungen verfügen. Sie lassen sich nur mit erheblichem Auslegungsaufwand sinnvoll auf gegenwärtige Problem- und Fragestellungen beziehen. Dabei folgt aus der unausweichlichen Vermittlung von Transzendenz und Immanenz eine große Skepsis gegenüber jedem Versuch, aus isolierten Überlieferungen unmittelbare Handlungsanweisungen abzuleiten. Vielmehr zeichnet sich angemessenes religiöses Bewusstsein dadurch aus, dass die Komplexität des Glaubens in Fragen menschlicher Praxis anerkannt und berücksichtigt wird, eben weil die intendierte Wahrheit der Religionen nicht von dieser Welt ist. Gleichzeitig schärft religiöses Bewusstsein den Blick für die Missstände in der Welt. Es sind Endlichkeitserfahrungen, die von den Religionen verarbeitet werden, und sie werden verarbeitet, weil sie für die Gläubigen als Skandal evident sind. Andernfalls bräuchte es keine Heilszusage. Deshalb kommt den Religionen als Religionen ein hohes sozialkritisches Potenzial zu. Bei der Lösung konkreter Probleme führt aber – wie gesagt – kein Weg an vernünftigen Argumenten vorbei.

Im hier entwickelten Verständnis kommt es für eine Religion vor allem darauf an, dass sich intendierte religiöse Wahrheit und religiöse Praxis entsprechen. Glaubensgemeinschaften und ihre Vorstellungen sind daran zu messen, ob sie das Unendliche im Endlichen angemessen zur Anschauung bringen (Pannenberg,

1988, S. 183; Pollack, 1995, S. 186 f.). Und das heißt, dass sie der Komplexität der Überlieferungen und der Zeitgebundenheit ihres Ausdrucks Rechnung tragen, dass sie vernünftige Formen der Auslegung und entsprechende Symbole der Darstellung entwickeln und dass sie in ihrer Praxis den Heilsbezug bewahren. In der Religion kann es deshalb auch keinen Zwang geben, weil es um Einsicht geht. Außerdem wird aus dieser Perspektive einmal mehr der normativ-kritische Gehalt des Religionsbegriffs deutlich: Auch Glaubensgemeinschaften können die intendierte Wahrheit ihrer Religion verfehlen. Nach Pannenberg (1988, S. 200–202) geschieht das beispielsweise dann, wenn eine Glaubensgemeinschaft „das endliche Medium der Erscheinung an die Stelle der Gottheit selbst treten lässt." In solchen Fällen treten Form und Inhalt von Religion auseinander. Wir haben es mit religiöser Rhetorik und möglicherweise auch mit religiöser Begeisterung zu tun, denen die von den Religionen intendierte Wahrheit fehlt – oder um eine bekannte Formulierung von Bassam Tibi abzuwandeln: Es handelt sich um „halbierte Religion".

Meine Vermutung ist nun, dass zwischen einer so verstandenen „halbierten Religion" und der religiösen Aufladung von Gewaltkonflikten ein enger Zusammenhang besteht, während Religion in dem hier entwickelten starken Sinn Gewalt skeptisch gegenübersteht und eher mit Friedensbemühungen einhergeht. Gleichzeitig vermute ich, dass „halbierte Religionen", eben weil sie den Transzendenzbezug verfehlen, ein säkulares Phänomen sind und sich in ihrer konfliktrelevanten Wirksamkeit von nichtreligiösen kollektiven Identitäten kaum unterscheiden. Um diese Vermutung zu plausibilisieren, werde ich im nächsten Abschnitt einen Blick auf die aktuelle Terrorismusforschung werden, um dann den Zusammenhang von Religion und Frieden zu diskutieren.

Die säkulare Logik des fundamentalistischen Terrorismus

Nach Überzeugung vieler Beobachter setzte mit dem Ende des Kalten Krieges ein weltweiter Wandel der terroristischen Gewalt ein. David Rapoport (2006) spricht in diesem Zusammenhang auch von einer vierten Welle: Nach Anarchismus, Nationalismus und Linksradikalismus sei jetzt Religion zur treibenden Kraft hinter den meisten Anschlägen geworden. Dabei würden vor allem islamistische Gruppen die globale Terrorszene dominieren. In gleicher Weise meint Brian Michael Jenkins (2006, S. 119), dass mit diesen Gruppen ein „neues Zeitalter des Terrorismus" beginnen würde. Während es bei den Terrorangriffen in den 1970er- und 1980er-Jahren vor allem um möglichst viel politische Aufmerksamkeit mit möglichst wenigen Toten gegangen sei, wollten die islamistischen Attentäter viel Aufmerksamkeit und viele Tote. Und in der Tat zeigen die verfügbaren Daten, dass die Intensität der Anschläge in den letzten zwanzig Jahren zugenommen hat und dass Gruppen mit einer religiösen Agenda die weltweite Terrorszene dominieren. Forderten zehn Anschläge in den 1970er-Jahren durchschnittlich acht Todesopfer, waren es in den 1980er-Jahren 28, in den 1990ern 26 und in den 2000ern 41 (Global

Terrorism Database, 2011). Entsprechend nahm die Zahl der schweren Anschläge mit mehr als 10 Toten seit 1970 kontinuierlich zu, während die Gesamtzahl der Angriffe seit 2000 sogar zurückging: Bei weniger Attacken sterben immer mehr Menschen. Verantwortlich hierfür sind vor allem muslimische Extremisten. Unter den 20 Gruppen, die zwischen 1998 und 2005 die meisten Menschen ermordet haben, befanden sich nur fünf säkulare Organisationen. Von den 15 Gruppen mit religiöser Ideologie war wiederum nur die Lord's Resistance Army nicht islamistisch ausgerichtet.

Trotz dieses erschreckenden Trends bleibt aber ein kausaler Zusammenhang zwischen steigender Terrorintensität und Religion alles andere als zwingend. So zeigt eine Untersuchung von Daniel Masters (2008), dass die Intensität der Anschläge aller Terrorgruppen seit Ende des Kalten Krieges zugenommen hat. Dieses gleichförmige und ideologieübergreifende Brutalitätswachstum wird in westlichen Gesellschaften kaum wahrgenommen. Ein Grund hierfür mag die mediale Fixierung auf den islamistischen Terrorismus sein. Nur wenige wissen, dass der fürchterlichste Anschlag 2010 von einer indigenen Rebellenbewegung im Nordosten Indiens verübt wurde. Nach Angaben des National Counterterrorism Centers brachte das People's Committee Against Police Atrocities am 28. Mai einen Zug zum Entgleisen. Es starben 148 Zivilisten und über 200 wurden verwundet. Auch 2009 gingen die schlimmsten Attentate nicht auf das Konto islamistischer Extremisten, sondern auf das der Lord's Resistance Army. Sie ermordeten am 17. Januar 2009 in der Nähe des kongolesischen Dorfes Tora über 400 Männer, Frauen und Kinder. Insgesamt werden der Lord's Resistance Army 2009 vom National Counterterrorism Center acht Anschläge im Kongo zugeschrieben, denen fast 1.000 Menschen zum Opfer fielen. Als notorische Killer galten schließlich die säkularen Befreiungstiger (LTTE) auf Sri Lanka. Sie werden von der Global Terrorism Database von 1975 bis 2010 für über 15.000 Tote verantwortlich gemacht. Dabei waren ihre Attacken in den 1990er-Jahren brutaler als jene im Irak in den 2000ern. Die LTTE töteten in zehn Anschlägen im Durchschnitt 82 Menschen. Schließlich sind die LTTE auch die Terrorgruppe, die vor 2001 mit Abstand die meisten Selbstmordattentate verübt hat: Von 186 Selbstmordanschlägen weltweit zwischen 1980 und 2001 gehen 75 auf das Konto der tamilischen Befreiungstiger.

Darüber hinaus beobachten Gregg Klein (2015) und James Piazza (2009) deutliche Unterschiede bei der Gewaltbereitschaft islamistischer Gruppen. So seien Al-Qaida und ihre Tochterorganisationen zwischen 1998 und 2005 für die schwersten Anschläge verantwortlich.[2] Sobald sie von der Untersuchung ausgeschlossen würden, seien islamistische Terroristen nicht signifikant brutaler als ihre säkularen Artgenossen. Wenn dann auch noch berücksichtigt werde, dass zwischen den religiösen Überzeugungen gewaltbereiter Islamisten und denen, die auf friedlichen Wandel setzen, kaum dogmatische Unterschiede bestünden, werde klar, dass die religiösen Überzeugungen von Muslimen als solche keine wesentliche Rolle bei

---

2 Generell zeigen die Studien von Gregg (2015) und Masters (2008), dass transnationaler Terrorismus generell signifikant brutaler ist als nationaler Terrorismus.

der Erklärung terroristischer Gewalt spielen können. Diese Einschätzung wurde jüngst von Victor Asal, Marcus Schulzke und Amy Pate (2014) gestützt. Sie zeigen in ihrer Studie, dass für die Gewaltbereitschaft von Protestbewegungen im Vorderen Orient vor allem das Repressionsverhalten von Regierungen verantwortlich sei. Religiöse Überzeugungen würden demgegenüber nur eine Nebenrolle spielen.

Damit soll freilich nicht gesagt werden, dass islamistische Terroristen unabhängig von ihren Glaubensüberzeugungen handeln würden. Das wäre ein Fehlschluss. Vielmehr zeigen die verfügbaren Untersuchungen, dass sich die meisten Attentäter und Mitläufer für aufrechte Muslime halten, die für eine gerechte Sache kämpfen. Gleichwohl gibt es eine Reihe von Beobachtungen, die an einer genuin religiösen Motivation islamistischer Terroristen zweifeln lassen.

Zunächst folgt der Rekrutierungs- und Radikalisierungsprozess in aller Regel säkularen Mustern (Kruglanski & Fishman, 2009; LaFree & Ackerman, 2009; McCauley & Moskalenko, 2010). Als treibende Kraft erscheint oft ein generelles Gefühl persönlicher Verunsicherung. Hier zeigt beispielsweise Saskia Lützinger (2010, S. 71) in ihrer Studie zu gewaltbereiten deutschen Extremisten, dass das Hauptmotiv für den Einstieg in einschlägige rechtsradikale, linksradikale oder islamistische Milieus „die Suche nach sozialem Rückhalt, Verständnis und Struktur" war. Feste ideologische oder religiöse Präferenzen spielten demgegenüber so gut wie keine Rolle. Vielmehr wurden sie erst im Zuge des Radikalisierungsprozesses ausgebildet (vgl. auch McCauley & Moskalenko, 2010, S. 89). Deshalb verwundert es nicht, wenn von islamistischen Terroristen immer wieder berichtet wird, dass sie vor ihrer Rekrutierung wenig Interesse an religiösen Fragen gezeigt haben (Bartlett & Miller, 2012, S. 8–9; Lützinger, 2010, S. 35). Damit korrespondiert die Beobachtung, dass sie den Koran auch später meistens nur sehr oberflächlich kennen. Dies gilt sowohl für Muslime, die sich innerhalb westlicher Gesellschaften radikalisierten, als auch für Muslime aus der arabischen Welt. So bescheinigen sowohl Marc Sagemann (2008, S. 156) als auch Jamie Bartlett und Carl Miller (2012, S. 9–10) sogenannten „homegrown terrorists", dass sie alles andere als Schriftgelehrte seien und sich nicht intensiver mit ihren religiösen Überlieferungen auseinandersetzten. Ganz ähnliche Beobachtungen werden in Entradikalisierungsprogrammen in Ägypten, Saudi-Arabien oder Singapur gemacht.

Auffallend ist in diesem Zusammenhang zudem, dass der Kontakt zur Terrorszene meistens über soziale Netzwerke läuft. Menschen werden zu Terroristen, weil sie Menschen kennen und schätzen, die andere Menschen kennen und schätzen, die wiederum einen Terroristen kennen und schätzen. Mit der Kontaktaufnahme setzt ein sozialer Abkapselungsprozess ein, der die Einsteiger emotional und kognitiv immer weiter von ihrer alten sozialen Umwelt und deren moralischen Regeln entfernt. Wie mehrere Studien zeigen, läuft auch dieser Prozess nach bekannten ideologieübergreifenden Mustern ab (Korteweg et al., 2010, S. 42; Kruglanski & Fishman, 2009, S. 23): Gruppenmitglieder reden nur noch mit Gleichgesinnten. Gegenmeinungen werden nicht mehr toleriert, weil das die Mission gefährden und die Gruppe schwächen könnte. Es entwickelt sich ein mentaler Einheitszwang, der die jeweils radikalste Meinung mit sozialer Anerkennung belohnt. Am Ende steht ein manichäisches Weltbild, in dem strikt zwischen Schwarz und Weiß, zwischen Gut und Böse unterschieden wird und in dem der terroristische Kampf den Gruppenmitgliedern als moralische Notwendigkeit erscheint.

Für islamistische Terrorgruppen heißt das, dass sie sich immer stärker von ihrem sozialen Umfeld abkapseln und eine höchst einseitige Auslegung des Korans praktizieren, die von ihrer Umwelt in aller Regel nicht geteilt wird. Wie Studien zu ägyptischen oder algerischen Terrorgruppen zeigen, geht dabei der Blick für die Vielfalt und Auslegungsbedürftigkeit der Überlieferungen verloren und es entwickelt sich eine Art religiöser Autismus, der sich auf die wörtliche Befolgung eines minimalen Textkanons beschränkt (Endres & Jung, 1998, S. 106; Hafez 2003, S. 111 f.). In diesem Zusammenhang spielen charismatische Führungsfiguren eine zentrale Rolle (Kruglanski & Fishman, 2009, S. 22). Sie geben den intellektuellen Takt vor, verkünden die autoritative Lesart ideologischer Grunddokumente und marginalisieren Gegenmeinungen. Ohne solche Führungsfiguren würden die bewaffneten Einheiten schnell in sich zusammenbrechen und eine ihrer Hauptaufgaben ist die Erzeugung ideologischer Konformität bei gleichzeitiger Ausblendung abweichender Auslegungen. In diesem Sinne halten beispielsweise Rem Korteweg und seine Kollegen (2010, S. 42) viele pakistanische Madrassen für wahre Brutstätten von Fanatikern:

„The students in these radical extremist madrasas are indoctrinated to move all doubts; the only truth is divine truth and the only code of conduct is that written in the Qur'an and the Hadiths as selected by the clerics. The teachings cannot be questioned; there is no debate and only one answer permissible. [...] They are nurseries engineered to produce fanatics."

Während also die meisten schweren Anschläge der Gegenwart in der Tat von islamistischen Terrorgruppen verübt werden, lässt sich daraus keineswegs ableiten, dass Religion in einem starken Sinne dafür verantwortlich gemacht werden kann. Zum einen lässt sich im Beobachtungszeitraum auch bei säkularen Terrorgruppen eine Intensivierung der Gewalt beobachten. Zum anderen gibt es starke Hinweise darauf, dass islamistische Terrorgruppen der Komplexität ihrer Glaubensquelle nicht gerecht werden. Es bestehen mithin begründete Zweifel, ob ihre Praxis tatsächlich der im Islam intendierten Wahrheit gerecht wird. Vielmehr scheinen wir es mit einer „halbierten Religion" zu tun zu haben. Und weil auch beim islamistischen Terrorismus die Unterschiede zur säkularen Gewalt nicht signifikant sind, halte ich ihn für ein säkulares Phänomen. Mit Religion in einem anspruchsvollen Sinne hat er wenig zu tun.

Zum Friedenspotenzial der Religionen

Während über den Zusammenhang von Religion und Gewalt viel geschrieben und gestritten wird, bleibt der Zusammenhang von Religion und Frieden in Wissenschaft und Politik unterbelichtet (vgl. Kadayifci-Orellana, 2009; Vüllers, 2012; Weingardt, 2007). Dabei bildeten sich aus der Mitte der großen Glaubensgemeinschaften immer wieder politische Bewegungen, die auf der Grundlage ihrer Traditionen mit gewaltfreien Mitteln gegen Unrecht und Unterdrückung protestiert haben. Zu nennen wären die frühe indische Nationalbewegung, die pakistanischen „Soldiers of God", die amerikanische Bürgerrechtsbewegung oder auch die tibetanische Befreiungsbewegung. Für zentrale Figuren dieser Bewegungen wie Mahatma Gandhi, Khan Abdul Ghaffar Khan, Martin Luther King und den derzeitigen Dalai Lama steht außer Zweifel, dass sich sowohl ihre Forderungen nach mehr sozialer Gerechtigkeit als auch ihr striktes Festhalten an gewaltlosen Proteststrategien notwendigerweise aus ihren Glaubensüberzeugungen ergeben.

Dass die Bemühungen religiöser Akteure um gewaltfreien Wandel nicht wirkungslos sein müssen, zeigt das Engagement der katholischen Kirche auf den Philippinen (Weingardt, 2007, S. 159–180). Sie war Mitte der 1980er-Jahre maßgeblich an der „Peoples Power Revolution" gegen das Marcos-Regime beteiligt und sorgte dafür, dass der Diktator nach gefälschten Wahlen und gegen den Willen der amerikanischen Regierung das Land verlassen musste. Ein anderes Beispiel ist Südafrika, wo seit Ende der 1970er-Jahre der „South African Council of Churches" unter der Leitung von Desmond Tutu im gewaltfreien Protest gegen das Apartheidsregime engagiert war (Johnston, 1994). Es ist unstrittig, dass nicht zuletzt der Einsatz von Tutu und seinen Gemeinden das Land Ende der achtziger Jahre vor dem Abgleiten in einen blutigen Bürgerkrieg bewahrt hat.

Nachhaltiges religiöses Friedensengagement in Krisensituationen ist nicht auf die christliche Welt beschränkt. Mohammed Abu-Nimer und S. Ayse Kadayifci-Orellana (2008) zeigen in einer explorativen Studie, dass muslimische Friedensstifter zwar weniger sichtbar sind, weil sie sich anders organisieren und über weniger Ressourcen verfügen. Ihr Beitrag zur friedlichen Beilegung von Konflikten darf aber keinesfalls geringgeschätzt werden. So identifizieren die beiden Autoren allein für den Balkan und Afrika mehr als fünfzig Organisationen und Bewegungen, die sich auf der Grundlage ihrer religiösen Überzeugung für interreligiöse Verständigung in Konfliktgebieten, für Verhandlungen zwischen Gewaltakteuren, für die friedliche Unterstützung unterdrückter Minderheiten, für Gerechtigkeit oder für religiöse Friedenserziehung einsetzen. Wie die beiden Autoren anmerken, handelt es sich bei ihren fünfzig Fällen um die relativ sichtbaren Friedensstifter. Deshalb ist davon auszugehen, dass muslimisches Engagement gegen politische Gewalt selbst in dieser Studie deutlich unterrepräsentiert ist.

Schließlich sind in den letzten Jahren eine Reihe interreligiöser Friedensinitiativen entstanden, die sich um Gewaltprävention und Friedenskonsolidierung bemühen. Zu nennen wäre das Interfaith Mediation Center (IFMC) in Liberia, das 1990 vom Rat der Kirchen in Liberia und dem Nationalen Islamrat gegründet wurde, um eine weitere Eskalation des Bürgerkriegs entlang religiöser Konfliktlinien zu verhindern (Sarwolo Nelson, 2009). Gleichzeitig sollte das IFMC – später in Interfaith Council of Liberia umbenannt – eine Plattform für gemeinsame Vermittlungs- und Friedeninitiativen sein. In beiderlei Hinsicht gilt das IFMC als Erfolgsgeschichte. Auch an der Elfenbeinküste haben sich hohe christliche und muslimische Geistliche gemeinsam gegen die Politisierung ihrer Religionen gewehrt. Hierzu gründeten sie 1998 das Forum des Confessions Religieuses Côte d'Ivoire. Diese Institutionalisierung des interreligiösen Dialogs ist nach Johannes Vüllers (2011) ein Schlüsselfaktor, der erklärt, warum die deutliche religiöse Trennlinie zwischen dem überwiegend muslimischen Norden und dem überwiegend christlichen Süden bei den bewaffneten Auseinandersetzungen nach 2002 nur eine marginale Rolle gespielt hat. Zu besonderer Bekanntheit ist in letzter Zeit nicht zuletzt wegen des Films „The Pastor and the Imam" das Interfaith Mediation Center in Nordnigeria gekommen (Little, 2007, S. 247–277). Es wurde 1995 von Imam Mohammed Ashafa und Pastor James Wuye in Kaduna gegründet. Das Center organisiert Workshops zur friedlichen Konfliktbearbeitung mitten in Spannungsgebieten und hat ein Netzwerk von Friedensaktivisten aufgebaut, mit dessen Hilfe Krisen frühzeitig erkannt und möglichst schon auf lokaler Ebene entschärft werden sollen. Außerdem engagiert sich das Center beim Wiederaufbau zerstörter Kirchen und Moscheen und setzt sich für lokale Versöhnung zwischen Christen und Muslimen nach gewalttätigen Ausschreitungen ein.

Religiöse Autoritäten und Glaubensgemeinschaften können nicht nur bei der Eskalationsvermeidung eine wichtige Rolle spielen (Bercovitch & Kadayifci, 2009; Harpviken & Roislien, 2008), sondern auch bei der Beilegung von Gewaltkonflikten und in der Phase der Friedenskonsolidierung. Hierzu zählen die Vertrauensbildung zwischen den Parteien auf der Grundlage gemeinsamer Werte; das Angebot eines neutralen Verhandlungsforums, die Überwachung von Friedensvereinbarungen oder auch die Unterstützung von Versöhnungsprozessen. Dadurch erleichtern religiöse Akteure selbst in angespannten Situationen eine kooperative Bearbeitung von Konflikten und wirken dem fatalen Trend einer Verengung des Spektrums möglichen Konfliktverhaltens auf Gewalt entgegen. So hat beispielsweise die katholische Laienorganisation „Sant'Egidio" als aufrichtiger Broker zwischen den Rebellen und der Regierung maßgeblich zur Beendigung des Bürgerkriegs in Mozambique 1990 beigetragen (Bartoli, 1999). In Sierra Leone hatte sich im Bürgerkrieg ein „Inter-Religious Council of Sierra Leone" gebildet, von dem wichtige Impulse zur Beendigung des Blutvergießen ausgingen, und in Uganda hat sich die „Acholi Religious Leaders for Peace Initiative" für die Überwachung von Friedensvereinbarungen zwischen der „Lord's Resistance Army" und der ugandischen Regierung eingesetzt (Turay, 2000; Khadiagala, 2001).

Markus Weingardt (2007) ist in einer umfassenden empirischen Studie zum Friedenspotenzial von Religionen in politischen Gewaltkonflikten der Frage nachgegangen, was religionsbasierte Akteure als Friedensstifter qualifiziert und ihnen selbst dort noch Erfolgsaussichten eröffnet, wo säkulare Vermittlerinnen und Vermittler gescheitert sind. Neben der notwendigen Fachkompetenz machen seine Fälle deutlich, dass religiöse Akteure – wenn sie denn als solche akzeptiert werden – über eine besondere Glaubwürdigkeit verfügen. Die Konfliktparteien haben offenkundig immer wieder ein bemerkenswert großes Vertrauen in ihre „Unabhängigkeit, Fairness und Diskretion" (ebd. S. 399). Wobei es hilfreich ist, wenn innere und äußere Unabhängigkeit korrespondieren; wenn also religiöse Vermittler nicht nur als uneigennützige Personen wahrgenommen werden, sondern auch eine unabhängige und respektierte Glaubensgemeinschaft repräsentieren. Deshalb hält Markus Weingardt (2007, S. 404) es für notwendig, dass friedensbereite Glaubensgemeinschaften externe Unterstützung beispielsweise durch Schwestergemeinschaften erhalten, um sie in die Lage zu versetzen, eigenständig und souverän für Frieden und Gerechtigkeit einzutreten.

Zu ganz ähnlichen Ergebnisse kommt David Little (2007, S. 5) in seiner Studie zu sechzehn religiösen Friedensstiftern der Gegenwart. Diese Friedenstifter leben in Krisen- und Kriegsgebieten. Sie teilen den gefährlichen Alltag mit der Zivilbevölkerung und halten es für ihre heilige Pflicht, mit gewaltfreien Mitteln für ein Ende der Kämpfe einzutreten. Nach David Little sind sie dabei immer wieder erfolgreich, gerade weil sie als authentische Glaubensleute wahrgenommen werden. Sie werden von ihren Gemeinden respektiert und haben eine Reputation für Menschenfreundlichkeit:

> „The Peacemakers are trusted to have the long-term interests of the people at heart. They are seen as authentic and, therefore, have standing to speak with all sides. And when they do so, the expectation is that they can be trusted to act with integrity and fairness."

Auf dieser Grundlage können sie ihre Vermittlungsdienste anbieten und sich für Versöhnung einsetzen. Sie nutzen die Traditionen ihrer Religionen, um Konfliktparteien zum Frieden und zur Umkehr zu bewegen. Sie greifen auf die Ressourcen ihrer Glaubensgemeinschaften zurück, um Verhandlungen zu ermöglichen. Und sie treten dafür ein, dass ihre Religion zum Respekt für alle Menschen aufruft.

Die genannten Beispiele für Religion als Friedenskraft dürfen nicht darüber hinwegtäuschen, dass nachhaltiges religiöses Friedensengagement in den meisten politischen Konflikten die Ausnahme und nicht die Regel ist. Viel zu oft bleiben Glaubensgemeinschaften entweder passiv oder lassen die Instrumentalisierung ihrer Überlieferung für politische Zwecke zu oder unterstützen eine Konfliktpartei sogar aktiv. Während aber einiges dafür spricht, dass gerade diejenigen, die sich an einer genuin religiösen Rechtfertigung von Gewalt versuchen, die intendierte Wahrheit ihres Glaubens verfehlen, muss noch systematisch überprüft werden, ob religiöse Friedensstifter in dieser Hinsicht besser abschneiden. Bislang gibt es hierfür nur anekdotisch Evidenz.

So lässt sich zeigen, dass sich religiöse Friedensprotagonisten immer wieder durch ein hohes Verständnis für die Komplexität ihrer Traditionen auszeichnen, die jeder simplen Schwarz-Weiß-Malerei entgegensteht. Zu denken ist beispielsweise an Südafrika, wo innerhalb der christlichen Anti-Apartheid-Bewegung auf sehr hohem Niveau und durchaus kontrovers Fragen des gerechtfertigten Krieges diskutiert worden sind (vgl. Villa-Vicencio, 1987). Die philippinische Kirche zeichnete sich in ihrem Widerstand gegen das Marcos-Regime durch anhaltende Diskussionen über die befreiungstheologischen Grundlagen ihres Engagements aus (Hulsman, 1992) und innerhalb der irakischen Schia herrscht bei den gemäßigten Gruppen rund um Großajatollah Ali al-Sistani ein lebendiges Bewusstsein um die Interpretationsnotwendigkeit der Glaubensquellen, die sich jedem einfachen Zugriff versperren und die nur unter sehr restriktiven Bedingungen politische Gewalt legitimieren (Cole, 2007; Gleave, 2007).

Schlussüberlegungen

Wie gesehen, besteht für viele Zeitgenossen wenig Zweifel an einem genuinen Zusammenhangt von Religion und Gewalt. Sie meinen, dass Glaubenskonflikten ein besonders hohes Eskalationspotential innewohne und mit größter Vorsicht zu behandeln seien. Sobald Religion ins Spiel komme, hätten säkulare Streitigkeiten die Tendenz, sich in kosmische Auseinandersetzungen zu transformieren, in denen das Heil der Welt auf dem Spiel stehe und wo pragmatische Kompromisse unmöglich erscheinen. Die Gewalt- und Opferbereitschaft der Konfliktparteien würden ins Maßlose gesteigert, und es sei mit außerordentlich brutalen und langen Kämpfen zu rechnen. In ihnen würden die Antagonisten ohne jede Rücksicht und Hemmung versuchen, sich wechselseitig umzubringen. Deshalb wäre es am besten, wenn Religion und Politik strikt getrennt werden könnten, und der Glaube zur reinen Privatsache werden würde. Angesichts der faktischen Entwicklung in der Religionswelt ist damit allerdings auf absehbare Zeit nicht zu rechnen. Die Zahl der Gläubigen wird nach Maßgabe der vorliegenden Daten zu den globalen demographischen Entwicklungen weiter zunehmen, in der Glaubenswelt werden das Christentum und der Islam zu den beiden dominanten Religionen werden und gerade in den bevölkerungsreichen Staaten des globalen Südens ist mit einer anhaltend hohen Religiosität zu rechnen.

Auch wenn nicht zu bestreiten ist, dass religiöse Differenzen in vielen Gewaltkonflikten der Gegenwart eine konstitutive Rolle spielen, haben sich die Erwartungen der Religionskritiker bislang nicht erfüllt. So ist zwar auf der einen Seite immer wieder zu beobachten, dass religiöse Gemeinsamkeiten in politischen Auseinandersetzungen zu sozialen Markern werden: Sie bestimmen die Identität von Konfliktparteien, stärken ihren inneren Zusammenhalt, ermöglichen eine strikte Abgrenzung vom Gegner und gehen mit dessen Abwertung einher, was für die Legitimation anhaltender kriegerischer Gewalt unverzichtbar ist. Auf der anderen Seite haben wir aber auch gesehen, dass religiöse Gemeinsamkeiten mit Blick auf diese Funktionen problemlos durch Ethnizität, Nationalismus oder ir-

gendeine andere kollektive Identität ersetzt werden können. Außerdem lassen die
verfügbaren Daten in keinster Weise eine besondere Virulenz oder Bösartigkeit
von Glaubenskonflikten erkennen. Sie zeichnen sich im Vergleich zu ethnischen,
nationalistischen oder ideologischen Konflikten weder durch eine besondere Eska-
lationsanfälligkeit noch durch eine besondere Intensität aus.

Schließlich spricht einiges dafür, dass es in den vielen Glaubenskonflikten der
Gegenwart überhaupt nicht um Religion in einem anspruchsvollen Sinne geht. Vielmehr haben wir es mit „halbierter Religion" zu tun. So legen die verfügbaren Befunde
nahe, dass Religion und Gewalt nur zusammengehen, wenn die Komplexität religiöser Überlieferungen systematisch ignoriert und die öffentliche Auseinandersetzung
über ihre angemessene Auslegung verweigert werden. Beides sind aber konstitutive
Merkmale von Religion in einem anspruchsvollen Sinn. Wenn diese Merkmale verletzt werden, dann kann sich in der Religion nicht mehr das zur Sprache bringen,
was sie als symbolisches System intendiert und von dem her Heil überhaupt nur
erwartet werden kann. Oder umgekehrt formuliert: Religionen sind strukturell unfähig Gewalt zu rechtfertigen. Das hängt damit zusammen, dass sie aus sich heraus
kaum das Maß an politischer Konkretion und Schwarz-Weiß-Malerei entwickeln
können, welches hierzu notwendig wäre. Diese strukturelle Unfähigkeit, die sich für
mich aus dem konzeptionell unhintergehbaren Bezug zu übermenschlichen persönlichen oder unpersönlichen Mächten und deren Heilsversprechen ergibt, zeigt sich
nicht zuletzt darin, dass dort, wo eine religiöse Rechtfertigung von Gewalt versucht
wird, den religiösen Überlieferungen selbst Gewalt angetan werden muss. Eine solche Rechtfertigung impliziert eine unangemessene Reduktion der Komplexität von
Glaubensbeständen und eine radikale Beschränkung des Auslegungsdiskurses, die
der intendierten Wahrheit von Religion nicht gerecht wird.

In dieses Bild passt auch, dass religiöse Akteure immer wieder einen wesentlichen Beitrag zur konstruktiven Konfliktbearbeitung leisten können. Sie setzen sich
für einen friedlichen politischen Wandel ein, sie bieten ihre Vermittlungsdienste
an, und sie unterstützen Versöhnungsprozesse in Nachbürgerkriegsgesellschaften.
Entscheidend für ihren Erfolg scheint dabei zu sein, dass sie aufgrund ihrer religiösen Identität als glaub- und vertrauenswürdige Akteure wahrgenommen werden,
deren Interessen nicht von dieser Welt sind und die gerade deshalb helfen können,
politische Auseinandersetzungen im Interesse aller Beteiligten beizulegen. Auch
wenn noch mehr Forschung zu den Friedensleistungen von Glaubensgemeinschaften und ihrer Repräsentanten notwendig ist, so lässt sich auf der Grundlage der
verfügbaren Evidenz sagen, dass die Sorgen der Religionskritiker nicht berechtig
sind. Sie müssen keine Angst vor den Religionen haben, sondern vor den Menschen. Krieg bleibt ein weltlich Ding. Leider beteiligen sich an ihnen zwar immer wieder auch Glaubensgemeinschaften mit erschreckendem Eifer, aber damit
üben sie nach dem hier entwickelten Verständnis Verrat an ihrer eigenen Religion.
Gleichzeitig sollte deutlich geworden sein, dass die Ambivalentiker mit einem
unterkomplexen Religionsbegriff arbeiten. Religion und die Rechtfertigung von
Krieg gehen nicht zusammen. Gleichzeitig können Religionen aber wegen ihres

Heilsbezugs einen kritischen Blick auf die Gegenwart entwickeln und den Wunsch nach sozialem Wandel und einer gewaltfreien Welt stärken. Oder um es noch einmal mit den Worten von Asghar Ali Engineer (2009) zu sagen: „Religions never clash. (…) The purpose of religion is definitely peace."

Literaturverzeichnis

Abu-Nimer, M. & Kadayifci-Orellana, A. S. (2008). Muslim Peace-building Actors in Africa and the Balkan Context: Challenges and Needs. *Peace & Change, 33*(4), 549–581.

Albrecht, H. & Köhler, K. (2008). Dimensionen des politischen Islam – Eine Einführung. In H. Albrecht & K. Köhler (Hrsg.), *Politischer Islam im Vorderen Orient. Zwischen Sozialbewegung, Opposition und Widerstand* (S. 11–30). Baden-Baden: Nomos.

Almond, G. A., Appleby, R. S. & Sivan, E. (2003). *Strong Religion. The Rise of Fundamentalisms around the World.* Chicago: University of Chicago Press.

Appleby, R. S. (2000). *The Ambivalence of the Sacred. Religion, Violence, and Reconciliation.* Lanham, MD: Rowman & Littlefield.

Asal, V., Schulzke, M. & Pate, A. (2014). Why Do Some Organizations Kill While Others Do Not. An Examination of Middle Eastern Organizations. *Foreign Policy Analysis* (Online First), 1–20.

Assmann, J. (2006). Gesetz, Gewalt und Monotheismus. *Theologische Zeitschrift, 62*(4), 475–486.

Bartlett, J. & Miller, C. (2012). The Edge of Violence. Towards Telling the Difference Between Violent and Non-Violent Radicalization. *Terrorism and Political Violence, 24*(1), 1–21.

Bartoli, A. (1999). Mediating Peace in Mozambique. The Role of the Community of Sant'Egidio. In C. A. Crocker, P. Aall & O. Hampson (Hrsg.), *Herding Cats. Multiparty Mediation in a Complex World* (S. 245–274). Washington, DC: United States Institute of Peace Press.

Basedau, M., Strüver, G., Vüllers, J. & Wegenast, T. (2011). Do Religious Factors Impact Armed Conflict? Empirical Evidence From Sub-Saharan Africa. *Terrorism and Political Violence, 23*(5), 752–779.

Beck, U. (2008). *Der eigene Gott. Von der Friedensfähigkeit und dem Gewaltpotential der Religionen.* Frankfurt am Main: Verlag der Weltreligionen.

Benedikt XVI (2011). Gebrauch der Religion darf keine Quelle der Gewalt sein. Ansprache von Papst Benedikt XVI zum Friedenstreffen in Assisi unter dem Thema: Pilger der Wahrheit, Pilger des Friedens am 27. Oktober 2011. Zenit. http://www.zenit.org/de/articles/ansprache-von-papst-benedikt-xvi-zum-friedenstreffen-in-assisi-unter-dem-thema-pilger-der-wahrheit. Zuletzt abgerufen am 26.09.2015.

Bercovitch, J. & Kadayifci, A. S. (2009). Religion and Mediation. The Role of Faith-Based Actors in International Conflict Resolution. *International Negotiation, 14*(2), 175–204.

Bohrer, K.-H. (2001). Editorial. *Merkur, 55*(631), 951–957.

Buhaug, H., Cederman, L.-E. & Gleditsch, K. S. (2014). Square Pegs in Round Holes: Inequalities, Grievances, and Civil War. *International Studies Quarterly, 58*(2), 48–431.

Cole, J. (2007). The Decline of Grand Ayatollah Sistani's Influence in 2006–2007. *Friedens-Warte, 82*(2–3), 67–83.

De Juan, A. & Hasenclever, A. (2015). Framing Political Violence: Success and Failure of Religious Mobilization in the Philippines and Thailand. *Civil Wars, 17*(3) (Online first), 1–21.

De Soysa, I. & Nordas, R. (2007). Islamic Bloody Innards? Religion and Political Terror, 1980–2000. *International Studies Quarterly, 51*(4), 927–943.

Endres, J. & Jung, D. (1998). Was legitimiert den Griff zur Gewalt? Unterschiede im Konfliktverhalten islamistischer Organisationen in Ägypten. *Politische Vierteljahresschrift, 39*(1), 91–108.

Engineer, A. A. (2011). Interview with Irenees. http://www.irenees.net/bdf_fiche-entretien-158_en.html. Zuletzt abgerufen am 15.09.2015.

Fearon, J. D. & Laitin, D. D. (2003). Ethnicity, Insurgency, and Civil War. *American Political Science Review, 97*(1), 75–90.

Fish, M. S., Jensenius, F. R. & Michel, K. E. (2010). Islam and Large-Scale Political Violence: Is There a Connection. *Comparative Political Studies, 43*(11), 1327–1362.

Gleave, R. (2007). Conceptions of Authority in Iraqi Shi'ism. Baqir al-Hakim, Ha'iri and Sistani on Ijtihad, Taqlid and Marja'iyya. *Theory, Culture & Society, 24*(2), 59–78.

Hafez, M. M. (2003). *Why Muslims Rebel. Repression and Resistance in the Islamic World*. Boulder [u. a.]: Lynne Rienner.

Harpviken, K. B. & Roislien, H. E. (2008). Faithful Broker? Potentials and Pitfalls of Religion in Peacemaking. *Conflict Resolution Quarterly, 25*(3), 351–373.

Hasenclever, A. & Sändig, J. (2011). Religion und Radikalisierung? Zu den säkularen Mechanismen der Rekrutierung transnationaler Terroristen im Westen. *Der Bürger im Staat, 61*(4), 204–213.

Hegre, H. & Sambanis, N. (2006). Sensitivity Analysis of Empirical Results on Civil War Onset. *Journal of Conflict Resolution, 50*(4), 508–535.

Hulsman, A. (1992). Christian Politics in the Philippines. In J. Nederveen Pieterse (Hrsg.), *Christianity and Hegemony. Religion and Politics on the Frontiers of Social Change* (S. 147–190). New York [u. a.]: Berg.

Huntington, S. P. (1996). *Der Kampf der Kulturen. Die Neugestaltung der Weltpolitik im 21. Jahrhundert*. München [u. a.]: Europaverlag.

Jenkins, B. M. (2006). The New Age of Terrorism. In D. Kamien (Hrsg.), *McGraw-Hill Homeland Security Handbook* (S. 117–130). New York, NY: McGraw-Hill.

Johnston, D. M. (1994). The Churches and Apartheid in South Africa. In D. M. Johnston & C. Sampson (Hrsg.), *Religion, the Missing Dimension of Statecraft* (S. 177–207). New York, Oxford: Oxford Univ. Press.

Kadayifci-Orellana, A. S. (2009). Ethno-Religious Conflicts: Exploring the Role of Religion in Conflict Resolution. In J. Bercovitch, V. Kremenyuk & I. W. Zartman (Hrsg.), *The Sage Handbook of Conflict Resolution* (S. 264–284). Los Angeles, CA: Sage.

Karakaya, S. (2015). Religion and Conflict. Explaining the Puzzling Case of „Islamic Violence". *International Interactions, 41*(3), 509–538.

Khadiagala, G. M. (2001). The Role of the Acholi Religious Leaders Peace Initiative (ARLPI) in Peace Building in Northern Uganda. USAID, Greater Horn of Africa Peacebuilding Project, Washington. http://pdf.usaid.gov/pdf_docs/Pnacy566.pdf. Zuletzt abgerufen am 26.09.2015.

Klein, G. R. (2015). Ideology Isn't Everything. Transnational Terrorism, Recruitment Incentives, and Attack Casualties. *Terrorism and Political Violence* (Online First), 1–20.

Kohlhammer, S. (2002). Islam und Toleranz. Duldung, Ausbeutung, Demütigung. *Merkur, 56*(7), 589–560.

Korteweg, R., Gohel, S., Heisbourg, F., Ranstorp, M. & Wijk, R. de (2010). Background Contributing Factors to Terrorism: Radicalization and Recruitment. In M. Ranstorp (Hrsg.), *Understanding Violent Radicalisation. Terrorist and Jihadist Movements in Europe* (S. 21–49). London, New York: Routledge.

Kruglanski, A. W., Chen, X., Dechesne, M., Fishman, S. & Orehek, E. (2009). Fully Committed: Suicide Bombers' Motivation and the Quest for Personal Significance. *Political Psychology, 30*(3), 331–357.

Kruglanski, A. W. & Fishman, S. (2009). Psychological Factors in Terrorism and Counter-terrorism: Individual Group, and Organizational Levels of Analysis. *Social Issues and Policy Review, 3*(1), 1–44.

Lacina, B. (2006). Explaining the Severity of Civil Wars. *Journal of Conflict Resolution, 50*(2), 276–289.

Little, D. (1996). Religious Militancy. In C. A. Crocker, F. O. Hampson & P. Aall (Hrsg.), *Managing Global Chaos. Sources of and Responses to International Conflict* (S. 79–91). Washington, DC: United States Inst. of Peace Press.

Lützinger, S. (2010). *Die Sicht der Anderen. Eine qualitative Studie zu Biographien von Extremisten und Terroristen.* Köln: Luchterhand.

Masters, D. (2008). The Origin of Terrorist Threats: Religious, Separatist, or Something Else? *Terrorism and Political Violence, 20*(3), 396–414.

McCauley, C. & Moskalenko, S. (2010). Individual and Group Mechanisms of Radicali-zation. In L. Fenstermacher et al. (Hrsg.), *Protecting the Homeland from International and Domestic Terrorism Threats. Current Multi-Disciplinary Perspectives on Root Causes, the Role of Ideology, and Programs for Counter-radicalization and Disenga-gement* (S. 82–91). Washington DC: http://www.start.umd.edu/sites/default/files/files/publications/U_Counter_Terrorism_White_Paper_Final_January_2010.pdf. Zuletzt abgerufen am 26.09.2015).

Meier, H. (2013). Epilog. Politik, Religion und Philosophie. In F. W. Graf & H. Meier (Hrsg.), *Politik und Religion. Zur Diagnose der Gegenwart* (S. 301–313), München: Beck.

Nelson, J. S. (2009). Peacebuilding and Inter-Religious Dialogue in Liberia: Reflection on the Role of the Inter-Religious Council of Liberia. In K. C. Omeje (Hrsg.), *War to Peace Transition. Conflict Intervention and Peacebuilding in Liberia* (S. 121–152). Lanham: University Press of America.

Nordås, R. (2007, February). *Are Religious Conflicts Bloodier? Assessing the Impact of Religion on Civil Conflict Casualties.* Paper Prepared for the International Studies Association (ISA) 48th Annual Convention, 28 February–3 March 2007, Chicago, Illinois.

Pannenberg, W. (1988). *Systematische Theologie.* Band 1. Göttingen: Vandenhoeck & Ruprecht.

Pannenberg, W. (1999). *Beiträge zur systematischen Theologie.* Göttingen: Vandenhoeck & Ruprecht.

Pearce, S. (2005). Religious Rage. A Quantitative Analysis of the Intensity of Religious Conflicts. *Terrorism and Political Violence, 17*(3), 333–352.

Piazza, J. A. (2009). Is Islamist Terrorism More Dangerous? An Empirical Study of Group Ideology, Organization, and Goal Structure. *Terrorism and Political Violence, 21*(1), 62–88.

Pollack, D. (1995). Was ist Religion? Probleme der Definition. *Zeitschrift für Religionswissenschaft, 3*(2), 163–190.

Ranstorp, M. (2010). Introduction. In M. Ranstorp (Hrsg.), *Understanding Violent Radicalisation. Terrorist and Jihadist Movements in Europe* (S. 1–18). London, New York: Routledge.

Rapoport, D. C. (2006). *Terrorism. Critical Concepts in Political Science.* London, New York: Routledge.

Riesebrodt, M. (2007). *Cultus und Heilversprechen. Eine Theorie der Religionen.* München: C.H. Beck.

Sageman, M. (2008). The Next Generation of Terror. *Foreign Policy, 165,* 36–42.

Schäfer, H. W. (2009). Zum Religionsbegriff in der Analyse von Identitätskonflikten: Einige sozialwissenschaftliche und theologische Erwägungen. *EPD-Dokumentation, 5,* 6–16.

Schäfer, H. (2004). *Praxis – Theologie – Religion. Grundlinien einer Theologie- und Religionstheorie im Anschluss an Pierre Bourdieu.* Frankfurt am Main: Lembeck.

Schmidt-Leukel, P. (2004) „Part of the Problem, Part of the Solution“: An Introduction. In P. Schmidt-Leukel (Hrsg.). *War and Peace in World Religions* (S. 1–10). London: SCU Press.

Senghaas, D. (1998). *Zivilisierung wider Willen. Der Konflikt der Kulturen mit sich selbst.* Frankfurt am Main: Suhrkamp.

Sørli, M., Gleditsch, N. P. & Strand, H. (2005). Why Is There So Much Conflict in the Middle East? *Journal of Conflict Resolution, 49*(1), 141–165.

Stewart, F. (2009). Religion Versus Ethnicity as a Source of Mobilisation: Are There Differences? *CRISE Working Paper, 70.* http://www.microconflict.eu/publications/RWP18_FS.pdf. Zuletzt abgerufen am 26.09.2015.

Svensson, I. (2007). Fighting with Faith: Religion and Conflict Resolution in Civil Wars. *Journal of Conflict Resolution, 51*(6), 930–949.

Todenhöfer, J. (2015). *Inside IS – 10 Tage im „Islamischen Staat“.* München: Bertelsmann.

Toft, M. D. (2007). Getting Religion? The Puzzling Case of Islam and Civil War. *International Security, 31*(4), 97–131.

Turay, T. M. (2000). Civil Society and Peacebuilding: The Role of the Inter-Religious Council of Sierra Leone. Conciliation Resources, *Accord, 9,* London. http://www.c-r.org/accord-article/civil-society-and-peacebuilding-role-inter-religious-council-sierra-leone. Zuletzt abgerufen am 26.09.2015.

Vüllers, J. (2013). *Religiöses Friedensengagement in innerstaatlichen Gewaltkonflikten. Das Verhalten der Religionsgemeinschaften.* Baden-Baden: Nomos.

Vüllers, J. (2011). Fighting for a Kingdom of God? The Role of Religion in the Ivorian Crisis. *German Institute for Global and Area Studies – GIGA Working Papers 178.* https://www.giga-hamburg.de/de/publication/fighting-for-a-kingdom-of-god-the-role-of-religion-in-the-ivorian-crisis. Zuletzt abgerufen am 26.09.2015.

Weingardt, M. A. (2007). *Religion, Macht, Frieden. Das Friedenspotential von Religionen in politischen Gewaltkonflikten.* Stuttgart: Kohlhammer.

Wiktorowicz, Q. (2004). Introduction. Islamic Activism and Social Movement Theory. In Q. Wiktorowicz (Hrsg.), *Islamic Activism. A Social Movement Theory Approach* (S. 1–33). Bloomington, Ind. [u.a.]: Indiana Univ. Press.

Rainer Tetzlaff

Gewalt und Religion – Religionskonflikte im Zeitalter der Globalisierung

Politikwissenschaftliche Erörterungen
über Ursachen und Wirkung

1.   Einleitung: Fragen zum Zusammenhang von Glaubensbekenntnis und Gewalt gegen „Ungläubige"

Wo gilt noch das Tötungsverbot für Gläubige, wie es in den Zehn Geboten und an einigen Stellen des Korans (‚Es sei kein Zwang in der Religion') verankert ist? In den politisch instabilen Regionen der Welt, in denen staatliche Autorität mehr und mehr verfällt und Gesellschaften unter großer Armut und Perspektivlosigkeit der Jugendlichen leiden, treten religiös verbrämte Gewaltorgien („Religionskriege") in Erscheinung, d. h. kollektive Gewalthandlungen gegen andere Gläubige im Namen eines religiösen Glaubensbekenntnisses. Im Irak und in Syrien, im Jemen und im Libanon, in Libyen und Ägypten, in Sudan und Südsudan, in Somalia und Nigeria, und in mehr als bereits acht Staaten Zentral- und Westafrikas bekämpfen sich Gläubige untereinander, Muslime gegen Muslime, Muslime gegen Christen, Christen gegen Muslime und dschihadistische Gruppen in Zentral- und Nordafrika (als Ableger der global wirksamen islamistischen Terrororganisationen al Kaida und „IS") gegen anders denkende Afrikaner. Im asiatischen Myanmar werden buddhistische Mönche zu wütenden Männern, die auf Muslime einschlagen. Im zentralafrikanischen Ruanda ermordeten im Jahr 1994 die Christen der herrschenden Ethnie (Hutu) ca. 800 000 Christen und Nachbarn vom Stamm der Tutsi, der Minderheitsethnie, als Erstere sich bedroht fühlten. Und der dem Genozid zugrunde liegende Kampf um Macht und Überlebensressourcen wird bis heute im Nachbarstaat DR Kongo (dem früheren Zaire) bei den geflüchteten Hutu weitergeführt. Mit mehr als schätzungsweise vier Millionen Toten (die verhungerten oder militärischer Gewalt zum Opfer fielen) ist dieser Genozid einer der verlustreichsten und grausamsten der Gegenwart (Prunier, 2009). Muslime spielen hierbei keine Rolle!

Im Jahr 2014 hat es weltweit nicht weniger als 32 „Gewaltkonflikte" gegeben und mehr als 51 Millionen Flüchtlinge (Globale Trends, 2015, S. 41), wobei religiöse Konflikte oder „clashes of civilizations" (Huntington) eine prominente Rolle spielten. Ein wichtiger Ausgangspunkt für zeitgemäße religiöse Standortdefinition ist die Feststellung von Katajun Amirpur und Wolfram Weiße, dass die „Pluralisierung von Religion im Kontext globaler Begegnungsorte das Kennzeichen von gegenwärtiger Religion" sei (Amirpur & Weiße, 2015, S. 7). Und damit vergrößern sich auch die Chancen, dass religiöse Differenzen bestehende politische Konflikte (um Land, Wasserressourcen, Arbeitsplätze etc.) noch verschärfen

(Wilhelm & Ihne 2009). Darüber wird oft vergessen, dass religiöse Führer wie Mahatma Gandhi, Martin Luther King, Bischof Desmond Tutu, katholische Arbeiterpriester in Lateinamerika oder Bischöfe als Schiedsrichter in Demokratisierungsprozessen in Afrika oftmals gewalteindämmend und friedensfördern gewirkt haben – aufgrund ihrer Glaubwürdigkeit und Geduld als Vermittler (Hasenclever, 2009). Hervorzuheben ist hierbei die katholische Laienorganisation Sant'Egidio, die schon mehrfach die Rolle als aufrechter Broker zwischen Regierung und Rebellen gespielt hat. Aber in der muslimischen Welt sind einflussreiche Geistliche, die in den blutigen Religionskämpfen des Orients vermittelt hätten, noch kaum in Erscheinung getreten.

Es dürfte wohl allgemeiner Konsens sein, dass die Lehrgebäude der Religionen sowohl ein Eskalationspotenzial für Gewalt als auch ein soziales Friedenspotenzial haben und dass je nach den spezifischen historischen Kontexten mal die eine, mal die andere Seite aktualisiert wird (Malik, 2009; Graf & Meier, 2013). Im Folgenden soll aus aktuellen politischen Gründen anhand von einigen empirischen Konfliktszenarien die gewaltfördernde Funktion von Religionen, speziell des Islamismus, betrachtet werden. In seinem 2014 erschienenen Buch „Götter Global. Wie die Welt zum Supermarkt der Religionen wird" gibt Friedrich Wilhelm Graf, Professor für Systematische Theologie und Ethik an der Universität München, folgende Charakterisierung der Gegenwart: „Mord aus Glaubenshass, Dauerstreit um Kopftücher, Kirchenkampf um homosexuelle Priester, Blasphemie durch einen Burka-Comic, der Papst der Armen als Fußballfan, die theologische Schwäche der EKD – all das gehört zur religiösen Signatur der Gegenwart. Religion zieht vor allem dann mediale Aufmerksamkeit auf sich, wenn sie Meinungsstreit und politischen Konflikt schürt. Gerade politisierte Religion führt in vielen Ländern der Welt zu ganz harten Kulturkämpfen und immer neuem Streit um die Grundlagen der politischen Ordnung (…) Wie kann man die weltweit wachsende Faszinationskraft fundamentalistischen *Hard-core*-Glaubens erklären?" (Graf, 2014, S. 12).

Seit dem 11. September 2001 hat das allgemeine Rätselraten über den kausalen Zusammenhang von Religion und kollektiver politischer Gewalt an Aktualität und Intensität gewonnen (Meddeb, 2007; Schnädelbach, 2009; Abdel-Samad, 2010; Kippenberg, 2013; Graf & Meier, 2013; Graf, 2014; Casanova, 2015; Pickel, 2015; Amirpur & Weiße, 2015; von Beyme, 2015). Idee und Praxis des Dschihad gegen Ungläubige und gegen ‚Fremde' haben eine unheimliche Popularität gewonnen (Mohadessin, 1993; Hirsi Ali, 2015) – nicht nur in Armutsländern wie Somalia, Nigeria oder Afghanistan, aber dort mit besonders drastischen Folgen. Der Aufstand der Islamisten von Boko Haram (was so viel wie ‚westliche Bildung ist verboten' bedeutet) in einer der ärmsten Regionen des reichen Vielvölkerstaates Nigeria ist zum überwiegenden Teil einem grotesken Staatsversagen einer korrupten Regierungsclique unter Führung christlicher Präsidenten zu verdanken (Harnischfeger, 2006; Smith, 2015). Bis zu 50 Millionen junge Nigerianer sind in dem reichen Ölstaat arbeitslos oder unterbeschäftigt – eine tickende Zeitbombe und ein geeigneter Nährboden für Hasspredigten islamistischer Fundamentalisten.[1]

Fest steht, dass die Initiatoren von „nine/eleven" Menschen waren, die sowohl das westlich-christliche als auch das arabisch-muslimische Kultur-Milieu kannten, sodass einfache Erklärungen unter Verweis auf eine Kultur wenig überzeugend sein können (siehe u. a. Kippenberg, 2008, S. 161 f.; Hirsi Ali, 2015, passim). Ebenso unbestritten ist die Tatsache, dass die technischen Möglichkeiten, über Internet-Videos die Welt an den Grausamkeiten der islamistischen Terroristen teilnehmen zu lassen, mobilisierend gewirkt haben. Das gilt insbesondere für den „Islamischen Staat" (IS), der weltweit mit technisch anspruchsvollen Terror-Videos um Anhänger wirbt und zwar mit Erfolg auch in den Ländern der EU.

Seit 2001 sind auch in der Bundesrepublik Deutschland religiöse Gewalt und die wachsende Gewaltbereitschaft von muslimischen Gläubigen zum Gegenstand politischer Besorgnis geworden. Der Verfassungsschutz gibt für 2014 die Zahl der radikalisierten ‚Islamisten' mit 7000 an, wovon ein Drittel für gewaltbereit gehalten wird. 600 Personen aus diesem Milieu, zur Hälfte deutsche Staatsbürger, seien bereits ausgereist, um sich den Kampfverbänden des ‚Islamischen Staates' anzuschließen (nach v. Beyme, 2015, S. 208). Brutalste Gewalt gegen ‚Ungläubige', einschließlich der im Internet gezeigten Enthauptung von gefangenen Feinden, gehört hier zur gelobten Praxis des ‚Gottesdienstes' (siehe dazu auch Kippenberg, 2008; Graf & Meier, 2013; Hirsi Ali, 2015). Religiöser Fundamentalismus und gewaltsamer Dschihad, immigrierte Selbstmordattentäter und Angst vor der ‚schleichenden Islamisierung' säkularer oder post-säkularer Gesellschaften des Westens (Kepel, 2002; Meddeb, 2007) sind auch hierzulande Themen für strittige Diskurse geworden (z. B. auf der seit 2006 ins Leben gerufenen ‚Deutschen Islam-Konferenz' des Innenministers), die die allgemeine Akzeptanz muslimischer Mitbürger bei Deutschen haben schwinden lassen. Im Jahr 2012 fühlten sich nach einer Studie der Bertelsmann-Stiftung von 2015 ca. die Hälfte der Deutschen „vom Islam bedroht" (53%), heute sind es bereits 57% (zitiert nach v. Beyme, 2015, S. 183) und es muss damit gerechnet werden, dass mit jedem weiteren Attentat muslimischer Gläubiger (meist Einzeltäter) auf eine europäische Institution wie eine Satire-Zeitschrift (Paris) oder einen Touristenstrand (Tunesien) die Sorge in den Ländern der EU zunehmen wird (mit all den hässlichen Begleiterscheinungen von Fremdenfeindlichkeit und rassistischem Ausländerhass), wie denn noch eine friedliche Toleranz-Koexistenz zwischen den verschiedenen Religionsgemeinschaften (Bauer, 2011; Weiße & Gutmann, 2010) und zwischen alteingesessenen und neuhinzugekommenen EU-Bürgern gelingen könnte.

---

1 Siehe dazu jetzt im Detail die Reportage des AFP-Korrespondenten Mike Smith: *Boko Haram. Der Vormarsch des Terror-Kalifats*, München 2015. Zur Vorgeschichte siehe Johannes Harnischfeger: *Demokratisierung und Islamisches Recht. Der Scharia-Konflikt in Nigeria*, Frankfurt/New York 2006.

2.   Das Erkenntnisproblem: Ist die mobilisierte religiöse Differenz eher Ursache für politische Gewalt oder bloßes Mittel zur Erlangung politischer Ziele (Machtsicherung)?

Für die politikwissenschaftliche Friedens- und Konfliktforschung bleibt die Frage aktuell, ob nicht auch die größer gewordene Bedeutung des Religiösen für die spirituelle Orientierung des Menschen in Zeiten der Globalisierung (Wilhelm & Ihne, 2009) genutzt werden könnte, um die unheilvolle Spirale von religiöser Gewalt und religiöser Gegengewalt an einem neuralgischen Interventionspunkt durch Aktivierung des Friedenspotenzials der Buchreligionen zu unterbrechen. Dazu bedarf es aber genauerer empirischer Kenntnisse über die Gewaltszenarien, d. h. über die Fragen, warum, wann und unter welchen Umständen der Glaube an den einen Gott politische Gewalt fördert und Grausamkeit gegen Andersgläubi-ge legitimiert – aller universell gültigen Menschenrechte und der Friedensgebote der monotheistischen Religionen zum Trotz. Lassen sich irgendwelche typischen Handlungsmuster erkennen, oder geschehen die heutigen „Religionskriege" und Terrorakte im Namen des einen Gottes eher kontingent? Wer oder was kann die Hoffnung beflügeln, dass sich am Horizont transreligiöser Dialoge heilsame Ge-gengifte gegen den politisierten militarisierten Religionswahn zeigen mögen, der politisch labile Regionen dieser Welt – vor allem im Nahen Osten, in Nord-, Ost- und West-Afrika – in den Abgrund zu reißen droht?

Eine auch nur annähernd erschöpfende Antwort auf diese essenziellen Fragen übersteigt den Rahmen dieses Beitrags (und die fachliche Kompetenz des Au-tors). Daher soll im Folgenden exemplarisch an vier repräsentativ erscheinenden historischen Beispielen gezeigt werden, dass nicht der religiöse Text an sich (als Aufforderung zu Terror und Gewalt interpretierte Gottesworte) maßgeblich für die gewaltsame Explosion gewesen ist, sondern das unglückliche oder gewollte Zusammenspiel von religiösem Textverständnis und lokalem politischen Kontext. Für Politologen ist dabei die Einsicht wichtig, dass Fremdenhass erzeugende kon-krete gesellschaftliche Kontexte durch breitenwirksame Aufklärung, Bildungspo-litik und politisches Verhandlungsgeschick prinzipiell veränderbar sind. Gleich-wohl kann nicht à priori davon ausgegangen werden, dass die religiös legitimierte Gewalttat stets nur eine abgeleitete, d. h. eigentlich nicht verantwortliche Rolle spielen würde. Und es gibt offenbar auch die pure Lust an Gewalttaten.

Bei Durchsicht der einschlägigen Literatur ist eine grundsätzliche Spannung zwischen zwei konträr erscheinenden Positionen der Deutung dieses Phänomens sichtbar geworden: Während die einen Beobachter (man könnte sie die *religiösen Beschwichtiger* nennen) behaupten, dass Militanz erzeugende religiöse Glau-bensbekenntnisse und Praktiken im Wesentlichen nur massenwirksame Mittel zur Erlangung politischer Machtziele seien, sehen andere (man könnte sie die *religiösen Fundamental-Skeptiker* nennen) in der kontextunabhängigen Eigenart der monotheistischen Buch-Religionen (und ihrer jeweiligen Verkünder durch Glaubensspezialisten, Propheten, Heiler oder Prediger) die eigentliche Ursache

für Intoleranz und soziale Exklusion, die rasch in politische Gewalt gegen Andersgläubige und Abtrünnige umschlägt oder latent umschlagen kann, je nach
Interpretation der politischen Anführer. Diese Position vertritt zum Beispiel in
aller Deutlichkeit die aus Somalia stammende und heute in Harvard/USA lehrende
Autorin Ayaan Hirsi Ali, die in ihrem jüngsten Buch „Reformiert Euch! Warum der
Islam sich ändern muss" die These vertritt, dass „wir den Hebel an den Wurzeln
des Problems der Gewalt ansetzen [müssen], von der unsere Welt heute heimge-
sucht wird, das heißt an der Doktrin des Islam" (Hirsi Ali, 2015, S. 220). In die
gleiche Richtung, aber viel grundsätzlicher, argumentiert der arabische Aufklärer
Mohammed Abdel Al-Jabri, der in seiner Reformagenda an die erste arabische
Aufklärung im 12. Jahrhundert (Ibn Rushd bzw. Averroes) anknüpfen möchte und
vor allem Bildungsreformen fordert: Heute seien die arabischen Gesellschaften
„einer als heilig empfundenen Sprache, veralteten Denkweisen, Aberglauben und
unumstößlichen Wahrheiten verhaftet und zur Kritiklosigkeit erzogen" (Al-Jabri,
2009, S. 16).[2] Sie bestreiten die beliebte These, dass Gewalt der islamistischen
Terroristen nichts mit „dem Islam an sich" zu tun hätte (siehe dazu die differenzierten Beiträge arabischer Denker wie Adonis, Mohammed Arkoun, Nasr Hamid
Abu Zaid und vieler anderer in: Heller & Mosbahi, 2001).[3] Eine Deutung des islamistischen Terrors hat Hans Magnus Enzensberger versucht, der die islamischen
Fundamentalisten als „Kollektiv der radikalen Verlierer" beschrieb, mit folgenden
kontextgeschuldeten Eigenschaften: Verzweiflung über das eigene Versagen als
Muslime, denen doch das Heil versprochen war; Suche nach Sündenböcken; Rea-
litätsverlust; Rachebedürfnis; Männlichkeitswahn; ferner „ein kompensatorisches
Überlegenheitsgefühl; die Fusion von Zerstörung und Selbstzerstörung und der
zwanghafte Wunsch, durch die Eskalation des Schreckens Herr über das Leben der
anderen und über den eigenen Tod zu werden" (Enzensberger, 2006, S. 45).

3. Gewalteskalation im Sudan: von einem Verteilungskonflikt um politische Macht zu einem kulturell-religiösen Identitätskonflikt

Betrachten wir als erstes Beispiel von religiöser Gewalt in der postkolonialen
Phase den Sudan – Afrikas größter Staat mit einer Vielzahl muslimischer Sekten
und Volksgruppen. Seine sechzigjährige Geschichte als unabhängiger Staat ist
gekennzeichnet von seiner Transformation von einem säkular orientierten Re-

---

2 Siehe auch die Analyse des französischen Schriftstellers und Hochschullehrers tunesischer
   Herkunft Abdelwahab Meddeb: *Die Krankheit des Islam*, 2007, S. 15–16: „Die islamische
   Welt ist in der Wissenschaft seit dem 17. Jahrhundert nicht mehr kreativ". Er möchte die
   alten arabischen Traditionen der Toleranz wiederbeleben.

3 Siehe hierzu auch den bemerkenswerten Beitrag von Wolfgang Merkel (2015) zur aktuellen
   Huntington-Debatte unter Politologen, der einige merkwürdige kognitive Fehlleistungen
   von Gutmenschen korrigiert.

gime, das zunächst mit sozialen Modernisierungsreformen in Anlehnung an den ägyptischen Präsidenten Abdel Nasser (1956–1980) experimentierte, zu einem martialischen Staat, der als erster in Afrika nach dem Scheitern des „arabischen Sozialismus" ein islamistisch-fundamentalistisches Regime errichtete und dessen Diktator Hassan al-Bashir vom Internationalen Strafgerichtshof des Völkermords in der Darfur-Provinz angeklagt ist. Der mehr als vierzigjährige Krieg im alten Sudan (1956–1973 und 1983–2005 und bis zur Abspaltung des christlichen Südsudans vom arabisch-muslimischen Nordsudan im Jahr 2011) wandelte sich in Form und Inhalt: Anfangs ging es den Machthabern im Wesentlichen um die Verfügung über knappe und kostbare Güter, konkret gesprochen um Ressourcen politischer Macht, um die Sicherung kollektiven Reichtums (Staatseinnahmen aus Öl- und Baumwollexporten) für die herrschende Gruppe, nachrangig auch um kulturelle und religiöse Absicherung des Herrschaftsanspruchs (Tetzlaff, 1993). Am Anfang des Bürgerkriegs standen niedrigschwellige Verteilungskonflikte im Vordergrund: der Parteienstreit um den Zugriff auf lukrative Staatsposten, auf Geld, Entwicklungshilfe und Stipendien für Studenten. Die Menschen der benachteiligten Regionen im Süden des Landes wehrten sich gegen diese sozio-ökonomische Diskriminierung und als dieser Krieg jahrzehntelang andauerte, ohne dass eine faire Lösung der Machtteilung gefunden werden konnte, eskalierte der Konflikt in einen Machtkampf um die wahre sudanesische Identität. Dabei kamen, knapp zusammengefasst, zwei Interessengruppen des Nordens zusammen: eine islamistische Militärjunta, die das westliche Verfassungssystem ablehnte und als muslimisch orthodoxe Gruppe die Herrschaftsinteressen alteingesessener Familien am Nil zwischen Khartum/Omdurman und Kosti repräsentierte, auf Arabisch „Awlad al-bahar" genannt (Collins, 2004) und eine Gruppe religiöser Fanatiker um den gewaltbereiten Geistlichen Hassan al-Turabi[4] der eine gesellschaftliche Tendenz zur Islamisierung der Gesellschaften im Nahen Osten verkörperte, wobei die islamische Revolution im Iran unter Ayatollah Khomeini ermutigend wirkte.

Nach einem Militärputsch einer Gruppe islamistisch gesinnter Offiziere im Juni 1993 stieß die diskriminierende Politik des neuen Regimes auf die erbitterte Abwehr der christlich-animistischen Südsudanesen, die sich dem religiösen Diktat des Nordens (Einführung der Scharia, des Freitags als Feiertag, des Arabischen als Amtssprache etc.) nicht beugen wollten. Es ging jetzt also um Themen der Konsolidierung politischer Macht, der kulturellen Selbstbestimmung und religiöser Identität. Solche Szenarien einer Konflikteskalation haben per definitionem

---

4   Turabi, 1932 als Spross einer Familie von Geistlichen geboren, erwarb 1957 die Magisterwürde in London und promovierte 1964 in Paris, wodurch er sich zum Dekan der rechtswissenschaftlichen Fakultät in Khartum qualifizierte. „Er nutzte seine westliche Ausbildung, um im Schoß der Muslimbrüder die Front der Islamischen Charta, einer neuartigen politischen Islamistenbewegung, aufzubauen." Durch den Militärputsch von 1989 kam General Omar al-Bashir mit Hilfe islamistischer Offiziere an die Macht, wobei Turabi die ‚graue Eminenz' des Regimes wurde und für die „rücksichtslose Unterdrückung der säkularen Teile des Bürgertums" die Verantwortung trug (Kepel, 2002, S. 230–231).

für Friedensaktivisten und Politiker die unangenehme Eigenschaft, dass sie kaum noch rational bearbeitbar sind. Politische Macht kann man institutionell und verfassungsrechtlich teilen, wirtschaftliche Ressourcen, einschließlich Geldwerte, lassen sich ebenfalls anhäufen und dann gerecht aufteilen, aber konkurrierende Besitzansprüche auf ein und dasselbe (heilige) Territorium im Namen einer Kultur oder einer Religion lassen sich kaum gütlich regeln. Denn der Andere ist als ‚Un-Gläubiger' weniger berechtigt und damit zwangsläufig weniger wert. „Das brutale Vorgehen von Armee und Milizen im endlosen Krieg gegen den Süden rief zahlreiche christliche Organisationen, protestantische wie katholische, auf den Plan, die in Washington und den europäischen Hauptstädten gegen das Regime protestierten und dafür sorgten, dass ihm diverse Foren des ‚christlich-muslimischen Dialogs' verschlossen blieben, in denen viele islamistische Bewegungen anderer Länder (Pakistan, Iran) Kontakte zu einflussreichen westlichen Kreisen knüpfen konnten" (Kepel, 2002, S. 232). Konsequenterweise endete der sudanesische Bürgerkrieg mit der Abspaltung des nichtislamischen Südens, dem in einem Referendum im Jahr 2011 99% der Bewohner zustimmten[5].

Dass es aber in den sudanesischen Bürgerkriegen im Wesentlichen nicht um einen Religionskrieg ging, d. h. um das Ziel der Islamisierung aller Sudanesen, zeigte sich im Krieg des noch immer regierenden Bashir-Regimes gegen die muslimische Bevölkerung in Darfur, der völlig vernachlässigten und verarmten Westregion des Landes, in der Afrikaner nichtarabischer Abstammung leben, die Nachkommen des einstigen souveränen Königreichs Darfur (das in der zweiten Hälfte des 19. Jahrhunderts vom sudanesischen Al Mahdi zerstört und kolonisiert worden war). Als sich hier muslimische „Rebellen"-Gruppen im Jahr 2003 zur Zeit einer schwere Dürre und ökologischer Degradierung gegen ihre kontinuierliche Marginalisierung und Verelendung durch das wirtschaftlich unfähige und elitäre diktatorische Regime in Khartum auflehnten, wurden die Menschen dort in einem Krieg, den viele Beobachter als den verlustreichsten Genozid der afrikanischen Gegenwart bezeichnen (Prunier, 2005; Prunier, 2009), aus ihren Dörfern vertrieben. Hunderttausende wurden umgebracht (bis 2008 schon 300.000 Menschen), Frauen wurden massenhaft vergewaltigt, Familien in den Hungertod getrieben und Flüchtlinge über die Staatsgrenzen gedrängt. Heute müssen 2,5 Millionen Inlands-Flüchtlinge von internationaler Caritas versorgt werden; sie werden an der Rückkehr in ihre Dörfer gehindert. Die Regierung und ihre lokalen Verbündeten (arabisierte Milizen, genannt Dschandschawid, was so viel bedeutet wie ‚Dämonen zu Pferde') sind für schwerste Menschenrechtsverletzungen verantwortlich. Aber bislang konnte keine muslimische Organisation (auch nicht die Afrikanische Union) diesen Genozid, von Muslimen an Muslimen verübt, beenden. Er wird auch von vielen Muslimen als interne Schande der islamischen Welt betrachtet, aber es dürfte deutlich geworden sein, dass diese Gräuel (gegen West-Sudanesen,

---

5 Für die Menschen des Südsudans setzte sich nach Erlangung der staatlichen Unabhängigkeit die Angst vor mörderischer Gewalt fort. Nun haben politische Machtkämpfe zwischen seit alters rivalisierenden Führern diverser Ethnien – vor allem der Dinka, Nuer und Schilluk – das Land in einen Bürgerkrieg mit Hunderttausenden von Binnenflüchtlingen gestürzt.

sowie früher gegen Süd-Sudanesen) primär oligarchischen Herrschaftsinteressen
einer rassistischen Gruppe (*Awlad al-bahar*) geschuldet sind und nicht als Ausdruck
eines Religionskrieges gedeutet werden können. Die Berufung des weltweit geächte-
ten Regimes auf den Koran zur Rechtfertigung von Vertreibung und Ermordung von
Muslimen muss als ein schwerer Missbrauch von Religion und Glauben bezeichnet
werden. Er hat eine ganze Gesellschaft gespalten und große Teile der Jugend in die
Flucht getrieben.

4.   Politisierte Religion und der Israel-Palästina-Konflikt –
eine Eskalation vom Territorialkonflikt zum religiös
angefeuerten Überlebenskampf

Verglichen mit den regional begrenzten Sudan-Konflikten ist der seit Jahrzehnten eskalierende Nahost-Konflikt von globaler singulärer Bedeutung: Er trägt das
Potenzial einer globalen Friedensgefährdung in sich.[6] Seit 1947 (Teilungsplan
der Vereinten Nationen) und 1948 (Staatsgründung Israels und Beginn des ersten
arabisch-israelischen Krieges) beeinflusst der Palästina-Konflikt immer stärker
die politischen Ereignisse im Mittleren und Nahen Osten, direkt oder indirekt.
Auch die Geschichtsschreibung ist zu einem Kampfplatz von zwei oder mehr kon-
kurrierenden Narrativen geworden: Durch die Art und Weise, wie das israelische
Narrativ die Vergangenheit beschreibt (Zionismus, Holocaust, auserwähltes Volk
Gottes, Verteidigung der Existenz) und das palästinensische Narrativ (,*al Nakba*',
die ,Katastrophe' von Krieg, Niederlage und Vertreibung von 1948) dasselbe tut,
werden unterschiedliche Schicksalswege und Geschichten erst geformt und dann
als objektive Wahrheiten geglaubt und tradiert (Jawad, 2006, S. 72 f.), – religiös
gefärbte Geschichtskonstruktionen,[7] die eine gemeinsame politische Zukunft äußerst erschweren. Manche Beobachter meinen: Was für die Israelis der ,*Holocaust*'
bedeuten würde, dem entspräche in der Vorstellung der vertriebenen Palästinenser
(die nicht in ihre Heimatdörfer zurückkehren dürfen) ,*al Nakba*'.

Solange beide Parteien – Israelis und Palästinenser in den von Israel 1967 besetzten Gebieten – noch an der Vision einer friedlichen Koexistenz im Rahmen einer
ausgehandelten Zweistaatenlösung festhielten, was zuletzt PLO-Präsident Jassir
Arafat und der israelische Premierminister Yitzhak Rabin in den sogenannten Oslo-
Verhandlungen auf der Geschäftsgrundlage ,Land für Frieden' 1993 taten, bestand

---

6   Die Fachliteratur zum Israel-Palästina-Konflikt ist Legion; zu nennen sind die wichtigen
    Studien von Claudia Baumgart-Ochse: *Demokratie und Gewalt im Heiligen Land. Poli-
    tisierte Religion in Israel und das Scheitern des Osloer Friedensprozesses*, Baden-Baden
    2008; C. Hauswaldt: *Der Status von Palästina. Eine völkerrechtliche Untersuchung des ter-
    ritorialen Status*, Baden-Baden 2009; D. Ansorge (Hrsg.): *Der Nahostkonflikt. Politische,
    religiöse und theologische Dimensionen*, Stuttgart 2010.
7   Berühmt ist der Streit um die Frage: Wer ist schuld am Massaker der Dorfbewohner von
    Deir Yassin, wer ist Opfer, wer ist Täter? Die Narrative von Israelis und Palästinensern
    widersprechen sich stark (Saleh Abdel Jawad, 2006, S. 89 f.).

noch die Hoffnung auf eine politische einvernehmliche Verhandlungslösung. Aber mit der allmählich erzwungenen Abkehr Israels unter seinem Premier Benjamin Netanjahu (der dem von fanatischen Zionisten umgebrachten Rabin nachfolgte) vom Konzept ‚Land für Frieden', das „für viele religiöse Siedler eine Apostasie-Formel war und ist" (Kippenberg, 2008, S. 115) und einen bis heute lebendigen „Kulturkampf" in Israel auslöste (Baumgart-Ochse, 2008, S. 44), wurde der Pfad der politischen Vernunft, der Kompromisse sucht, verlassen und durch den gewaltträchtigen Religionswahn der „Erlösung" Israels mittels Gewalt ersetzt. Urheber dieser Idee der „heilsgeschichtlichen Umdeutung der zionistischen Besiedlung Palästinas" (wonach die jüdischen Siedler auf dem illegal besetzten Boden in den im „Sechstage-Krieg" eroberten Gebieten das heilige Palästina von den ‚Ungläubigen' ‚reinigen' sollten) waren, Hans Kippenberg zufolge, Rabbi Abraham Isaak Kook (1865–1935) und dessen Sohn Zvi Yehuda Kook (1891–1982): Sie legitimierten die völkerrechtlich verbotene zionistische Besiedlung okkupierten Feindeslandes und rechtfertigten das Töten von Muslimen als heilsnotwendig („Waffen waren so wichtig wie Gebetriemen", Kippenberg, 2008, S. 108). Der Mörder Dr. Baruch Goldstein, der zur Zeit der Oslo-Verhandlungen (am 25.02.1994) mehr als dreißig betende Muslime in einer Moschee mit seinem Maschinengewehr erschoss und dann von den Überlebenden gelyncht wurde, wurde dann von Rabbi Ginzburg „als Vorbild für jeden echten Juden" dargestellt. Das Grab von Baruch Goldstein ist „mit behördlicher Genehmigung zu einem Wallfahrtsort geworden" (Kippenberg, 2008, S. 119). Schon im Jahr 1974 hatte sich der „Block der gläubigen Zionisten" als eigenständige politische Organisation etabliert. Diese Bewegung bezog ihre Kraft aus einer ebenso einfachen wie zündenden Kernidee:

> „Der messianische Geschichtsprozess hat begonnen – das Land Israel ist heilig – die jüdische Besiedlung des Landes beschleunigt die Erlösung – die Besiedlung hat Vorrang vor der Befolgung der Gesetze Israels und des Völkerrechts – die Palästinenser haben kein Anrecht auf das Land." (Kippenberg, 2008, S. 111)

Dieses Nahost-Narrativ gewinnt seine tragische Dimension durch die tödliche Verquickung von religiösem Fundamentalismus (auf beiden Seiten, wenn die Hamas mit ihren Terroraktionen einbezogen wird) und hoher militärischer Gewaltbereitschaft auf beiden Seiten: Unter den Augen einer hilflos wirkenden Weltöffentlichkeit, die tatenlos zusah, wie die Zahl der zionistischen Siedler auf okkupiertem palästinensischen Territorium auf inzwischen 450.000 angeschwollen ist, stehen sich beide Seiten – der jüdische David mit seinen Raketen und Atombomben sowie der islamische Goliath mit höchst explosiven Staaten und Bewegungen, die über Atomwaffen (Pakistan), Raketen und Selbstmordattentäter in schier unbegrenzter Zahl verfügen – mit großem Unverständnis für den jeweils anderen gewaltbereit gegenüber. Aus Widerstandskämpfern, die um ihr Recht auf Heimkehr der Flüchtlinge und Rückgabe des geraubten Landes kämpfen (so das palästinensische Narrativ), wurden im Laufe der Konflikteskalation gottlose „Terroristen", die mit allen Mitteln bekämpft werden müssen (so das israelische Narrativ). Alle raumfremden Regierungen – darunter die fünf stärksten Waffenexporteure der Welt: USA, Russland, Deutschland, China und Frankreich – machen sich schuldig, wenn sie an der Gewalteskalation im Nahen und Mittleren Osten durch Waffenexporte wirtschaftliche und politische Eigeninteressen vertreten und nicht alles in ihrer Macht Stehende tun, um die fatale Aufrüstung der Kontrahenten zu reduzieren und gemeinsam an einer fairen Lösung zu arbeiten, welche die religiösen Ansprüche einer Konfliktpartei an säkularen, völkerrechtlichen Maßstäben misst und notfalls korrigiert. Wer die Zweistaatenlösung für Palästina-Israel politisch aufgibt, beteiligt sich an der Eskalation von Gewalt und Gegengewalt seitens der Verzweifelten. Es ist daher nicht ausgeschlossen (so lehrt der Soziologe Otto Hondrich, Autor der Studie vom „Lehrmeister Krieg"), dass eine politische Verhandlungslösung heute keine realistische Basis mehr hat: denn der einstige Territorialkonflikt um das britische Mandatsgebiet Palästina hat nach fünfzig Jahren den Charakter eines religiös legitimierten Überlebens- und Identitätskampfes zwischen zwei verfeindeten, durch tiefen Hass getrennten Völkern angenommen, in dem alle Mittel recht zu sein scheinen (Grossmann, 2015, S. 104).

Entgegen den Erwartungen der politikwissenschaftlichen Theorie des ‚demokratischen Friedens' (Demokratien führen keine Kriege gegeneinander; Demokratien favorisieren auch in Auseinandersetzungen mit Nicht-Demokratien tendenziell die gewaltlose Konfliktbeilegung) war Israel mit seiner politisierten Religion nicht fähig, einen friedlichen Ausweg aus der Sackgasse zu finden, im Gegenteil: Politisierte Religion behinderte auch hier den Friedensprozess. Die Friedens- und Konfliktforscherin Claudia Baumgart-Ohse hat aufgezeigt, „dass einer der entscheidenden Faktoren für das Scheitern des Oslo-Friedensprozesses in den (fehlenden) gesellschaftlichen Voraussetzungen zu suchen ist" (Baumgart-Ohse, 2008, S. 48). Angesichts des Fehlens einer verantwortungsvollen und konfliktfähigen Hegemonialmacht (USA) ist mit erneuten, möglicherweise noch schrecklicheren Gewalttaten zu rechnen – die möglicherweise erst dann ein (vorläufiges) Ende haben würden, wenn eine Seite militärisch besiegt am Boden läge. Dieses politische Schreckensszenario (mit seiner scheinbar deterministischen Eskalationsmechanik) vorurteilsfrei zu definieren und wenn möglich doch noch friedenspolitisch zu verhindern, erscheint als eine der großen Herausforderung der gegenwärtigen Friedensdiplomatie (Ansorge, 2010).

In diesem Sinne soll abschließend der israelische Schriftsteller David Grossmann zu Wort kommen, der zum Verständnis dieses hoch komplizierten (und hier nur grob skizzierten Jahrhundertkonflikts) einen wichtigen Beitrag geleistet hat, der auch einen Ausweg aus der seit 1993 entstandenen Sackgasse andeutet. Grossmann, in seiner Heimat stark umstritten, in Deutschland wegen seines politischen Realismus und Bemühens um Gerechtigkeit für beide Seiten von vielen hoch geschätzt, gab kürzlich folgende nachdenkenswerte Einschätzung zu Protokoll:

> „Alles, was mit der Beilegung des Konflikts zu tun hat, schlägt reflexartig in Misstrauen und tiefe, lähmende Angst um. Hier verbindet sich die Gegenwart mit dem, was dem jüdischen Volk in der Schoah zugestoßen ist. Weil das, was die Juden erlitten

haben, die historische und spirituelle Erfahrung, die sich so tief und schmerzhaft in ihr Bewusstsein eingebrannt hat, vielleicht der entscheidende Grund ist, der Israel heute daran hindert, die notwendigen Schritte hin zu einem Frieden mit seinen Nachbarn zu unternehmen (…). Hier regiert nur noch die Politik der Angst und der Verzweiflung (…). Wir müssen lernen, daran zu glauben, dass Frieden für uns eine Möglichkeit ist, nicht auf alle Ewigkeit – als sei das ein Gebot des Himmels – dazu verurteilt zu sein, mit dem Schwert zu leben und zu sterben." (Grossmann, 2015, S. 104)

5. Der globale Kontext eines ‚internen' Konflikts zwischen Sunniten und Schiiten im Nahen Osten

Nicht weniger dramatisch und tragisch – ein friedlicher Ausweg ist um die Mitte des zweiten Jahrzehnts des 21. Jahrhunderts auch hier nicht in Sicht – sind die seit Jahrzehnten schwelenden Regionalkonflikte zwischen Sunniten und Schiiten in Irak und Syrien, in Iran und Saudi-Arabien, in Libanon und den Golfstaaten, oder seit 2014/15 auch im Jemen, in die sich jetzt immer intensiver die beiden hoch gerüsteten regionalen Großmächte Iran als Beschützer der Schiiten und das wahabitisch geprägte Saudi-Arabien als Schirmherr aller Sunniten militärisch einmischen. Dieser innerislamische Regionalkonflikt mit globalen Auswirkungen ist nun keineswegs auf sozio-ökonomische Ursachen wie Armut und Verelendung der Bevölkerung oder ‚Kampf um Lebensraum' (wie in Deutschland zwischen 1914 und 1945 oder wie heute im nördlichen Nigeria, wo Boko Haram sein Unwesen treibt) zurückzuführen, sondern auf beinahe klassisch zu nennende Motive der Kriegsgeschichte der Welt – Machtkämpfe um politische Hegemonie in einer Großregion, allerdings angefeuert durch die kostengünstige Mobilisierung religiöser Anhänger im Namen des ‚wahren Gottes'. Dieser Konflikt zwischen Sunniten und Schiiten, ursprünglich als Nachfolgekrieg zwischen den Anhängern des Propheten Mohammed im 7. Jahrhundert entstanden, ist seit dem Sturz des Diktators Saddam Hussein im Irak durch den Angriffskrieg der USA unter Präsident George W. Bush im Jahr 2003[8] eskaliert, aber er verdankt seine Dauerhaftigkeit primär *regional-internen* Ursachen, die mit der Entstehung islamischer Staaten im Kontext der permanenten Einmischung imperialer Staaten in diese außereuropäische Großregion länger zurückreichen[9].

---

8   Verständlicherweise fordern Vertreter der Dritten Welt, wie z. B. Bischof Tutu in Südafrika, dass Ex-Präsident Bush und Ex-Premier Tony Bennet als Kriegsverbrecher vor dem Internationalen Strafgerichtshof in Den Haag anzuklagen seien.

9   Im Jahr 1953 wurde im Iran das authentische Regime des Nationalisten Mohammad Mossadegh vom US-amerikanischen Geheimdienst und dem britischen Geheimdienst gewaltsam gestürzt und durch das pro-westliche Regime von Shah Reza Pahlevi ersetzt. Ohne die vom Westen inthronisierte Shah-Diktatur (1953–1979) hätte es wohl kaum ein Mullah-Regime in Teheran gegeben, das sich unter Ayatollah Khomeini seit 1979 im Iran eingenistet hat. Ausgangspunkt des islamischen Widerstands waren die Modernisierungsreformen des Shahs: „Khomeini sah in diesen Reformen einen klaren Verstoß gegen die Gesetze des

Die islamische Revolution des Jahres 1979, als erstmals ein islamisches Land eine koranbasierte totalitäre Diktatur von Religionsgelehrten implementierte, war ein politisches Erdbeben, das damals den Nahen Osten und die internationale Politik erschütterte. Sie entfachte unter anderem den Bürgerkrieg in Afghanistan und im Libanon und löste mit der Etablierung eines Gottesstaates (unter Führung eines Wächterrates aus ernannten Mullahs) eine Welle der Hoffnung und Begeisterung unter Islamisten weltweit aus (Kepel, 2002; S. 151 f., Fürtig, 1992; Abdel-Hamad 2014, S. 147 f.). Bereits im achtjährigen ersten Golfkrieg zwischen dem säkularen Irak und dem revolutionären islamistischen Staat Iran von 1980 bis 1988 erreichte dieser islamische Bruderkrieg einen ersten Höhepunkt an religiöser Gewaltanwendung, obwohl es ursächlich überhaupt nicht um religiöse Differenzen ging. Begonnen hatte er nämlich durch einen als kurzen ‚Blitzkrieg‘ geplanten Überfall des sozialistischen Regimes des Diktators Saddam Hussein auf die arabischsprechende Öl-Provinz Khuzestan im politisch durch den Sturz des Schahs geschwächten Iran. Er endete nach quälend langen Kriegsjahren mit einem militärischen Patt und zum Preis von Hunderttausenden gefallener Muslime – darunter Hunderttausenden von Kinder und Jugendlichen, die ohne militärische Ausbildung von Ayatollah Khomeini in den sicheren ‚Heldentod‘ geschickt worden waren. Nachdem der irakische Diktator Saddam Hussein schon 1982 einen Waffenstillstand angeboten hatte, hatte der iranische Revolutionsführer den Kompromiss abgelehnt, weil sich inzwischen dessen Kriegsziele geändert hatten. Ihm ging es nicht mehr nur um Landesverteidigung, sondern um die Niederwerfung des regionalen Rivalen Irak, den Export seiner antiwestlichen, undemokratischen ‚Mullah-Revolution‘ in die Nachbarstaaten und letztendlich um die Vernichtung des Staates Israel. Ihm bedeutete der Krieg nach eigener Aussage „ein Geschenk des Himmels", und jeden Teilnehmer seines Dschihad bezeichnete er als Märtyrer, der im Fall des Todes direkt in das Paradies einkehren würde. In einem Brief an die Geistlichkeit schrieb er:

> „Weder bereuen wir noch bedauern wir auch nur einen Moment unsere Leistungen während des Krieges. Haben wir denn vergessen, dass wir für die Erfüllung unserer religiösen Pflicht kämpften und dass das Ergebnis eine Nebensache ist" (Boqer Moin, Khomeini Life of the Ayatollah, St. Martin's Press 2000, S. 258. Entnommen Wikipedia.org/wiki/Ruhollah_Khomeini#Iran-Iraq_War, am 16.11.2015, aus dem Englischen von RT; siehe auch Ebadi 2007, S. 98–119).

Im Jahr 1988 gaben beide Seiten kriegsmüde auf; keiner hatte seine Kriegsziele erreicht, aber 262.000 Iraner und 105.000 Iraker hatten ihr Leben auf den Schlachtfeldern gelassen (konservative Schätzung der Zahlen), und ein Sachschaden von mehr als einer Billion US$ war entstanden. Schon zwei Jahre später – im August 1990 – ließ Diktator Saddam Hussein seine Truppen im Nachbarstaat Kuwait ein-

---

Islam. Er ärgerte sich besonders über ein neues Gesetz, das die Verheiratung minderjähriger Mädchen verbot – das sei ein klarer Eingriff in das islamische Familienrecht" (Abdel-Samad, 2014, S. 150).

marschieren und bis zur saudi-arabischen Grenze vorstoßen. „Die irakische Armee machte einen kurzen Ausfall in Richtung Hasa, wo der größte Teil der Ölquellen liegt, und hätte innerhalb von drei Tagen ganz Saudi-Arabien erobern können" (Kepel, 2002, S. 257). Diese Provokation veranlasste offenbar die in Panik geratene saudi-arabische Monarchie unter König Fahd, die USA (den „Satan" in der Diktion des Ayatollah-Regimes) zur Rettung der Monarchie anzurufen. Tatsächlich geschah dann das für fromme Muslime schier Unbegreifliche: Im Rahmen der von der UNO gebilligten Militäroperation ‚Wüstensturm' landeten mehrere Hunderttausende von nichtmuslimischen Soldaten und Soldatinnen auf heiligem Boden, um König Fahd, den ‚Diener der heiligen Stätten von Mekka und Medina', zu schützen und den innerislamischen Regionalkonflikt zu befrieden – zweifellos eine große Demütigung, die sich die arabischen Nachbarn selbst zugefügt hatten.

Der in Frankreich lehrende Arabist und Nahost-Experte Gilles Kepel täuschte sich gleichwohl mit seiner Prognose im Jahr 2000, dass der islamistische Fundamentalismus seinen Höhepunkt bereits überschritten hätte und nun der Säkularisierung und Demokratisierung weichen würde. Denn nur wenige Monate später ereignete sich der islamistische Angriff der Al-Qaida-Terroristen auf die Türme von Manhattan und das Pentagon – ein unerhörtes Ereignis, das den „Krieg gegen den islamistischen Terror" mit globalen Konsequenzen auslöste. Heute unterstützt wieder ein iranisches Mullah-Regime (seit 1989 unter der Führung des „Obersten Rechtsgelehrten" Ali Khamenei) schiitische Kämpfer im Libanon, Irak und im Jemen gegen regionale Machthaber mit sunnitischem Glaubensbekenntnis und fährt fort, Israels Existenzrecht zu bestreiten und dessen Vernichtung als Staat zu fordern. Man kann auch in diesem Fall schlussfolgern, dass iranische Ayatollahs nicht nur als geistliche Führer, sondern auch als iranische Macht- und Kriegspolitiker aufgetreten sind, die außenpolitische Ziele im Namen des Glaubens verfolgen, unter Einschluss der Instrumentalisierung von religiösen Fanatikern, die Terrorakte begehen.

Zwei nachhaltige Folgen dieser Tragödie im Nahen Osten sind noch zu benennen. Der hohe Blutzoll im Krieg gegen den Irak und die militärische Niederlage der iranischen Kampftruppen veranlasste die zahlreichen mittellosen Jugendlichen dazu, „sich serienweise auf die alte Tradition des Martyriums zurückzubesinnen und die Geißelung bis zur Selbstopferung zu treiben. Es ging nicht mehr um die Wandlung der Welt – die Revolution hatte stattgefunden und sie hatte die Erwartungen der Jugend nicht erfüllt –, sondern um das Streben nach dem Tod, nach der Selbstauslöschung, die das Scheitern der revolutionären Utopie bekräftigte (…) So verbrämte die mittellose städtische Jugend im Iran der achtziger Jahre ihren politischen Selbstmord in religiösen Kategorien" (Kepel 2002, S. 145; dazu auch Hirsi Ali, 2015, Kapitel „Den Tod lieben", S. 129 f., und Enzensberger, 2006). Man muss dieser Interpretation des französischen Arabisten Gilles Kepel nicht folgen, aber viel spricht für die Tatsache, dass seitdem die Inszenierung des Märtyrertods in Form des Selbstmordattentats in zahlreichen muslimischen Ländern quantitativ zugenommen hat und qualitativ von gewaltbereiten Islamisten aufgewertet wurde (Meddeb, 2007; Hirsi Ali, 2015).

Die zweite Folge der Islamischen Revolution des Ayatollah Khomeini und der darauf folgenden religiösen Vertiefung der gewaltsam ausgetragenen Gesellschaftskonflikte im Nahen Osten zwischen frommer Mittelschicht und perspektivloser urbaner Jugend war die Enttäuschung unter den westlich gebildeten Muslimen über die Vereitelung der kulturellen Renaissance der islamischen Kultur. Die mutige iranische Menschenrechtsanwältin Shirin Ebadi schildert in ihrer Autobiografie „Ein Leben zwischen Revolution und Hoffnung", wie mit dem Segen von Geistlichen der ‚Revolutionsgarden' Jagd auf Dissidenten, Künstler und Schriftsteller gemacht wurde, um sie zum Schweigen zu bringen[10]. Der 84-jährige syrische Schriftsteller Ali Ahmed Said Esber (der heute als Vertriebener in Paris lebt und sich Adonis nennt) klagte im Dezember 2014 über die Ursachen der Zerstörung seines „Lebenstraums", nämlich „die Renaissance der weltoffenen arabischen Kultur" zu erleben:

> „Für mich ist es eine große Verzweiflung. Meine Generation träumte von einer Wende, von einer Trennung von Religion und Staat. Meine Heimat Syrien ist vollkommen zerstört, für nichts und wieder nichts. Was war der Plan? Die syrische Diktatur zu zerstören. Gut, ich bin dafür. Aber man löscht einen Diktator nicht aus, um ihn durch tausend andere Diktaturen zu ersetzen (…) Aus 80 Ländern der Erde Söldner zusammenzukaufen, um im Irak und in Syrien Krieg zu machen, ist keine Kleinigkeit. Man mordet auf offener Szene. Und alle Araber spielen mit (…) Der große Krieg des 21. Jahrhunderts wird ein innerarabischer Krieg sein, in dem sich die arabische Welt selbst zerfleischt und zugrunde geht"[11] (Adonis, zitiert nach Radisch, 2014, S. 50).

Exkurs: Der erste Weltkrieg als „Wille Gottes": Religiöse Appelle als Ausdruck des imperialen Machtwahns

Es gebietet die Redlichkeit, darauf zu verweisen, dass dieses Verhalten politischer Eliten – die zynische Instrumentalisierung des individuellen Glaubens an Gott aufseiten des kämpfenden Fußvolkes für zweifelhafte politische Herrschaftszie-

---

10 Weder Berufsverbot noch Einzelhaft konnten Shirin Ebadi davon abhalten, sich vor allem als Anwältin von Frauen und Kindern gegen die Ungerechtigkeiten des Mullah-Regimes aufzulehnen. Im Jahr 2003 erhielt sie dafür den Friedensnobelpreis (Ebadi, 2007).

11 Zwei weitere muslimische Wissenschaftler und Islam-Kritiker – Ayaan Hirsi Ali, aus Somalia stammende Autorin und Harvard Universitätsdozentin, und der aus Ägypten stammende Islamwissenschaftler Hamed Abdel-Samad, Mitglied der Deutschen Islam-Konferenz – haben im Westen aufgrund ihrer düsteren Prognosen an publizistischer Prominenz gewonnen: Beide beschwören den drohenden „Untergang der islamischen Welt" (so ein Titel von Hamed Abdel-Samad), wenn es nicht gelingen sollte, den grausam geführten Dschihad gegen alle Andersgläubigen aufzugeben und den dogmatisch erstarrten Islam mittels einer möglichen Synthese aus Glauben und Modernität zu reformieren („Reformiert Euch!" – so der Titel Ayaan Hirsi Alis jüngsten Buches von 2015).

le – keineswegs als ein Alleinstellungsmerkmal islamischer Führer betrachtet werden darf. Auch in der europäischen Geschichte sind ‚Verbrechen gegen die Menschlichkeit' (nach heutigem Menschenrechtsverständnis) als Dienst an Gott und Vaterland beschworen worden, woran im Jahr des Gedenkens des Ausbruchs des Ersten Weltkriegs vor hundert Jahren an das Beispiel protestantischer Geistlicher erinnert werden soll. So ist heute noch erschütternd zu lesen – etwa in dem faktenreichen Buch des Historikers Herfried Münkler „Der Große Krieg" (2014) –, wie evangelische Theologen und christliche Philosophen und Schriftsteller vom Rang eines Reinhold Seeberg, Max Scheler, Alfred Döblin und Thomas Mann den Krieg des wilhelminischen Deutschlands gegen Russland, Frankreich und England unter Berufung auf Gottes Willen verteidigten und schwärmerisch als notwendige und lang ersehnte *Erlösungstat* begrüßten. In einigen christlichen Predigten wurden die Deutschen in die Rolle des von Gott auserwählten Volkes gerückt und der Krieg der deutschen Christen gegen andere europäische Christen als ein Werkzeug Gottes begriffen, mit dem Gott seine Pläne in der Welt verfolgt. In einer Kriegspredigt aus dem Jahr 1914 heißt es etwa:

> „Welch' ein wunderbarer Meister ist doch der Krieg! Was Menschen nicht vermocht mit all ihrem Bedacht und Fleiß, das hat der Krieg wie durch einen Zauberschlag erreicht: die innere Einigung Deutschlands. Gott hat, als uns der Krieg erklärt wurde, unserem deutschen Volk im Innern den Frieden erklärt und beschert (…) Heil dem Kriege, der uns den inneren Frieden, den sozialen Frieden gebracht hat. Das ist vom Herrn geschehen und ist ein Wunder vor unseren Augen" (zitiert nach Münkler, 2014, S. 233).

Der Theologe Adolf von Harnack erklärte vor seinen Studenten an der Berliner Humboldt-Universität:

> „Und wenn jetzt der Krieg mit ehernen Schritten entgegenkommt, wie nehmen wir ihn auf? Wir brauchen nur hinzusehen auf die Straße! Ruhig, kräftig und schließlich auch jubelnd. Wir treten in die Zeit der Opferfreudigkeit [ein]" (zitiert nach Münkler, 2014, S. 241).

Am 10. November 1914 wurden ca. 2000 kaum militärisch ausgebildete Studenten bei Langemarck in Flandern (bei Ypern) in französisches Mündungsfeuer getrieben. Dieses Verbrechen der deutschen Offiziere, die gnadenlos Menschenleben einer politisch-religiösen Wahnidee opferten, wurde dann zur Erzählung vom todesmutigen Opfergang junger gottesfürchtiger Soldaten schöngeredet und zum Langemarck-Mythos stilisiert. So wurde eine militärische Niederlage in einen moralischen gottgefälligen Sieg umgedeutet.

Diese Episode aus der deutschen Geschichte kann auch als Warnzeichen gegen Überheblichkeit dienen, wenn wir heute fassungslos im Nahen Osten und in Ost- und Nordafrika auf die Gewaltexzesse schauen, die im Namen Gottes begangen werden.

Was dabei am Verhalten der Generation unserer Großväter besonders erschrecken mag, ist die emotionale Dimension der Gewaltverherrlichung anlässlich des Ausbruchs des Ersten Weltkriegs. Waren damals die Machteliten, Generäle, Politiker und zahlreiche Theologen und Schriftsteller in einem patriotischen Machtrausch, so findet sich dieses Phänomen heute wieder auf den Schlachtfeldern des Nahen und Mittleren Ostens.

6. Ausblick

Es gehört zu den Schattenseiten der Globalisierung, dass der gegenwärtige globale Raubtierkapitalismus nicht in der Lage ist, für die heranwachsende Generation in vielen Ländern eine hinreichende Zahl von zivilen Arbeitsplätzen und Arbeitseinkommen zu schaffen. Im Jahr 2013 waren schätzungsweise 73 Millionen Jugendliche im Alter von 15 bis 24 Jahren arbeitslos, was einer Arbeitslosenquote weltweit von 12,6% entsprach. „Besonders betroffen sind der Nahe und Mittlere Osten und Nordafrika, mit einer geschätzten Jugendarbeitslosigkeit im Jahr 2014 von 29,6% bzw. 23,9%" (Angenendt & Popp, 2015, S. 293–294). Daher ist damit zu rechnen, dass der bereits sichtbar gewordene Trend der politischen und religiösen Radikalisierung der sozial marginalisierten Wutmenschen in allen Umbruchs- und Zusammenbruchsgesellschaften noch stärker und der Drang zur Emigration in sichere Staaten (EU) noch unabweisbarer wird.

Offensichtlich gehören Dschihad und fundamentalistische Glaubensüberzeugungen zur politischen Signatur des Beginns des 21. Jahrhunderts. Fundamentalisten sind Bestandteil einer imaginären, von religiösen Ideologen konstruierten, binären und mangelhaft aufgeklärten Welt, in der es nur gerettete und rechtgeleitete oder aber verdammte und irregeleitete Menschen gibt, die man notfalls auch töten darf (Mohaddessin, 1993). Ein Ergebnis der hier vorgenommenen skizzenhaften, historisch vergleichenden Betrachtung besteht darin, dass politische Gewalt im Namen des Glaubens sowohl von Regierungen (Iran, Irak, Sudan, Israel, Saudi-Arabien, das Wilhelminische Deutschland) als auch von ‚Non-State-Actors' (NSA) (wie Hamas, iranische Revolutionsgarden oder Boko Haram) ausgeübt wird, wenn auch aus unterschiedlichen Motiven. Dabei sind die empirischen Beweise erdrückend, die gerade auch von islamischen Autorinnen und Autoren aufgeführt werden, dass politisierte Religion Frieden und Friedensdialoge zwischen weltlichen Konfliktparteien eher verhindert denn beflügelt. Das religiöse Tötungsverbot, das auch zum kulturellen Erbe gehört, wird oftmals vom Lärm der Interessenkonflikte übertönt.

Was den historischen Kontext dabei angeht, so sind drei unterschiedliche Szenarien erkennbar: Zum einen wird Religion missbraucht, um innerstaatliche Herrschaftsansprüche einer politischen Minderheit durchzusetzen und konkurrierende Fraktionen und politisch Andersdenkende als „unislamisch" zu bekriegen (der Fall Sudan). Zweitens werden politische Ansprüche auf regionale und kulturelle

Vorherrschaft mittels religiöser Legitimationsmuster konstruiert und gewaltsam mittels Selbstmordattentätern und Märtyrern durchgesetzt (im Sinne von ‚Gewalt als Gottesdienst', Iran und Israel). Und drittens scheint ein Konfliktszenario an Bedeutung und Verbreitung zu gewinnen, wo lokale Randgruppen (Clans, ethnische Minderheiten, Jugendvereine) sich als wirtschaftliche Opfer des politischen Systems sehen (Al Shabab in Somalia) oder als politisch diskriminierte und perspektivlose Gruppen, die wahllos Gewalt- und Terrorakte gegen ‚Andersgläubige' verüben (Boko Haram in Nigeria). In dieser Hinsicht haben der IS im Nahen Osten und Boko Haram in den Armutsregionen im nördlichen Nigeria eine bisher nicht bekannte Intensität an religiöser Gewalt erreicht (Mättig, 211; Smith, 2015). Allem Anschein nach schafft die gegenwärtige Epoche der Globalisierung mit ihrer Zunahme an sozialer Ungerechtigkeit (gemessen an der wachsenden Zahl von Jugendlichen ohne Perspektive auf Lebensverbesserung) Bedingungen, die das Auftreten religiöser Fanatiker und gewaltbereiter Protestgruppen begünstigen. Der zunehmende Staatszerfall in den Problemregionen Asiens und Afrikas (Tetzlaff, 2015) lässt erwarten, dass das verlorengegangene Vertrauen der Bürger in öffentliche Institutionen des Staates (einschließlich seiner Bildungsanstalten) ersetzt werden wird durch religiöse Heilsangebote aller Art.

Aus friedenspolitischer Sicht gehört zu den schlimmsten Begleiterscheinungen des religiösen Fundamentalismus, dass sich solche Akteure selbst friedensunfähig machen. Wo das Gespräch verstummt, weil die Achtung vor den legitimen Eigeninteressen des Anderen fehlt, steigt die Wut, dann der Hass und schließlich triumphiert die Unvernunft in Form nackter Gewalt. Wo selbstverordnetes Märtyrertum immun macht gegen vernünftige Gründe, wird Dialog aussichtslos! Desto wichtiger ist es, die vielen einzelnen islamischen Wissenschaftler, Philosophen, Künstler und Schriftsteller sowie Menschenrechtsaktivisten bekannt zu machen und zu unterstützen, die aus eigener innerer Überzeugung heilsame Reformen des islamischen Gesellschaftslebens fordern und realisieren möchten (siehe z. B. Heller & Hassouna, 2001; Al-Jabri, 2009; Hirsi Ali, 2014).

Literatur

Abdel-Samad, H. (2010). *Der Untergang der islamischen Welt. Eine Prognose*. München: Knaur Taschenbuch-Verlag.

Abdel-Samad, H. (2014). Die neuen Religionskriege. In *Die Zeit, Nr. 39*, vom 18.09.2014, S. 60.

Amirpur, K. & Weiße, W. (Hrsg.). (2015). *Religionen. Dialog. Gesellschaft. Analysen zur gegenwärtigen Situation und Impulse für eine dialogische Theologie*. Münster: Waxmann.

Angenendt, S. & Popp, S. (2015). Schlaglicht: Arbeitslosigkeit als globale Herausforderung. In *Globale Trends 2015. Perspektiven für die Weltgesellschaft* (S. 293–298), hrsg. von SEF u. a. Frankfurt am Main: Fischer TB.

Ansorge, D. (Hrsg.). (2010). *Der Nahostkonflikt. Politische, religiöse und theologische Dimensionen*. Stuttgart: Kohlhammer.

Assmann, J. (2007). *Monotheismus und die Sprache der Gewalt*. Wiener Vorlesungen im Rathaus. Wien: Picus.

Bauer, T. (2011). *Die Kultur der Ambiguität. Eine andere Geschichte des Islams*. Berlin: Verlag der Weltreligionen im Insel-Verlag.

Baumgart-Ohse, C. (2008). *Demokratie und Gewalt im Heiligen Land. Politische Religion in Israel und das Scheitern des Osloer Friedensprozesses*. Baden-Baden: Nomos.

Beyme, K. v. (2015). *Religionsgemeinschaften, Zivilgesellschaft und Staat. Zum Verhältnis von Politik und Religion in Deutschland*. Wiesbaden: Springer VS.

Casanova, J. (2015). *Europas Angst vor der Religion*. Berlin: Berlin University Press.

Collins, R. O. (2004). *Disaster in Darfur*. University of California Santa Barbara. History Department. Unveröffentlichtes Manuskript.

Ebadi, S. (2007). *Mein Iran. Ein Leben zwischen Revolution und Hoffnung*. München: Blanvalet.

Enzensberger, H. M. (2006). *Schreckens Männer. Versuch über den radikalen Verlierer*. Frankfurt am Main: Suhrkamp.

Fatah, S. (2014). *Der letzte Ort*. Roman. (2. Aufl.). München: Luchterhand.

Fürtig, H. (1992). *Der irakisch-iranische Krieg*. Berlin: Akademie Verlag.

Globale Trends 2015. Perspektiven für die Weltgesellschaft (2015). Hrsg. von Stiftung Entwicklung und Frieden, Institut für Frieden und Entwicklung, Käte Hamburger Kolleg/Centre for Global Cooperation Research. Frankfurt am Main: Fischer TB.

Graf, F. W. (2014). *Götter Global. Wie die Welt zum Supermarkt der Religionen wird*. München: C.H. Beck.

Graf, F. W. & Meier, H. (Hrsg.). (2013). *Politik und Religion. Zur Diagnose der Gegenwart*. München: C. H. Beck.

Grossman, D. (2015). „Diese andere, finstere Welt". Spiegel-Essay. In *Der Spiegel Nr. 20* vom 07.06.2015, S. 102–104.

Harnischfeger, J. (2006). *Demokratisierung und Islamisches Recht. Der Scharia-Konflikt in Nigeria*. Frankfurt a. M. und New York: Campus Verlag.

Hasenclever, A. (2009). Getting Religion Right – Zur Rolle von Religionen in politischen Konflikten. In J. Wilhelm & H. Ihne (Hrsg.), *Religion und Globale Entwicklung* (S. 170–186). Berlin: Berlin University Press.

Hauswaldt, C. (2009). *Der Status von Palästina. Eine völkerrechtliche Untersuchung des territorialen Status*. Baden-Baden: Nomos.

Heller, E. & Mosbahi, H. (Hrsg.). (2001). *Islam Demokratie Moderne. Aktuelle Antworten arabischer Denker* (2. Aufl.). München: C. H. Beck

Hirsi Ali, A. (2015). *Reformiert Euch! Warum der Islam sich ändern muss*. München: Knaus Verlag.

Huntington, S. P. (1997). *Der Kampf der Kulturen. The Clash of Civilizations. Die Neugestaltung der Weltpolitik im 21. Jahrhundert* (6. Aufl.). München und Wien: Europa-Verlag.

Jawad, S. A. (2006). The Arab and Palestinian Narratives of the 1948 War. In R. I. Rotberg (Hrsg.). *Israeli and Palestinian Narratives of Conflict* (S. 72–114). Bloomington: Indiana University Press.

Kepel, G. (2002). *Das Schwarzbuch des Dschihad. Aufstieg und Niedergang des Islamismus*. München: Piper.

Kippenberg, H. (2008). *Gewalt als Gottesdienst. Religionskriege im Zeitalter der Globalisierung.* Bundeszentrale für politische Bildung Bonn.

Malik, J. (2009). Islam und Entwicklung. In J. Wilhelm & H. Ihne (Hrsg.), *Religion und globale Entwicklung* (S. 40–50). Berlin: BUP.

Mättig, T. (2011): *Das Gespenst Boko Haram. Nigeria nach dem Anschlag auf die UN-Zentrale.* Friedrich-Ebert Stiftung: Perspektive/FES Nigeria.

Meddeb, A. (2007). *Die Krankheit des Islam.* Zürich: Unionsverlag.

Merkel, W. (2015). Wenn Religion und Gesetz verschmelzen. Huntingtons These ist empirisch wie normativ evident. In *WZB-Mitteilungen, Nr. 147*, vom März 2015 (S. 31–32), hrsg. vom Wissenschafts-Zentrum Berlin.

Mohaddessin, M. (1993). *Islamic Fundamentalism. The New Global Threat.* Washington D.C.: Seven Locks Press.

Moin, B. (2000). *Khomeini. Life of the Ayatollah.* St. Martin's Press.

Münkler, H. (2014). Der Große Krieg. Die Welt 1914–1918. 4. Auflage. Berlin: Rowohlt.

Radisch, I. (2014). „Das ist alles nur Theater". Interview mit Ali Ahmed Said Esber. In *Die Zeit Nr. 51* vom 11. Dezember 2014, S. 49–50.

Rohe, M. (2009). *Das islamische Recht. Geschichte und Gegenwart.* C.H. Beck

Rotberg, R. I. (Hrsg.). (2006). *Israeli and Palestinian Narratives of Conflict. History's Double Helix.* Bloomington: Indiana University Press.

Saleh Abdel Jawad (2006). The Arab and Palestinian Narratives of the 1948 War. In R. Rotberg (Hrsg.), *Israeli and Palestinian Narratives of Conflict. History's Double Helix* (S. 72–114). Bloomington: Indiana University Press.

Schnädelbach, H. (2009). *Religion in der modernen Welt. Vorträge, Abhandlungen, Streitschriften.* Frankfurt am Main: Fischer.

Smith, M. (2015). Boko Haram. Der Vormarsch des Terror-Kalifats. München: C. H. Beck.

Tetzlaff, R. (1993). *Staatswerdung im Sudan. Ein Bürgerkriegsstaat zwischen Demokratie, ethnischen Konflikten und Islamisierung.* Münster: Lit.

Tetzlaff, R. (2015). Das moderne Afrika verstehen. Widersprüchliche Entwicklungsperspektiven eines Kontinents. In M. Staack (Hrsg.), *Entwicklung, Frieden, Sicherheit. Drei Perspektiven auf Entwicklungen in Afrika* (S. 9–40). Opladen, Berlin, Toronto: Barbara Budrich.

Weidner, S. (2011). Vom Nutzen und Nachteil der Islamkritik für das Leben. In *Aus Politik und Zeitgeschichte, 13–14/2011*, vom 28.03.2011, S. 9–15.

Weiße, W. & Gutmann, H.-M. (Hrsg.). (2010). *Religiöse Differenz als Chance? Positionen, Kontroversen, Perspektiven.* Münster: Waxmann.

Wick, L. (2009). *Islam und Verfassungsstaat. Theologische Versöhnung mit der politischen Moderne?* Würzburg: Ergon.

Wilhelm, J. & Ihne, H. (Hrsg.). (2009). *Religion und Globale Entwicklung. Der Einfluss der Religionen auf die soziale, politische und wirtschaftliche Entwicklung.* Berlin: Berlin University Press.

Markus A. Weingardt

Religion als politischer Faktor zur Gewaltüberwindung

Es ist wahrlich kein neuzeitliches Phänomen, dass Religionen zu Unfrieden und Ungerechtigkeit in der Welt beitragen. Schon die jahrtausendealten heiligen Schriften und Überlieferungen aller großen Religionen berichten von Gewalt im Auftrag Gottes, von Unterdrückung und Ausbeutung in seinem Namen. Über alle Jahrhunderte und bis heute ist zu beobachten, wie religiöse Überzeugungen Herrschafts- und Gesellschaftssysteme prägen, wie sie politische Entscheidungen beeinflussen – auch und gerade jene über Krieg und Frieden, über Gleichberechtigung oder Diskriminierung, über Gerechtigkeit oder Ungerechtigkeit. Politischen Extremisten bietet sich ‚Religion‘ noch besser als säkulare Ideologien an, um Anhänger zu mobilisieren, deren Gewalt- und Opferbereitschaft zu steigern und ihre Ziele ‚im Namen Gottes‘ rascher oder effektiver zu erreichen (vgl. Rittberger & Hasenclever, 2000; Hasenclever, 2015). Religiöse Eiferer können sich umgekehrt der Politik bedienen, um im Namen der Freiheit, der nationalen Sicherheit, Wohlfahrt oder Ehre ihre religiösen Vorstellungen zu verbreiten und konkurrierende Religionsgemeinschaften zu schwächen, sie gar zu vernichten.

Die heiligen Schriften aller Religionen berichten aber ebenso, dass im Namen desselben Gottes zu Frieden und Gerechtigkeit aufgerufen und diesem Aufruf gefolgt wird (vgl. Weingardt, 2015). Auch die politische Geschichte ist voller Beispiele, dass religiöse Werte oder Überzeugungen ein gewaltloses, friedliches Verhalten bewirkten und zu gerechteren Herrschafts- oder Gesellschaftsstrukturen beitrugen: Dank religiöser Akteure wurden Kriege abgewendet oder beendet, inner- und zwischenstaatliche Versöhnung gestiftet, Systemwechsel ermöglicht oder friedlich gestaltet, gewaltlosen Widerstandsbewegungen gegen Unterdrückung und Ungerechtigkeit zum Erfolg verholfen. Strikte Gewaltlosigkeit zeichnet die historischen Friedenskirchen ebenso aus wie den gegenwärtigen Dalai Lama. Die Herausbildung der Demokratie und Sozialgesetzgebung in Mitteleuropa steht in engem Zusammenhang mit der abendländischen Religionsgeschichte und dem Einfluss der christlichen Kirchen in Europa. Mahatma Gandhi schließlich ist weltweit zum Synonym geworden für einen religiös geprägten, gewaltlosen Kampf für Frieden und Gerechtigkeit.

Diese „Ambivalence of the Sacred" (Appleby, 2000) – das Konflikt- und Friedenspotenzial von Religionen – hat im wissenschaftlichen wie im politischen Raum inzwischen zwar prinzipielle Anerkennung gefunden, gleichwohl ist der Fokus nach wie vor weitgehend auf das Konfliktpotenzial gerichtet. Dem lange postulierten Bedeutungsverlust von Religionsgemeinschaften folgte die nur scheinbar überraschende „Rückkehr der Religionen" (Riesebrodt, 2001) in die politische Arena. Weltweit betrachtet sind Religionsgemeinschaften stets auch politisch relevante Kräfte gewesen; ihre ‚Rückkehr‘ ist darum weniger ein politisches Wiedererstarken als vielmehr erstarkte Wahrnehmung von Religion durch Medien, Wissenschaft und Politik. Die Hauptgründe der wachsenden Aufmerksamkeit für die politische Relevanz religiöser Akteure liegen allerdings in deren *negativen* Ausdrucksformen: die Errichtung eines totalitären ‚Gottesstaates‘ durch die iranische Revolution unter Ayatollah Khomeini oder der grausame Feldzug des ‚Islamischen Staates‘ (IS) in Irak und Syrien, die Kriege zwischen römisch-katholischen Kroaten, serbisch-orthodoxen Serben und muslimischen Bosniaken im zerfallenden Jugoslawien, die ugandische Lord’s Resistance Army unter Joseph Kony, die buddhistisch-nationalistische Bewegung ‚969‘ in Myanmar, der Anschlag von Islamisten auf das World Trade Center in New York im September 2001 oder auf die Redaktion von Charlie Hebdo 2015 und viele weitere religiös begründete Terroranschläge in aller Welt (vgl. Schmidt, 2003; Meyer, 2007). So ist es wenig verwunderlich, dass die Religionen überwiegend im Ruf politisch gefährlicher, destruktiver und konfliktverschärfender Kräfte stehen. Doch indem „Religion als besonders effektiv für die Legitimation von Gewalt wahrgenommen wird“ (Grieser, 2005, S. 182), drängt sich zugleich die Frage nach der Effektivität von Religion in *Friedensprozessen* auf. Die folgenden Thesen richten darum das Augenmerk auf signifikante Beiträge religiöser bzw. religionsbasierter Akteure zum Frieden und zur Überwindung von Gewalt auf internationaler Ebene.[1]

1.   Religiöse Akteure *sind* ein politischer Faktor zur Gewaltüberwindung

Diese Feststellung ist keineswegs *common sense*, vielmehr dürfte das Gegenteil der Fall sein. Intellektuelle und Politiker, Medien und Wissenschaft wie auch die ‚Masse‘ der Bevölkerung: Alle sind gebannt vom Gewalt- und Konfliktpotenzial der Religionen. Täglich wird es von Presse, Funk und Fernsehen frei Haus geliefert: Heiliger Krieg, fundamentalistischer Terror, religiöser Eifer in politischer Verkleidung rund um die Welt. Von Kind auf werden wir mit der Botschaft konfrontiert und von ihr geprägt, dass Religionen eine gefährliche und zerstörerische Waffe sein können.

Worüber nicht in den Medien berichtet wird, ist ein religiöses *Friedenspotenzial*. Man ist daher versucht zu glauben, dieses existiere gar nicht. Dabei wird doch in allen Religionen – von geistlichen Autoritäten wie einfachen Gläubigen

---

1   Unter religionsbasierten Akteuren (hier synonym mit ‚religiöser Akteur‘ verwendet) werden dabei über anerkannte Religionsgemeinschaften aus den Weltreligionen und (inter-) religiöse Institutionen bzw. deren Vertreter hinaus auch Institutionen, Initiativen, Bewegungen oder Einzelpersonen verstanden, deren Friedensarbeit ausdrücklich und umfassend auf religiösen Grundlagen basiert (d. h. auf Schriften, Überlieferungen, Lehren und Traditionen anerkannter Weltreligionen) und notwendig aus den jeweiligen Glaubensüberzeugungen resultiert, ohne dass sie durch institutionelle, personelle, materielle oder finanzielle Abhängigkeit an andere religiöse Institutionen gebunden wären (vgl. Weingardt, 2007, S. 19 f.).

– der Anspruch erhoben, ‚eigentlich' ganz friedlich zu sein und ‚im Grunde' nichts sehnlicher zu wünschen als Frieden auf Erden. Wie aber äußert sich das, wie wirkt es sich aus? In guter Nachbarschaft oder indem man sich freundlich lächelnd aus dem Weg geht? Indem sich ranghohe Religionsvertreter jährlich ein Mal vor wohlwollendem Publikum oder laufenden Kameras der gegenseitigen Toleranz und Friedensliebe versichern? Oder hat der religiöse Friedensanspruch auch *politische* Relevanz, konkret und praktisch, in innergesellschaftlichen wie internationalen Konflikten, in Kriegen und Bürgerkriegen?

Mahatma Gandhi und Martin Luther King haben diese politische Relevanz aller Welt vorgeführt. Dabei waren diese berühmtesten Helden der Gewaltlosigkeit bemerkenswerter Weise zwar hoch politische Akteure, aber zugleich tief religiöse Persönlichkeiten. Religiosität und Friedensengagement gehörten für sie zwingend zusammen: theologisch, theoretisch und praktisch. Sie werden verehrt als Ikonen des Friedens, doch wird dabei leicht übersehen, dass es weltweit zahlreiche ‚Geschwister' von Gandhi und King gibt – religiöse Akteure, die in politischen Gewaltkonflikten signifikant und erfolgreich zur *Deeskalation* von Konflikten und zur *Vermeidung* von Gewalt beitrugen:

- Im bürgerkriegsgeschüttelten Mosambik vermittelte die katholische Laienbewegung *Sant'Egidio* zusammen mit Bischof Goncalves 1992 ein dauerhaft stabiles Friedensabkommen – eine Vermittlung im Zenit des Bürgerkrieges, nachdem sogar die UNO gescheitert war.
- Die Protestbewegung in der DDR hätte sich ohne die Mitwirkung der *Evangelischen Kirchen* kaum so entwickeln können und die ‚friedliche Revolution' von 1989 wäre wohl nicht lange friedlich geblieben.
- Während des Genozids in Ruanda (1994), in dem christliche Hutus innerhalb von hundert Tagen bis zu einer Million christlicher Tutsis niedermetzelten, widersetzten sich nur die *ruandischen Muslime* dem Morden. Sie verweigerten sich der Gewalt und halfen Flüchtlingen – gleich welcher Religion oder Ethnie – den Todesschwadronen zu entkommen, versteckten sie, versorgten sie mit Lebensmitteln, stellten sich schützend vor sie, oft um den Preis des eigenen Lebens.
- Nach jahrzehntelangen Scharmützeln verhinderte *Papst Johannes Paul II.* 1978 in buchstäblich letzter Sekunde einen unkalkulierbaren Krieg zwischen Chile und Argentinien; seine Sondergesandten arbeiteten fast sechs Jahre lang am letztlich erfolgreichen Abschluss eines ‚Friedens- und Freundschaftsvertrags'.
- Nach der Schreckensherrschaft der Roten Khmer unter Pol Pot, der bis zu zwei Millionen Kambodschaner – rund ein Viertel der Bevölkerung – zum Opfer gefallen waren, initiierte der buddhistische Mönch *Maha Ghosananda* 1979 eine Friedens- und Versöhnungsbewegung, die sich zu einer wichtigen Kraft und unüberhörbaren Stimme in Politik und Gesellschaft entwickelte.
- Die vom protestantischen Pastor Frank Buchman gegründete *Moralische Aufrüstung* (zuvor *Oxford-Bewegung*, heute *Initiativen von Caux*) leistete in

vielen Konflikten informelle Vermittlungsarbeit und sogenannte diplomatische ‚Gute Dienste'. Ganz besonders trug sie zur Verständigung und Versöhnung zwischen den einstigen ‚Erbfeinden' Deutschland und Frankreich nach dem Zweiten Weltkrieg bei, die wiederum maßgeblich von Kirchenvertretern auf beiden Seiten vorangebracht wurde.

- Im britisch besetzten Indien zur Zeit Gandhis war es der Moslem *Khan Abdul Ghaffar Khan*, der in der Nordwest-Grenzprovinz eine streng islamische, doch ebenso streng gewaltlose und religiös tolerante Widerstandsbewegung aufbaute, die ‚Diener Gottes' (*Khudai Khitmatgaran*). Ausgerechnet im Volk der Paschtunen, die für ihre Gewaltneigung berühmt und berüchtigt waren, entwickelte sich eine Opposition, die *friedlich* für ethnische Selbstbestimmung und ein einheitliches, multireligiöses Indien kämpfte. Für einige Jahre vollzog sich eine gesellschaftliche Transformation, die Gandhi staunend als „modernes Märchen" bezeichnete (zitiert nach Johansen, 1997, S. 63).
- Die weitgehend gewaltlose Überwindung der Unterdrückungsherrschaft des philippinischen Diktators Ferdinand Marcos war 1986 in erster Linie dem Engagement weiter *Teile der katholischen Kirche* zu verdanken. Vor allem Ordensleute und Priester in den Basisgemeinden überzeugten das Volk von einem gewaltlosen Vorgehen und legten den Grundstein für den Erfolg der ‚Rosenkranz-Revolution'.
- Schon im indisch-pakistanischen Grenzkonflikt in Kaschmir (1965/66) und im blutigen Bürgerkrieg in der nigerianischen Provinz Biafra (1967–70) waren Vertreter der *Quäker* vermittelnd aktiv und sind dies bis heute in zahlreichen kriegerischen Auseinandersetzungen – jedoch ganz bewusst hinter den Kulissen, abseits der medialen Aufmerksamkeit, in größter Diskretion.
- In Nicaragua, El Salvador, Guatemala und anderen lateinamerikanischen Staaten waren (besonders in den 80er- und 90er Jahren) *einzelne katholische Bischöfe*, aber auch der *Ökumenische Rat der Kirchen* (ÖRK) und der *Lutherische Weltbund* in vielfältiger und entscheidender Weise an der Überwindung von Gewaltkonflikten beteiligt.
- In Bosnien-Herzegowina und im Kosovo, in Liberia und in Sierra Leone und etlichen anderen Ländern trugen nationale *Interreligious Councils* maßgeblich zur konstruktiven und friedlichen Bearbeitung von politischen Konflikten bei, initiiert zumeist von der *World Conference on Religion and Peace WCRP* (heute *Religions for Peace*).

Dies sind nur wenige aus einer Vielzahl von Beispielen, in denen religiös motivierte Männer und Frauen durch ihr ganz unterschiedliches Eingreifen Gewalt verhinderten oder verminderten, Konflikte deeskalierten, zu Frieden und Versöhnung beitrugen (ausführlicher bspw. Weingardt, 2007; Abu-Nimer & Kadayifci-Orellana, 2008). Natürlich waren sie nicht die einzigen Akteure und selten im Alleingang erfolgreich. Aber sie leisteten jeweils unverzichtbare Beiträge zur Deeskalation, die sonst niemand zu leisten imstande oder willens war. Nicht nur in Einzel- oder

Sonderfällen, sondern in zahlreichen Konflikten haben religiöse Friedensakteure ihre Kompetenzen und Erfahrungen in konstruktiver Konfliktbearbeitung erfolgreich eingebracht. Die weiter reichenden Potenziale, die sich daraus ableiten lassen, dürften freilich noch um ein Vielfaches größer sein. Doch zunächst ist festzuhalten: *Religiöse Akteure können zweifellos wichtige Faktoren zur Überwindung, Verhinderung oder Eindämmung von Gewalt in politischen Konflikten sein.*

2.   *Warum* und *wodurch* sind religiöse Akteure Friedensfaktoren?

Das Friedenswirken religiöser Akteure ist empirisch nicht zu leugnen. Die dabei eingesetzten Methoden und Vorgehensweisen, die Maßnahmen und Wirkungsweisen, die Aktionsebene und die Bedeutung religiöser Elemente im Vermittlungsprozess sind so vielfältig wie die Konflikte selbst. Und auch die Vermittler sind höchst verschieden: Sie gehören unterschiedlichen Religionen und Konfessionen an, treten als Einzelne oder in interreligiöser Zusammenarbeit auf, praktizieren verschiedene Formen von Religiosität bzw. Spiritualität und sind auch hinsichtlich institutioneller Verfasstheit, Bekanntheit, politischem Einfluss bzw. Profil und Verhältnis zum Konflikt ausgesprochen divergent. Gleichwohl lassen sich in den Dutzenden Fallstudien einige gemeinsame Merkmale, mehr noch: Voraussetzungen erfolgreicher Friedensstifter identifizieren (ausführlicher Weingardt, 2007, S. 394 ff.).

Zunächst muss ein Vermittler in Konflikten natürlich fundierte *fachliche Qualifikationen* vorweisen. Das bedeutet eine gute Kenntnis des Konflikts in seiner Breite und Tiefe und zugleich Kompetenzen in Methoden der konstruktiven, gewaltlosen Konfliktbearbeitung. Die Konfliktparteien müssen darauf vertrauen können, dass die Vermittler sowohl die Materie (Konfliktakteure, Hintergründe, Interessen etc.) kennen als auch ihr Handwerk beherrschen. Das sind Kompetenzen, die sich lernen lassen und auch gelernt werden müssen.

Zweite Voraussetzung ist die *Glaubwürdigkeit* des Vermittlers, also die Übereinstimmung von Wort und Tat, von theologischem Anspruch und friedenspolitischer Wirksamkeit, von Forderungen an andere und eigenem politischen oder ökonomischen Handeln. Sie ist die Basis für das Vertrauen der Kontrahenten in die moralische Integrität, sozusagen in die ‚charakterliche‘ Qualifikation der Vermittler, ob es sich nun um Einzelpersonen oder Institutionen handelt. Dabei bedeutet Glaubwürdigkeit nicht unbedingt politische Neutralität, mitunter sind Religionsgemeinschaften ja selbst Opfer und damit Konfliktpartei; sie bedeutet jedoch zumindest eine gewisse (innere) Unabhängigkeit von allen Konfliktparteien, wenn denn eine vermittelnde Rolle angestrebt wird.

Eine dritte Voraussetzung ist die *Verbundenheit* des Vermittlers mit dem Konflikt und den davon Betroffenen. Die Menschen wollen das *Gefühl* haben, dass ein Friedensakteur ihre Situation, ihre Nöte, ihr Leid wirklich und innerlich begriffen

hat; dass er sich auch bewusst ist, was beispielsweise die Forderung nach Gewaltlosigkeit oder bestimmte Lösungsvorschläge an Konsequenzen mit sich bringen.
Das ist etwas anderes als ‚rationale' Fachqualifikation. Es geht vielmehr um Vertrauen in die emotionale Konfliktkompetenz der Friedensakteure.

Vertrauen ist das Schlüsselwort. Die drei genannten Voraussetzungen gelten
im Prinzip ebenso für nichtreligiöse Friedensinitiativen. Doch religiöse Akteure genießen im Vergleich zu säkularen Akteuren (von Ausnahmen abgesehen)
vielfach einen Vertrauensvorschuss, auch über religiöse Grenzen hinweg. Dieser
Vertrauensbonus kann buchstäblich Türen öffnen und Handlungs- bzw. Verhand-
lungsspielräume eröffnen. Jene Türen und Spielräume bleiben säkularen Akteuren
oftmals verschlossen, da sie – ob Politiker oder Nichtregierungsorganisationen – in
der Regel zunächst erheblichem Misstrauen an ihren wahren, vielleicht versteckten Interessen ausgesetzt sind, vor allem wenn sie aus dem Ausland kommen oder
von dort finanziert werden. Diese Skepsis ist bei religiösen Akteuren nicht ausge-
schaltet, aber wesentlich geringer – und wird aufgewogen von einem Vertrauensbonus. So ist dieser Vertrauensvorschuss ein ganz spezifisches Friedenspotenzial
religiöser Akteure, wobei sie sich des vorab geschenkten Vertrauens im Verlauf der
Verhandlungen natürlich stets würdig erweisen müssen.

Dieser Vertrauensvorschuss mag zunächst überraschen, wo doch im Namen
von Religion täglich so viel Leid und Unheil angerichtet wird. Aus der Perspektive
der Anführer (aber auch Anhänger) von Konfliktparteien ist er jedoch verständlich
und logisch, denn:

a) Eine religiöse Motivation, Frieden zu stiften, ist *nachvollziehbar*, da Friedens-
    wirken und Gewaltverneinung in allen religiösen Traditionen überliefert und
    bekannt sind. Selbst wenn Konfliktakteure die religiöse Überzeugung oder gar
    die Religionszugehörigkeit der Vermittler nicht teilen, so ist dieses Motiv prin-
    zipiell nicht fremd, sondern verstehbar und akzeptabel.

b) Religiöse Akteure gelten vielfach als *unabhängig, uneigennützig* und *fair*; sie
    verfolgen keine machtpolitischen oder ökonomischen Interessen. Doch gerade
    dieses positive Vorurteil muss in der Praxis permanent bestätigt werden; der
    leiseste Verdacht versteckter Eigeninteressen (etwa missionarischer Art) würde
    den Akteur als Vermittler sofort disqualifizieren.

c) Religiöse Akteure gelten als *kompetenter* bezüglich tiefer liegender Konfliktdi-
    mensionen wie Schuld, Versöhnung, Reue, Schmerz, Ehre, Würde, auch Sünde
    und Vergebung; das sind für religiöse Akteure keine fremden Begriffe, sondern
    Phänomene, die ihnen aus der theologischen Beschäftigung wie auch aus der
    täglichen Arbeit vertraut sind.

d) Religiöse Akteure gelten als *ungefährlich*, da sie nicht mit politischem, wirt-
    schaftlichem oder gar militärischem Druck und Zwang arbeiten, sondern al-
    leine auf ihre Überzeugungskraft – durch Wort und Tat – angewiesen sind.
    Im Falle des Scheiterns von Verhandlungen müssen die Konfliktführer und

-parteien keine negativen Konsequenzen fürchten (Sanktionen, Einstellung von Entwicklungshilfe etc.).

So entspringt der Vertrauensvorschuss für religiöse Akteure durchaus einer konfliktlogischen Rationalität der Beteiligten. Sofern sie ernsthaftes Interesse an der Beilegung eines Konfliktes haben, wird und muss ihr Ziel sein, in den Friedensverhandlungen keine unberechenbaren Risiken einzugehen, um so die eigenen Interessen und die ihrer Anhänger möglichst weitgehend zu wahren. Das Einlassen auf religiöse Vermittler und deren zwang- und gewaltlose Methoden lässt keine Gefahren erkennen, verspricht aber erhebliche Chancen – sowohl für die Beendigung eines Konflikts als auch zum persönlichen Wohl der Konfliktführer.

3.   Wie können religiöse Friedenskräfte gestärkt werden?

Die Erfahrungen aus zahlreichen Friedensprozessen verdeutlichen die Kompetenzen und Potenziale religiöser Friedensakteure sowie den sie kennzeichnenden Vertrauensvorschuss als spezifische Eigenschaft. Wie aber können diese religiösen Potenziale gewaltloser Konfliktbearbeitung stärker zur Geltung und zur Wirkung gebracht werden? Was ist nötig und geeignet, sie effektiver in politische Friedensprozesse einzubringen?

a) Zunächst sind die *Religionsgemeinschaften selbst* gefordert, sich ihrer friedenspolitischen Kompetenzen viel mehr bewusst zu werden, sie auszubauen und bekannt zu machen. Der hohe friedenstheologische Anspruch muss mit entsprechend aktiver friedenspolitischer Wirklichkeit korrespondieren, um glaubwürdig zu sein. Vermittlungserfolge in dem einen Konflikt sind noch kein Erfolgsgarant im nächsten Fall, aber eine gute Vorarbeit. Diese Vorarbeit muss (selbst)kritisch reflektiert und analysiert, aufbereitet und weiterentwickelt werden – auch und gerade im Austausch mit anderen Friedensakteuren, religiösen und säkularen, Politikern und Nichtregierungsorganisationen. Der Vertrauensvorschuss ist ein mitunter entscheidender Vermittlungsvorteil, für den Erfolg aber nicht hinreichend. Die unterschiedlichen Kompetenzen und Möglichkeiten religiöser und säkularer Akteure können sich ergänzen und gerade im Zusammenwirken ihre optimale Wirkung entfalten. Das verlangt zum einen, die eigenen Mittel und Fähigkeiten zu erkennen, und zum anderen, das Zusammenwirken zu planen und vorzubereiten. Damit lässt sich sowohl externen (friedens-)politischen Kräften als auch beteiligten Konfliktparteien ein konkretes und fundiertes Angebot für Friedensgespräche unterbreiten. Religiöse Friedensakteure dürfen sich niemals als Vermittler aufdrängen, dies kann sogar kontraproduktiv sein (vgl. Weingardt/Brenner, 2010); aber sie können sich im Bewusstsein der eigenen Kompetenzen (und Grenzen) selbstbewusst anbieten, und zwar wesentlich aktiver als bisher!

b) *Politische Akteure* der Vermittlung (bspw. UNO, EU, OSZE, AU) sind gefordert, religiöse (Friedens-)Akteure stärker in Friedensprozesse einzubeziehen, deren spezifische Kompetenzen zu nutzen, die Angebote aufzugreifen. Zumeist werden Religionsgemeinschaften als – potenzielle oder nachweisliche – Friedensakteure noch kaum oder gar nicht wahrgenommen. Auch im Bewusstsein vieler Politiker scheint ein Image dominant, wonach Religionen entweder als gefährlich und konfliktverschärfend oder aber als politisch irrelevant betrachtet werden. Dass religiöse Akteure nicht nur in Nachbarschaftsstreitigkeiten, sondern auch in Kriegen und Bürgerkriegen wichtige Faktoren zur Gewaltüberwindung sein können, hat sich trotz teilweise spektakulärer Erfolge noch nicht auf allen politischen Bühnen herumgesprochen. Zugleich sollten politische Friedensakteure die Religionsgemeinschaften aber auch stärker in die Pflicht nehmen: die Pflicht, den Worten auch Taten folgen zu lassen, d. h. den theologischen Friedensanspruch durch konkretes Engagement zu bestätigen; die Pflicht, sich selbst aktiv und konstruktiv einzubringen, wo konstruktive Konfliktbearbeitung gefordert wird; die Pflicht, sich Expertise anzueignen, um als Ratgeber ernst genommen zu werden! Wo aber geeignete religiöse Ansprechpartner in Konfliktregionen fehlen, gilt es, mögliche Akteure zu identifizieren, aufzubauen und zu unterstützen.

c) Die *Friedens- und Konfliktforschung* ist, wie erwähnt, immer noch stark auf religiöse Konflikt- und Gewaltpotenziale konzentriert, bestärkt durch Mechanismen der Forschungsförderung und der medialen wie wissenschaftsspezifischen Wahrnehmung. Diese Erkenntnisse sind hilfreich, um die Rolle und Bedeutung von Religionen in Konfliktprozessen zu verstehen, aber nicht ausreichend, um ihre friedenstiftenden Potenziale zu erkennen und zu fördern. Darum muss der wissenschaftliche Blick vermehrt von den destruktiven (auch) auf die konstruktiven Potenziale und konkreten Friedensbeiträge religiöser Akteure gerichtet werden. Würde darüber mehr geforscht, diskutiert und publiziert, bliebe dies nicht ohne Wirkung auf Politik und Medien und nicht zuletzt auf die Religionsgemeinschaften selbst. Angesichts der geringen wissenschaftlichen Unterstützung sind die bisherigen Erfolge religiöser Akteure freilich umso beachtlicher.

d) Die *großen Medien* aller Art und Couleur sind fokussiert, ja fixiert auf religiöses Gewalthandeln und Konflikteskalation, während religiöse Friedensbeiträge weitgehend ignoriert oder zumindest marginalisiert werden. „When it bleeds, it leads", wenn Blut fließt, dann ist das eine Meldung wert, eine Titelstory, ein großformatiges Foto. Mit solcher einseitig negativer Berichterstattung wird ein völlig verzerrtes Bild von (einer bestimmten) ‚Religion' vermittelt, mit fatalen Folgen für die öffentliche und politische Meinungsbildung: Vorurteile, Verallgemeinerungen, Ab- und Ausgrenzung, destruktive Eigen- und Fremdwahrnehmung, Angst, Aggression u. a. m. werden geschürt, was in eine gefährliche Spirale der Eskalation führen kann. Konflikte werden damit aktiv gefördert, ihre konstruktive Eindämmung aber erheblich erschwert. Was wurde berichtet über das Friedenshandeln der ruandischen Muslime 1994? Was über die Stellungnahme der 126 Islam-Gelehrten gegen den IS-Terror im Herbst 2014? Was über den Friedensvertrag, den Sant'Egidio 2010 in Guinea/Conakry vermittelt hat? Ein verantwortungsbewusster und wahrhaft investigativer Journalismus mit dem Anspruch, „to inform and to enlighten", darf sich eben nicht auf einschalt- oder verkaufsquotenträchtige Blut-und-Bomben-Berichterstattung beschränken, sondern ist gefordert, ein umfassendes Bild von religiösen Konflikt- *und* Friedensbeiträgen darzustellen.

Zusammenfassung

1. Religiöse Akteure können wichtige Faktoren der Gewaltüberwindung und konstruktiv-gewaltlosen Konfliktbearbeitung sein. In zahlreichen Fällen haben sie ihre vielfältigen Kompetenzen und Möglichkeiten unter Beweis gestellt.
2. Spezifikum vieler religiöser Akteure ist ein Vertrauensvorschuss seitens der Konfliktparteien, auch über religiöse Unterschiede und Grenzen hinweg. Er kann Türen öffnen und (Ver-)Handlungsspielräume eröffnen, ist aber nicht hinreichend für den Erfolg einer Vermittlungsaktion.
3. Die Friedenspotenziale religiöser Akteure sind unbestreitbar, und sie sind groß. Religionsgemeinschaften, Politik, Wissenschaft und Medien sind aufgefordert, diese Potenziale endlich viel stärker wahrzunehmen. Religiöse Friedensakteure, Einzelpersonen wie Institutionen, müssen gestärkt und vermehrt in Prozesse des Friedens und der Gewaltüberwindung eingebunden werden. Besonders im Zusammenwirken mit nichtreligiösen Friedensinitiativen und -institutionen können sie ungeahnte Kraft und Wirkung entfalten!

Die aktuellen Friedensgefährdungen und Herausforderungen sind so enorm, dass jeder potenziell hilfreiche Friedensstifter einbezogen werden muss. Es ist unverantwortlich gegenüber den unzähligen Gewaltopfern in aller Welt, auch nur einen einzigen Akteur – geschweige denn so kraftvolle und erfahrene wie jene aus den Religionsgemeinschaften – außen vor zu lassen.

So sehr es zutrifft, dass in der Geschichte unendlich viel Leid und Tod mit religiöser Begründung über die Menschen gebracht wurde und noch wird, so sehr stimmt auch, dass mit religiöser Begründung zugleich unendlich viel Hilfe geleistet, Frieden gestiftet, Gewalt verweigert und eingedämmt wurde. Dieses Potenzial religionsbasierter Akteure ist noch lange nicht ausgeschöpft.

Literatur

Abu-Nimer, M. & Kadayifci-Orellana, A. (2008). Muslim Peace-building Actors in Africa and the Balkan Context. Challenges and Needs. *Peace & Change*, 33 (4), 549–581.

Appleby, R. S. (2000). *Ambivalence of the Sacred: Religion, Violence and Reconciliation.* Lanham (Mass.): Rowman & Littlefield Publishers.

Grieser, A. (2005). Frieden, Konfliktlösung und Religion: Plausibilisierungsprozesse in modernen Friedensbewegungen. In V. Makrides & J. Rüpke (Hrsg.), *Religionen im Konflikt* (S. 181–199). Münster: Aschendorff.

Hasenclever, A. (2015). Den Himmel trifft keine Schuld. Halbierte Religion als Eskalations- und Gewaltursache. In V. Bock, J. J. Frühbauer, A. Küppers & C. Sturm (Hrsg.), *Christliche Friedensethik vor den Herausforderungen des 21. Jahrhunderts* (S. 87–111). Münster: Aschendorff.

Johansen, R. C. (1997). Radical Islam and Nonviolence: A Case Study of Religious Empowerment and Constraint Among Pashtuns. *Journal of Peace Research*, 34 (1), 53–71.

Meyer, T. (2007). *Religion und Politik. Ein neu belebtes Spannungsfeld.* Berlin: Friedrich-Ebert-Stiftung.

Riesebrodt, M. (2001). *Die Rückkehr der Religionen. Fundamentalismus und der ‚Kampf der Kulturen'.* 2. Aufl., München: Beck.

Rittberger, V. & Hasenclever, A. (2000). Religionen in Konflikten – Religiöser Glaube als Quelle von Gewalt und Frieden. In K. Graf Ballestrem, V. Gerhardt & H. Ottmann (Hrsg.), *Politisches Denken: Jahrbuch 2000 der Deutschen Gesellschaft zur Erforschung des politischen Denkens* (S. 35–60). Stuttgart: Metzler.

Schmidt, S. (2003). Ursachen und Konsequenzen des Aufstiegs religiöser Orientierungen in der internationalen Politik. In M. Brocker, H. Behr & M. Hildebrandt (Hrsg.), *Religion – Staat – Politik. Zur Rolle der Religion in der nationalen und internationalen Politik* (S. 295–318). Wiesbaden: Westdeutscher Verlag.

Weingardt, M. A. (2007). *Religion Macht Frieden. Das Friedenspotential von Religionen in politischen Gewaltkonflikten.* Stuttgart: Kohlhammer.

Weingardt, M. A. (Hrsg.). (2015). *Warum schlägst du mich? Gewaltlose Konfliktbearbeitung in der Bibel.* Gütersloh: Gütersloher Verlagshaus.

Weingardt, M. A. & Brenner, V. (2010). *Verpasste Chancen. Hindernisse für religiöse Friedensinitiativen.* Baden-Baden: Nomos.

Rolf Schieder

Das Gewaltpotenzial von Religionen

In drei Schritten möchte ich mich meinem Thema nähern. Im ersten will ich mich eines Gewaltbegriffs vergewissern, der nicht von vornherein Gewalt nur bei anderen vermutet, sondern der sich der eigenen Anfälligkeit für Gewalt bewusst bleibt. Im zweiten Schritt geht es um die Frage, wie der Zusammenhang von Religion und Gewalt so zu fassen ist, dass nicht das Vorurteil transportiert wird, alle Religionen seien gewissermaßen intrinsisch gewaltanfällig. Im dritten und letzten Schritt will ich versuchen, auf die Frage zu antworten, was denn nun zu tun sei.

1.   Auf der Suche nach einem selbstkritischen Gewaltbegriff

Eine Hamburger Hörerschaft an die Gewalttheorie Jan Philipp Reemtsmas zu erinnern, mag dem Tragen von Eulen nach Athen ähneln. Ich tue dies unter anderem deshalb, weil ich in Reemtsmas Überlegungen eine unerwartete religionstheoretische Pointe entdeckte.

Jan Philipp Reemtsma unterscheidet in seinem Buch *Vertrauen und Gewalt* (2013 [2008]) zwischen einer „lozierenden Gewalt", einer „raptiven Gewalt" und einer „autotelischen Gewalt". Die „lozierende Gewalt" wird mit dem Ziel eingesetzt, andere aus dem Weg zu räumen: Das reicht vom Handgemenge bis zu ethnischen Säuberungen. Die „raptive Gewalt" will sich anderer bemächtigen: Das reicht von der Vergewaltigung über die Versklavung bis zur Eroberung von Territorien. Und dann ist da die „autotelische Gewalt", also die Gewalt, die nicht Mittel zum möglicherweise gerechtfertigten Zweck ist, sondern die ihr Ziel in sich hat: Gewalt aus Lust an der Gewalt.

Verstört reagiert die westliche Öffentlichkeit auf alle drei Gewaltformen – aber die autotelische Gewalt, die Gewalt aus Lust an der Gewalt, ist offenbar so verstörend, dass sie systematisch verdrängt wird. Den staatlichen Massenmorden im 20. Jahrhundert ebenso wie der systemischen Gewalt des Kapitalismus im Namen einer besseren Zukunft der Menschen bringen wir insofern doch noch Verständnis entgegen, als wir die rechtfertigenden Gründe der Gewalttäter zwar nicht teilen, sie aber immerhin rekonstruieren können. Die autotelische Gewalt hingegen ist das schlechthin Andere einer aufgeklärten Gesellschaft. Diese Form der Gewalt sei in der Moderne, so Reemtsma, mehr und mehr geächtet und als zu beseitigendes Problem wahrgenommen worden. Das Problem ist nur: Sie ist da. Der Preis für unsere propagierte und normativ aufgeladene Gewaltlosigkeit sei „ein fundamentales Sich-selbst-nichtVerstehen" (Reemtsma, 2010).

Wo steckt in Reemtsmas dreifacher Unterscheidung die angekündigte religionstheoretische Pointe? In einem Artikel für die *Süddeutsche Zeitung* vom 17. Mai

2010 schreibt Reemtsma: „… wie ein argentinischer Folterer es wörtlich sagte: ‚Wir sind Gott'." Und Reemtsma fährt fort: „Das steckt in der autotelischen Gewalt – sein wie Gott, die Welt ersäufen oder verbrennen zu können." „Sein wollen wie Gott" – das ist theologisch gesprochen die Ursünde des Menschen. Adam und Eva wollten sein wie Gott. Kain ermordete seinen Bruder Abel mit autotelischer Brutalität. Er konnte der Sünde – trotz eines göttlichen Mediationsversuchs – nicht widerstehen. Kulturhistoriker deuten den Brudermord gern als einen Konflikt einer Ackerbaukultur, die mit zivilisationsgeschichtlicher Notwendigkeit raptive und lozierende Gewalt anwenden musste, mit der älteren Nomadenkultur. Das klingt weniger verstörend als ein autotelischer Brudermord. Welcher Interpretationsvariante auch immer man zuneigt: Wir müssen einsehen, dass wir alle Nachfahren Kains sind. Wer also auf die uns alltäglich begegnende Gewalt nur noch im Modus der Entrüstung zu reagieren vermag, der muss sich fragen, ob er nicht das Opfer einer die Realitäten verdrängenden, optimistischen Anthropologie ist – verbunden mit einer gehörigen Portion Selbstgefälligkeit. Das *United Nations' Office on Drugs and Crime* (UNODC) veröffentlicht jährlich eine Statistik der weltweit registrierten Tötungen. Die Statistik aus dem Jahr 2012 zählte 437.000 Tötungen weltweit (S. 11). Das Potenzial zur Gewalt ist den Menschen angeboren. Jederzeit können sie dieses Potenzial aktualisieren.

2.   Das Gewaltpotenzial der Religionen

Wer also nach dem Gewaltpotenzial von Religionen fragt, der fragt, welchen Einfluss Religionen auf die immer schon vorhandene, lediglich eingehegte menschliche Gewaltbereitschaft haben. Die Intuition, dass Religionen auch zur Rechtfertigung von Gewalt dienen, ist empirisch hinreichend belegt. Die Religionsgeschichte ist voller menschlicher Gewaltakte, die im Namen Gottes ausgeführt wurden. Da gibt es nichts zu beschönigen – und jede Religionsgemeinschaft muss dieses Faktum beschämt und schuldbewusst anerkennen.

Die Paradoxie besteht aber darin, dass es eigentlich die Aufgabe der Religionen wäre, die Ursünde des Menschen – nämlich sein zu wollen wie Gott – zu hemmen. Sie wird aber immer wieder von Religionsgemeinschaften enthusiastisch begangen. Religiöse Menschen fühlen sich als Gottes Mitarbeiter, die sein Werk notfalls mit Gewalt vollenden müssen. Wenn der Versuch der Aufhebung der Differenz zwischen Gott und Mensch die Ursünde ist, dann ist die Anerkennung der Tatsache, dass Gott im Himmel und wir auf Erden sind, der Anfang authentischen Glaubens. Jedes Gebet lebt von der Voraussetzung, dass wir uns nicht an die Stelle Gottes setzen dürfen, sondern das menschliche Maß zu wahren haben. Ein rechter Gottesglaube befreit den Menschen vom Zwang zur Selbstvergöttlichung. Die christliche Lehre von der Menschwerdung Gottes wendet die religiösen Leidenschaften weg von der Idee, sein zu wollen wie Gott, hin zur Forderung, menschlich zu werden. Wer also seine allzu menschlichen Triebe für den Willen Gottes ausgibt, wer sich anmaßt, im Namen Gottes anderen etwas anzutun, der begeht die Ursünde, sein zu wollen wie Gott.

Nicht alle Religionstypen sind so anmaßend, sich zu Agenten des Willens Gottes zu machen. Besonders anfällig dafür sind dualistisch-apokalyptische Religionsformen – zumal dann, wenn sich die Gläubigen von der in ihren Augen dem Verderben preisgegebenen ungläubigen Welt bedroht fühlen. Der Islamismus ist letztlich Arbeit an der Apokalypse, mit der die Menschheit zwangsbeglückt werden soll. Es ist übrigens kein biografischer Zufall, dass eine ganze Reihe von Theoretikern des Islamismus vom Marxismus beeinflusst waren (vgl. Sing, 2011, S. 1–44). Apokalyptisches Gedankengut finden wir nicht nur im Islam, wir finden es bei den amerikanischen Puritanern ebenso wie im Leninismus oder den christlichen Fundamentalisten Amerikas. Wesentlich für ein dualistisch-apokalyptisches Weltbild ist a) ein Gefühl existenzieller Bedrohung, b) der Eindruck, dass gegen den übermächtigen Gegner nur noch Gewalt hilft, c) die Imagination, einem auserwählten heiligen Rest anzugehören, der sich grundsätzlich von der *massa damnata* der restlichen Menschheit unterscheidet, d) eine autoritäre Gruppenstruktur und e) eine nativistische Theologie, die eklektisch Traditionsbruchstücke zu einer schlichten autoritären Ideologie synthetisiert. Bereits Thomas Hobbes hatte die Gefahren, die von einer dualistisch-apokalyptisch-messianischen politischen Theologie ausgehen, klar erkannt. Als er in seinem Leviathan forderte, dass jeder Staatsbürger das Bekenntnis „Jesus is the Christ" ablegen müsse, ging es ihm gerade um die Exklusion apokalyptischen Denkens: Da der Messias in Jesus Christus schon gekommen sei, so Hobbes, sei es unzulässig, politisch-theologisch auf die Apokalypse hin zu arbeiten. Das politisch-theologische Gegenmodell zur Apokalypse ist das Exodus-Narrativ – ein wanderndes Gottesvolk, das sich ein Gesetz gibt und so aus einem Haufen Sklaven ein Volk auf dem Weg in eine offene, unabgeschlossene Zukunft macht, in ein immer nur gelobtes, niemals ganz erreichtes Land. Einen apokalyptischen Fahrplan kennt das Exodus-Narrativ nicht.

Die Selbstverständlichkeit, mit der in der Gegenwart Religionen für kollektive Gewaltexzesse verantwortlich gemacht werden, hat die bekannte Religionsgeschichtlerin Karen Armstrong kritisch hinterfragt. In ihrem Buch *Im Namen Gottes. Religion und Gewalt* (2014) erhebt sie Einwände. Sie schreibt:

> In der westlichen Kultur geht man heute selbstverständlich davon aus, dass Religion zwangsläufig mit Gewalt einhergeht. Der Befund scheint offensichtlich. Wo auch immer ich über Religion spreche, bekomme ich zu hören, wie grausam und aggressiv sie sei. (S. 11)

Und es sei geradezu unheimlich, dass immer wieder das Gleiche dazu gesagt werde: „Bei allen großen Kriegen der Menschheitsgeschichte war die Religion die Ursache." (Ebd.) Und sie fährt fort:

> Dabei ist die Behauptung seltsam genug. Es liegt auf der Hand, dass die beiden Weltkriege keine religiösen Ursachen hatten. In allen Diskussionen über die Gründe für

kriegerische Handlungen bestätigen Militärhistoriker, dass eine Vielzahl ineinander verschränkter gesellschaftlicher, materieller und ideologischer Faktoren Gewalt begründen; einer der wichtigsten ist der Kampf um knappe Ressourcen. (S. 11 f.)

Und doch sei „das aggressive Image des religiösen Glaubens in unserem säkularen Bewusstsein so unauslöschlich verankert, dass wir die gewaltigen Sünden des 20. Jahrhunderts routinemäßig auf die Schultern der ‚Religion' abladen und sie in die politische Wildnis hinausjagen" (S. 12). Die Religionen seien ein willkommener Sündenbock für geopolitische und ökonomische Interessen. Dabei ist sich Karen Armstrong durchaus der Tatsache bewusst, dass Religion und Politik Jahrtausende lang nicht zu trennen waren.

> Eine Grenzziehung wäre ungefähr so schwierig gewesen wie der Versuch, den Gin aus einem Cocktail zu entfernen. (S. 14)

Der Zusammenhang von Gewalterfahrung und Religion sei nicht zu leugnen. Kampf habe immer schon ekstatische Erfahrungen ausgelöst.

> Eines der vielen, ineinander verschränkten Motive für Menschen in den Krieg zu ziehen, ist seit jeher die Langeweile und Sinnlosigkeit der normalen alltäglichen Existenz gewesen. Derselbe Hunger nach intensivem Leben bringt andere dazu, Mönche und Asketen zu werden. (S. 22)

Armstrongs Fazit lautet:

> Wir haben gesehen, dass die Religion, wie das Wetter, viele Erscheinungsformen hat. Doch die Behauptung, sie habe einen eindeutigen, unveränderlichen, inhärenten Kern ist jedoch einfach nicht zutreffend. Identische religiöse Glaubenssätze und Praktiken können vielmehr ganz unterschiedliche Handlungen auslösen. (S. 547)

Auch der Säkularismus habe seine eigene Gewalt. Und so stünden wir alle in der Verantwortung:

> Jeder Staat in der Geschichte der Menschheit, so groß seine Leistungen auch gewesen sein mögen, trug und trägt das Kainsmal des Kriegers. Wir alle, Religiöse und Säkulare gleichermaßen, sind verantwortlich für den heutigen Zustand unserer Welt. (S. 558)

Wenn es Karen Armstrong auch vermeidet, die reichlich billige Strategie zu verfolgen, dem Hinweis auf das Gewaltpotenzial des Religiösen mit dem Argument zu begegnen, dass es sich in solchen Fällen stets um einen Missbrauch der Religion gehandelt habe – da Religion mithin prinzipiell nicht für die Anstiftung zur Gewalt verantwortlich gemacht werden kann –, so hat sie doch einen Religionstyp unterbelichtet, dessen Gewalttätigkeit im 20. Jahrhundert monströse Züge angenommen hat: die politischen Religionen. Die Trennung von Staat und Kirche im Zuge der Aufklärung hat den Zivilreligionsbedarf des Politischen nicht beseitigt, sondern im Gegenteil die religiöse Aufladung des Politischen nur noch befördert.

Das gilt nicht nur für die totalitären politischen Ideologien in Europa; einen hohen zivilreligiösen Bedarf finden wir etwa auch in den USA, einer Nation, von deren zivilreligiösem Missionseifer wir Deutschen in der Nachkriegszeit reichlich profitiert haben, unter dem andere Nationen aber auch viel gelitten haben. Wer über die Gefährlichkeit von Religionen nachdenkt, der darf die Gefährlichkeit politischer Religionen nicht verschweigen. Deren Gefahr besteht letztlich darin, dass sie die Differenz zwischen Gott und Mensch ignoriert und den Menschen selbst an die Stelle Gottes setzt. Im Marxismus ist das evident, aber auch die US-amerikanische Zivilreligion will das Kommen des Reiches Gottes tatkräftig beschleunigen. Am Grabmal von John F. Kennedy auf dem Arlington-Friedhof in Washington, D.C. findet sich ein Zitat aus seiner *Inaugural Address* in Stein gemeißelt, das das Wesen der amerikanischen Zivilreligion auf den Punkt bringt:

> With a good conscience our only sure reward, with history the final judge of our deeds, let us go forth to lead the land we love, asking His blessing and His help, by knowing that here on earth God's work must truly be our own.

So edel das klingt – die Grenze zwischen göttlichem und menschlichem Handeln ist verwischt und das amerikanische Volk ist aufgerufen, Gottes Werk auf Erden zu vollenden.

3. Was sollen wir tun?

Die Nachrichten aus dem Irak und Syrien zwingen uns, uns zum Terrorismus islamistischer Prägung zu verhalten. Der Islamismus ist eine politische Religion, die ihr antiwestliches, dualistisch-apokalyptisches Weltbild nativistisch und fundamentalistisch unter Berufung auf islamische Traditionen zu legitimieren sucht. Damit wir nicht in die Falle tappen, den Islam insgesamt für den Terror dieser kleinen radikalen Minderheit verantwortlich zu machen, erscheint es mir hilfreich, den Blick zunächst auf eine Ausprägung des Terrorismus zu lenken, der den Älteren in Deutschland noch wohl vertraut ist: den Terrorismus der „RAF" im sogenannten „deutschen Herbst".

Terrorakte sind performative Akte. Ihr Ziel ist es, Angst und Schrecken zu verbreiten. Je brutaler der Terrorakt bei möglichst großer Medienpräsenz ist, umso größer sein Erfolg. Das war in den 70er Jahren bei der Ermordung Hans-Martin Schleyers nicht anders als heute bei den Enthauptungsvideos des „Islamischen Staates". Zugleich aber lebt ein Terrorakt von vermuteter Zustimmung. Terroristen halten sich für Volkshelden, die eine schweigende Mehrheit von ihren Unterdrückern befreien wollen. Sie sind Märtyrer, die sich für eine gute und gerechte Sache opfern. Ohne Sympathisanten sind Terroristen nur noch Gewalttäter. Erst ein hinreichend großer (vermuteter) Sympathisantenkreis hält den Terrorismus am Leben. Folgende Zahlen machen nachdenklich: Im Herbst 1971 billigten in einer Umfrage 18 Millionen (West-)Deutsche der RAF ehrenwerte politische Motive zu – die

Unterstützung des Regimes im Osten war ihnen ohnehin sicher. Drei Millionen Bundesbürger erklärten sich bereit, einem Mitglied der RAF notfalls Unterschlupf zu gewähren. 50 Prozent aller Akademiker gaben an, Verständnis für die Unterstützung der RAF zu haben (Kepplinger, 1974, S. 770–800). Die öffentlich gemachte „klammheimliche Freude" eines Göttinger Studenten über die Ermordung von Hans-Martin Schleyer stieß damals in Studentenkreisen auf verblüffend viel Verständnis. Nur langsam entzog das akademische Milieu den scheinbar avantgardistischen Revolutionären die Akzeptanz.

So sehr man sich davor hüten muss, Muslime für den islamistischen Terror verantwortlich zu machen, so legitim ist die Frage, was islamische Theologen, Moscheegemeinden und muslimische Intellektuelle tun, um öffentliche, heimliche, vielleicht sogar unbewusste Sympathien für den islamistischen Terror zum Thema zu machen. Heribert Prantl, Redakteur bei der *Süddeutschen Zeitung*, der sich in der Vergangenheit nicht gerade als Freund der Religionsgemeinschaften hervorgetan hat, stellt in einem Kommentar der *Süddeutschen Zeitung* vom 11. Oktober 2014 ganz richtig fest: „Der Islam ist nicht das Problem. Er ist Teil der Lösung." Die „De-Radikalisierung der Islamisten" schaffe man nur zusammen mit den Muslimen in Deutschland. Prantl weiter:

> Es wäre also fatal, wenn der Islam von der deutschen Mehrheitsgesellschaft im Ganzen als gefährliche Religion erfasst und homogenisiert würde; Tendenzen dazu gibt es.

Es gehört zu den Paradoxien der gegenwärtigen religionspolitischen Debattenlage, dass gerade jene Islamkritiker, die in der Türkei oder Ägypten aufgewachsen sind, den Deutschen empfehlen, die hier mühsam erkämpfte Religionsfreiheit doch einzuschränken und mit starker staatlicher Hand nicht nur gegen religiöse Minderheiten vorzugehen, sondern das ausgesprochen gut funktionierende System der Kooperation von Staat und Religionsgemeinschaften abzuschaffen. Der Journalist Hamed Abdel-Samad ruft dazu in der Tageszeitung *Die Welt* vom 6.10.2015 gleich den Ausnahmezustand aus:

> Außergewöhnliche Zeiten brauchen außergewöhnliche Maßnahmen. [...] Das Recht auf Religionsfreiheit muss genauer definiert werden. [...] Die Kooperation des Staates mit den Islamverbänden sowie das Projekt des Islamunterrichts muss auf Eis gelegt werden, bis sich tatsächlich offene, demokratische Strukturen innerhalb dieser Verbände bemerkbar machen.

Ich staune über so viel Staatsfrömmigkeit – und bin froh, dass die politischen Eliten in Deutschland die Dinge ganz anders sehen. Die Zivilisierung der Religionen durch Bildung ist ein alternativloses religionspolitisches Projekt. Mit Etatismus auf religiöse Pluralisierung zu antworten ist eine vorneuzeitliche Idee. Eine apokalyptische Warnung vor anderen Religionen ist selbst ein (zivil-)religiöser Sprechakt.

Es kommt darauf an, die besonnenen Kräfte in den Religionsgemeinschaften zu stärken. Als am 13. Mai 1981 auf dem Petersplatz in Rom der 23-jährige Ali

Agca Papst Johannes Paul II. niederschoss, gelang es ihm zwar, den Papst schwer zu verletzen. Der Terrorakt als solcher aber scheiterte, weil die erhoffte Wirkung, nämlich die christliche Welt gegen die islamische aufzubringen, nicht eintrat. Im Gegenteil: Der wiedergenesene Papst besucht seinen Attentäter im Gefängnis. Dessen Begründung, mit dem Attentat einen „Kreuzritter" auslöschen zu wollen, ging ins Leere. Der Kreuzritter erwies sich als barmherzig. Die Deeskalationsstrategie des Vatikans war erfolgreich. Auch heute scheint der Vatikan auf Deeskalation zu setzen. So bekräftigte Papst Franziskus während eines Journalistengespräches am 25. November 2014, dass der Vatikan selbst angesichts der Gräueltaten des „Islamischen Staates" die Tür für einen Dialog niemals schließen würde. Die Nachrichtenagenturen fassten die Position des Papstes so zusammen: „Pope says he would ‚never close the door' on talks with Islamic State."

Ganz anders positioniert sich in Ton und Inhalt der ehemalige Ratsvorsitzende der EKD, Wolfgang Huber. In der *Frankfurter Allgemeinen Zeitung* vom 6. Oktober 2014 (S. 13) schreibt er:

> Wer zu verhindern versucht, dass der ‚islamische Staat' weiterhin Kinder misshandelt, Frauen vergewaltigt, Männern den Kopf abschlägt, gerät in eine Zone, die mit eigener Schuldübernahme verbunden ist; aber er tut es, recht verstanden, um des Tötungsverbotes willen.

Wolfgang Huber steht mit seiner kampfbereiten Rhetorik gegenüber dem Islamismus nicht allein. So hat etwa der amerikanische Politikwissenschaftler Michael Walzer zu Beginn des Jahres 2015 Aufsehen mit einem Aufruf zum „ideologischen Krieg" gegen den Islamismus erregt. Auf den ersten Blick klingt Michael Walzers Essay in der Zeitschrift *Dissent* mit dem Titel „Islamism and the Left" tatsächlich wie eine veritable Kriegserklärung an den Islamismus. Zwar denke er nicht an eine militärische Antwort – aber man müsse den ideologischen Krieg führen. Man solle die „islamistischen Zeloten" (*Islamist zealots*) auch sehr deutlich als „unsere Feinde" bezeichnen. Am Ende des kämpferischen Artikels heißt es:

> So here I am, a writer, not a fighter, and the most helpful thing I can do is to join the ideological wars. I can claim comrades in many nations, but not yet anywhere enough of them. There is an international brigade of left intellectuals still waiting to take shape.

Lässt man sich von der Kriegsrhetorik nicht blenden und studiert die empfohlene Kriegsstrategie genauer, dann klingen Walzers Vorschläge freilich weit weniger kämpferisch. Niemand wird Walzer widersprechen wollen, wenn er erstens empfiehlt, zwischen islamistischem Zelotentum und dem Islam selbst zu unterscheiden („In that war, we need first to distinguish between Islamist zealotry and Islam itself."). Auch die Kooperation mit moderaten Muslimen sowie mit vom Islam Abgefallenen (*lapsed Muslims*) sei notwendig. Zweitens habe die Linke endlich einzusehen, dass die Vorhersage eines Niedergangs des Religiösen in der Moderne falsch war. Die Hoffnungen vieler Linker auf eine säkulare Gesellschaft seien gescheitert – umso wichtiger sei es nun, den säkularen Staat gegen theokratische Modelle zu verteidigen. Wer also religiöses Zelotentum bekämpfen wolle, der müsse verstehen, warum Religion auch in der Moderne eine so machtvolle politische Kraft sei. Drittens müsse eine Kampagne begonnen werden „in defense of liberty, democracy, equality and pluralism". All diese zivilisatorischen Errungenschaften seien nicht nur „westliche Werte", es seien Werte, auf die sich Menschen aller Glaubensrichtungen überall auf der Welt verständigen könnten.

Alle drei Strategien Walzers sind grundsätzlich konsensfähig und vernünftig. Dann drängt sich aber umso mehr die Frage auf, ob es nötig war, sie eine „ideologische Kriegserklärung" zu nennen. Gehört zu einer Kriegserklärung nicht mehr? Was zum Beispiel ist das Kriegsziel? Wann ist der Moment erreicht, an dem die Kriegshandlungen einzustellen sind? Wann müssen Friedensverhandlungen beginnen? Wo genau sind die Gegner zu lokalisieren? Eine Landkarte des Kriegsgebietes fehlt bei Walzer gänzlich. Jeder verantwortlich handelnde Militärexperte würde sich weigern, ohne eine präzise Analyse der Kampfzonen und ohne eine gute Topografie Truppen zu entsenden. Auch die Formulierung „islamistische Zeloten" ist verwirrend. Die sich im 1. Jahrhundert nach Christus gegen die römische Besatzungsmacht erhebenden Zeloten waren eine sozialrevolutionäre Gruppe mit messianisch-theokratischem Gedankengut. Worin genau besteht die Analogie zu den islamistischen Gruppierungen unserer Tage? Nur zu gerne würden sich Islamisten als eine Befreiungsbewegung stilisieren, die sich gegen die Hegemonialmacht Amerika zur Wehr setzt. Aber weder finden wir im gegenwärtigen Islamismus ausgeprägte messianische Momente, noch haben wir es mit einem Aufstand gegen eine Besatzungsmacht zu tun. Die meisten Opfer islamistischer Terrorattacken sind Muslime.

Offenbar geht es Walzer in seinem Artikel gar nicht um eine Analyse des Islamismus, sondern um eine Kritik an der Haltung der Linken diesem gegenüber. Besonders missfällt ihm, dass die Islamisten von vielen linken Intellektuellen als Opfer wahrgenommen werden, mit denen man solidarisch sein müsse.

> I have heard Muslims called the „new Jews." That is not a helpful analogy, since Muslims in today's Western Europe have never been attacked by Christian crusaders, expelled from one country after another, forced to wear distinctive dress, barred from many professions, and slaughtered by the Nazis.

Kritik am Islamismus werde für politisch und moralisch inkorrekt gehalten. Die linke Kritik am amerikanischen Imperialismus und am westlichen Kapitalismus entdecke im Islamismus eine Geistesverwandtschaft. Walzer kritisiert vor allem S. Zizek und J. Butler, die die islamistischen Bewegungen als progressive, weil anti-imperialistische Bewegungen verstehen wollen. Das Bedürfnis, sich mit den Opfern zu identifizieren, trübt seiner Meinung nach den Blick für die Realitäten in bedenklichem Maße.

So it's a mystery that anyone anywhere can seriously believe that any Islamist group belongs to the global, or any other, left.

Viel Zustimmung hat Walzer nicht geerntet. Insbesondere jüngere Kritiker hielten ihm vor, dass er sich schon seit geraumer Zeit von der Linken, als deren Kriegsführer er sich empfehle, entfremdet habe (vgl. die Response von A.F. March, 2015). Man wird in der Tat konstatieren können, dass Walzer nicht die Rolle des charismatischen Kriegsführers – eine Art biblischer Richterfigur gewissermaßen – spielt, sondern eher die eines einsamen Rufers in der Wüste. Seine Argumente werden zwar gehört, aber der Eifer, mit dem er sie vorbringt, irritiert. Die Lust an der Entrüstung – nicht nur über den Islamismus – ist in der westlichen Welt spürbar gewachsen. Man denke nur an den Erfolg des Büchleins von Stéphane Hessel *Indignez-vous!* – „Empört Euch!". Sie birgt aber ihre eigenen Gefahren. Die Empörung appelliert an den Affekt – gute Politik lebt von der rationalen Analyse. Die Gefahr, dass Michael Walzer Beifall von der falschen Seite erhält, mithin von jenen Kräften, die wirklich islamophob sind, ist nicht zu unterschätzen.

Gerne stimme ich Michael Walzers und Wolfgang Hubers Einschätzungen zu, dass die westliche Welt das Recht und die Pflicht hat, ihre Lebensform und auch deren zivilreligiöse Grundierung gegen den terroristischen Islamismus zu verteidigen. Gleichwohl kann ich vor einer Rhetorik nur warnen, die jene Gruppierungen in der westlichen Welt nur zu gerne rezipieren, die selbst in einem religiösen oder säkularen apokalyptischen Denken befangen sind. Gerne unterstütze ich Walzer und andere in ihrem Bemühen, zwischen der kleinen Minderheit islamistischer antiwestlicher Apokalyptiker und der Mehrheit der Muslime eine klare Trennungslinie zu ziehen – und Letztere dazu einzuladen, Menschenrechten und demokratischen Regierungsformen weltweit Geltung zu verschaffen. Denn die Kooperation aller jener Gläubigen in allen Weltreligionen, die Gewissensfreiheit, Gerechtigkeit, Pluralismus und Demokratie verteidigen, ist notwendig.

Richard Rorty hat in einem Nachwort zur Neuauflage des Klassikers des Social-Gospel-Aktivisten Walter Rauschenbusch *Christianity and the Social Crisis* (1907) das Gedankenexperiment angestellt, was wohl geschehen wäre, wenn zu Beginn des 20. Jahrhunderts Christen und Sozialisten nicht gegeneinander gekämpft, sondern zusammengearbeitet hätten. Man hätte sich ein 20. Jahrhundert vorstellen können, so Rorty, in dem die beiden Weltkriege verhindert, die Spaltung in einen Ost- und einen Westblock unnötig und eine globale egalitäre Welt möglich gewesen wäre (Rauschenbusch, 2008, S. 349). Dazu wäre es vonseiten des Christentums nötig gewesen, dass es den Sozialismus nicht als Feind betrachtet hätte, sondern als Bündnispartner im Kampf für mehr Gerechtigkeit. Gleichzeitig hätten aber auch die Sozialisten auf ihren Antiklerikalismus ebenso verzichten müssen wie auf eine Säkularisierungsthese, die an den notwendigen Niedergang der Religionen in der Moderne glaubte.

Die Geschichte des 20. Jahrhunderts ist nicht mehr zu ändern. Aber das Gedankenexperiment Rortys ist auf das Verhältnis zwischen Islam und westlichem

Menschenrechtsdenken, mithin dem der westlichen Zivilreligion, übertragbar. Es wäre fatal, den Islam als eine gefährliche, reformunfähige, mit westlichem Denken inkompatible Religion zu denunzieren. Die Fixierung auf islamistische Extremisten ist zu überwinden und mit den Vertretern der Mehrheit der Muslime wie mit den Vertretern anderer Weltreligionen an der Lösung der großen globalen Probleme gemeinsam zu arbeiten. Zugleich müssen sich vor allem die politischen Eliten in Europa fragen, ob es nicht so etwas wie eine gemeinsame „politische Spiritualität" braucht – eine Formulierung, die Michel Foucault bereits 1978 zur Diskussion stellte (Foucault, 2001, S. 688–694). Die Frage nach der spezifischen politischen Spiritualität des Westens wird ja nicht nur angesichts des Islamismus dringlich. Auch die russische orthodoxe Christenheit beschreibt die westliche Kultur zunehmend mit Hilfe apokalyptischer Semantik. Die bisherige Strategie westlicher politischer Eliten, die eigene politische Kultur als religionsfern zu definieren und gerade darin den besonderen zivilisatorischen Fortschritt des Westens zu sehen, wird nicht mehr lange tragen. Auch der Westen wird irgendwann einmal sagen müssen, woran er als politisches Gemeinwesen glaubt und worauf er hofft.

Was sollen wir also angesichts eines religiös motivierten Terrorismus tun? Der amerikanische Terrorismusforscher Mark Juergensmeyer (2003, S. 249) gibt eine Antwort, der ich mich vorbehaltlos anschließe:

> In a curious way, then, the cure for religious violence may ultimately lie in a new appreciation for religion itself.

Will Juergensmeyer das Feuer mit Benzin löschen? Das ganz und gar nicht: Es liegt ihm aber an der strikten Unterscheidung zwischen dem verzweifelten Versuch religiöser Gewalttäter, ihrer Gewalt einen höheren Sinn zu geben, und den dem Wohl der Menschen dienenden Religionen.

Wie kann sich die von Juergensmeyer geforderte neue Wertschätzung für Religion äußern? Diese Wertschätzung kann sich etwa in einer neuen Aufmerksamkeit für die religionskulturellen Traditionen, in denen man aufgewachsen ist, äußern. So halte ich es für eine gute Entwicklung, wenn das Interesse an religiöser Bildung zunimmt, wenn Schulen und Universitäten, aber auch Institutionen wie die Akademie der Weltreligionen dafür sorgen, dass die Erinnerung an eine Vielzahl prägender religiöser Traditionen wach gehalten wird. Nicht der Konflikt wird dadurch geschürt, sondern Verständnis füreinander geweckt.

Als über Deutschland vor ein paar Jahren die Beschneidungsdebatte hereinbrach, war zu beobachten, dass die politischen Eliten in Deutschland religiöse Pluralität für ein hohes gesellschaftliches Gut halten. Es gelang der Kanzlerin, der sich zunehmend aufschaukelnden Empörung in der religionskulturell nur unzureichend gebildeten Öffentlichkeit durch eine zügige Gesetzgebung ein rasches Ende zu bereiten. Zugleich zeigte die Beschneidungsdebatte im Rückblick aber auch, dass zwischen den religionspolitischen Standards der politischen Eliten und denen des Volkes eine bedenkliche Lücke klafft. Die Bereitschaft der Bevölkerung, Diversität zu akzeptieren, ist nur schwach entwickelt.

Gleichzeitig wird Religion zunehmend zu einem Identitätsmarker. Junge Migranten, die in ihrem Herkunftsland weder den Speise- noch den Kleidungsvorschriften ihrer Religion Aufmerksamkeit schenkten, erinnern sich in einem ihnen fremden Land dieser Praktiken wieder. Und umgekehrt gibt es im Gastland einen Prozess der Verunsicherung, der tendenziell ebenfalls zur Instrumentalisierung einer religiösen Tradition für die kulturelle Identitätsbildung dient. Ein Religionslehrer aus Neukölln im Südosten Berlins berichtete vor ein paar Jahren von deutschen Jugendlichen, die ihn gefragt hatten, wie sie so rasch wie möglich Christen werden könnten. Als der Lehrer sie nach ihren Motiven fragte, sollen die Jugendlichen geantwortet haben, dass ihnen ihre türkischen Mitschüler auf dem Pausenhof vorgeworfen hätten, sie hätten weder Nationalstolz noch Familienehre noch eine Religion. Ob sich das so wirklich zugetragen hat, ist nicht mehr zu überprüfen – die kleine Episode klingt aber jedenfalls so, als ob sie sich hätte zutragen können: Der Wunsch nach religiöser Beheimatung nimmt in einer sich pluralisierenden Gesellschaft zu. Allerdings ist der Preis, den eine Gesellschaft dafür bezahlt, hoch: Die Religion wird kulturell überformt, und die Kultur wird religiös aufgeladen. Religionsgemeinschaften, die davon ausgehen, dass es sich bei Religion um ein Gottesverhältnis handelt und nicht um ein kulturelles Abgrenzungsinstrument, werden solche Prozesse kritisch kommentieren müssen. Zumal die Deutschen mit dem Kulturprotestantismus des 19. Jahrhunderts schlechte Erfahrungen gemacht haben. Wer religionskulturelle Traditionen zum „Nichtmehr-Verhandelbaren" erklärt, der befindet sich bereits in einem Kulturkampf, aus dem niemand als Sieger hervorgehen kann. Religiöse Bildung kann einen wichtigen Beitrag dazu leisten, zwischen Kultur und Religion genauer zu unterscheiden.

Religiöse Bildung kann aber auch durch die Erinnerung an klassische Themen und Topoi ihrer Dogmatiken einen wichtigen Beitrag zur Aufklärung der Menschen über sich selbst leisten. So bin ich beispielsweise der Meinung, dass westliche christliche Theologen sehr viel häufiger über den Menschen als Sünder sprechen sollten. In den vergangenen Jahrzehnten bemühte sich insbesondere die protestantische Theologie im Gegenteil intensiv darum, die Botschaft von der rechtfertigenden Gnade Gottes ohne Verweis auf die Rechtfertigungsbedürftigkeit – mithin Sündhaftigkeit – des Menschen zur Geltung zu bringen. Das Ergebnis ist ernüchternd. Die verkündigte Gnade Gottes wirkt billig, seine Liebe banal und das von den Theologen auf den Kanzeln aufgeführte Rechtfertigungsdramolett überflüssig. Die Rede vom Menschen als Sünder zielt gerade nicht darauf, den Menschen von sich selbst zu entfremden, sondern ihm zu helfen, seine eigene Endlichkeit, Fragmentarität und Unvollkommenheit anzunehmen. In einer gesellschaftlichen Situation, in der der Zwang zunimmt, sich selbst immer wieder neu zu erfinden, sich selbst immer wieder zum Projekt zu machen, hat die Rede vom Menschen als Sünder eine entlastende Funktion – dies freilich nur dann, wenn zugleich vom Sünder als Gerechtfertigtem die Rede ist.

Lassen Sie mich die These von der Produktivität religiöser Bildung angesichts religiöser Gewalt auch noch einmal unter Bezugnahme auf Jan Philipp Reemtsmas

Gewalttheorie verdeutlichen. Anders als Reemtsma vertrete ich die These, dass Gewalt – insbesondere die autotelische Gewalt – immer ein Akt der Verzweiflung ist. Darin liegt ja der Unterschied zwischen Macht und Gewalt: Wer Macht hat, braucht keine Gewalt anzuwenden. Und umgekehrt gilt: Wer Gewalt anwenden muss, hat Macht als die Fähigkeit, andere zu beeinflussen, schon verloren. Das wissen Eltern genauso wie Polizeibehörden. Wenn die Gefängnisse eines Landes überfüllt sind, dann hat das Gemeinwesen ein Problem. Gewalt – von wem auch immer ausgeübt – ist deshalb ein Akt der Verzweiflung, weil der Gewalt Anwendende keine anderen Handlungsmöglichkeiten mehr hat. Das Gefühl der Bedrohung, gegen die nur noch Gewalt hilft, kann in sich rasch verändernden Gesellschaften übermächtig werden. Souverän ist, wer über Alternativen zur Gewalt verfügt.

„Verzweifelt man selbst sein wollen" und zugleich „verzweifelt nicht man selbst sein wollen", das hat der Philosoph Sören Kierkegaard als die Sünde des Menschen bezeichnet. Verzweiflung ist für ihn insofern Ausdruck menschlicher Sünde, als sie den Menschen nicht nur von seinen Mitmenschen isoliert, sondern auch von den Kraftquellen, die der Gottesgedanke bereithält, der – gerecht und liebend zugleich – nichts und niemanden verloren gibt. Umgekehrt gilt: Wer sich in dieser Macht gründet, wird sich seines Gewaltpotenzials zwar bewusst sein – aber auch der aussichtsreicheren Alternativen.

Literatur

Abdel-Samad, H. (2014). Heuchlerische Funktionäre. *Die Welt, 06.10.2014.* http://www. welt.de/print/die_welt/debatte/article132948842/Heuchlerische-Funktionaere.html [zuletzt geprüft am 06.10.2014].

Armstrong, K. (2014). *Im Namen Gottes. Religion und Gewalt.* München: Pattloch.

Foucault, M. (2001). A quoi rêvent les Iraniens? In ders., *Dits et écrits II* (S. 688–694). Paris: Gallimard.

Hessel, S. (2010). *Indignez-vous!.* Barcelona: Indigene.

Huber, W. (2014). Du sollst nicht töten – und nicht töten lassen. *Frankfurter Allgemeine Zeitung, 06.10.2014.*

Juergensmeyer, M. (2003). *Terror in the Mind of God.* Berkeley: University of California Press.

Kepplinger, H.M. (1974). Statusdevianz und Meinungsdevianz. Die Sympathisanten der Baader-Meinhof-Gruppe. *Kölner Zeitschrift für Soziologie und Sozialpsychologie, 26.*

March, A.F. (2015). Islamism and the Left: An Exchange. *Dissent, Winter 2015.* http:// www.dissentmagazine.org/article/islamism-and-left-exchange [zuletzt geprüft am 20.08.2015].

Prantl, H. (2014). Allahs irregeleitete Anhänger. *Süddeutsche Zeitung, 11.10.2014.* http:// www.sueddeutsche.de/politik/deutscher-dschihad-allahs-irregeleitete-anhaenger-1.2169394 [zuletzt geprüft am 15.10.2014].

Rauschenbusch, W. (2008). *Christianity and the Social Crisis in the 21st Century.* New York: Harper One.

Reemtsma, J.P. (2010). Hässliche Wirklichkeit. *Süddeutsche Zeitung, 17.05.2010.* http://www.sueddeutsche.de/kultur/theorie-der-gewalt-haessliche-wirklichkeit-1.258511–40 [zuletzt geprüft am 06.10.2014].

Reemtsma, J.P. (2013). *Vertrauen und Gewalt.* Hamburg: Hamburger Edition.

Sing, M. (2011). Brothers in Arms: How Palestinian Maoists turned Jihadists. *Die Welt des Islams, 51,* S. 1–44.

Walzer, M. (2015). Islamism and the Left. *Dissent, Winter 2015.* https://www.dissentmagazine.org/article/islamism-and-the-left [zuletzt geprüft am 21.07.2015].

UNODC (2014). *Global study on homicide 2013.* https://www.unodc.org/documents/gsh/pdfs/2014_GLOBAL_HOMICIDE_BOOK_web.pdf [zuletzt geprüft am 20.06.2015].

Wolfgang Palaver

Von der gefährlichen Jagd auf die Sündenbockjäger

Der Sündenbockmechanismus in den Religionen

Das Thema des Sündenbocks drängt sich sofort auf, wenn wir über das Verhältnis der Religionen zu Gewaltfreiheit und Gewalt nachzudenken beginnen. Es ist kein Zufall, dass Karen Armstrong ihr aktuelles Buch *Im Namen Gottes. Religion und Gewalt* (2014, S. 11) gleich mit einem Hinweis auf das Sündenbock-Ritual im Buch *Leviticus* beginnt und dabei auch – etwas zu oberflächlich – auf die Theorie des französisch-amerikanischen Kulturanthropologen René Girard verweist. Die folgenden Überlegungen bauen ausdrücklich auf Girards Arbeiten zum Verhältnis von Gewalt und Religion auf. Dabei wird sich zeigen, dass gerade seine Auseinandersetzung mit dem Thema des Sündenbocks einen wichtigen Zugang zur Frage der religiös legitimierten Gewalt eröffnet. Da ich in meiner Friedenstheologie und Friedensethik viel von dem mennonitischen Friedenstheologen John Howard Yoder gelernt habe und dieser sich in den 1990er Jahren im Zusammenhang mit seiner Auseinandersetzung mit dem Thema Strafe auch intensiver mit Girard und dessen Deutung des Sündenbockphänomens auseinandersetzte, werde ich auch Überlegungen von Yoder (2011, S. 153–238) miteinbeziehen.

1.   Sündenbockphänomene

Das Phänomen des Sündenbocks ist uralt und weltweit verbreitet. Seit uranfänglichen Zeiten werden einzelne Menschen in schwierigen Situationen allein für die Krise verantwortlich gemacht, deshalb aus der Gruppe vertrieben oder auch getötet. Der Begriff bzw. das Bild des Sündenbocks selbst geht auf einen Ritus im Alten Testament (Lev 16,7–22) zurück, in dem der Hohepriester die Sünden des Volkes auf das Haupt eines Ziegenbockes legt, bevor dieser in die Wildnis – zum Wüstendämon Asasel – verstoßen wird. René Girard (2009, S. 178) hat die Entstehung des Begriffs so zusammengefasst:

> Der Ausdruck Sündenbock geht auf den *caper emissarius* der Vulgata zurück und ist eine freie Interpretation des griechischen *apopompaíos*: „derjenige, der die Plagen abwendet". Dieser letztgenannte Begriff selbst stellt wiederum in der griechischen Übersetzung der Bibel, der Septuaginta, eine freie Interpretation jenes hebräischen Ausdrucks dar, dessen exakte Übersetzung „für Asasel bestimmt" lautet. In der Regel wird angenommen, Asasel sei der Name eines frühen, angeblich in der Wüste lebenden Dämons.

Der moderne Begriff „Sündenbock" und seiner Äquivalente in anderen europäischen Sprachen gehen auf die englische Bibelübersetzung von William Tyndale von 1530 zurück, in der dieser den zu Asasel gejagten Bock als „scapegoat" bezeichnete (Dawson, 2013, S. x, 1; Pinker, 2007).

Ähnliche Riten finden sich mehr oder weniger in allen Kulturen der Welt. In den griechischen Thargelien, einem jährlichen Festival der Erstlinge, wurden beispielsweise regelmäßig zwei Sündenböcke (*pharmakoi*) als Reinigungsopfer ausgestoßen, wobei es sich um Menschen aus den untersten Klassen handelte. Der berühmte englische Ethnologe James G. Frazer hat viele sogenannte Sündenbock-Riten zusammengetragen. In seinem 1922 erschienenen Werk *Der goldene Zweig* findet sich beispielsweise ein Kapitel, „Die Übertragung von Unheil", in dem er folgende allgemeine Beobachtung im Blick auf die Abladung von Schuld auf einen sterblichen Gott festhält (1989, S. 783–784):

> Die Sünden und das Mißgeschick des ganzen Volkes werden manchmal dem sterblichen Gott auferlegt, der sie auf immer davon tragen soll, so daß das Volk in Unschuld und Glück zurückbleibt. Der Gedanke, daß wir unsere Schuld und unsere Leiden auf ein anderes Wesen übertragen können, das sie für uns tragen wird, ist dem Gemüt des Wilden wohl vertraut. Er entspringt einer deutlichen Verwechslung der physischen mit der geistigen, der materiellen mit der immateriellen Welt. Da es möglich ist, eine Last Holz, Steine oder sonst was von unserem eigenen Rücken auf den eines anderen zu übertragen, bildet sich der Wilde ein, daß es ebenso möglich sein muß, die Last seiner Sorgen und Leiden auf einen anderen abzuwälzen, der an seiner Stelle leiden wird. (…) Kurz, das Prinzip des stellvertretenden Leidens wird im allgemeinen verstanden und ausgeübt von Rassen, die auf einer niederen Stufe sozialer und intellektueller Kultur stehen.

Ein ganz anderes – aber auch an den Sündenbockritus in Lev 16 erinnerndes – Beispiel berichtet Frazer (1989, S. 823) aus Borneo:

> Die Biajas auf Borneo senden alljährlich eine kleine Barke auf das Meer, die mit den Sünden und dem Unglück der Leute beladen ist. Die Mannschaft eines Schiffes, das der verhängnisvollen Barke auf dem Meer begegnet, muß alle Leiden erdulden, mit denen sie beladen ist.

Sündenbockphänomene können wir auch in der Tierwelt beobachten. Die französische Philosophin und Mystikerin Simone Weil, die das Werk von René Girard deutlich beeinflusste, beobachtete an sich selbst, wie sie ihre extremen Kopfschmerzen gerne auf andere Menschen abladen wollte. Das zählte für sie genauso zur mechanischen Welt der Schwerkraft, wie das Sündenbockverhalten, das in der Tierwelt beobachtet werden kann (Weil, 1961, S. 116):

> Die fleischliche Natur ist dem Menschen gemeinsam mit dem Tier. Die Hühner stürzen sich mit Schnabelhieben auf ein verwundetes Tier. Dies ist ein ebenso mechanisches Phänomen wie die Schwerkraft.

Girard (2008, S. 101–106; vgl. Lorenz, 2004, S. 162–204) verweist auch auf interessante Beobachtungen bei Konrad Lorenz, der bei Tieren und Menschen die

Ablenkung von Aggressionen gegen Dritte beobachtete. Der weltbekannte Zoologe und Verhaltensforscher Frans de Waal (2006, S. 169–170) geht überhaupt so weit, dass er die Neigung zu Sündenbockjagden als eine den Tieren und Menschen mitgegebene natürliche Grundausstattung bezeichnet.

Wir dürfen aber im Blick auf das Sündenbockphänomen nicht beim altjüdischen Ritus stehen bleiben. Unser alltäglicher Gebrauch dieses Wortes bezieht sich heute nicht mehr auf einen bewussten rituellen Akt, sondern auf das nichtbewusste Abschieben von Schuld. Im Duden finden wir eine Definition des Begriffs Sündenbock, der dem heutigen Gebrauch entspricht: „jemand, auf den man seine Schuld abwälzt, dem man die Schuld an etwas zuschiebt" („Sündenbock", 2013). Erst am Beginn der Neuzeit lässt sich dieser Gebrauch des Begriffs Sündenbock feststellen. Nach David Dawson (2013, S. x) breitete er sich schon 100 Jahre nach Tyndales Bibelübersetzung im 17. Jahrhundert aus. Im Deutschen Wörterbuch der Gebrüder Grimm (Grimm & Grimm, 1971) wird ab 1800 das Vorherrschen des modernen Verständnisses festgehalten. Für unsere Gegenwart hat der deutsche Schriftsteller Heinrich Böll (1983, S. 139) in seiner Erzählung „Die Schwarzen Schafe" auf die Allgegenwart dieses Phänomens hingewiesen: „Eine Familie, die keine schwarzen Schafe hat, ist keine charakteristische Familie." Ähnlich hat der französische Philosoph und Aphoristiker Emile Cioran (1999, S. 746) auf die weite Verbreitung des Sündenbockphänomens aufmerksam gemacht:

> Der Sündenbock. Er ist unverzichtbar, unsere biologische Konstitution erfordert seine Existenz. Einer muß für unsere Fehler und Mißerfolge büßen; wenn wir uns allein dafür verantwortlich glauben, was für Komplikationen, was für zusätzliche Qualen. Ein gutes Gewissen zu haben ist alles, was wir verlangen: Dieses Amt übernimmt der Sündenbock.

Abschließend möchte ich auch noch auf den Bereich des Rechts – insbesondere des Strafrechts – zu sprechen kommen, der eine besondere Affinität zum Sündenbockthema aufweist. Girard hat beispielsweise ähnlich wie Walter Benjamin immer wieder auf den Ursprung des Rechts im Sündenbockmechanismus hingewiesen. In der Institution der Todesstrafe wird dieser Ursprung besonders deutlich sichtbar (Benjamin, 1991; Girard, 1987, S. 438–441; 2002, S. 112; 2014, S. 190; vgl. Leder, 1980). Auch der deutsche Psychoanalytiker Horst Eberhard Richter (1992) hat auf dem Alternativen Juristinnen- und Juristentag den Sündenbockmechanismus beschrieben, um zu zeigen, warum die Menschen oft eher zum Strafen als zum Versöhnen neigen:

> Wer grundsätzlich eher auf das Steinewerfen nach Schuldigen statt auf Versöhnung sinnt, tut das in der Regel freilich nicht, weil er an die Läuterungswirkung des Strafens glaubt, sondern weil er Stellvertreter sucht, an denen er seine eigenen destruktiven Impulse ebenso wie seine verdrängten Selbstzweifel abreagieren kann. Dabei geht es nicht nur nach dem simplen Prügelknaben-Muster. Bei diesem sucht sich einfach nur unterdrückte Aggression stigmatisierte Ersatzobjekte zur Abfuhr. Der Sündenbock-Mechanismus hingegen ist komplizierter. Hier wird an dem Opfer stellvertretend

auch vermiedene Selbstbestrafung vollzogen. Der eigene Schuldkonflikt wird dem Bestraften aufgebürdet. Die Projektion befriedigt einerseits unmittelbar und direkt eigenen unausgelebten Haß. Andererseits fügt sie dem Opfer eine Bestrafung zu, die ursprünglich das Über-Ich dem eigenen Ich androht. Von dieser Komponente, also der Verschiebung von Selbstbestrafungsimpulsen, rührt ja gerade der inquisitorische Eifer her, der die typischen Hexenjäger auszeichnet.

Ausführlich hat sich auch der mennonitische Friedenstheologe John Howard Yoder mit dem Strafen auseinandergesetzt und dabei auch eine deutliche Verbindung zu Girards Sündenbocktheorie hergestellt. Er bleibt aber zu Girard in kritischer Distanz, weil er nicht glaubt, dass sich alle Formen von Strafe mittels der mimetischen Theorie erklären lassen und er außerdem mit Emile Durkheim eine fast „natürliche" Tendenz der Menschen zum Strafen festhalten will (Yoder, 2011, S. 160, 227, 231; vgl. Durkheim, 1999, S. 135).

2.   Der Sündenbockmechanismus und die abrahamitische Offenbarung

Am intensivsten hat sich vermutlich der französisch-amerikanische Kulturanthropologe René Girard mit dem Phänomen des Sündenbocks auseinandergesetzt. Eine wichtige Einsicht Girards ist dabei die Tatsache, dass es sich beim Sündenbockmechanismus um ein unbewusstes Geschehen handelt. Obwohl das Bild des Sündenbocks von einem bewussten rituellen Akt stammt, sprechen wir heute dann von einem Sündenbock einer Gruppe, wenn diese selbst glaubt, dass dieser allein die Ursache aller Probleme sei, obwohl die Gruppe ihm nur fälschlich alle Verantwortung in die Schuhe schiebt. Diese Verkennung des eigentlichen Geschehens prägte bereits den Ursprung der menschlichen Kultur. Girard hat sich vor allem in seinem Werk *Das Heilige und die Gewalt* mit dem Sündenbockmechanismus als Ursprung der Kultur auseinandergesetzt. Dieses Werk zeigt, dass für alle archaischen Kulturen eine ursprüngliche Krisenerfahrung zentral ist. Daran schließt sich die Beschreibung jenes kulturellen Mechanismus an, der in den archaischen Gesellschaften zur Überwindung dieser Krise führte und den Ursprung menschlicher Kultur darstellt. Nach Girard handelt es sich dabei um einen unbewussten kollektiven Vorgang, in dem ein Mitglied der Gruppe als angeblicher Verursacher der Krise ausgestoßen oder getötet wird. Er bezeichnet diesen Vorgang als Sündenbockmechanismus und betont ausdrücklich, dass sich diese ursprüngliche Lösung der mimetischen Krise als religiöser Vorgang vollzieht, weil das verstoßene oder getötete Opfer als absolut böse – es scheint für die Krise allein verantwortlich zu sein – und als absolut gut zugleich, weil seine Auslöschung den Frieden brachte, wahrgenommen wird. Diese *doppelte Übertragung* von Fluch und Segen bildet den Kern archaischer Religiosität, wie sie in vielen religiösen Urworten (z. B. dem lateinischen *sacer*) noch erkennbar ist. Der Sündenbockmechanismus ist mit dem Ursprung des Religiösen gleichzusetzen. Pointiert hat Girard (2002, S. 94) dies in einem Satz zusammengefasst: „Die Völker erfinden nicht ihre Götter, sondern sie divinisieren ihre Opfer." Gerade dieser prägnante Satz zeigt, wie sehr sich Girard von jenen oberflächlich aufklärerischen Positionen – wie sie beispielsweise von Frazer vertreten wurde – unterscheidet, die archaische Religionen auf „Erfindungen" oder „Meinungen" zurückführen. Girard berührt sich hier mit Wittgensteins (1989, S. 29–46; vgl. Kerr, 1998) Kritik an Frazer. Die zentralen Elemente aller archaischen Religionen wie Verbote, Riten und Mythen wurzeln nach Girard in diesem gewalttätigen Gründungsakt.

In zahlreichen Mythen hat Girard die Spuren des Gründungsmordes nachgewiesen. Sein deutlichstes Beispiel ist der Ödipus-Mythos. Als die Pest in Theben wütete, wurde Ödipus nach langem Ringen als angeblichem Vatermörder und im Inzest mit seiner Mutter lebendem Fremden die Verantwortung für die Krise zugeschoben. Wie einen Sündenbock vertrieb man ihn aus der Stadt. Sophokles charakterisiert ihn nicht nur als Verkörperung des Bösen und Verursacher der Plage, sondern zeigt auch, wie dieser nach der Vertreibung aus der Stadt plötzlich zu einem Heilbringer wird, um dessen zukünftigen Leichnam sich Theben und Athen schon zu seinen Lebzeiten streiten. Wir verstehen die Abladung alles Bösen auf einen Sündenbock sofort und ohne große Probleme, weil auch wir in unserer Welt und in unserem alltäglichen Leben überall und immer wieder das Phänomen des Sündenbocks beobachten können. Sehr viel schwieriger ist es hingegen, die doppelte Übertragung zu verstehen, also das Faktum, dass der vertriebene Übeltäter zum Gott der Verfolger erhoben wurde. Im Zusammenhang mit der Tötung von Osama bin Laden haben einige Kommentatoren im Blick auf die Jubelstimmung anlässlich seiner Tötung darauf hingewiesen, dass der ehemalige Führer der Terrororganisation Al Kaida dem Westen bis zu einem gewissen Grad als ein Sündenbock – sicherlich als ein schuldiger Sündenbock – diente (Drobinski, 2011). Um die Vergöttlichung archaischer Sündenböcke zu verstehen, müssten wir uns nun vorstellen, die USA würden gegen den Einspruch anderer Staaten darauf bestehen, in ihrem Land sein Grabmal errichten zu dürfen. Die tatsächliche „Entsorgung" des Leichnams von Osama bin Laden im Meer zeigt aber, wie grundlegend sich das heutige Verhalten gegenüber Sündenböcken von den archaischen Ursprüngen unterscheidet. Nur noch zur Dämonisierung der Gegner sind wir heute fähig. Weiter unten werden die tieferen religionstheoretischen Hintergründe für diesen Unterschied verständlicher werden.

Eine entscheidende Einsicht Girards (2009) zeigt sich aber in seiner These, dass in den zentralen biblischen Schriften die Aufdeckung des Sündenbockmechanismus erfolgt. Nach Girard solidarisieren sich diese Texte, im Unterschied zu den archaischen Mythen, mit der Perspektive der verjagten oder getöteten Sündenböcke und bringen dadurch den Sündenbockmechanismus ans Licht. Die Bibel schreit die Unschuld der getöteten oder verjagten Sündenböcke in die Welt.

In der alttestamentlichen Geschichte von Josef lässt sich eine Kontrasterzählung zum Ödipus-Mythos erkennen (Girard, 2002, S. 140–150). Beide, Ödipus und Josef, erleiden schon als Kinder ein Sündenbockschicksal. Ödipus wird von seinen

Eltern fortgelegt und Josef von seinen Brüdern verkauft. Doch die Unterschiede zwischen diesen beiden Erzählungen sind wichtiger als die Parallelen. Während Ödipus wegen seiner angeblich inzestuösen Beziehung zu seiner Mutter für die Pest in Theben verantwortlich gemacht wird, spricht der biblische Text Josef von einem ähnlichen Vergehen frei. Nicht er hat die Frau seines väterlichen Freundes Potifar vergewaltigt, sondern er wurde umgekehrt von dieser verführt. Die Bibel steht eindeutig auf der Seite des Opfers Josef. Sie solidarisiert sich weder mit seinen neidischen Brüdern noch mit seinen ägyptischen Anklägern. Während Ödipus nach seiner Vertreibung zu einer Art Gott erhoben wird, weist Josef ein solches Ansinnen seiner ihn früher verfolgenden Brüder entschieden zurück: „Seine Brüder gingen dann auch selbst hin, fielen vor ihm nieder und sagten: Hier sind wir als deine Sklaven. Josef aber antwortete ihnen: Fürchtet euch nicht! Stehe ich denn an Gottes Stelle?" (Gen 50,18–19). Es ist der Einfluss der biblischen Offenbarung, der uns der Fähigkeit beraubt hat, unser Opfer zu vergöttlichen.

Die Götter mythischer Religionen sind vergöttlichte Opfer, die die Gewalt ihres Ursprungs verkörpern und immer neue Blutopfer zur Stabilisierung des von ihnen garantierten Friedens verlangen. Im Unterschied dazu zeigt sich der biblische Gott als ein gewaltfreier „Gott der Opfer", der sich mit den Sündenböcken der Menschen solidarisiert (Girard, 1990, S. 195–211). Neben den Klagepsalmen und dem Buch Ijob sind diesbezüglich im Alten Testament vor allem die Lieder des leidenden Gottesknechtes bei Deuterojesaja hervorzuheben. Die Gottesknecht-lieder beschreiben das Schicksal eines Leidenden, der von den Menschen verachtet, geschlagen und ausgestoßen wurde. Sein Schicksal gleicht ganz dem eines Sündenbocks (Jes 53,2–3.8–9). Die entscheidenden Passagen des Textes sind aber jene, die die Unschuld des Knechtes hervorheben und seine Partei einnehmen. Nach Jes 53,9 wurde er verfolgt und gemieden, „obwohl er kein Unrecht getan hat und kein trügerisches Wort in seinem Mund war". Die Verantwortung für sein Schicksal wird eindeutig den Verfolgern zugesprochen, die schließlich ihre eigene Verfolgermentalität klar bekennen: „Wir meinten, er sei von Gott geschlagen, von ihm getroffen und gebeugt. Doch er wurde durchbohrt wegen unserer Verbrechen, wegen unserer Sünden zermalmt." (Jes 53,4–5)

Im Neuen Testament zeigt die Passionsgeschichte Jesu in den Evangelien am deutlichsten, inwiefern sich die biblische Perspektive von der mythischen Sicht unterscheidet. Wie in vielen Mythen wird die kollektive Gewalt gegen ein Opfer beschrieben. Aber im Unterschied zu den Mythen identifizieren sich die Evangelien radikal mit dem Sündenbock Jesus, dessen Unschuld hervorgehoben wird: „Ohne Grund haben sie mich gehaßt." (Joh 15,25). Die Evangelien erkennen in Jesus einen zu Unrecht verfolgten Sündenbock. Er ist das „Lamm Gottes" (Joh 1,29) und steht damit in einer Linie mit dem geschlagenen Knecht des Deuterojesaja. Im Gott Jesu Christi wird jener biblische „Gott der Opfer" offenbar, der sich mit allen Sündenböcken solidarisiert und die menschliche Verantwortung für die Gewalt ans Licht bringt. In ihm gründet die moderne Sorge um die Opfer, wie sie z.B. für die Tradition der Menschenrechte charakteristisch ist.

Im Anschluss an Girard habe ich mir die Frage gestellt, ob auch der Islam so wie das Judentum und das Christentum für diesen Auszug aus der Welt der archaischen Opfer steht (Palaver, 2009a). Entscheidende Passagen im Koran lassen den Schluss zu, dass sich die drei abrahamitischen Religionen gemeinsam durch ihre Identifikation mit den Opfern kollektiver Gewalt von den archaischen Religionen unterscheiden. Eine Schlüsselstelle findet sich in der Erzählung von der Bindung Isaaks (Gen 22) der verhinderten Opferung von Abrahams Sohn. Der Koran teilt hier – trotz vorhandener Unterschiede – die biblische Sicht. Auch in dieser heiligen Schrift tritt ein Opfertier an die Stelle des Sohnes von Abraham (Sure 37,102–107). Auch die biblische Josefgeschichte wird im Koran aufgegriffen und in der Sure Josef (Sure 12) nacherzählt. So wie in der biblischen Erzählung ergreift auch der Koran Partei für Josef, einem zuerst von seinen Brüdern und später auch in Ägypten verfolgten Sündenbock. Auch im Koran wird Josefs Unschuld festgehalten (Sure 12,51).

Mit Abel begann die für die abrahamitischen Religionen typische lange Geschichte der unschuldig verfolgten Opfer auf Erden, die immer noch kein Ende gefunden hat. Der Koran nimmt, ähnlich wie die Bibel, die Perspektive des Opfers Abel ein, um im Anschluss an diese schon in der jüdischen Bibel vorhandene Erzählung die grundsätzliche Heiligkeit jedes menschlichen Lebens zu betonen:

> Wenn einer jemanden tötet, jedoch nicht wegen eines Mordes oder weil er auf der Erde Unheil stiftet, so ist es, als hätte er die Menschen alle getötet. Und wenn jemand ihn am Leben erhält, so ist es, als hätte er die Menschen alle am Leben erhalten. (Sure 5,32)

Aus der abrahamitischen Heiligkeit des Lebens geht die moderne Kultur der Menschenrechte hervor. Die Perspektive der verfolgten unschuldigen Opfer steht im Zentrum.

3. Die Jagd auf Sündenbockjäger und die Notwendigkeit der Vergebung

Es wäre aber naiv zu glauben, dass die abrahamitische Aufdeckung des Sündenbockmechanismus alle Gewalt sofort und für immer aus unserer Welt verbannt hätte. Das Gegenteil scheint sogar eher der Fall zu sein. Zu Recht stellt John Howard Yoder mehrfach die Frage, wie sich mit Girard überhaupt behaupten lasse, dass mit der Passion Christi der Sündenbockmechanismus ein für alle Mal aufgedeckt und überwunden sei. Fundamentalistische Bewegungen in der ganzen Welt und die Rückkehr der Todesstrafe in den USA der 1980er und 1990er Jahren zeigten Yoder (2011, S. 168, 170, 178, 227, 232), wie sehr die Menschen immer noch zur Jagd auf Sündenböcke neigen.

Girards mimetische Theorie beantwortet diese Frage auf eine durchaus beunruhigende Weise. Die abrahamitische Unterminierung traditioneller Gewalteindämmungsformen hat nach Girard indirekt sogar zu einer apokalyptischen Verschärfung der Weltlage beigetragen. Als Folge der Offenbarung droht eine radikale Zunahme menschlicher Gewaltkonflikte. Jesus sprach dies dort aus, wo er sagte, dass er nicht gekommen sei, „um Frieden auf die Erde zu bringen (…), sondern das Schwert" (Mt 10, 34).

Das Problem eines explosiven Ansteigens der Gewalt durch die abrahamitische Aufdeckung des Sündenbockmechanismus zeigt sich beispielsweise in der parasitären Form der Klagereligion, wie sie der Schriftsteller und Kulturphilosoph Elias Canetti (1960, S. 172–194; vgl. Palaver, 2008a) als scheinbar typisch für das Christentum und für die schiitische Tradition im Islam bezeichnet hat. Mit diesem Begriff hat er vor allem am Beispiel von Christentum und Islam beschrieben, wie sich Menschen durch ihre Identifikation mit einem verfolgten Opfer nun selbst zur rächenden Gewalttat berufen fühlen. Als Klagende erscheint ihre Gewalt gerechtfertigt zu sein. Wir kennen Formen der Klagereligion unter anderem aus der Zeit der Kreuzzüge, als Christen im Namen ihrer Solidarität mit dem Gekreuzigten sich an Juden und Muslimen rächten. Aber auch die Massaker der europäischen Konquistadoren folgen diesem Muster, wenn im Namen des Christentums die indigenen Völker wegen ihrer Menschenopfer in einer Weise abgeschlachtet wurden, die alle archaische Opfergewalt um das Vielfache übertraf. Ähnliche Beispiele lassen sich auch in der Geschichte des Islams finden.

Aus der Sicht der mimetischen Theorie Girards handelt es sich bei dieser Form der vergeltungssüchtigen Klagereligion um eine Pervertierung der abrahamitischen Aufdeckung des Sündenbockmechanismus. Aus der Offenlegung des Sündenbockmechanismus wird eine „Jagd auf die Sündenbockjäger" (Girard, 2002, S. 198). Girard diskutiert diese, durch die biblische Offenbarung möglich gewordene Versuchung ausdrücklich als eine Form des Antichrists, der sich als gefährlicher neuer Totalitarismus zeigt (Palaver, 2011a). Nach Girard (1997, S. 63) beschreibe diese neutestamentliche Figur eine Welt, „in der die schlimmsten Verfolgungstaten im Namen der Verfolgungsbekämpfung ausgeführt werden". Diese klagereligiöse Versuchung ist zu einem vielfach vorherrschenden Muster in unserer Welt geworden. Es ist der Geist der Kreuzzüge und des gewalttätigen Moralismus, der für bestimmte Tendenzen in unserer liberalen Welt genauso typisch ist wie für den gegenwärtigen Terrorismus, der sich als Verteidiger der Schwachen und Verfolgten zu legitimieren versucht (Palaver, 2010, S. 239–244). Im Anschluss an Girard hat der kanadische Philosoph Charles Taylor (2002, S. 67–68; vgl. Palaver, 2010) das Problem des Terrorismus in dieser Hinsicht beschrieben:

> Das Neue Testament stellt das Opfer und seine Unschuld in den Mittelpunkt; es ermutigt all die Erniedrigten und Beleidigten sich zu erheben. Verschiedene religiöse Reformen, die Reformation selbst und schließlich der moderne Humanismus haben diese Idee weiter radikalisiert. Sie ist heute Teil unserer politischen Ethik geworden. (…) Dies gibt auf der einen Seite eine mächtige Waffe gegen Ungerechtigkeit an die Hand; auf der anderen erlaubt die Logik des Opfers, wieder Grenzlinien zu ziehen und Feinde zu identifizieren. Wenn wir die Opfer sind, seid ihr die Täter. Der Anspruch, Opfer zu sein, macht uns rein und unsere Sache zu einer guten Sache, in deren Namen

wir gerechte Gewalt ausüben dürfen. Die Verbindung zum modernen Terrorismus liegt
auf der Hand.

Terroristen legitimieren sich heute weltweit als Verteidiger der Schwachen und
Verfolgten. Im Namen der Unterdrückten rufen sie zur Zerstörung und Gewalt auf.
Für fast alle Terrorgruppen in unserer heutigen Welt ist es bezeichnend, dass sie
sich als eingekreiste Verfolgte fühlen und ihre Terrorakte als Verteidigung gegen
eine lebensbedrohende Übermacht verstehen (Hoffman, 2006, S. 124–169; Juergensmeyer, 2001, S. 12). Prägnant hat die Terrorismus-Expertin Louise Richardson
(2007, S. 76) diesen Wesenszug des heutigen Terrorismus anhand verschiedener
Beispiele zusammengefasst:

> Der Soziologe Mark Juergensmeyer fragte Dr. Abd el-Asis al-Rantissi, einen Begrün-
> der der Hamas (der im April 2004 von Israelis getötet wurde), in welcher Hinsicht
> seiner Meinung nach die Hamas missverstanden würde. Er antwortete: „Sie denken,
> wir seien die Angreifer. Das ist das größte Missverständnis. Wir sind nicht die Angrei-
> fer, wir sind die Opfer." Bin Laden drückte es, wie es für ihn typisch ist, drastischer
> aus: „In Wahrheit ist die gesamte muslimische Welt das Opfer internationalen Ter-
> rors, den Amerika und die Vereinten Nationen verbreiten." Ein IRA-Mitglied erklärte
> Kevin Toolis, warum er sich der Terrorbewegung angeschlossen hatte: „Ich wusste,
> dass die IRA uns verteidigt, dass sie unsere Interessen verfolgt, dass sie für unsere
> Rechte kämpft. Alle hatten große Wut im Bauch." (…) Sich als Opfer zu betrachten,
> das defensiv kämpft, macht es insgesamt natürlich leichter, das eigene Verhalten zu
> rechtfertigen.

Weil die Gefahr der Pervertierung der abrahamitischen Sorge um die Opfer so groß
ist, muss deutlich unterstrichen werden, wie sehr in der abrahamitischen Offenbarung die Parteinahme für die verfolgten Opfer in einem größeren Konzept von
Ursünde, Vergebung und Gnade eingebettet ist. Zuerst möchte ich die Bedeutung
der Vergebung und die mit ihr verbundene Absage an Rache und Vergeltung unterstreichen. Sie prägt ganz wesentlich die abrahamitische Tradition (Derrida, 2001,
S. 28, 42).

Die Josefgeschichte bietet hier ein ganz besonders anschauliches Beispiel. In
ihr finden wir nicht nur eine Absage an die mythische Sündenbock-Kultur mit ihren
vergöttlichten Opfern, sondern auch die Betonung der Vergebung. Im Anschluss
an jene Worte, mit denen Josef das Ansinnen seiner Familie zurückweist, ihn zu
einem Gott zu erheben, verzeiht er seinen Brüdern. Er wird ihnen ihr Vergehen
nicht vergelten, sondern umgekehrt sogar für sie sorgen: „Ihr habt Böses gegen
mich im Sinne gehabt, Gott aber hatte dabei Gutes im Sinn, um zu erreichen, was
heute geschieht: viel Volk am Leben zu erhalten. Nun also fürchtet euch nicht! Ich
will für euch und eure Kinder sorgen. So tröstete er sie und redete ihnen freundlich
zu." (Gen 50,20–21) Ebenso betont der Koran in seiner Version der Josefgeschichte die Vergebung, die Josef seinen Brüdern gewährte. Ausdrücklich verweist Josef
dabei auf sein Gottesbild eines barmherzigen Gottes, das ihn dabei leitet: „Er sag-

te: ‚Keine Schelte soll heute über euch kommen. Gott vergibt euch, Er ist ja der
Barmherzigste der Barmherzigen.'" (Sure 12,92)

Im Neuen Testament steht zuerst das Versagen aller Jünger. Überdeutlich sticht
die dreimalige Verleugnung Jesu durch Petrus hervor, die erst dann zur Enthüllung
des Opfermechanismus führt, als die Jünger durch die Gnade Gottes zur Umkehr
gelangen. Die radikale Gewaltfreiheit Jesu, die Bereitschaft, selbst noch am Kreuz
seinen Feinden zu vergeben (Lk 23,34: „Vater, vergib ihnen, denn sie wissen nicht,
was sie tun.") und die Friedensbotschaft „Friede sei mit euch!" (Lk 24,36; vgl. Joh
20,19.26), mit der er nach der Auferstehung den Jüngern gegenübertrat (Schwager, 1990, S. 174, 182–183, 249), ermöglichten letztlich die Umkehr der Jünger.
Die christliche Überwindung des Sündenbockmechanismus ist untrennbar mit der
Aufforderung zur Feindesliebe und Versöhnung sowie zur Absage an die Rache
verbunden: „Liebt eure Feinde und betet für die, die euch verfolgen, damit ihr Söhne eures Vaters im Himmel werdet; denn er läßt seine Sonne aufgehen über Bösen
und Guten, und er läßt regnen über Gerechte und Ungerechte." (Mt 5,44–45) Nur
wer die Botschaft der Feindesliebe von der Aufdeckung des Sündenbockmechanismus abspaltet, kann aus der Solidarität mit den Opfern eine gefährliche Waffe
schmieden.

Noch ein letzter Aspekt muss in diesem Zusammenhang angesprochen werden.
Zu den Voraussetzungen einer Kultur der Vergebung zählt es auch, sich nicht selbst
für vollkommen unschuldig und rein zu halten, sondern seine eigenen Neigungen
zur Gewalt zu entdecken und zu kennen. Moralistische Kreuzzüge mit ihrer Neigung zur Jagd auf Sündenböcke kennen keine Vergebung, weil sie Gut und Böse
eindeutig verteilt sehen und sich die „Kreuzzügler" selbst immer mit den Reinen
identifizieren. Gegen diesen gefährlichen Unschuldswahn angeblich reiner und
guter Kämpfer für die Gerechtigkeit betont Charles Taylor die Notwendigkeit, das
gemeinsame Versagen aller Menschen zu erkennen, von dem niemand ausgenom-
men ist. Er verweist dazu auf Dostojewskijs Roman *Böse Geister*, in dem Schatow
bemerkt, dass wir Menschen „alle schuldig sind" (Dostojewskij, 1998, S. 812; Taylor, 1996, S. 783; 2009, S. 1177). Indirekt verweist Taylor (2009, S. 1081–1084,
1158; vgl. Girard, 2011, S. 519–521) damit auch auf den christlichen Begriff der
Ursünde, der zwar selbst im Laufe der Geschichte oft sehr missverständlich gebraucht wurde, aber gerade dadurch befreiend wirken kann, dass er uns Menschen
vom kreuzzüglerischen Moralismus befreit. Auch hier können wir zum Abschluss
noch einmal auf die Josefgeschichte – diesmal auf die koranische Version – verweisen. Josef ist nicht nur der von Gott rehabilitierte Sündenbock, der so wie der
barmherzige Gott seinen Brüdern vergibt. Er weiß auch selbst um seine Schwächen
und glaubt nicht, dass er aus eigener Kraft dem Bösen hätte widerstehen können.
Auch wenn der Islam keine Ursündenlehre im engeren Sinn kennt, zeigt sich an
dieser Stelle im Koran deutlich, wie sehr auch in der muslimischen Tradition das
Vertrauen in den barmherzigen Gott, in die Gnade Gottes, eine Einsicht in die eigene Schwäche möglich macht, die zur Vergebung befähigt. So bekennt Josef im Koran, nachdem seine Unschuld zutage getreten war, dass er es einzig und allein Gott

verdankt, nicht selbst schuldig geworden zu sein: „Ich erkläre mich nicht selbst für unschuldig. Die Seele gebietet ja mit Nachdruck das Böse, es sei denn, mein Herr erbarmt sich. Mein Herr ist voller Vergebung und barmherzig." (Sure 12,53) Josef erkennt in der Gnade Gottes die Voraussetzung dafür, dass er nicht seiner eigenen Neigung zum Bösen nachgab. Aber dieser Hinweis auf die Gnade Gottes führt noch tiefer, denn es ist auch der vergebende Gott, der es uns möglich macht, das eigene Versagen anzunehmen. Charles Taylor (1996, S. 783) hat auch auf diese Gnadenerfahrung bei Dostojewskij hingewiesen. Möglichkeitsbedingung für die Übernahme von Verantwortung ist immer die Akzeptanz der Liebe, die uns von anderen geschenkt wird und letztlich auf Gott selbst zurückführt.

4.   Transformation, nicht Ausrottung des Sündenbockmechanismus

Gerade die Gefahr der moralistischen Hexenjagd auf Sündenböcke, die indirekt mit der abrahamitischen Offenbarung einhergeht, zwingt zu einer Reflexion auf das Verhältnis von archaischen Religionen, den Offenbarungsreligionen und moderner Aufklärung. Allzu schnell neigen wir nämlich dazu, uns von den archaischen Religionen und ihrer Gewaltverwickeltheit zu distanzieren. Schon Frazers Darstellung der von Sündenbockriten geprägten Kulturen lässt diese bloß als dumme Wilde dastehen, mit denen wir von moderner Wissenschaft geprägten Menschen rein gar nichts mehr zu tun haben. Dabei sind solche – selbst wieder rituell vollzogenen – Distanzierungen nur ein Beispiel für eine Fortsetzung der Sündenbockjagd. Archaischen Religionen oder den Religionen allgemein wird dann schnell der Schwarze Peter der Gewalt zugeschoben. Schon in seinem Buch *Das Heilige und die Gewalt* protestierte Girard im Schlussabschnitt gegen diese Haltung bei Frazer, der ganz unverhohlen die modernen Theologien mit den archaischen Religionen verband und die Religionen wie Sündenböcke aus der Welt verjagen wollte. Doch genau mit diesem Ansinnen wiederholte er nach Girard (1987, S. 471; vgl. Frazer, 1913, S. v) nur das archaische Treiben:

> Die Anklage läuft darauf hinaus, das Religiöse für ein Spiel verantwortlich zu machen, das schon immer das Spiel der Menschen gewesen ist und das sich in vielfältigen Abwandlungen in allen Gesellschaften fortsetzen wird. Dieses Spiel setzt sich insbesondere im Werk eines gewissen Sir James George Frazer fort, der sich mit seinesgleichen und seinen sich rationalistisch gebärdenden Schülern eins fühlt in der Ausstoßung und im rituellen Verzehr des Religiösen selbst, das als *Sündenbock* jeglichen menschlichen Denkens behandelt wird.

Die Verkennung der Gewaltproblematik, die hinter dieser rituellen Ausstoßung der Religion steht, ist aber brandgefährlich. Schon in diesem Buch betonte Girard (1987, S. 473) apokalyptisch, wie sehr genau diese Haltung zu einer Eskalation der Gewalt führen kann: „Weit davon entfernt, die Gewalt zu verscheuchen, zieht

sie sie an, wie der Kadaver die Fliegen." In späteren Texten betont er (Girard &
Palaver, 2010, S. 30) noch deutlicher, dass die Abschiebung der Gewalt auf die
Religion nur katastrophale Folgen nach sich ziehen kann:

> Die Gewalt, für die wir gerne die Religion verantwortlich machen würden, ist tatsäch-
> lich unsere eigene und ihr müssen wir uns ohne Umweg stellen. Die Religionen zum
> Sündenbock unserer eigenen Gewalt zu machen, kann letzten Endes nur nach hinten
> losgehen.

Wenn wir jeden Zusammenhang mit den archaischen Anfängen von uns weisen,
sind wir besonders stark gefährdet, Formen der Gründungsgewalt auf verschärfte
Weise zu wiederholen. Charles Taylor ist dieser Gefahr im Gefolge Girards besonders aufmerksam nachgegangen. Die ständige Perpetuierung des Sündenbockmechanismus folge jedem Versuch, sich von der Vergangenheit völlig abzutrennen:

> Im Grunde sind es gerade diese Ansprüche auf völlige Verdrängung der problemati-
> schen Vergangenheit, die uns dafür blind machen, daß wir manche Greuel der Ver-
> gangenheit in unserer eigenen Weise wiederholen. Das haben wir (…) gesehen, als
> es um die besorgniserregende Geschichte des Wiederauflebens der Gewalt nach dem
> Sündenbock-Muster im Bereich des Christentums und in der säkularen Welt der Mo-
> derne ging. (Taylor, 2009, S. 1279; vgl. Palaver, 2011b)

Ausdrücklich führt Taylor auch den modernen Terrorismus auf dieses Muster der
gewaltsam gesuchten Reinheit zurück. Taylors Einsicht, dass das moralistische
Verlangen nach Reinheit zur Gewalt verleitet, kann unter anderem zum besseren
Verständnis des gegenwärtigen Dschihadismus beitragen. Im Anschluss an den
Epilog in Girards Buch über Clausewitz (2014, S. 344–353) könnte die Vermutung
angestellt werden, dass alle Gewalt im Islam aus der Tatsache folge, dass dieser
letztlich noch eine archaische Religion sei. Doch eine solche Schlussfolgerung
wird weder dem Islam gerecht, der zu den drei abrahamitischen Religionen gehört,
noch trägt sie zu einem besseren Verständnis des dschihadistischen Terrors bei
(Palaver, 2009a). Tatsächlich besteht die Gefahr des Dschihadismus – und letztlich aller religiösen und säkularen Fundamentalismen – in der von Taylor so klar
beschriebenen schismatischen, auf absolute Reinheit abzielenden Abspaltung von
den alten Religionen. Deutlich zeigt sich das heute beispielsweise im Kampf der
Taliban gegen jene Formen des islamischen Sufismus, der sich viel stärker mit der
alten Volksreligiosität verbunden hat (Dalrymple, 2009, S. 112–145; Taseer, 2010;
Kadri, 2014). Wo der Exodus aus den archaischen Religionen den platonischen
oder fundamentalistischen Weg der Reinheit und radikalen Abtrennung beschreitet,
drohen verschärfte Formen von Gewalt und Zerstörung. Dass der Islam als solcher
keineswegs notwendigerweise auf eine solche Abtrennung hinausläuft, zeigt sich
schon in Sure 6,108 („Und schmäht nicht diejenigen, die sie anstelle Gottes anru-
fen, damit sie nicht in Übertretung ohne [richtiges] Wissen Gott schmähen"), einer
heute oft im Blick auf die religiöse Toleranz hervorgehobenen Stelle, die betont,

dass Muslime den alten Götzen nicht mit Hass und Verachtung begegnen sollen (Gülen, 2014, S. 261–262; vgl. Zirker, 2011). Berühmt ist in dieser Hinsicht auch die Geschichte über Moses und den Hirten im großen Gedichtswerk *Mathnawi* des islamischen Mystikers Rumi (1999, S. 383–385 [Buch II, Verse 1723–1773]), in der Gott Moses' harsches und oberlehrerhaftes Zurückweisen des heidnischen Gebetes eines Hirten tadelt, weil es auf Trennung zielt und die tiefere Einheit der Religionen in Gott verkennt (Amirpur, 2011).

In diese Richtung hat Girard eine wichtige Korrektur seiner Theorie vorgenommen (Palaver, 2009b, 2009c). Während er ursprünglich den Begriff des Opfers nur für archaische Religionen heranzog und den Kreuzestod Jesu davon ausdrücklich ausnehmen wollte, änderte er unter dem Einfluss des Innsbrucker Dogmatikers Raymund Schwager diese Position, weil er sich immer mehr bewusst wurde, dass er damit eine Abspaltung unterstützte, die den Zusammenhang alles Religiösen auf gefährliche Weise auflösen könnte (Girard, 1995; vgl. Schwager, 1994; Schwager & Girard, 2014; Moosbrugger, 2014). Ohne den fundamentalen Unterschied zwischen den archaischen Opfern und Jesu Hingabe am Kreuz zu verwischen, spricht Girard (1995, S. 27) heute von einer „paradoxalen Einheit alles Religiösen", die auf jene in der Schöpfung grundgelegte Ontologie des Friedens verweist, die letztlich auch noch in den archaischen Religionen auffindbar ist (Palaver, 2008b, S. 307–310). Während er in einer ersten Phase der Entfaltung seiner Theorie mit Nietzsche bloß den radikalen Unterschied zwischen Dionysos und dem Gekreuzigten festhielt, betont Girard in seinem jüngsten Buch (2014, S. 209–224) mit Hölderlin, dass Christus gleichzeitig auch ein Bruder des Dionysos ist. Nach Hölderlins (1992, S. I 389) erster Fassung seiner Christushymne „Der Einzige" ist Dionysos der griechische Gott, der zum Frieden beiträgt, indem er den „Grimm" der Völker „bezähmte". In diesem Friedensdienst ist Dionysos durchaus ein Bruder Christi und nicht nur Gegenbild, auch wenn Christus letztlich über die mythischen Götter hinausgeht, indem er einen Frieden schenkt, der sich keiner Gewalt verdankt (Girard, 2014, S. 223). Zur Verdeutlichung dieses über Dionysos hinausgehenden Friedens verweist Girard auf Hölderlins dritte Fassung dieses Christushymnus (1992, S. I 469): „Christus aber bescheidet sich selbst. / Wie Fürsten ist Herkules. Gemeingeist Bacchus. Christus aber ist / Das Ende. Wohl ist der noch andrer Natur; erfüllet aber / Was noch an Gegenwart / Den Himmlischen gefehlet an den andern."

Jeder Versuch, sich von den archaischen Ursprüngen völlig abzutrennen, jeder Versuch, den Sündenbockmechanismus auszumerzen, resultiert bloß in einer explosiven Eskalation der Gewalt. Es geht also nicht um die Ausrottung, sondern die Transformation der gewaltgeprägten Ursprünge menschlicher Kultur.

Gerade im Blick auf die Aufgabe einer Transformation der Gewalt ist für mich das Werk von John Howard Yoder weiterführend. In seinen Überlegungen zur Strafe und zu Fragen des Sündenbocks bleibt er weitgehend im Rahmen anthropologischer und soziologischer Überlegungen und betont dabei, wie stark die Neigung zum Bestrafen und zum Jagen von Sündenböcken unter uns Menschen ausgeprägt ist. Er geht dabei so weit, dass er beinahe eine natürliche Neigung dazu festzuhalten scheint. Das berührt sich mit der mit der Jagd auf Sündenböcke identischen „Schwerkraft", die Simone Weil (1961, S. 116; 79) für das menschliche Zusammenleben als prägend herausstellte. Doch in einem später hinzugefügten theologischen Zusatz zu seinen Überlegungen zur Strafe ergänzt Yoder ähnlich wie Weil diese so sehr von Gewalt und Gegengewalt geprägte Seite. Ähnlich wie Weil (1981; vgl. Palaver, 2012) der Schwerkraft die Gnade gegenüberstellt, unterscheidet auch Yoder (2011, S. 234–238) in seinem theologischen Zusatz am Beispiel des Ersten Petrusbriefes zwei kosmische Systeme voneinander. Während das eine System von Reziprozität und Vergeltung gekennzeichnet ist und ein Rechtssystem verkörpert (1 Petr 2,14: „die zu bestrafen, die Böses tun, und die auszuzeichnen, die Gutes tun"), das mittels Girard auf den Sündenbockmechanismus zurückgeführt werden kann, verdankt sich das andere System ausdrücklich der göttlichen Gnade. Nach Yoders Interpretation dieses Briefes im Neuen Testament forderte dieser die Christen der damaligen Zeit auf, sich dem ersten kosmischen System zu unterwerfen (1 Petr 2,13–14), um gerade dadurch die Botschaft des Reichs der Gnade in die Welt zu tragen. Wie Jesus Christus (1 Petr 2,21–24) sollen auch sie sogar ungerechte Leiden auf sich nehmen, um dadurch die Spirale von Vergeltung und Gewalt zu durchbrechen. Es sind letztlich das geschenkte Vertrauen und die Erfahrung der größeren Wirklichkeit des Reichs der Gnade, die sie zu dieser Unterordnung befähigen. Yoder erkennt beispielsweise im biblischen Josef ein solches Vertrauen (Gen 50,20: „Ihr habt Böses gegen mich im Sinne gehabt, Gott aber hatte dabei Gutes im Sinn"). In der „revolutionären Unterordnung" erkennt Yoder (2012, S. 183–216) die eigentliche Kraft zur Transformation der Welt, die nicht die Dominanz der Gewalt fortschreibt, sondern einen Weg aus der Gewalt weist. Dabei geht es weder um einen völligen Rückzug aus der Welt noch um ein gewaltsames Durchsetzen der eigenen Position, sondern um ein geduldiges Ertragen, das vor allem im Bereich des Vorpolitischen – also im Bereich von Kirche und Zivilgesellschaft – auf eine Veränderung der Welt hinarbeitet (Pally, 2010, S. 116–129; Palaver, 2014). Es ist dieser Weg der Transformation, zu dem heute insbesondere die Kirchen und Religionsgemeinschaften aufgerufen sind, um uns vor jenen apokalyptischen Abgründen zu bewahren, die einer Welt drohen, die nicht mehr in der Lage ist, im Sündenbockmechanismus ihren relativen Frieden zu finden: „Ihr aber seid ein auserwähltes Geschlecht, eine königliche Priesterschaft, ein heiliger Stamm, ein Volk, das sein besonderes Eigentum wurde, damit ihr die großen Taten dessen verkündet, der euch aus der Finsternis in sein wunderbares Licht gerufen hat." (1 Petr 2,9)

Literatur

Amirpur, K. (2011). „Rechte Wege." Gedanken zu einer Theologie des Dialogs. *Akademie der Weltreligionen der Universität Hamburg*. Abgerufen am 13.11.2015 von

https://awr-uni-hamburg.de/tl_files/AWR%20PDFs/Dokumentation_Antrittsvorle
sung_Amirpur_04112011_final.pdf

Armstrong, K. (2014). *Im Namen Gottes. Religion und Gewalt* (U. Strerath-Bolz, Trans.). München: Pattloch.

Benjamin, W. (1991). Zur Kritik der Gewalt. In R. Tiedemann & H. Schweppenhäuser (Hrsg.), *Gesammelte Schriften II.1* (S. 179–203). Frankfurt am Main: Suhrkamp.

Böll, H. (1983). *Die schwarzen Schafe. Erzählungen 1950–1952*. Köln: Kiepenheuer & Witsch.

Canetti, E. (1960). *Masse und Macht*. München: Carl Hanser.

Cioran, E. M. (1999). Aufzeichnungen (1959–1972). *Sinn und Form, 51*(5), 738–759.

Dalrymple, W. (2009). *Nine Lives: In Search of the Sacred in Modern India*. London: Bloomsbury.

Dawson, D. (2013). *Flesh Becomes Word: A Lexicography of the Scapegoat or, the History of an Idea*. East Lansing: Michigan State University Press.

Derrida, J. (2001). *On Cosmopolitanism and Forgiveness* (M. Dooley & M. Hughes, Trans.). London: Routledge.

Dostojewskij, F. (1998). *Böse Geister* (S. Geier, Trans.). Zürich: Ammann.

Drobinski, M. (2011). Das Teuflische im Guten. Die Freude über Bin Ladens Tötung legt Abgründe offen. *Süddeutsche Zeitung*, 04.05.2011, 11.

Durkheim, E. (1999). Über soziale Arbeitsteilung. Studie über die Organisation höherer Gesellschaften (L. Schmidts & M. Schmid, Trans. 3. Aufl.). Frankfurt am Main: Suhrkamp.

Frazer, J. G. (1913). *The Golden Bough: A Study in Magic and Religion. Part VI: The Scapegoat* (3. Aufl.). London: The MacMillan Press Ltd.

Frazer, J. G. (1989). *Der Goldene Zweig. Das Geheimnis von Glauben und Sitten der Völker* (H. v. Bauer, Trans.). Reinbek bei Hamburg: rowohlts enzyklopädie.

Girard, R. (1987). *Das Heilige und die Gewalt* (E. Mainberger-Ruh, Trans.). Zürich: Benziger.

Girard, R. (1990). *Hiob – ein Weg aus der Gewalt* (E. Mainberger-Ruh, Trans.). Zürich: Benziger.

Girard, R. (1995). Mimetische Theorie und Theologie. In J. Niewiadomski & W. Palaver (Hrsg.), *Vom Fluch und Segen der Sündenböcke. Raymund Schwager zum 60. Geburtstag* (S. 15–29). Thaur: Kulturverlag.

Girard, R. (1997). *Wenn all das beginnt ... Dialog mit Michel Treguer* (P. Veldboer, Trans.). Münster: LIT.

Girard, R. (2002). *Ich sah den Satan vom Himmel fallen wie einen Blitz. Eine kritische Apologie des Christentums* (E. Mainberger-Ruh, Trans.). München: Carl Hanser.

Girard, R. (2008). *Evolution and Conversion: Dialogues on the Origin of Culture. With Pierpaolo Antonello at João Cezar de Castro Rocha*. London: Continuum.

Girard, R. (2009). *Das Ende der Gewalt. Analyse des Menschheitsverhängnisses. Erkundungen zu Mimesis und Gewalt mit Jean-Michel Oughourlian und Guy Lefort* (E. Mainberger-Ruh, Trans.). Freiburg: Herder.

Girard, R. (2011). *Shakespeare: Theater des Neides* (W. Meier, Trans.). München: Carl Hanser.

Girard, R. (2014). *Im Angesicht der Apokalypse. Clausewitz zu Ende denken: Gespräche mit Benoît Chantre* (S. Günthner, Trans.). Berlin: Matthes & Seitz.

Girard, R. & Palaver, W. (2010). *Gewalt und Religion. Ursache oder Wirkung?* (H. Lipecky & A. L. Hofbauer, Trans.). Berlin: Matthes & Seitz.

Grimm, J. & Grimm, W. (1971). Sündenbock. *Deutsches Wörterbuch von Jacob und Wilhelm Grimm*. Abgerufen am 1.5.2015 von http://www.woerterbuchnetz.de/DWB?lemma=suendenbock

Gülen, F. (2014). *Was ich denke, was ich glaube*. Freiburg im Breisgau: Herder.

Hoffman, B. (2006). *Terrorismus – der unerklärte Krieg. Neue Gefahren politischer Gewalt* (K. Kochmann, Trans.). Frankfurt am Main: Fischer.

Hölderlin, F. (1992). *Sämtliche Werke und Briefe*. München: Carl Hanser.

Juergensmeyer, M. (2001). *Terror in the Mind of God: The Global Rise of Religious Violence*. Berkeley: University of California Press.

Kadri, S. (2014). *Himmel auf Erden. Eine Reise auf den Spuren der Scharia durch die Wüsten des alten Arabien zu den Straßen der muslimischen Moderne* (I. Utz, Trans.). Berlin: Matthes & Seitz.

Kerr, F. (1998). Metaphysics and Magic: Wittgenstein's Kink. In P. Blond (Hrsg.), *Post-Secular Philosophy: Between Philosophy and Theology* (S. 240–258). London: Routledge.

Leder, K. B. (1980). *Todesstrafe. Ursprung, Geschichte, Opfer*. München: Meyster.

Lorenz, K. (2004). *Das sogenannte Böse. Zur Naturgeschichte der Aggression*. München: Deutscher Taschenbuch Verlag.

Moosbrugger, M. (2014). *Die Rehabilitierung des Opfers. Zum Dialog zwischen René Girard und Raymund Schwager um die Angemessenheit der Rede vom Opfer im christlichen Kontext*. Innsbruck: Tyrolia.

Palaver, W. (2008a). Im Zeichen des Opfers. Die apokalyptische Verschärfung der Weltlage als Folge des Monotheismus. In W. Palaver, R. A. Siebenrock & D. Regensburger (Hrsg.), *Westliche Moderne, Christentum und Islam. Gewalt als Anfrage an monotheistische Religionen* (S. 151–176). Innsbruck: Innsbruck University Press.

Palaver, W. (2008b). *René Girards mimetische Theorie. Im Kontext kulturtheoretischer und gesellschaftspolitischer Fragen* (3. Aufl.). Münster: LIT.

Palaver, W. (2009a). Abrahamitische Revolution, politische Gewalt und positive Mimesis. Der Islam aus der Sicht der mimetischen Theorie. In W. Guggenberger & W. Palaver (Hrsg.), *Im Wettstreit um das Gute. Annäherungen an den Islam aus der Sicht der mimetischen Theorie* (S. 29–73). Wien: LIT.

Palaver, W. (2009b). Ende oder Transformation des Opfers? René Girards Ringen um eine Opfertheorie. *Bibel und Kirche, 64*(3), 173–178.

Palaver, W. (2009c). Opferkulte als „geheimnisvoller Mittelpunkt jeder Religion". Aby Warburgs Religionstheorie aus der Sicht der mimetischen Theorie René Girards. In W. Schweidler (Hrsg.), *Opfer in Leben und Tod. Sacrifice between Life and Death: Ergebnisse und Beiträge des Internationalen Symposiums der Hermann und Marianne Straniak Stiftung, Weingarten 2008* (S. 25–47). Sankt Augustin: Academia.

Palaver, W. (2010). Sozialethik der Terrorismusbekämpfung. In K. Gabriel, C. Spieß & K. Winkler (Hrsg.), *Religion – Gewalt – Terrorismus. Religionssoziologische und ethische Analysen* (S. 225–247). Paderborn: Schöningh.

Palaver, W. (2011a). Die Figur des Antichrists aus der Sicht der mimetischen Theorie Girards. In M. Delgado & V. Leppin (Hrsg.), *Der Antichrist: Historische und systematische Zugänge* (S. 499–510). Stuttgart: Kohlhammer.

Palaver, W. (2011b). Güterordnung und vermittelnde Gnade. René Girard und Charles Taylor angesichts der Krise der Moderne. In M. Kühnlein & M. Lutz-Bachmann (Hrsg.), *Unerfüllte Moderne? – Neue Perspektiven auf das Werk von Charles Taylor* (S. 733–754). Berlin: Suhrkamp.

Palaver, W. (2012). Simone Weil (1909–1943). In H. Reinalter & A. Oberprantacher (Hrsg.), *Außenseiter der Philosophie* (S. 405–422). Würzburg: Königshausen & Neumann.

Palaver, W. (2014). Zwei religiöse Quellen des Vorpolitischen: Eine kritische Auseinandersetzung mit Carl Schmitt. In M. Kühnlein (Hrsg.), *Das Politische und das Vorpolitische: Über die Wertgrundlagen der Demokratie* (S. 323–337). Baden-Baden: Nomos.

Pally, M. (2010). *Die neuen Evangelikalen. Freiheitsgewinne durch fromme Politik.* Berlin: Berlin University Press.

Pinker, A. (2007). A Goat to Go to Azazel. *The Journal of Hebrew Scriptures, 7*(8), 2–25.

Richardson, L. (2007). *Was Terroristen wollen. Die Ursachen der Gewalt und wie wir sie bekämpfen können* (H. Schickert, Trans.). Bonn: Bundeszentrale für Politische Bildung.

Richter, H.-E. (1992). Helfen statt strafen. *Die Zeit,* 18.12.1992, 64.

Rūmī, Ǧ.-a.-D. (1999). *Das Matnawī. Band I: Erstes und Zweites Buch* (B. Meyer, K. Dalir Azar & J. Dalir Azar, Trans.). Köln: Verlag Kaveh Dalir Azar.

Schwager, R. (1990). *Jesus im Heilsdrama. Entwurf einer biblischen Erlösungslehre.* Innsbruck: Tyrolia.

Schwager, R. (1994). *Brauchen wir einen Sündenbock? Gewalt und Erlösung in den biblischen Schriften* (3. Aufl.). Thaur: Kulturverlag.

Schwager, R. & Girard, R. (2014). *Briefwechsel mit René Girard.* Freiburg im Breisgau: Verlag Herder.

„Sündenbock" (2013). *Duden online.* Abgerufen am 1.5.2015 von http://www.duden.de/node/783855/revisions/1140387/view

Taseer, A. (2010). Pakistans innerer Glaubenskrieg. Der Zorn der Taliban gilt in erster Linie der pluralistischen religiösen Tradition des Landes. *Neue Zürcher Zeitung,* 04.08.2010, 41.

Taylor, C. (1996). *Quellen des Selbst. Die Entstehung der neuzeitlichen Identität* (J. Schulte, Trans.). Frankfurt am Main: Suhrkamp.

Taylor, C. (2002). Gewalt und Moderne. *Transit,* (23), 53–72.

Taylor, C. (2009). *Ein säkulares Zeitalter* (J. Schulte, Trans.). Frankfurt am Main: Suhrkamp.

Waal, F. d. (2006). *Our Inner Ape: A Leading Primatologist Explains Why We Are Who We Are.* New York: Riverhead Books.

Weil, S. (1961). *Das Unglück und die Gottesliebe* (2. Aufl.). München: Kösel.

Weil, S. (1981). *Schwerkraft und Gnade* (F. Kemp, Trans.; 3. Aufl.). München: Kösel.

Wittgenstein, L. (1989). *Vortrag über Ethik und andere kleine Schriften* (J. Schulte, Trans.). Frankfurt am Main: Suhrkamp.

Yoder, J. H. (2011). *The End of Sacrifice: The Capital Punishment Writings of John Howard Yoder.* Harrisonburg, Va.: Herald Press.

Yoder, J. H. (2012). *Die Politik Jesu. Vicit Agnus Noster (Unser Lamm hat gesiegt)* (W. Krauß, Trans.). Schwarzenfeld: Neufeld.

Zirker, H. (2011). Schmäht nicht die Götter der Andern! Zwei bemerkenswerte Forderungen in Bibel und Koran. *Stimmen der Zeit, 229,* 531–541.

Marco Hofheinz

Terrorismusbekämpfung, Brudermord, Sündenbockmechanismus und Stellvertretungschristologie

Kommentar zum Beitrag von Wolfgang Palaver[1]

1. Einleitung: Der Sündenbockmechanismus und die Terrorismusbekämpfung in den Religionen

Herzlichen Dank, Herr Palaver, für Ihren reichen Vortrag, den ich gleich in mehrfacher Hinsicht für bemerkenswert erachte. Sie haben uns nicht nur das weite Panorama der Sündenbockphänomene, den Sündenbockritus in Lev 16, die Alltäglichkeit des Sündenbocks und die Sündenböcke im Tierreich vor Augen geführt, sondern uns fernerhin im Anschluss an René Girard auf die archaischen Ursprünge des Sündenbockmechanismus und deren biblische Aufdeckung aufmerksam gemacht, die auch für den Islam gelte. Die Perspektive der Opfer sehen Sie dementsprechend in allen abrahamitischen Religionen eingenommen[2] und sprechen pointiert von der „abrahamitischen Revolution" (Palaver, 2009; ders., 2008, S. 154–158).

Bei aller angezeigten Skepsis gegenüber der vorschnellen Rede von den abrahamitischen Religionen,[3] scheint es mir unerlässlich wichtig zu sein, auf das Friedenspotenzial auch in anderen Religionen hinzuweisen und damit indirekt einen Beitrag zur Unterstützung derjenigen Kräfte zu leisten, die eine friedliche Lesart ihrer Religion einüben.[4] Vor wenigen Tagen hat der scheidende Ratsvorsitzende der EKD, Nikolaus Schneider, an die großen Islamverbände appelliert, sich intensiver mit dem Thema Gewalt im Koran zu beschäftigen: „Was allerdings von offizieller Seite an kritischen Äußerungen zur Legitimierung von Gewalt im Koran und in der islamischen Tradition komme, sei ihm ‚zu wenig'" (Katholische Nachrichtenagentur, zitiert nach Süddeutsche Zeitung Nr. 256 [7.11.2014], S. 6),[5]

---

1 Es handelt sich um die ursprünglich erstellte Fassung meiner am 8.12.2014 vorgetragenen Response zum Vortrag von Wolfgang Palaver, der noch vor den Attentaten von Kopenhagen und auf „Charlie Hebdo" in Paris gehalten wurde.

2 Anders Girard, 2010, S. 80, selbst: „Der Islam unterscheidet sich erheblich sowohl von den archaischen Religionen als auch vom Christentum, denn in seinem Zentrum steht keine Form des Sündenbock-Dramas, das für mich die wesentliche Bedeutung des Christentums ausmacht. Er steht im Gegensatz zu allen archaischen Religionen und zu den biblischen Religionen."

3 Vgl. etwa Weinrich, 2006a, S. 119–140; ders., 2006b, S. 37; ders., 2007, S. 258 f.

4 Einführend zum Verhältnis von Religion und Gewalt: Schwager, 2002, S. 121–133. Mit Fokus auf die Toleranzfrage: Ohly, 2013.

5 Treffend kommentiert Bielicki, 2014, S. 4: „Und er [Schneider] hat recht. Zwar lehnen alle großen deutschen Islamverbände die Gewalt salafistischer Terrormilizen klar ab. Das ist lobenswert, reicht aber ebenso wenig wie der pauschale Hinweis, der Islam sei eine Religion

so der EKD-Ratsvorsitzende mit Blick etwa auf Anhänger extremistischer Gruppierungen wie dem „Islamischen Staat" (IS).

Beiträge wie der Ihre, lieber Herr Palaver, appellieren nicht nur, sondern leisten einen konstruktiven, weil unterstützenden, flankierenden Beitrag. Treffend bemerkt die Islamwissenschaftlerin und Religionslehrerin Lamya Kaddor (2014, S. 2):

> „[W]ichtige und notwendige theologische Debatten rund um den Islam lassen sich nicht durch das Verbreiten von Stereotypen erreichen, von Denunziationen, die mit dem Deckmantel aufklärender Kritik getarnt werden. Vielmehr müssen die Kräfte gestärkt werden, die den Dialog führen wollen, die gegen Missstände in den eigenen Reihen angehen."

Die Hassprediger dürfen nicht die Deutungshoheit über den Islam erlangen.[6] In deutschen Gefängnissen etwa, die einen Nährboden für religiösen Radikalismus bieten, können gemäßigte Imame den gefährdeten jungen Menschen helfen (vgl. Kormbaki, 2014, S. 3).

Besonders bemerkenswert ist es, dass Sie einer weit verbreiteten „gnostischen Lesart" von Girard insofern widersprechen, als dass Sie deutlich machen: die Aufdeckung, die Bewusstmachung des Sündenbockmechanismus bzw. die „Entmythologisierung des Gründungsmordes" (Girard, 1983, S. 157) allein reicht nicht. Sie hat keine erlösende Funktion, sie verbannt nicht einfach die Gewalt, sondern steht in der Gefahr, neue freizusetzen – in Gestalt der „Jagd auf den Sündenbockjäger" (Girard, 2008, S. 198). Mit diesem Motiv, mit dem Girard, wenn ich es richtig sehe, in seinem Spätwerk eine Präzisierung, ja Selbstkorrektur vollzogen hat, liefert er m.E. ein hilfreiches Interpretament für das Phänomen des Terrorismus (vgl. Palaver, 2010, S. 225–247). Denn es ist in der Tat vielfach die Identifikation mit verfolgten Opfern, die zu rächenden Gewalttaten führt.

Welche Blüten das Bemühen der Identifikation mit den Opfern und das Reinwaschen gegenüber dem Vorwurf, selbst Täter zu sein, treibt, wurde in diesen Tagen etwa in dem verstörenden Interview „Ich glaube, das steht irgendwo im Koran" des SZ-Magazins mit dem Terrormiliz-Sympathisanten Erhan A. offenkundig:

> [Erhan A.:] Ich habe früher schlecht über Al-Quaida gedacht. Ich habe gedacht: Das sind Terroristen. [Reporter:] Sind sie das etwa nicht? [Erhan A.:] Nein. [Reporter:] Und was ist mit dem 11. September? [Erhan A.:] Ich dachte früher, dass das Al-Quaida war. Jetzt weiß ich, dass wir das nicht waren. (Delhaes & Obermaier, 2014, S. 14)

---

des Friedens. Das muss theologisch begründet werden – nicht, weil sich Fundamentalisten davon beeindrucken ließen, sondern um den vielen friedlichen Gläubigen beizustehen."

6   Genau darauf zielt die Schul- und Universitätspolitik im „IS-Kalifat" ab. So Avenarius, 2014, S. 2: „Bei aller Brutalität im Militärischen und trotz der barbarischen Exekution und Körperstrafen im IS-Herrschaftsgebiet wissen der Kalif und seine Berater, was sie erreichen müssen, um ihren Gottesstaat im sunnitischen Teil des Irak und im Nordosten Syriens fest zu verankern: Sie müssen neben dem Gewaltmonopol das Denken der Menschen monopolisieren."

Zum Deutungsmuster einer Selbststilisierung als Opfer greifen auch salafistische Organisationen. Sie „locken Jugendliche mit dem Argument: der Westen hasst den Islam" (Kaddor, 2014, S. 2). Aus dem Westen stammen gemäß dieser salafistischen Deutung die „Kreuzzügler"[7], die, wie wir inzwischen wissen, in eigenen Karteien von Selbstmordattentaten geführten „Märtyrer" stammen hingegen aus den eigenen Reihen (vgl. Mascolo & Kabisch, 2014, S. 1). Insbesondere die Propaganda – und der „IS" betreibt sie professionell wie bisher keine Terrororganisation[8] – setzt auf das Opfermotiv.

Sie, lieber Herr Palaver, haben eine Interpretation des Terrorismus vorgelegt, die uns dafür sensibilisiert, Terroristen keine Vorlagen zur Selbststilisierung als Opfer zu liefern. Dies ist m. E. politisch nur möglich, indem wir in den politischen Zusammenhängen die Sprache des Rechts und nicht die der Gewalt und des westlichen Hegemonialstrebens sprechen. Dies besagt im Kern jene rechtspazifistische Position, wie auch ich sie vertrete. Sie knüpft an beim allgemeinen Gewaltverbot und folgt dem Leitgedanken eines Friedens durch Recht.[9]

Ich werde diese Position am Schluss meiner Response nochmals aufgreifen. Zunächst möchte ich explizit würdigen, dass Sie, lieber Herr Palaver, uns den Wert der Girard'schen „Archäologie des Opfers" so anschaulich und eindrücklich vor Augen gestellt haben. Diese hilft uns zweifellos, eigene Deutungsbestände besser artikulieren zu können als zuvor. Sie besitzt fernerhin eine hohe Erschließungskraft für viele Gewaltphänomene.

Gleichwohl ist mir Girards These als Passepartout für *das* Gewaltphänomen zu groß dimensioniert.[10] Gegenüber dem Anspruch, die vorfindliche Welt einschließlich aller in ihr vorzufindender Gewalt zu erklären, fernerhin die Kultur und jede Religion als auf dem Gewaltprinzip[11] aufgebaut zu erweisen und schließlich auch

---

7   In Kampflied „Al-Jannah, al-Jannah" („Das Paradies, das Paradies") von Denis Cruspert, einstiger Gangsta-Rapper und jetziger Dschihadist, heißt es: „Ich wünsch mir den Tod und kann ihn nicht erwarten, / bewaffnet mit Bomben und Granaten, / in die Kaserne der Kreuzzügler, / drück' auf den Knopf, / al-Jannah, al-Jannah". Mascolo & Ramelsberger, 2014, S. 13. Zum Rekurs auf die Kreuzzüge im Dschihadismus vgl. auch Stobbe, 2010, S. 312–323.

8   Mascolo & Kabisch & Musawy, 2014, S. 15: „Schon al-Qaida hat auf Propaganda viel Wert gelegt, aber der Islamische Staat hat es noch einmal perfektioniert und die virtuelle Welt als Schlachtfeld entdeckt. Hier findet heute die Rekrutierung neuer Kämpfer statt." Ähnlich Winkler, 2014, S. 4: „Dieser so gut organisierte IS hat sich zum Hotspot für die radikalisierte Jugend der Welt entwickelt. Die Lockung des Dschihad, als angenehm unterkomplexe Pop-Botschaft übers Internet verbreitet, ist als ideologisches Angebot möglicherweise doch stärker als die Aussicht auf eine schlecht bezahlte Arbeit im Konsumismus der westlichen Welt."

9   Vgl. dazu: Hofheinz, 2014, S. 575–647. Überzeugend entfaltet diesen Ansatz m. E. Reuter, 2013. Fernerhin: Lienemann, 2003, S. 359–377; ders., 2004, S. 10–30.

10 So auch Yoder, 2009, S. 29: „I doubt that Girard's etiology explains all the modes of bloodshed." Fernerhin: Hunsinger, 2000, S. 25 ff.; Stobbe, 2010, S. 81–85.

11 Genauer gesagt: als auf der Mimesis als konfliktgenerierendem Prinzip („mimetische Krise") und auf dem Solidarität und Frieden in der Gesellschaft stiftenden Opfer des Unschul-

einen Weg zur Überwindung der Gewalt benennen zu können, bin ich zurückhal-
tender, um nicht zu sagen: skeptisch. Das klingt sehr nach der Einstein'schen Welt-
formel, die alle Vorgänge in der Welt auf ein einheitliches Modell zurückführen
will. Und die Tragik Einsteins ist bekannt: „Er hat sie nicht gefunden. Das goldene
Vlies der Argonauten oder das Unsterblichkeitskraut des Gilgamesch waren auch
ihm nicht vergönnt" (Hailer, 2006, S. 20). Und doch hat Einstein mit seiner Re-
lativitätstheorie die Tür weit aufgestoßen – das gilt m. E. durchaus analog für die
Sündenbockforschung von René Girard.

2.   Brudermord als Gründungsmythos? Girards Lektüre der Geschichte von Kain und Abel (Gen 4,1–16)

Ich möchte meine verbleibenden Vorbehalte gegenüber Girard zunächst anhand
der von ihm ausgelegten Erzählung von Kain und Abel demonstrieren[12] und zwar
im Anschluss an Ausführungen des katholischen Theologen und Friedensforschers
Heinz-Günther Stobbe sowie den Genesiskommentar von Horst Seebass[13]. Sie,

---

digen, dem Sündenbock, aufgebaut zu erweisen. Zum mimetischen Verlangen bei Girard
bemerkt Hunsinger, 2000, S. 23: „Desire as Girard sees it is fundamentally acquisitive.
It seeks to possess some gratifying object, some gratifying social status, or some other
comparable good. Regardless of form, it is finally self-seeking. Desire, however, is also
socially constructed. This is where the imitative or ‚mimetic' element comes in. One desires
an object not because it is intrinsically valuable so much as because it is already desired
or possessed by someone else. What the other person has or desires serves as a model for
determining whatever is worth acquiring and yet that person also serves as a rival for the
object one has learned to desire. The rivalry inherent in mimetic desire eventually breaks
out into social conflict, even as the conflict intensifies into violence. The concept of mimetic
desire thus serves as Girard's basis for explaining how human society disintegrates through
bloodshed."

12 Vgl. Girard, 1983, S. 149 ff. Zu Girards Auslegung der Erzählung von Kain und Abel vgl.
auch Palaver, 2003, S. 259 f.

13 Stobbes Einspruch gegen Girards Auslegung wird in mancherlei Hinsicht durch die Auslegung von Gen 4,1–16 durch Horst Seebass (1996, S. 142–164) unterstützt. Vgl. bes. ebd.,
S. 152: „Man hat als Leser mehr Fragen an den Text, als den Erzähler interessierten. Auch
dann, wenn Jahwe ein Opfer nicht gefiel, war ja kein endgültiges Urteil gesprochen, da das
Gespräch noch offenstand. Daß Kains Gesicht sich verfinsterte, mußte auch noch nichts
Endgültiges besagen. Seine Reaktion ist verständlich, aber nicht determinierend, und schon
gar nicht deutet der Text an, daß Kain sich mit Recht gegen Jahwe hätte wenden können
(Westermann). Merkwürdig ist dagegen, daß Kain mit seinem Mord Jahwe ja erst recht verlieren mußte. Daher spricht wohl V 7 von Sünde als Dämonie – Rationalität hat Kains Mord
nicht. Kurz: Es geht in dieser erregenden Erzählung nicht hauptsächlich um die Entstehung
eines Konflikts, der selbst unter Brüdern leicht genug zustande kommt und radikale Gefühle, die viele haben, nur radikal zu Ende führt, zumal Gefühle der Zurücksetzung seitens
gemeinsam geachteter Autoritäten und erst recht Gott schmerzen. Sondern es geht um die
so entscheidende Spanne zwischen der Entstehung einer Verfinsterung und dem Umgang
mit ihr, also um die ethische Prüfung im Konflikt."

lieber Herr Palaver, haben ausgeführt: „Mit Abel begann die für die abrahamitischen Religionen typische lange Geschichte der unschuldig verfolgten Opfer auf Erden, die immer noch kein Ende gefunden hat. Der Koran nimmt, ähnlich wie die Bibel, die Perspektive des Opfers Abel ein, um im Anschluss an diese schon in der jüdischen Bibel vorhandene Erzählung die grundsätzliche Heiligkeit jedes menschlichen Lebens zu betonen".

Ich halte die Girard'sche Lektüre der Geschichte von Kain und Abel im Sinne eines Gründungsmythos für nicht gerechtfertigt. H.-G. Stobbe hält Girard m.E. treffend entgegen:

> Girard jedenfalls sieht in ihr [der Erzählung vom Brudermord Kains] einen Akt der Gründungsgewalt. Dafür spricht allem Anschein nach, dass Kain zweifelsfrei als Gründungsvater der städtischen Zivilisation dargestellt wird. Doch im Vergleich zu Girards eigenen Ausführungen zur Eigenart der Gründungsgewalt vermisst man gleich mehrere ausschlaggebende Merkmale, um dieses Verständnis plausibel zu machen. Zunächst agiert in der Erzählung keine Gruppe, die sich durch Gewalt in ihrer Existenz gefährdet sieht. Es gibt keine Gewalt vor Kains Tat, wenn man so will, kommt sie erst durch ihn in die Welt. Sodann: Kain tötet Abel aus Zorn und seine Tat wird auf ‚die Sünde als Dämon' zurückgeführt, nicht auf eine vermeintlich berechtigte Erregung, die Abel aufgrund irgendeiner Schuld auf sich zieht. Mit anderen Worten: der Brudermord ist kein Lynchmord und Abel fungiert offenkundig nicht als Sündenbock bzw. als Opfer im religiösen Sinn. Darüber hinaus stellt die Erzählung zwar einen Zusammenhang her zwischen dem Brüdermörder Kain und der Gewaltträchtigkeit, die der kainitischen Gesellschaft innewohnt. Aber diese Verbindung ist genealogisch gedacht, sie hat nichts zu tun mit einer Gemeinschaftlichkeit, die durch Kains Tat gestiftet worden wäre. Schließlich und vor allem: Der anfängliche Brudermord zieht keine Vergöttlichung Abels nach sich und in der Erzählung ist auch mit keiner einzigen Silbe die Rede von einer rituellen Wiederholung der Gründungsgewalt innerhalb der kainitischen Gesellschaft. Auch religionsgeschichtlich gesehen existiert keine Spur von einem derartigen Ritual. Im Übrigen wird schon vor Kains Untat geopfert, ist es doch gerade Gottes Missachtung seines Opfers, die Kains Zorn provoziert. Folglich bleibt als Indiz für einen Gründungsmythos lediglich der Brudermord als solcher, der eigentlich die Kettenrektion der Blutrache auslösen müsste, die jedoch präventiv durch Gott unterbrochen wird, der den Mörder durch das ‚Kainsmal' unter seinen Schutz stellt und dadurch das Fortleben der Sippe Kains gewährleistet. (Stobbe, 2010, S. 81 f.)[14]

Abel ist demzufolge kein Sündenbock im Sinne Girards und der Konflikt kein mimetischer Konflikt, der durch die Tötung eines Unschuldigen gelöst wird. In einem aber hat Girard Recht: Der Mord Kains führt nicht zu einer Rechtfertigung des Mörders, sondern die biblische Erzählung fällt das Urteil, dass das Handeln Kains verkehrt war.[15] Die Gewalt wird nicht gerechtfertigt, sondern narrativ verurteilt,

---

14 Zu Stobbes Auslegung von Gen 4 vgl. auch ders., 2002, S. 29–34.

15 Stobbe (2010, S. 83) hebt hervor, dass „der Akzent der Erzählung keineswegs auf der Unschuld Abels [liegt], obschon sie an ihr ebenso wenig Zweifel lässt wie an Kains Schuld, die

nicht zuletzt „um Gottes überraschende Reaktion zu unterstreichen, der den Mörder wohl bestraft, ihn aber zugleich der Blutrache entzieht" (Stobbe, 2010, S. 83).

3. Der priesterschriftliche Sündenbockritus vom „Großen Versöhnungstag" (Lev 16) und seine biblisch-theologische Bedeutung

Ich komme zu einem zweiten Detail, das mir allerdings von zentraler Bedeutung
zu sein scheint, zumal daran das Verständnis des Sündenbockmechanismus hängt.
Sie, lieber Herr Palaver, haben ausgeführt: „Der Begriff bzw. das Bild des Sündenbocks selbst geht auf einen Ritus im Alten Testament (Lev 16,7–22) zurück, in dem
der Hohepriester die Sünden des Volkes auf das Haupt eines Ziegenbockes legt,
bevor dieser in die Wildnis – zum Wüstendämon Asasel – verstoßen wird." Zitiert
haben Sie den Sündenbockritus, der religionswissenschaftlich zum Typ der Eli-
minationsriten gehört (vgl. Janowski, 2006, S. 62): „Die für den eliminatorischen
Sündenbockritus charakteristischen Elemente sind demnach das Aufstemmen der
beiden Hände auf den Kopf des Tieres, die Übertragung der Verschuldungen Israels auf den rituellen Unheilsträger und das Wegschicken des Sündenbocks in die
Wüste" (Janowski, 2006, S. 65). Mit Blick auf den Eliminationsritus lässt sich also
festhalten:

> Daß im Geschehen der kultischen Sühne eine Trennung des Sünders von seiner unheils-
> trächtigen Sünde erfolgt, ist zweifellos richtig. Dieser Sachverhalt stellt jedoch nur
> einen bestimmten und keineswegs den entscheidenden Aspekt des Sühnevorgangs dar.
> Die Befreiung des Sünders von seiner Sünde ist überhaupt nur denkbar als Wirkung
> und Folge eines weit umfassenderen und viel tiefer greifenden Geschehens: eben des
> Geschehens *inkludierender*, den Sünder als Person *einschließender* Stellvertretung.
> (Hofius, 1994, S. 41)[16]

Bei der inkludierenden Stellvertretung geht es nicht um einen Fall von magischer
Übertragung (Substitution) mit anschließender Elimination einer *materia peccans*,
sondern um das Neuwerden des Menschen, des *homo peccator*, durch den Tod
hindurch. Darauf haben in der alttestamentlichen Forschung vor allem Hartmut
Gese (1977, S. 85–106) und Bernd Janowski (1990, S. 97–110; 1993, S. 285–302;
2000; ders. & Bock, 1993, S. 109–169) aufmerksam gemacht. Die Handaufstem-
mung ist als ein Identifizierungsvorgang zu verstehen: „Ich, der Sühne suchende

---

sie darin erblickt, dass er sich dem ‚Dämon der Sünde' überlässt und dadurch die Herrschaft
über sich verliert."

16 Inkludierende Stellvertretung ist abzugrenzen von exkludierender Stellvertretung: „Eine
solche Interpretation liegt da vor, wo die kultische Sühne primär und entscheidend als ein
Geschehen ‚ausschließender' Stellvertretung begriffen wird, das heißt: als ein Geschehen
der Sündenbeseitigung, das sie Abladung der Sünde auf einen stellvertretenden Sündenträ-
ger und die Nichtung der Sünde durch die Nichtung des Sündenträgers umschließt."

Mensch, bin du, das Opfertier. Und durch deinen Tode hindurch ereignet sich mein Tod." Das heißt: „Kultische Sühne ist somit ein Geschehen stellvertretender Totalhingabe, in dem der Sünder ‚durch das Todesgericht hindurch‘ zu Gott kommt […]. In diesem Geschehen wird das verwirkte Leben neu geschaffen, ereignet sich Sündenvergebung als Neuwerdung des Menschen" (Hofius 2001, S. 343).

Für das Verständnis der neutestamentlichen Soteriologie scheint mir dies hochgradig bedeutsam zu sein, zumal die priesterschriftliche Sühnetheologie den traditionsgeschichtlichen Hintergrund für die neutestamentliche Soteriologie, insbesondere die paulinische Entfaltung des Sühnegedankens, bildet.

Das Ritual des großen Versöhnungstages (Lev 16,3–28) umfasst als komplexer Ritualzusammenhang weitaus mehr als den zitierten Losritus (Lev 16,6–10) und den Sündenbockritus (Lev 16,20–22), nämlich auch in seiner Mitte die Sündopferriten (Lev 16,11–19): „In konzeptioneller Hinsicht ist […] zu beachten, daß der Große Versöhnungstag (Lev 16, vgl. Lev 23,27 f.; Num 25,9) der Höhe- und Schlußpunkt der priesterlichen Sühneriten ist, weil an diesem Tag der Hohepriester Aaron die zentralen Sündopferriten an der *kapporät* („Sühneort", „Sühnmal") und am Brandopferaltar durchführt (V. 11–19) und damit dem sündigen Israel Versöhnung mit dem heiligen Gott ermöglicht" (Janowski, 2006, S. 65).

Mit der Übertragung der kultischen Sühnevorstellung in den christologischen Kontext des Neuen Testaments ist eine tiefgreifende Transformation verbunden. Ich zitiere aus dem Artikel „Sühne" von Otfried Hofius aus der „Theologischen Realenzyklopädie" (TRE):

Im Unterschied zu den auf Wiederholung angelegten und ausschließlich für Israel bestimmten alttestamentlichen Sühnopfern handelt es sich bei dem Sühnetod Jesu um ein *eschatologisches* Ereignis, das ein für allemal geschehen ist und in universaler Weite allen Menschen aller Zeit gilt. Das aber hat seinen Grund darin, daß hier in strenger Ausschließlichkeit *Gott selbst* den für das Sühnegeschehen konstitutiven Akt der Identifizierung vollzieht – und zwar in der Seins- und Handlungseinheit mit Jesus Christus, dem ‚Sohn Gottes‘, der seinem Ursprung und Wesen nach auf die Seite des Vaters gehört und mit der Inkarnation auf die Seite des Menschen getreten ist, um als der wesenhaft Sündlose ‚für‘ ihn zu sterben. Vorausgesetzt ist dabei zum einen die totale und radikale Sündenverfallenheit aller Menschen und zum andern das Verständnis der Sünde als einer Größe, die den Menschen in seinem Sein betrifft und ihm deshalb ebensowenig abgenommen werden kann wie der Tod. Ereignet sich im Christusgeschehen gleichwohl die Trennung des Sünders von seiner Sünde, so einzig deshalb, weil Gott selbst sich in der Dahingabe seines Sohnes mit dem verlorenen Menschen identifiziert, d. h. sich unlöslich mit ihm und ihn unlöslich mit sich verbunden hat. Kraft dieser – nur als Tat göttlicher Schöpfermacht zu begreifenden – Identifizierung ist der Sünder in Jesu Geschick mit hineingenommen und folglich durch seinen Tod und seine Auferstehung in die Leben erschließende Gemeinschaft mit Gott geführt worden. Jesu Tod als das die Sündenwirklichkeit aufhebende und vom Tod errettende Sühnopfer ist so wesenhaft *göttliches* Heilshandeln an dem Menschen, nicht dagegen ein Handeln *vor* Gott und *für* Gott. (Hofius, 2001, S. 344)

Girard würde wahrscheinlich einwenden, dass mit dieser sühnetheologischen Deutung, die Gott nicht als Objekt, sondern Subjekt der Versöhnung darstellt, aber immer noch Gewalt sakralisiert, d. h. Gewalt als konfliktlösende, ja erlösende Größe dargestellt werde. Genau diese Sakralisierung der Gewalt erhalte im Opferbegriff Ausdruck, der deshalb problematisch sei: „Was das Opfer sakralisiert, ist der vom Opfernden verabreichte Schlag, ist die Gewalt, die dieses Opfer tötet, es vernichtet und gleichzeitig über alles stellt" (Girard, 1983, S. 243). Mit dem Neuen Testament wird freilich darauf hinzuweisen sein, dass dieser Schlag nicht von Gott selbst geführt wurde, Jesus mithin Opfer menschlicher Gewalt wurde, die zweifellos menschliche Schuld (*culpa*) ist, die Gott aber im Sinne der beschriebenen Identifikation mit dem Sünder heilsgeschichtlich wenden konnte: „Ihr gedachtet es böse mit mir zu machen, aber Gott gedachte es gut zu machen" (Gen 50,20). Hierin, in dieser spezifischen Ingebrauchnahme zeigt sich das Subjektsein Gottes im Versöhnungsgeschehen. Gewalt wird damit nicht als *culpa*, d. h. als schlechte bzw. böse Gewalt, von Gott geheiligt, sondern sie wird von etwas Schlechtem in etwas Gutes, ja, nach christlichem Verständnis in das Beste transformiert: Aus Gewalt wird Heil.

Sie, lieber Herr Palaver, haben darauf hingewiesen, dass Girard unter dem Einfluss Raymund Schwagers eine wichtige Korrektur seiner Theorie vorgenommen habe. Der späte Girard lehne eine Interpretation des Todes Jesu als Opfer anders als der junge Girard nicht mehr ab,[17] was aus theologischer Perspektive zu begrüßen ist (vgl. Girard, 1995, S. 15–29). Das Neue Testament gebraucht den Opferbegriff nämlich auch in einem affirmativen Sinne. Er erhält dort semantisch durch die Prägekraft des Heils- als Versöhnungsgeschehen seine Qualifikation. Denn es geht beim Opfer Jesu ja nicht nur um das passive Ausgesetztsein Jesu als ein der verletzenden, ja vernichtenden Gewalttat ausgesetztes Objekt (*victima*), sondern um die aktive Leistung des Subjektes Gott, das in Christus war (2Kor 5,19) und die Versöhnung im Geschehen der inkludierenden Stellvertretung vollbrachte:[18]

> Wird Jesu Tod im Neuen Testament als ‚Opfer' beschrieben, so hat dieser Begriff mithin einen der traditionellen Opferanschauung gegenüber völlig *neuen* Sinn gewonnen. Dem entspricht es, daß nirgends im Neuen Testament von einem satisfaktorischen und propriatorischen Sühnopfer die Rede ist, das Jesus darbringen mußte, um dem durch die Sünde beleidigten und dem Sünder tödlich zürnenden Gott die erforderliche Genugtuung zu leisten und ihn gnädig zu stimmen. Das Christusgeschehen als Geschehen der rettenden Identifikation Gottes bzw. Christi mit dem sündigen Menschen ist Tat und Erweis der *Liebe* Gottes (Joh 3,16; Röm 5,8; 8,31 ff.; 1Joh 4,10), die als solche zugleich die Liebe Jesu Christi ist (Joh 13,1; 2Kor 5,14; Gal 2,20; Eph 5,2.25; Apk 1,5b). (Hofius, 2001, S. 344)

---

17 Zur Kritik am jungen Girard vgl. etwa Hunsinger, 2000, S. 24 f.

18 Reuter (1996, S. 74) macht zu Recht darauf aufmerksam, dass Opfer als komplexe Handlung zu verstehen ist, die zugleich passives Ausgesetztsein und aktive Leistung umfasst.

4. Abschließende versöhnungstheologische und christologische Erwägungen

Die Schwierigkeiten, die aus einem Verständnis des Sündenbockmechanismus im Sinne eines Geschehens exkludierender Stellvertretung resultieren, bei dem nur die Sünden eliminiert werden, liegen auf der Hand: Eine bloße Sündenbeseitigung erfordert die regelmäßige Wiederholung der Entsühnung, der erneuten Beseitigung der *materia peccans*. Die Sündenbeseitigung reicht ebenso wenig wie die Bewusstmachung des Sündenbockmechanismus. Sie, lieber Herr Palaver, haben dies eindrücklich mit Verweis auf die „Jagd auf die Sündenbockjäger" bzw. die „Sündenbockjagd zweiter Ordnung" (Girard, 2008, S. 198) pointiert. In den biblischen Schriften wird nicht einfach nur die Aufdeckung des Sündenbockmechanismus' beschrieben – im Sinne einer Solidarisierung mit den Opfern. Sondern es wird namentlich von Paulus die Versöhnung des Menschen mit Gott in Kreuz und Auferstehung als ein Geschehen inkludierender Stellvertretung beschrieben: Der „alte Mensch" stirbt mit Christus am Kreuz und der „neue Mensch" als *kaine ktisis*, als „Mensch in Christus" steht mit Christus am Ostermorgen auf. Das Kreuz ist der „Große Versöhnungstag"[19] – darauf spielt Paulus etwa in Röm 3,25 mit der Rede von Christus als *hilasterion*, d. h. als „Sühnemal" an (so etwa Stuhlmacher, 1997, S. 192–196).

In diesem Zusammenhang möchte ich anmerken, dass die von Ihnen, lieber Herr Palaver, in Erinnerung gerufene Forderung John H. Yoders nach einer „revolutionären Unterordnung" unter die Gewalt jenes kosmischen Systems von Reziprozität und Vergeltung, wie es der 1. Petrusbrief dem System göttlicher Gnade gegenüberstellt, sicherlich nicht die sühnetheologische Interpretation des Paulus ersetzen kann. Yoder (2009, S. 33) stellt dies im Übrigen auch explizit klar: „Jesus is not only cultic but also *cosmic*". Umgekehrt besagt dies, dass die kultische und damit sühnetheologische Interpretation unverzichtbar ist.[20] Dementsprechend hält Yoder (2009, S. 31) fest: „To overcome the retributive impulse, we need the sacrifice of the cross".

---

19 Vgl. Roloff, ²1992, S. 456: „An die Stelle der im Tempel verborgenen *kapporaet* und des auf sie bezogenen Sühneritus hat Gott Jesus treten lassen, der durch ‚sein Blut', d. h. durch seine Lebenshingabe Sühne wirkte. Der Gekreuzigte ist so zu dem Ort geworden, an dem Gott selbst öffentlich und für alle sichtbar Versöhnung hat wirklich werden lassen. So ist der Karfreitag zum eschatologischen Großen Versöhnungstag geworden."

20 Im Werk Yoders zeigt sich dies bereits daran, dass er mit der 3-Ämter-Lehre auch die mit dem priesterlichen Amt verbundene Sühnevorstellung rezipiert. So etwa ders., 2002, S. 281–327. Vgl. auch Yoders (1981, S. 204) Bemerkung: „In der Kontroverse der Debatte mag es so erscheinen, als werde das ‚andere' oder ‚traditionelle' Element abgelehnt: Jesus als Sühneopfer, Gott der Schöpfer, die Subjektivität des Glaubens. Wir wiederholen daher unsere Versicherung – wie die Untersuchung der Struktur unserer Darstellung bestätigen wird – eine solche Einseitigkeit ist nicht beabsichtigt." Vgl. fernerhin: Hauerwas, 2013, S. 22–36.

Freilich kann Yoder (2009, S. 33) – und dies heben Sie, Herr Palaver, nachdrücklich hervor – auch feststellen: „Innocent suffering is the victory over the vengeful urge". Daraus lässt sich vorbildchristologisch die Forderung ableiten, wie Jesus die ungerechten Leiden auf sich zu nehmen, um dadurch die Spirale von Vergeltung und Gewalt zu durchbrechen. Dies scheint mir freilich nicht unproblematisch zu sein – sowohl in versöhnungstheologischer als auch friedensethischer Hinsicht. Um nochmals auf den dschihadistischen Terror zurückkommen: Es muss m.E. in friedensethischer Hinsicht gefragt werden, ob dies tatsächlich der angemessene Weg ist, um dem Rachedurst und der Rachsucht zu begegnen. Zugespitzt formuliert: Es mag sein und ist durchaus zu hoffen, dass mit der märtyrerhaft entgegengenommenen Enthauptung ein wenig Rachedurst und Rachsucht genommen wird. Sobald aber über das eigene Schicksal hinaus weiteren zu schützenden Nächsten genau dasselbe Schicksal bevorsteht, stellt sich die Frage, ob die Märtyrersprache die angemessene Sprache bzw. Antwort sein kann. Um nicht missverstanden zu werden: Ich möchte gewiss nicht der vor der Vollversammlung der Vereinten Nationen in New York getätigten Behauptung Obamas[21] zustimmen, dass die einzige Sprache, die der „IS" verstehe, die Gewalt sei. Aber die Sprache des Rechts wäre m.E. sowohl von der märtyrertheologischen als auch der Gewaltsprache zu unterscheiden und für eben jene würde ich im Blick auf die Opfer plädieren. Sie muss sich freilich abheben – und dafür hat uns Ihr Vortrag, lieber Herr Palaver, sensibilisiert – von der Jagd nach dem Sündenbockjäger.

Versöhnungstheologisch kann natürlich die mächtetheologische Interpretation Yoders,[22] auf die Sie, lieber Herr Palaver, rekurrieren und die sich auch in den Deuteropaulinen wiederfindet, durchaus gewürdigt werden. Vor einem Wiederaufleben des griechischen Christus-Victor-Typus[23] muss m.E. allerdings gewarnt werden. Denn es ist durchaus fraglich, ob sich die Formel *victor quia victima*, wirklich als tragfähig erweist.[24] Sie droht zumindest Ostern als Sieg auszublenden, indem sie bereits im Kreuz den Sieg erblickt. Vollends problematisch wird dieser Typus, wenn er allein vorbildchristologisch interpretiert wird.[25]

Ich komme – im Zusammenhang des theologisch m.E. entschieden abzulehnenden Reduktionismus auf ein vorbildchristologisches Motiv, das die Stellvertretungschristologie ausblendet (vgl. Hofheinz, 2011, S. 531–559) – abschließend

---

21 Vgl. Richter & Schlötzer, 2014, S. 1: „Der US-Präsident ruft die Staaten dazu auf, sich am Kampf gegen die Terrormilizen zu beteiligen. Gewalt sei die ‚einzige Sprache, die diese Mörder verstehen'."

22 Adrianus van Egmond (1990, S. 197 f.) hat die These vertreten, dass Girard letztlich eine voranselmische Versöhnungslehre vertritt, nach der im Kreuzesgeschehen der Kampf zwischen Gott und den Mächten ausgetragen wird, in deren Besitz die Menschheit durch die Sünde gelangt sei. Zur mächtetheologischen Interpretation Yoders vgl. Prather, 2013.

23 So nach Aulén, 1930, S. 505.

24 Gegen Pöhlmann, 1990, S. 240 f.; S. 279 f. u. ö.

25 George Hunsinger (2000, S. 29) identifiziert eine „,low christology' that reduces Jesus to little more than a moral exemplar will need to be improved by a higher view in which his incarnation, atoning death, and resurrection are taken seriously." Vgl. ders., 2013, S. 57 f.

nochmals auf den wichtigen Hinweis von Ihnen, lieber Herr Palaver, zurück: „Die Aufdeckung des Sündenbockmechanismus setzt die göttliche Gnade [Auferstehung] voraus." Gerade dieser Hinweis, den Sie im dritten Teil ausblickhaft gewährten, macht deutlich: Ohne den Rekurs auf den Zusammenhang von Vergebung, Erbsünde und Gnade Gottes wäre ein Rekurs auf den Sündenbockmechanismus theologisch unzulässig verkürzt. Keines dieser Elemente ist dispensibel. Eine Rede von der Gnade ohne Erbsünde mündet zumeist in das bekannte „*gratia perficit naturam*"[26], das reformatorisch entschieden abgelehnt wurde. Ebenso ist eine Solidarisierung mit den Opfern ohne Einsicht in die Erbsünde nicht nur in dogmatischer Hinsicht als pelagianisch zu kennzeichnen, sondern zugleich in ethischer Hinsicht als hochgradig gefährlich. Die Vergebung gehört wie die Feindesliebe zum Ethos der *kaine ktisis*. Die Exploration exakt dieses Ethos' ist uns friedensethisch aufgegeben. Darauf zielt das Vergebungsgebot ab: „Vergebt einander, weil auch Gott euch durch Christus vergeben hat" (Eph 4,32). Oder jesuanisch nach Mt 5,44 f.: „Liebet eure Feinde und bittet für die, die euch verfolgen, damit ihr Kinder seid eures Vaters im Himmel. Denn er lässt seine Sonne aufgehen über Böse und Gute und lässt regnen über Gerechte und Ungerechte" (vgl. dazu Konradt, 2004, S. 85 f.; Wengst, 2010, S. 134 f.).

Der Verweis auf das „Beispiel Jesu", das Sie, lieber Herr Palaver, mit Verweis auf Lk 23,34: „Vater vergib ihnen, denn sie wissen nicht, was sie tun", anführen, ist nur im Zusammenhang einer Stellvertretungschristologie ethisch überzeugend; zumindest dann, wenn man nicht den Gefahren einer Imitations- bzw. Vorbildchristologie erliegen möchte.[27] Treffend macht etwa Magdalene L. Frettlöh (2001, S. 80 f.) für die feministische Theologie geltend, was m. E. allgemein und grundsätzlich gilt:

> Auf stellvertretungs- und inklusionschristologische Motive kann m. E. auch feministische Kreuzestheologie nur um den Preis einer völligen *Ethisierung der Soteriologie* verzichten; die aber hat eine heillose Überforderung des Menschen zur Folge, allemal dann, wenn die Stelle der Stellvertretungschristologie durch Jesus als *Vorbild* besetzt wird, dem wir nachzueifern haben. Mit der Vorordnung der Vorbild- vor eine inklusive Stellvertretungschristologie oder gar mit der Ersetzung dieser durch jene gerät *jede* Kreuzestheologie von vornherein in unheilvolle Bahnen.

---

26 Vgl. STh I, q. 1, a 8, ad 2: „Cum enim gratia non tollat naturam, sed perficiat". Fernerhin: STh I, q. 2, a 2, ad 1.

27 Ein Umgehen dieser Gefahren macht George Hunsinger (2000, S. 39) etwa für Karl Barths Christologie geltend: „Although Barth's ethic of enemy love includes a strong element of imitation, it is saved from degeneration into mere moralism. The imitation of Christ, in the context of Barth's ethics, it not seen as an essentially external relationship that the Christian accomplishes by his or her own power. None of us can love our enemies in the way that is required merely by relying on our own recourses, nor are we expected to do so. The needed power is received only as it is continually sought by the believer and given by Christ in the ongoing history of their relationship. The idea of imitation is thus contextualized by the ideas of participations, fellowship and witness."

Nochmals M.L. Frettlöh (2001, S. 99):

> Die Vorbildchristologie hat ihr Recht und ihren Sinn, wenn sie einer inklusiv ver-
> standenen Stellvertretungschristologie *nach*geordnet und auf das Leben Jesu bezogen
> wird. Wenn sie diese aber zu ersetzen versucht und zum Interpretament des Kreuzesto-
> des wird, kann es die Hölle auf Erden bedeuten.

Das Heilswerk ist Christus selbst vorbehalten und kann von uns weder initiiert
noch vollbracht und auch nicht wiederholt werden. Wir sind aber nicht ausgeschlossen aus demselben, sondern eingeschlossen, und gerade dies ermöglicht ein
Leben in der Teilhabe an Gottes friedensstiftendem Handeln in Christus.

Literatur

Aulén, G. (1930). Die drei Haupttypen des christlichen Versöhnungsgedankens. *Zeitschrift
    für Systematische Theologie, 8*, 501–538.
Avenarius, T. (2014). Angriff auf Köpfe und Herzen. *Süddeutsche Zeitung Nr. 250*
    (30.10.2014), 2.
Bielicki, J. (2014). Kritik vom Andersgläubigen. *Süddeutsche Zeitung Nr. 256* (7.11.2014),
    4.
Delhaes, M. & Obermaier, F. (2014). „Ich glaub, das steht irgendwo im Koran". Ein junger
    Deutschtürke erzählt, warum er sich dem brutalen Kampf des ‚Islamischen Staats'
    anschließen will. *SZ-Magazin Nr. 40* (2.10.2014), 12–19.
van Egmond, A. (1990). Triumph der Wahrheit und Triumph der Gnade. René Girard und
    Karl Barth über Offenbarung, Religion, Kreuz und Gott. *Zeitschrift für Dialektische
    Theologie, 6*, 185–205.
Frettlöh, M.L. (2001). Der auferweckte Gekreuzigte und die Überlebenden sexueller
    Gewalt. Kreuzestheologie genderspezifisch wahrgenommen. In R. Weth (Hrsg.), *Das
    Kreuz Jesu. Gewalt – Opfer – Sühne* (S. 77–104). Neukirchen-Vluyn: Neukirchener
    Verlag.
Gese, H. (1977). Die Sühne. In ders., *Zur biblischen Theologie. Alttestamentliche Vorträge*
    (S. 85–106). München: Chr. Kaiser Verlag.
Girard, R. (1983). *Das Ende der Gewalt. Analyse des Menschheitsverhängnisses*. Aus dem
    Französischen übersetzt von August Berz. Freiburg im Br.: Herder Verlag.
Girard, R. (1995). Mimetische Theorie und Theologie. In J. Niewiadomski & W. Palaver
    (Hrsg.), *Vom Fluch und Segen der Sündenböcke. Raymund Schwager zum 60. Geburts-
    tag* (S. 15–29). Thaur: Kulturverlag.
Girard, R. (2008). *Ich sah den Satan vom Himmel fallen wie einen Blitz. Eine kritische
    Apologie des Christentums*. Aus dem Französischen übersetzt von Elisabeth Mainber-
    ger-Ruh. Frankfurt a. M. / Leipzig: Verlag der Weltreligionen.
Girard, R. (2010). *Gewalt und Religion. Ursache oder Wirkung?*, herausgegeben von
    Wolfgang Palaver. Berlin: Matthes & Seitz.
Hailer, M. (2006). *Glauben und Wissen. Arbeitsbuch Theologie und Philosophie*. Göttin-
    gen: Vandenhoeck & Ruprecht.

Hauerwas, S. (2013). The End of Sacrifice: An Apocalyptic Politics. In ders., *Approaching the End: Eschatological Reflections on Church, Politics, and Life* (S. 22–36). Grand Rapids / Cambridge: William B. Eerdmans Publishing Company.

Hofheinz, M. (2011). „Die Botschaft hör' ich wohl ...". Die Friedenskonvokation in Kingston (Jamaika) auf dem Weg zu einer ökumenischen Friedensethik. *Kirchliche Zeitgeschichte, 24*, 531–559.

Hofheinz, M. (2014). *„Er ist unser Friede". Karl Barths christologische Grundlegung der Friedensethik im Gespräch mit John Howard Yoder*. Göttingen: Vandenhoeck & Ruprecht.

Hofius, O. (1994). Sühne und Versöhnung. Zum paulinischen Verständnis des Kreuzestodes Jesu. In ders., *Paulusstudien* (2. Aufl.). Tübingen: Mohr Siebeck, 33–49.

Hofius, O. (2001). Art. Sühne IV. Neues Testament. In *Theologische Realenzyklopädie, 32*, 342–347.

Hunsinger, G. (2000). The Politics of the Nonviolent God: Reflections on René Girard and Karl Barth. In ders., *Disruptive Grace. Studies in the Theology of Karl Barth*, Grand Rapids / Cambridge: William B. Eerdmans Publishing Company, 21–41.

Hunsinger, G. (2013). Salvator Mundi. Three Types of Christology. In O.D. Crisp & F. Sanders (Hrsg.), *Christology, Ancient and Modern: Explorations in Constructive Dogmatics* (S. 42–59). Grand Rapids: Zondervan.

Janowski, B. (1990). Asasel – Biblisches Gegenstück zum ägyptischen Seth? Zur Religionsgeschichte von Lev 16,10.21 f. In E. Blum, Chr. Macholz & E.W. Stegemann (Hrsg.), *Die Hebräische Bibel und ihre zweifache Nachgeschichte. FS Rolf Rendtorff* (S. 97–110). Neukirchen-Vluyn: Neukirchener Verlag.

Janowski, B. (1993). Asasel und der Sündenbock. Zur Religionsgeschichte von Lev 16,10.21 f. In ders., *Gottes Gegenwart in Israel. Beiträge zur Theologie des Alten Testaments*. Neukirchen-Vluyn: Neukirchener Verlag, 285–302.

Janowski, B. (2000). *Sühne als Heilsgeschehen. Traditions- und religionsgeschichtliche Studien zur Sühnetheologie der Priesterschrift* (2. Aufl.). Neukirchen-Vluyn: Neukirchener Verlag.

Janowski, B. (2006). An die Stelle des anderen treten. Zur biblischen Semantik der Stellvertretung. In J.C. Janowski, B. Janowski & H.P. Lichtenberger (Hrsg.), *Stellvertretung. Theologische, philosophische und kulturelle Aspekte, Bd. 1: Interdisziplinäres Symposion Tübingen 2004* (S. 43–69). Neukirchen-Vluyn: Neukirchener Verlag.

Janowski, B. & Wilhelm, G. (1993). Der Bock, der die Sünden hinausträgt. Zur Religionsgeschichte des Asasel-Ritus Lev 16,10.21 f. In B. Janowski, K. Koch & G. Wilhelm (Hrsg.), *Religionsgeschichtliche Beziehungen zwischen Kleinasien, Nordsyrien und dem Alten Testament. Internationales Symposium Hamburg, 17.–21. März 1990* (S. 109–169), Freiburg (Schweiz) / Göttingen: Herder Verlag / Vandenhoeck & Ruprecht.

Kaddor, L. (2014). Futter für die Salafisten. *Süddeutsche Zeitung Nr. 264* (17.11.2014), 2.

Konradt, M. (2004). „... damit ihr Söhne eures Vaters im Himmel werdet". Erwägungen zur „Logik" von Gewaltverzicht und Feindesliebe in Mt 5,38–48. In W. Dietrich & W. Lienemann (Hrsg.), *Gewalt wahrnehmen – von Gewalt heilen. Theologische und religionswissenschaftliche Perspektiven* (S. 70–92). Stuttgart: Kohlhammer Verlag.

Kormbaki, M. (2014). Erst Jugendvollzug, dann Heiliger Krieg. *Hannover Allgemeine Zeitung Nr. 223* (24.9.2014), 3.

Lienemann, W. (2003). Mit Gewalt Gott dienen? Rechtsethische Überlegungen anlässlich der ökumenischen Dekade „to overcome violence". In M.L. Frettlöh & H.P. Lichtenberger (Hrsg.), *Gott wahr nehmen. FS Christian Link* (S. 359–377), Neukirchen-Vluyn: Neukirchener Verlag.

Lienemann, W. (2004). Kritik der Gewalt. Unterscheidungen und Klärungen. In W. Dietrich & W. Lienemann (Hrsg.), *Gewalt wahrnehmen – von Gewalt heilen. Theologische und religionswissenschaftliche Perspektiven* (S. 10–30). Stuttgart: Kohlhammer Verlag.

Mascolo, G. & Kabisch, V. (2014). Im Vorgarten des Terrors. *Süddeutsche Zeitung Nr. 263* (15./16.11.2014), 1.

Mascolo, G., Kabisch, V. & Musawy, A. (2014). Die Säulen des Bösen. *Süddeutsche Zeitung Nr. 263* (15./16.11.2014), 13–15.

Mascolo, G. & Ramelsberger, A. (2014). Die Spur der Bomben. *Süddeutsche Zeitung Nr. 240* (18./19.10.2014), 13–15.

Ohly, L. (2013). *Gestörter Frieden mit den Religionen. Vorlesungen über Toleranz*. Frankfurt a. M.: Peter Lang Verlag.

Palaver, W. (2003). *René Girards mimetische Theorie. Im Kontext kulturtheoretischer und gesellschaftspolitischer Fragen*. Münster, Hamburg, London: LIT Verlag.

Palaver, W. (2008). Im Zeichen des Opfers. Die apokalyptische Verschärfung der Weltlage als Folge des Monotheismus. In W. Palaver, R. Siebenrock, D. Regensburger (Hrsg.), *Westliche Moderne, Christentum und Islam. Gewalt als Anfrage an monotheistische Religionen* (S. 151–176). Innsbruck: Innsbruck University Press.

Palaver, W. (2009). Abrahamitische Revolution, politische Gewalt und positive Mimesis. Der Islam aus der Sicht der mimetischen Theorie. In W. Guggenberger & W. Palaver (Hrsg.), *Im Wettstreit um das Gute. Annäherungen an den Islam aus der Sicht der mimetischen Theorie* (S. 29–73). Wien / Berlin: LIT Verlag.

Palaver, W. (2010). Sozialethik der Terrorismusbekämpfung. In K. Gabriel, C. Spieß & K. Winkler (Hrsg.), *Religion – Gewalt – Terrorismus. Religionssoziologische und ethische Analysen* (S. 225–247). Paderborn, München, Wien, Zürich: Ferdinand Schönigh.

Pöhlmann, H.G. (1990). *Abriß der Dogmatik. Ein Kompendium* (5. Aufl.). Gütersloh: Gütersloher Verlagshaus.

Prather, S.T. (2013). *Christ, Power and Mammon: Karl Barth and John Howard Yoder in Dialogue*. London, New Delhi, New York, Sydney: Bloomsbury T&T Clark.

Reuter, H.-R. (1996). Stellvertretung. Zur dogmatischen Kategorie im Gespräch mit René Girard und Raymund Schwager. In ders., *Rechtsethik in theologischer Perspektive. Studien zur Grundlegung und Konkretion*. Gütersloh: Gütersloher Verlagshaus, 71–92.

Reuter, H.-R. (2013). *Recht und Frieden. Beiträge zur politischen Ethik*. Leipzig: Evangelische Verlagsanstalt.

Richter, N. & Schlötzer, C. (2014). Obama: IS muss vernichtet werden. *Süddeutsche Zeitung Nr. 221* (25.9.2014), 1.

Roloff, J. (1992). Art. hilastērion. In *Exegetisches Wörterbuch zum Neuen Testament, 2* (2. Aufl.), 455–457.

Schwager, R. (2002). Religion und Gewalt – Vielschichtige Beziehungen. *Una Sancta, 57*, 121–133.

Seebass, H. (1996). *Genesis I: Urgeschichte (1,1–11,26)*. Neukirchen-Vluyn: Neukirchener Verlag.

Stobbe, H.-G. (2002). „Jenseits von Eden". Predigt, gehalten am 21.11.2001 (Buß- und Bettag) in der Trinitatiskirche Eiserfeld im Rahmen des Eröffnungsgottesdienstes zur Gemeindefriedenswoche. In M. Hofheinz & G. Plasger (Hrsg.), *Ernstfall Frieden. Biblisch-theologische Perspektiven* (S. 29–34). Wuppertal: Foedus Verlag.

Stobbe, H.-G. (2010). *Religion, Gewalt und Krieg. Eine Einführung.* Stuttgart: Kohlhammer Verlag 2010.

Stuhlmacher, P. (1997). *Biblische Theologie des Neuen Testaments, Bd. 1: Grundlegung. Von Jesus zu Paulus* (2. Aufl.). Göttingen: Vandenhoeck & Ruprecht.

Weinrich, M. (2006a). Christentum, Judentum, Islam – durch den Monotheismus verbunden? In S. Stiegler & U. Swarat (Hrsg.), Der Monotheismus als theologisches und politisches Problem (S. 119–140). Leipzig: Evangelische Verlagsanstalt.

Weinrich, M. (2006b). Dialog mit dem Islam. *Zeitzeichen, 7*, 37.

Weinrich, M. (2007). Glauben Juden, Christen und Muslime an denselben Gott? Systematisch-theologische Annäherungen an eine unzugängliche Frage. *Evangelische Theologie, 67*, 246–263.

Wengst, K. (2010). *Das Regierungsprogramm des Himmelreichs. Eine Auslegung der Bergpredigt in ihrem jüdischen Kontext.* Stuttgart: Kohlhammer Verlag.

Winkler, W. (2014). Böse sein, Gutes tun. *Süddeutsche Zeitung Nr. 263* (15./16.11.2014), 4.

Yoder, J.H. (1981). *Die Politik Jesu – der Weg des Kreuzes*, übersetzt von Wolfgang Krauss. Maxdorf: Agape Verlag.

Yoder, J.H. (2002). *Preface to Theology: Christology and Theological Method.* Introduction by Stanley Hauerwas & Alex Sider. Grand Rapids: Brazos Press.

Yoder, J.H. (2009). *The War of the Lamb. The Ethics of Nonviolence and Peacemaking*, ed. by Glenn Stassen, Mark Thiessen Nation & Matt Hamsher. Grand Rapids: Brazos Press.

Viola Raheb

Gewalt und Gewaltfreiheit im Kontext von Besatzung aus christlich-palästinensischer Sicht

Biografische Anmerkung

Wenn ich mich hier mit dem Thema Gewalt und Gewaltfreiheit auseinandersetze, dann geschieht dies nicht im Sinne einer rein theoretisch-wissenschaftlichen Auseinandersetzung, sondern immer im Kontext meiner eigenen Biografie und Identität. Ich bin 1969 – also zwei Jahre nach Beginn der israelischen Besatzung – als Tochter einer christlich-palästinensischen Familie in Bethlehem zur Welt gekommen. Die historische Epoche, über die ich hier schreibe, ist also zugleich auch die Zeit meiner Kindheit und Jugend. Die darauf folgende theologische Reflexion spiegelt auch mein eigenes Ringen um meinen Glauben und meine Option bzw. meinen jahrzehntelangen Einsatz für Gewaltfreiheit wider.

Einleitung

Die Wurzeln des israelisch-palästinensischen Konfliktes liegen im letzten Jahrhundert. Die europäische Kolonialpolitik in der Region Anfang des letzten Jahrhunderts, die Schoah, die Entstehung der arabischen Nationalstaaten, die Teilung des geografischen Landes Palästina durch die Vereinten Nationen (United Nations Organization, UNO) 1947, die Nakba von 1948, die Entstehung des Staates Israel und andere Stationen sind elementare Bestandteile dieses Konfliktes, ohne die die heutige Situation nicht zu verstehen ist.

Die Einbeziehung dieser Faktoren würde allerdings den Rahmen dieser Vorlesung sprengen, daher werde ich in meinen Ausführungen hauptsächlich auf die Zeit nach 1967 eingehen. Erlauben Sie mir, am Anfang einige Punkte zu unterstreichen:

1. Der politische Kontext, über den ich hier spreche, ist von der israelischen Besatzung der West Bank, Ostjerusalems und des Gazastreifens im Jahr 1967 gekennzeichnet. Dieser Kontext bedeutet faktisch, dass diese Gebiete und die darin lebende Bevölkerung seit nun 47 Jahren unter Besatzung sind.
2. Diese Besatzung kann und darf nicht außerhalb des Völkerrechts betrachtet werden. Nach dem Völkerrecht ist Besatzung eine provisorische Situation, doch eine über 47 Jahre andauernde Besatzung kann kaum mehr provisorisch sein, denn ihre Strukturen schaffen und verändern bereits viele Tatsachen auf dem Boden, die laut der 4. Genfer Konvention illegal und rechtswidrig sind. Gleichzeitig regelt das humanitäre Völkerrecht die Rechte der Bevölkerung in besetzten Gebieten und die Pflichten der Besatzungsmacht.

3. Ebenfalls darf Widerstand in so einem Kontext nicht außerhalb des Völkerrechts betrachtet werden. In der UN-Generalversammlung am 29.11.1985 wurde die Resolution A/RES/40/25 verabschiedet, in der es heißt: „[The General Assembly] reaffirms the legitimacy of the struggle of peoples for their independence, territorial integrity, national unity and liberation from colonial domination, apartheid and foreign occupation by all available means, including armed struggle" (UN General Assembly, 1985, Abs. 26).

4. Die 47-jährige israelische Besatzung Palästinas war und ist nicht statisch, denn sie verändert sich, ihre Ziele, ihre Strukturen sowie ihre Maßnahmen.

5. Eine Reflexion über Gewalt und Gewaltlosigkeit im Kontext von Besatzung ist daher unweigerlich damit verbunden, die Definition dieser beiden Begriffe im sozio-politischen Kontext zu verankern. Gleichzeitig ist es unerlässlich, beide Optionen, ob Gewalt oder Gewaltlosigkeit, nicht von dem asymmetrischen Konflikt abzukoppeln. Gewaltlosigkeit in einem Kontext voller Gewalt als völlig gewaltfreie Option zu betrachten, ist eine naive Haltung, die die Menschen in ihrem Kampf ums Überleben nicht ernst genug nimmt.

1. Phasen des Widerstandes der PalästinenserInnen unter israelischer Besatzung

Wie bereits oben erwähnt, ist die Besatzung nie statisch, das Gleiche gilt auch für den Widerstand. Der Widerstand in Palästina wurde in den letzten 47 Jahren auf mehreren Ebenen geführt, was auch seine Form, seine Methoden und sein Ausmaß beeinflusste. Auch die Geografie beeinflusste die Form des Widerstandes, denn inzwischen leben die PalästinenserInnen in verschiedenen Regionen in Israel, in den besetzten Gebieten und in der Diaspora.

Auch hier ist es aus zeitlichen Gründen sehr schwierig, auf die verschiedenen Phasen einzugehen. Ich möchte aber einige wichtige Stationen nennen, um später ausführlicher auf die aktuelle Situation eingehen zu können, damit diese historisch besser einzuordnen ist.

Direkt im Anschluss an die Besatzung von 1967 verabschiedete die Palästinensische Befreiungsorganisation (Palestine Liberation Organization, PLO) ihre Charta am 17.07.1968. Artikel 9 der Charta benennt in klaren Worten die Option, die für die damalige palästinensische Führung in dem gegebenen Kontext als geeignet erschien:

> Der bewaffnete Kampf ist der einzige Weg zur Befreiung Palästinas. Es handelt sich daher um eine strategische und nicht um eine taktische Phase. Das arabische palästinensische Volk bekundet seine unbedingte Entschlossenheit und seinen festen Willen, diesen bewaffneten Kampf fortzusetzen und auf dem eingeschlagenen Weg einer bewaffneten Volksrevolution zur Befreiung seines Landes und der Rückkehr in dieses Land voranzuschreiten. Es besteht ebenfalls auf sein Recht auf ein normales Leben in

Palästina und auf die Ausübung seines Rechts auf Selbstbestimmung und Souveränität in Palästina (PLO, 1968, S. 2).

Der bewaffnete Kampf in Form von Guerillakämpfen prägte infolgedessen die Zeit Ende der 1960er und Anfang der 1970er Jahre. Methoden dieser Ära waren beispielsweise Flugzeugentführungen, durch die die palästinensische Widerstandsbewegung versuchte, internationale Aufmerksamkeit zu erlangen, obgleich die Wahl solcher Mittel nicht kritiklos unter den Palästinensern blieb.

Für die PLO war später, genauer gesagt ab Mitte der 70er Jahre, eine neue Phase eingetreten. Zum einen wurde die PLO als die einzige legitime Vertretung der Palästinenser seitens der Arabischen Liga anerkannt und zum anderen zeichnete die Rede Yassir Arafats am 13.11.1974 in New York vor der UN-Vollversammlung eine entscheidende Wende im Hinblick auf die Optionen des Widerstandes: „Heute kam ich zu Euch, in einer Hand den Ölzweig und in der anderen Hand das Gewehr der Revolution, laßt den grünen Zweig nicht aus meiner Hand fallen … laßt den grünen Zweig nicht aus meiner Hand fallen … laßt den grünen Zweig nicht aus meiner Hand fallen!" (Rede Yassir Arafat, 1974).

Jenseits der politischen Ebene wurde in der Realität sehr viel Land ab Ende der 1960er Jahre enteignet, und zwar sowohl innerhalb des Staates Israel als auch in den besetzten Gebieten. Die Gegend Galiläa war sehr stark von diesen Enteignungen betroffen. Unter den PalästinenserInnen im Staat Israel organisierten sich immer mehr Menschen, um gegen diese Enteignungen friedlich zu protestieren. Als am 29.02.1976 Israel 21.000 Dunum[1] Land konfiszierte, rief am 30.03.1976 das „Komitee zur Verteidigung des arabischen Bodens" in Galiläa zum Generalstreik auf. Infolge der Auseinandersetzungen mit der israelischen Armee starben an dem Tag sechs Menschen und mehrere wurden verletzt. Entscheidend für unser Thema ist jedoch, dass dieser Tag, der seither als Gedenktag mit dem Namen „Tag des Bodens" unter PalästinenserInnen begangen wird, eine sehr starke Bedeutung für die Tradition des gewaltfreien Widerstands hat, obwohl er selten als solcher wahrgenommen wird.

Die Zeit danach war zum einen von dem Friedensvertrag von Camp David, der im Alleingang zwischen Ägypten und Israel im Jahre 1979 ausgehandelt wurde, und zum anderen von der israelischen Invasion Libanons 1982 gekennzeichnet. Zwischen 1980 und 1990 betrieb Israel die Siedlungspolitik in den besetzten Gebieten so stark, dass die Anzahl der Siedler von 10.000 im Jahre 1980 auf 100.000 im Jahre 1990 stieg. Gleichzeitig wurden die Lebensbedingungen der Menschen in den besetzten Gebieten immer stärker von der israelischen Militärverwaltung eingeschränkt.

Am 08.12.1987 begann die erste Intifada. Es war eine spontane Protestaktion infolge eines Verkehrsunfalls, bei dem ein israelischer Militärlaster im Gazastreifen mit zwei palästinensischen Taxis zusammenstieß. Vier Palästinenser wurden dabei getötet. Die Protestbewegungen und Demonstrationen griffen auf alle Teile der besetzten Gebiete über. In den darauffolgenden Tagen und Wochen waren alle palästinensischen Gebiete an den Protestaktionen stark beteiligt. Die israelische

---

1 Dunum ist eine Maßeinheit. Ein Dunum entspricht 1000 m².

Reaktion auf die Demonstrationen führte zu immer weiteren Toten und Verletzten und die erste Intifada war geboren.

Entscheidend für die erste Intifada war, dass sie von jungen Menschen getragen wurde, die unter Besatzung geboren und aufgewachsen waren. Ihnen ging es um eine „Abschüttelung" (wörtlich für „intifada") der Besatzung, um ihre Freiheit, um ihre Rechte. Gerade deswegen war diese Bewegung, die sich langsam in kleinen Nachbarschaftskomitees organisierte, sehr dynamisch, kreativ und antiautoritär auch der palästinensischen Führung gegenüber. Die erste Intifada war m.E. der erste palästinaweit organisierte gewaltfreie Widerstand. Dieser Widerstand nahm unterschiedliche Formen an, so wurde z.B. ein Streik ausgerufen, bei dem alle Geschäfte nur bis 12 Uhr mittags öffneten. Städte wie Beit Sahour übernahmen den Slogan des Amerikanischen Unabhängigkeitskriegs „No taxation without representation". Die Menschen weigerten sich, Steuern an die Besatzungsmacht zu zahlen und verbrannten ihre Identitätskarten als Zeichen des zivilen Ungehorsams. Als Israel mit kollektiven Strafmaßnahmen antwortete, u.a. mit der Schließung von Schulen und Universitäten über mehrere Monate und Jahre, entstanden in den Nachbarschaften „Hausschulen", die den Kindern weiterhin Unterricht anboten. Kurz darauf wurden diese Maßnahmen für illegal erklärt und engagierte Menschen inhaftiert, verfolgt, gefoltert und getötet. Selbstversorgungsinitiativen entstanden, die versuchten, eine Alternative für israelische Produkte anzubieten, Gemüse anzupflanzen oder Menschen zu unterstützen, die inzwischen arbeitslos geworden waren oder deren HauptversorgerInnen sich in Haft befanden. Interessanterweise entstanden gerade in dieser ersten Intifada aber auch viele Dialoginitiativen mit jüdischen Israelis. Starke VertreterInnen in diesem Dialog waren die Frauen.

Die erste Intifada war eine Protestaktion junger Menschen, besonders auch von Frauen und der zivilen Gesellschaft. Der Preis, den die Zivilbevölkerung zahlte, war sehr hoch. Diese Protestbewegung wurde seitens Israels militärisch brutal niedergeschlagen und die politischen Errungenschaften wurden sowohl von der Hamas, die sich im Zuge der ersten Intifada auch politisch formierte, als auch von der palästinensischen politischen Führung im Exil für die eigene politische Agenda vereinnahmt. Auf der politischen Ebene markierte die Ausrufung des Staates Palästina, bezogen auf die UN-Resolution 181[2] am 15.11.1988 in Algier, einen weiteren Meilenstein auf dem Weg eines gewaltfreien Widerstandes zur Unabhängigkeit Palästinas.

Anfang der 1990er Jahre veränderte sich die politische Situation in der Region infolge des Zweiten Golfkrieges. Die internationale Gemeinschaft setzte die Verhandlungen zwischen Israel und den arabischen Ländern, inklusive der PalästinenserInnen, auf die Tagesordnung. Die multilateralen Friedensverhandlungen in Madrid begannen, trugen jedoch keine Früchte. Später begannen die Oslo-Verhandlungen, die letztendlich zu der Unterzeichnung der Prinzipien-Erklärung zwischen der PLO und Israel führten sowie zu den unterschiedlichen Abkommen, von Oslo I bis zum gescheiterten Camp-David-Gipfel im Jahre 2000.

---

2   Die UNO-Resolution zur Teilung des geografischen Landes Palästina von 1947.

Der Oslo-Prozess veränderte auf der politischen Ebene einiges für die PalästinenserInnen, vor allem brachte er die internationale Anerkennung der PLO als die legitime politische Führung der PalästinenserInnen und die Anerkennung der Notwendigkeit, Frieden zwischen Israel und den PalästinenserInnen zu schließen. Doch diese politische Euphorie verschleierte das Fortbestehen der Besatzung in Palästina und festigte diese. Ab dem Oslo-Abkommen stieg die Zahl der Siedlungen enorm an. Im Zeitraum zwischen 1993 und 2013 erhöhte sich die Anzahl der Siedler in der West Bank von 262.500 auf über 520.000, davon waren rund 200.000 in Ostjerusalem (Oxfam, 2013, S. 1).

Die zweite Intifada brach 2000 als Folge des Scheiterns der Friedensverhandlungen aus, auch wenn der Auslöser der Besuch von Ariel Sharon am *al-Haram asch-Scharif* (Tempelberg) war. Diese zweite Intifada kam aus einer tiefen Enttäuschung über die Friedensverhandlungen. Die Realität auf dem Boden hatte sich verändert und die politischen Handlungsoptionen waren immer weniger geworden. Im Vergleich zu der ersten Intifada wurde die zweite von Anfang an brutal niedergeschlagen, was das Ausmaß an Gewalt in die Höhe trieb. Gleichzeitig hatten der Aufstieg der Hamas als Widerstandsbewegung, der Rückgang der linken palästinensischen Parteien, die Schwächung der PLO sowie die Korruption der Palästinensischen Autonomie starke Auswirkungen auf die politischen Visionen hinsichtlich der nun unter den gegebenen Bedingungen angesagten Widerstandsmaßnahmen. Es ist daher nicht verwunderlich, dass sich gerade in dieser Phase Selbstmordattentate als neue Form des Kampfes etablierten. Die Selbstmordattentate lösten eine interne Diskussion in der palästinensischen Gesellschaft und innerhalb der verschiedenen politischen Parteien aus. Fragen nach den zivilen Opfern, der politischen und religiösen Ideologie hinter den Attentaten, den Auswirkungen auf die gesamte Bevölkerung und viele weitere zentrale Problemstellungen in Bezug auf die Wege des Widerstandes beschäftigten nun viele Palästinenser.

2002 begann der Bau der 708 km langen Trennmauer in Palästina, die am Ende bis zu 9,4% der Landfläche der West Bank beanspruchen würde. Ein System zur Einschränkung der Freiheitsbewegung von Palästinensern in den besetzten Gebieten wurde durch über 550 Checkpoints, Barrieren und „Grenzübergänge" systematisch eingeführt (Oxfam, 2013, S. 3).

Doch gerade in dieser Phase, in der die Gewalt sich wie kaum in einer anderen als Hauptoption in dem Konflikt ausbreitete, entwickelten sich abseits der medialen Wahrnehmung auch sehr kreative und konstruktive gewaltlose Widerstandsbewegungen in den besetzten Gebieten.

2.   Praktische Beispiele

Im Zuge des Mauerbaus, der sehr viele palästinensische Familien voneinander trennte und Tausenden den Zugang zu ihren Ländereien versperrte, begann 2003 eine Protestaktion vieler Dörfer und Gemeinden, die von der Mauer direkt betroffen waren. Dörfer wie Budrus, Jayyous, Bil'in und andere mehr versuchten durch friedliche Demonstrationen Widerstand zu leisten und international auf ihre Situation aufmerksam zu machen. Später wurden die wöchentlichen gewaltfreien Demonstrationszüge zu einer wichtigen Aktion gegen die illegale Konfiszierung des Landes sowie gegen die israelische Militärbesetzung der palästinensischen Gebiete insgesamt. Dieser gewaltfreien Widerstandsmaßnahme wurde anfangs kaum Beachtung geschenkt. Spätestens mit der Änderung des Mauerverlaufs in Budrus wurde sie allerdings als eine echte, geeignete Option wahrgenommen. Ein Artikel der Neuen Zürcher Zeitung vom 24.12.2004 berichtet von einer solchen erfolgreichen Aktion:

> Die Geschichte von Budrus ist ein Paradebeispiel für gewaltlosen Widerstand gegen die Besetzung und gegen den Bau des Sicherheitszauns. 1200 Leute leben in diesem Bauerndorf, von dessen Moschee man auf Israel und auf das neu gelegte Trassee des Sicherheitszauns schauen kann. Als die Baustelle für den Zaun am 11. November 2003 das Dorf erreichte, glaubten die Bewohner 300 Hektar Land als verloren. Die Soldaten hängten Notizzettel an die Olivenbäume und teilten so den Bewohnern von Budrus mit, dass sie zwei Wochen Zeit hätten, um beim Gericht in Israel Einspruch gegen den Verlauf des elektrischen Zauns mit Stacheldraht und Patrouillenstreifen zu erheben. Die Bauern fürchteten um ihr Land, um die 3000 Olivenbäume, die gefällt werden sollten. Sie fürchteten auch die Verschandelung der Landschaft und das Eingesperrtsein.
>
> Als die Bulldozer morgens um sieben Uhr mit der Entwurzelung von Bäumen und der Aushebung des Erdreichs beginnen wollten, saß bereits mehr als die Hälfte der Einwohner von Budrus auf den Feldern. Kinder, Männer und Frauen aßen Hummus und erzählten sich Geschichten. Jeden Tag setzten sich die Bewohner von Budrus auf ihr Land, um es damit vor den Baggerschaufeln und Walzen zu schützen. Manchmal schliefen sie gar vor den Bulldozern. Am 31. Dezember waren die Bulldozer früher da, dazu 26 Jeeps, 15 Autos der Grenzpolizei und 6 zivile Wagen. Abu Ahmed, der in Budrus wohnt und das Volkskomitee gegen den Mauerbau in der Gegend von Ramallah koordiniert, erzählt, dass es so viele Soldaten gewesen seien, dass er sie nicht mehr habe zählen können.
>
> 500 Bewohner von Budrus fassten sich an den Händen und brachen durch die Kette der Soldaten. Sie rannten zu den Bulldozern, und während die Soldaten zu schießen begannen, kletterte ein 16-jähriges Mädchen auf eine der Maschinen. An diesem Tag waren zum ersten Mal auch israelische Aktivisten unter den Palästinensern. Laut Abu Ahmed wurden die Israeli verhaftet und 70 Palästinenser verletzt. Doch das Dorf ließ nicht locker. Jeden Tag versuchten sie die Bulldozer zu stoppen, und am 23. Februar 2004, am Tag, als die ersten Anhörungen zur Sperranlage vor dem Internationalen Gerichtshof in Den Haag begannen, teilte der israelische Kommandant den Bewohnern von Budrus mit, dass der Grenzzaun näher an die Grüne Linie, die Grenze von 1967, verschoben werde.

Am 10.12.2014 wurde bei einer solchen friedlichen Demonstration von ca. 100 palästinensischen und internationalen AktivistInnen in Turmusiya bei Ramallah, bei der Bäume gepflanzt werden sollten, der palästinensische Minister Abu El Ein getötet.

2005 wurde eine neue Aktion unter dem Namen *BDS-Movement – Freedom, Justice, Equality* von rund 108 zivilgesellschaftlichen Organisationen in Palästina ins Leben gerufen. Diese Bewegung ruft zu Boykott, Desinvestition und Sanktionen (*Boycott, Divestment and Sanctions*, BDS) auf. In ihrem Aufruf von 2005 heißt es:

> Aufgrund der Tatsache, dass sämtliche internationale Interventionen und Friedensbestrebungen nicht in der Lage waren, Israel zu überzeugen oder zu zwingen, den Konventionen des Humanitären Rechts genüge zu leisten, die grundlegenden Menschenrechte anzuerkennen und die Besatzung und Unterdrückung der palästinensischen Bevölkerung zu beenden; und in Anbetracht der Tatsache, dass in der Geschichte aufrichtige Menschen in der internationalen Gemeinschaft immer wieder die moralische Pflicht übernommen haben, gegen Unterdrückung zu kämpfen, wie es im Kampf gegen Apartheid in Südafrika die verschiedenen Formen von Boykott, Investitionsentzug und Sanktionen gezeigt haben; inspiriert vom Kampf der Südafrikaner gegen die Apartheid, und im Sinne der internationalen Solidarität, moralischen Standfestigkeit und des Widerstands gegen Ungerechtigkeit und Unterdrückung, rufen wir, RepräsentantInnen der palästinensischen Zivilgesellschaft, internationale Organisationen und alle rechtschaffenen Menschen auf der ganzen Welt dazu auf, weitgreifend Boykotts und Investitionsentzug gegen Israel durchzusetzen, ähnlich der Maßnahmen gegen Südafrika während der Apartheid. Wir appellieren an Sie, Druck auf Ihren jeweiligen Staat auszuüben, um Embargos und Sanktionen gegen Israel zu erreichen. Wir laden ebenfalls gewissenhafte Israelis dazu ein, diesen Aufruf zu unterstützen, der Gerechtigkeit und einem echten Frieden willen.
>
> Diese gewaltlosen Strafmaßnahmen müssen solange aufrechterhalten bleiben, bis Israel seiner Verpflichtung nachkommt, den PalästinenserInnen das unveräußerliche Recht der Selbstbestimmung zuzugestehen, und zur Gänze den Maßstäben internationalen Rechts entspricht (BDS-Kampagne, 2005, Abs. 3–7).

Diese Bewegung hat in den vergangen Jahren eine sehr breite Öffentlichkeit erreicht. Inzwischen gibt es weltweit mehrere Organisationen, die diesem Aufruf folgen, u. a. in Australien, den USA, United Kingdom, Finnland, Norwegen, Schweden, Schweiz und vor allem in Israel selbst. Der Appell von PalästinenserInnen und JüdInnen, israelischen StaatsbürgerInnen, wurde von mehreren Intellektuellen innerhalb Israels bereits unterzeichnet. Auf ihrer Webseite schreibt die Gruppe *BOYCOTT! Supporting the Palestinian BDS Call from Within*:

> We, Palestinians, Jews, citizens of Israel, join the Palestinian call for a BDS campaign against Israel, inspired by the struggle of South Africans against apartheid. We also call on others to do the same.
>
> We are devoted to the promotion of just peace and true democracy in this region. We are particularly opposed to Western governments' decision to boycott the Palestinians in the Occupied Palestinian Territories, most especially in besieged Gaza. This is particularly outrageous given the same Western governments' prolonged support of Israel's apartheid and other daily violations of international law (BOYCOTT, n. d.).

Jerusalem hatte aufgrund der Tatsache, dass Israel Ostjerusalem bereits im Anschluss an die Besatzung von 1967 annektiert hatte, begrenzte Möglichkeiten und
Optionen, Widerstand zu leisten. In Jerusalem – der Stadt, die von Siedlungen
umzingelt wurde, in der Landenteignung erfolgte, PalästinenserInnen ihres Wohn-
rechts beraubt wurden und Repressalien gegen die Bevölkerung an der Tagesordnung waren – zeigte sich Anfang 2013 eine bislang unbeachtete Option für einen
gewaltfreien Widerstand.

In der von Israel als „E1"[3] deklarierten Zone um Jerusalem, in der noch mehr
Land enteignet werden sollte für den Bau weiterer 4000 Siedlungseinheiten, ent-
flammte der Wille, etwas dagegen zu unternehmen. Eine Gruppe von rund 250
AktivistInnen, hauptsächlich jungen Menschen, schloss sich zusammen und errichtete als Protestaktion eine Zeltstadt unter dem Namen *Bab asch-Schams* auf
dem Land, das von Enteignung bedroht war. Israel hatte in den vergangenen Jahrzehnten durch Fakten am Boden, u. a. Landenteignungen, Siedlungsbau und den
Bau der Mauer, versucht, das Land zu kontrollieren. Das Militär, die SiedlerInnen
oder beide gemeinsam waren einfach eines Tages gekommen und hatten ein Stück
Land konfisziert. Und genau diese Strategie bewegte die jungen Menschen dazu,
es einmal in die andere Richtung zu versuchen. Der Grundgedanke ihrer gewaltfreien Methodik war sehr einfach: Wir errichten selbst eine Zeltstadt auf unserem
Land, das Gefahr läuft, enteignet zu werden und schaffen damit Fakten auf dem
Boden. Natürlich wird die Zeltstadt innerhalb weniger Minuten von der israelischen Armee zerstört werden, aber darum geht es nicht.

Auf der literarischen und künstlerischen Ebene wurden inzwischen ebenfalls
viele Initiativen ergriffen, um kreativ gewaltfreien Widerstand zu leisten. Durch
Malaktionen von und mit verschiedenen palästinensischen und internationalen
KünstlerInnen wurden große Teile der Mauer künstlerisch gestaltet. Filme, die
verschiedene Aktionen des gewaltfreien Wiederstandes dokumentieren, entstan-
den. Beispiele dafür sind „*Five Broken Cameras*" – ein Film, der den gewaltfreien
Widerstand des Dorfes Bil'in dokumentiert und 2013 mit dem International Emmy
Award ausgezeichnet wurde sowie unter den Filmen war, die 2013 für den Oskar
nominiert waren – oder der Film „*Budrus*", der die Geschichte des gewaltfreien
Widerstandes in dem Dorf Budrus dokumentiert.

3. Gewaltfreier Widerstand: Eine Option christlicher PalästinenserInnen

Der gewaltfreie Widerstand hat auch christliche PalästinenserInnen und Theologen
sehr lange beschäftigt. Eine der ersten Formen der theologischen Auseinanderset-

---

3 Das Gebiet zwischen Ostjerusalem und der Siedlung Maale Adumim im Westjordanland.
   Mehr dazu siehe den Artikel „The E1 plan and its implications for human rights in the West
   Bank",   http://www.btselem.org/settlements/20121202_e1_human_rights_ramifications
   (zuletzt aktualisiert am 27.11.2013; zuletzt geprüft am 26.03.2015).

zung damit kann in der Entwicklung der ersten Ansätze zur palästinensischen kontextuellen Theologie gesehen werden. Ein wichtiger historischer Punkt war auch hier der Krieg von 1967 und der Beginn der israelischen Besatzung. Der zweite historische Punkt liegt Ende der 1980er Jahre. Die politischen Herausforderungen, die die erste Intifada (1987–1992) brachte, warfen zentrale theologische Fragen für die Christen und die Kirchen Palästinas auf. Die „Abschüttelung" (*intifada*) auf der politischen Ebene brachte ebenfalls eine „Abschüttelung" auf der theologischen Ebene. Die einheimischen Kirchen, die sich bis dahin größtenteils aus dem politischen Diskurs herausgehalten hatten, weil sie oft von nichtpalästinensischem Klerus geführt worden waren, mussten nun ihr Schweigen abschütteln und Position beziehen. In einem Kontext, in dem die Politik das Leben der Menschen in Bann hielt, orientierten sich die inhaltlichen Schwerpunkte der verschiedenen theologischen Aufsätze und Bücher an theologischen Themen wie Gerechtigkeit, Landverheißungen, Erwählung, Widerstand oder Unterdrückung. Auch das Verhältnis von Widerstand und den damit verbundenen theologischen Herausforderungen waren zentrale Themen dieser Zeit. In seinem Buch „Ich bin Christ und Palästinenser – Israel, seine Nachbarn und die Bibel" schrieb Mitri Raheb (1994, S. 109–110) dazu:

> Feindesliebe ohne Widerstand wäre eine billige, theoretische und verräterische Haltung. Widerstand ohne Feindesliebe kann aber unmenschlich, brutal und gewalttätig sein. Das eine ohne das andere führt zur Verletzung der göttlichen und menschlichen Rechte. Beide aber, in ihrer Spannung zueinander ausgehalten, sind der einzige Ausweg für uns Christen. Die palästinensische Intifada hat in dieser Hinsicht Großes geleistet. Sie hat uns nämlich gleichzeitig zwei Ängste genommen: die Angst, Widerstand zu leisten und die Angst, mit dem Feind zu reden.

Die Situation verschärfte sich auf der politischen, wirtschaftlichen, sozialen und dementsprechend auch theologischen Ebene während der zweiten Intifada (ab 2000), deren Ende eher schleichend als klar konturiert war. Überlebensfragen standen für viele Menschen während des erneuten Beschusses und der Blockade der besetzten Gebiete (vor allem der Städte, die nach Oslo I in die palästinensische autonome Verwaltung übergeben worden waren) im Vordergrund. Die Kirchen waren herausgefordert, Stellung zu beziehen. Herausragend war der Fastenhirtenbrief „Zerstört unsere Kirchen, verschont die Häuser unserer Gläubigen" des katholischen Patriarchen Michel Sabbah, verfasst im Jahr 2001:

> Was die Häuser betrifft, die andauernd dem israelischen Bombardement unterliegen, so sagen wir zu den Israelis: Zerstört unsere Kirchen, aber verschont die Häuser unserer Gläubigen. Wenn Ihr um jeden Preis Kollektivstrafen aufzwingen müsst und wenn die Notwendigkeit besteht, ein Lösegeld dafür zu zahlen, dass unschuldige Kinder und Familien in Ruhe gelassen werden, so bieten wir Euch unsere Kirchen an. Zerstört sie. Wir werden unsere Plätze finden, um zu beten und wir werden auch weiterhin für euch und für uns beten. Und an die palästinensischen Kämpfenden, die meinen, es sei nötig, von bewohnten Häusern aus auf Israelis zu schießen, obgleich die Befehle klar sind:

„bringt nicht friedliche Häuser in die Schusslinie" – denen sagen wir: Gehorcht den Befehlen, erhaltet den Zusammenhalt der palästinensischen Gesellschaft und lasst die Häuser der Unschuldigen aus. Wir bieten unsere Kirchen als Lösegeld für jedes Haus an, das sie zerstören wollen. Aber wir werden nicht der Zerstörung der Häuser unserer Kinder zustimmen, so dass sie gezwungen sind, das Land zu verlassen (Sabbah, 2002, S. 154).

Mit der zweiten Intifada, dem Bau der Mauer und dem Wachstum der Siedlungen begannen die Kirchen in Palästina, vermehrt praktische Alternativen für den gewaltlosen Widerstand zu entwickeln. In diesem Zusammenhang entstand 2002 das ökumenische Begleitprogramm in Palästina und Israel (*Ecumenical Accompaniment Programme in Palestine and Israel*, EAPPI).

Als Antwort auf einen Appell von Kirchenführern und Verantwortlichen christlicher Gemeinschaften in Jerusalem, in dem der ÖRK um Präsenz und Solidarität ersucht wurde und der die Unterstützung von Mitgliedskirchen und kirchennahen Werken und Diensten fand, empfahl der Exekutivausschuss auf seiner Tagung im September 2001 die Einrichtung eines Begleitprogramms (Ökumenischer Rat der Kirchen, ÖRK, 2005, S. 141).

Seit 2002 haben insgesamt ca. 1500 internationale Freiwillige für einen Zeitraum von drei Monaten in Israel/Palästina gelebt. Inzwischen beteiligen sich ca. 21 Länder weltweit an diesem Programm. Die Unterstützung von gewaltfreiem Widerstand steht dabei im Zentrum: „Ihre Aufgabe ist es, Palästinensern und Israelis bei ihren gewaltlosen Aktionen und konzertierten Fürsprachebemühungen zur Beendigung der Besetzung zur Seite zu stehen" (ÖRK, 2005, S. 142).

Im Dezember 2009 veröffentlichte eine ökumenische Gruppe christlicher PalästinenserInnen das Kairos-Dokument „Die Stunde der Wahrheit". In ihrer Einführung streichen die VerfasserInnen heraus, welcher Art das Dokument ist: „Es ist keine theoretische theologische Studie und kein politisches Papier, sondern ein Dokument des Glaubens und ein Arbeitspapier" (Arbeitsgemeinschaft Christlicher Kirchen ACK, 2011, S. 5). Die VerfasserInnen sehen die Ziele des Dokumentes darin: „Es will prophetisch die Dinge so ansprechen, wie sie sind, ohne Zweideutigkeit und mit Kühnheit. Darüber hinaus zielt es darauf ab, die israelische Besatzung des palästinensischen Landes und alle Formen der Diskriminierung zu beenden" (ACK, 2011, S. 5–6).

Als Dokument des Glaubens formuliert es eine kontextuelle narrative Theologie aus der Sicht von Betroffenen, die in einem ganz bestimmten Umfeld unter ganz bestimmten Gegebenheiten mit ihrem Glauben ringen. Gerade weil es kontextuell verankert ist, beginnt das Dokument mit einer Analyse der politischen, sozialen und ökonomischen Realität in Palästina. Dabei scheuen sich die VerfasserInnen nicht, die Geschehnisse in Israel/Palästina beim Namen zu nennen: Besatzung, Trennmauer, Siedlungen, Erniedrigung, Missachtung des Völkerrechtes und der internationalen Resolutionen. Vor allem betonen sie, dass die Friedensverhandlungen gescheitert sind und die Situation aussichtslos ist.

Inmitten dieser aussichtslosen Situation und der Verzweiflung setzen die VerfasserInnen ihre Hoffnung auf ihren Glauben. Sie verfassen eine kontextuelle Exegese von drei zentralen christlichen theologischen Begriffen. Diese drei Begriffe sind Glaube, Hoffnung und Liebe. Ihre Exegese ist keine theoretische Übung; der Bibeltext wird vielmehr mit dem konkreten alltäglichen Leben in Palästina in Verbindung gebracht und kann daher nicht losgelöst von diesem Kontext gelesen werden. Dabei legen die VerfasserInnen ein Bekenntnis gegen Gewalt und Unterdrückung im Leben der Gemeinschaft ab. Mit ihrem Aufruf zur Beendigung der Besatzung und der rechtswidrigen Siedlungspolitik Israels in den besetzten Gebieten fordern die VerfasserInnen nichts anders als Gerechtigkeit. Sie bekräftigen ihren Glauben an einen Gott der Gerechtigkeit und der Liebe, der die Quelle des Lebens ist. Gerade deshalb verstehen sie Hoffnung „zuallererst und vor allem anderen [als] unseren Glauben an Gott" (ACK, 2011, S. 16).

Die Notwendigkeit zur Transformation verbinden die VerfasserInnen mit einer Hermeneutik der Liebe in einem Kontext voller Gewalt – eine Liebe, die sich auch auf die Liebe des Feindes erstreckt und dazu ermahnt, das Antlitz Gottes in dem anderen, auch im Feind, zu erkennen. Die theologische Frage nach dem gegenseitigen Verhältnis zwischen Feindesliebe und Widerstand war schon sehr früh ein zentrales Thema in der palästinensischen kontextuellen Theologie:

> Das Gebot der Feindesliebe gehört zum Wesen des christlichen Glaubens. Der Christ hat seinem Herrn und Vorbild zu folgen, also auch seinen Feind zu lieben. Diese Liebe ist kein sentimentales Gefühl; sie ist auch kein abstrakter Gedanke. Den Feind zu lieben, bedeutet nicht, alles von ihm zu erdulden. Es bedeutet nicht, tatenlos dem Unrecht zuzusehen und auf keinen Fall, sich an den „Feind" und seine Taten zu gewöhnen, oder gar, mit ihm zu kollaborieren. Den Feind zu lieben bedeutet, den Konflikt mit ihm weder zu verharmlosen, noch zu vertuschen, sondern die darin enthaltene Spannung auszuhalten, ohne sich von Haß leiten zu lassen. Die Unrechtstaten des Feindes soll man nicht lieben, wohl aber den Mensch. Den Feind zu lieben heißt also, in ihm trotz des Konfliktes Gottes Geschöpf zu erkennen, das ein Recht auf Leben, Vergebung und Liebe hat, nicht jedoch das Recht, Unrecht zu tun (Raheb, 1994, S. 108–109).

In einem Kontext, in dem Gewalt herrscht, bekennen sich die VerfasserInnen in aller Klarheit zu der Option eines gewaltfreien Widerstandes, der die Menschlichkeit der anderen respektiert:

> Wir meinen, dass wir als Christen gegen die israelische Besetzung Widerstand leisten müssen. Widerstand ist für Christen ein Recht und eine Pflicht, doch das Grundprinzip ihres Widerstandes ist die Liebe. Es muss sich daher um einen kreativen Widerstand handeln, das heißt, es müssen menschliche Wege gefunden werden, die die Menschlichkeit des Feindes ansprechen. Im Antlitz des Feindes die Würde Gottes zu sehen und im aktiven Widerstand nur solche Positionen zuzulassen, in denen sich diese Vision widerspiegelt, ist der wirksamste Weg, die Unterdrückung zu beenden und den Unterdrücker zu zwingen, von seiner Aggression abzulassen; auf diese Weise kann das

erwünschte Ziel erreicht werden: das Land, die Freiheit, die Würde und die Unabhängigkeit wiederzuerlangen (ACK, 2011, S. 21).

Stand in den verschiedenen theologischen Veröffentlichungen christlicher PalästinenserInnen bis zu diesem Dokument die hermeneutische Frage im Zentrum, so
geht dieses Dokument einen Schritt weiter. Es greift die verschiedenen internationalen Instrumente und Kampagnen für die konkreten gewaltfreien Alternativen im
Kontext Palästinas auf. In diesem Zusammenhang gehen die VerfasserInnen auf
BDS als eine Option des gewaltfreien Widerstandes ein.

> Die zivilen Organisationen der Palästinenser, aber auch die internationalen Organisa-
> tionen, die Nichtregierungsorganisationen wie auch eine Reihe von religiösen Institu-
> tionen appellieren an Einzelne, Gesellschaften und Staaten, sich für den Rückzug von
> Investitionen und für Boykottmaßnahmen der Wirtschaft und des Handels gegen alle
> von der Besatzung hergestellten Güter einzusetzen. Wir sehen darin die Befolgung
> des Grundsatzes des friedlichen Widerstandes. Diese anwaltschaftlichen Kampagnen
> müssen mutig vorangetrieben werden und dabei offen und aufrichtig erklären, dass
> ihr Ziel nicht Rache, sondern die Beseitigung des bestehenden Übels, die Befreiung
> der Täter und der Opfer des Unrechts ist. Ziel ist die Befreiung beider Völker von den
> extremistischen Positionen der verschiedenen israelischen Regierungen und die Erlan-
> gung von Gerechtigkeit und Versöhnung für beide Seiten. In diesem Geiste und mit
> dieser Zielrichtung werden wir vielleicht die lang ersehnte Lösung unserer Probleme
> erreichen; das ist schließlich auch in Südafrika und von vielen anderen Befreiungsbe-
> wegungen in der ganzen Welt erreicht worden. (ACK, 2011, S. 22)

4.   Bilanz:

Diese kurze Darstellung zeigt, dass über die letzten Jahrzehnte verschiedene Wege
eines gewaltfreien Widerstands in Palästina – wie der politische und theologische
Diskurs und der praktische Widerstand – gegangen wurden. Wo stehen wir heute
als PalästinenserInnen in Bezug auf die Frage der Gewaltfreiheit?

- Es ist notwendig, sich darüber im Klaren zu sein, dass die im Westen oft verbreitete Ansicht, dass gewaltfreier Widerstand allein den ChristInnen zuzu-
  schreiben ist, falsch und irreführend ist. In Israel/Palästina haben sich viele
  Menschen unterschiedlicher religiöser Zugehörigkeiten bei der Entwicklung
  und Durchführung von solchen gewaltfreien Optionen engagiert.
- In seinem aktuellen Buch liefert Mitri Raheb (2014, S. 192) eine kritische Betrachtung des Begriffes „gewaltfreier Widerstand" und plädiert für den Begriff
  „kreativer Widerstand" – ein Begriff, der bereits im „Kairos-Palästina-Dokument" zentral war:

> Kreativer Widerstand geht über den gewaltfreien Widerstand hinaus. Das Wort
> gewaltfrei ist immer noch die Negation eines Negativismus und als solches lässt
> es aus meiner Sicht noch etwas zu wünschen offen. Nach meiner Erfahrung gehen

viele, die den gewaltfreien Widerstand in Palästina unterstützen, unbewusst davon aus, dass Palästinenser eigentlich gewalttätige Leute sind, denen man beibringen muss, gewaltfrei zu handeln. Der staatliche Terror wird hingegen selten erwähnt.

- Gewaltfreiheit ist ein Begriff, der im theologischen Diskurs der letzten Jahre immer wieder auftaucht. Er bietet zwar eine Alternative zu der oben beschriebenen Herausforderung, dennoch hilft er m. E. in einem Kontext der Besatzung wie in Palästina nicht wirklich weiter, denn den Luxus der freien Entscheidung haben die Menschen meist nicht.
- Einer der wichtigsten Erfolge im Bereich des gewaltfreien Widerstandes in Palästina innerhalb der letzten Jahre ist ohne Zweifel der Anstieg der unterstützenden Organisationen und die zunehmende Anzahl jüdischer Menschen sowohl in Israel als auch in der Diaspora, die öffentlich Position beziehen und dadurch auch gewaltfreien Widerstand leisten. Hier sei auf die Arbeit von einigen Gruppen stellvertretend für viele weitere mutige Gruppen und Individuen hingewiesen wie „Jüdische Stimme für einen gerechten Frieden", „Bet'selem", die „Refuseniks" (Militärdienstverweigerer) oder „Breaking the Silence".
- Mitri Raheb unterstreicht in seinem Buch (2014, S. 193) eine weitere Dimension eines kreativen Widerstandes, durch die unterdrückte Menschen darin bestärkt werden, ihre Narrative auf neue Art und Weise zu erzählen. Gerade in einem Kontext wie Israel/Palästina, in dem die Narrative stets im Zentrum des Konfliktes standen, kann eine kritische Auseinandersetzung mit den eigenen Narrativen neue Optionen und Wege des kreativen Widerstandes eröffnen.

Doch all diese Schritte dürfen nicht darüber hinwegtäuschen, dass viele engagierte Menschen in Palästina nicht zuletzt bei dem letzten Krieg in Gaza mit vielen Diskrepanzen alleine zurückbleiben:

- Kann ein gewaltfreier Widerstand im Angesicht der immer stärker werdenden Brutalität, Diskriminierung und „Bantunisierung" zu einer Option der Mehrheit werden? Wenn nein, welchen Beitrag kann er leisten?
- Bei der Kritik und Zurückhaltung vieler Staaten, internationaler Organisationen und Kirchen bezüglich gewaltfreier Maßnahmen wie etwa BDS stellt sich die Frage: Wenn weder Widerstand mit Gewalt noch gewaltfreier Widerstand zu einer Solidarität führt, welchen dritten Weg kann es noch geben?
- Wenn die Option eines gewaltfreien Widerstands scheitert, welche theologische Antwort können wir dann geben? Es ist dann die Frage, ob und wie man die Ohnmacht aushalten kann und wie der dritte Weg zwischen Gewalt und Resignation ausschaut, ohne dabei die Hoffnung zu verlieren.

Letztendlich bleibt es in der Verantwortung der Menschen vor Ort, Formen und Möglichkeiten des kreativen Widerstandes zu (er-)finden. Im Sinne des kreativen Widerstandes antwortet dieser auf die militärische Gewalt der Besatzung mit einer anderen „Gewaltigkeit", die nichts mit Gewalttätigkeit zu tun hat. Der österreichische Dichter Georg Trakl rettete diese im Deutschen vergessene Bedeutung von „gewaltig" in seinem wunderbaren Herbstgedicht „Verklärter Herbst":

> „Gewaltig endet so das Jahr
> Mit goldnem Wein und Frucht der Gärten."

In diesem Sinn, so hoffen wir, wird der Widerstand gewaltig sein: in seinen Farben, seiner Kreativität, in seiner Präsenzkraft, in seiner ästhetischen Wucht und in seiner Unübersehbarkeit.

Literatur

Arbeitsgemeinschaft Christlicher Kirchen in Baden Württemberg (2011). *Arbeitshilfe zum Kairos-Dokument der Christinnen und Christen in Palästina.* Stuttgart: Autor.

Ökumenischer Rat der Kirchen (2005). *Von Harare nach Porto Alegre 1998–2006.* Genf: Autor.

Raheb, M. (1994). *Ich bin Christ und Palästinenser. Israel, seine Nachbarn und die Bibel.* Gütersloh: Gütersloher Verlagshaus.

Raheb, M. (2014). *Glaube unter imperialer Macht: Eine palästinensische Theologie der Hoffnung.* Gütersloh: Gütersloher Verlagshaus.

Sabbah, M. (2002). Zerstört unsere Kirche, aber verschont die Häuser der Gläubigen … In U. Bechmann & O. Fuchs (Hrsg.), *Von Nazareth bis Bethlehem: Hoffnung und Klage. Mit einem Forschungsbericht von Saleh Srouji* (S. 153–155). Münster: LIT-Verlag.

Internet

„Boykott, Desinvestition und Sanktionen-Kampagne" (2005). *Internationaler Aufruf der palästinensischen Zivilgesellschaft.* http://www.bds-kampagne.de/hintergrund/ internationaler-aufruf-der-palstinensischen-zivilgesellschaft/ (zuletzt geprüft am 11.12.2014).

BOYCOTT (n. d.). http://boycottisrael.info/ (zuletzt geprüft am 11.12.2014).

Oxfam (2013). *20 Facts: 20 Years since the Oslo Accords.* http://www.oxfam.org/sites/ www.oxfam.org/files/oxfam-oslo-20-factsheet.pdf (zuletzt geprüft am 11.12.2014).

PLO (1968). *Die Palästinensische Nationalcharta. 17. Juli 1968.* http://palaestina.org/ uploads/media/palaestinensische_nationalcharta.pdf (zuletzt geprüft am 14.07.2015).

Rede Yassir Arafat (1974). *Yassir Arafat vor der UNO-Vollversammlung auf Ihrer 29. Sitzung in New York,* 13. November 1974. http://palaestina.org/uploads/media/rede_ von_praesident_yassir_arafat.pdf (zuletzt geprüft am 11.12.2014).

United Nations General Assembly (1985). *A/RES/40/25.* http://www.un.org/documents/ ga/res/40/a40r025.htm (zuletzt geprüft am 10.12.2014).

„Ein Widerstand ohne Gewalt in Palästina" (2004). *Neue Zürcher Zeitung* vom 24.12.2004. http://www.nzz.ch/aktuell/startseite/articleA28Q7–1.351481 8 (zuletzt geprüft am 11.12.2014).

Fernando Enns

Anmerkungen zum Beitrag von Viola Raheb

1.   Persönliche Anmerkungen vorweg

„Christliche Theologie müssen wir immer so betreiben, als ob uns ein Jude über die Schulter schaute". Dies war einer der prägenden Sätze, als ich in den 1980er Jahren Theologie an der Ruprecht-Karls-Universität in Heidelberg studierte. Der jüdisch-christliche Dialog war allgegenwärtig.[1] Die Sensibilität für die vielen, in der Geschichte der christlichen Theologie angehäuften Antijudaismen wurde dadurch geschärft. Dies erlebten wir damals als eine enorme Befreiung und gleichzeitig als klaren Auftrag, viele Inhalte des christlichen Glaubens mithilfe jüdischer Stimmen neu zu reflektieren. Nur so war eine „Theologie nach Auschwitz" überhaupt noch denkbar. So konnten wir zu einer Identitätsbestimmung gelangen, die die Verwurzelung des eigenen Glaubens im jüdischen Glauben feierte. Antijudaismen durfte es folglich auch im theologischen Denken überhaupt nicht mehr geben. Die gleiche Konsequenz forderten wir vom Handeln der Kirchen.

Was ich damals nicht bemerkte: Da all dies im Schatten der Auseinandersetzung mit der Schuld- und Verantwortungsfrage hinsichtlich der Shoa geschah, war ein Bild von „den Juden" entstanden, das sie im Grunde wiederum reduzierte, diesmal auf ihr Opfersein. Ich meine heute, dass mir diese *theologische* Prägung lange den Blick verstellte für eine differenzierte Wahrnehmung der *politischen* Vorgänge in Israel/Palästina, vor allem der Ungerechtigkeiten der israelischen Regierungen.

Dann lernte ich Viola Raheb kennen, zuerst bei einer kurzen Begegnung in Heidelberg, später sehr viel intensiver während unserer gemeinsamen Arbeit im Auftrag des Weltkirchenrates (Ökumenischer Rat der Kirchen, ÖRK) im Rahmen der „Dekade zur Überwindung der Gewalt. 2001–2010" (vgl. Enns, 2012, S. 167–246). Durch sie schärfte sich erst mein Blick für die brutale Realität eines Lebens unter einer Besatzungsmacht. Ich konnte ihr theologisches und politisches Ringen – und das vieler weiterer Palästinenser – über Jahre verfolgen: Wie kann man theologisch verantwortlich mit einer solchen Situation des Leids und des Unrechts umgehen? Die palästinensische Befreiungstheologie liefert hierzu ganz entscheidende Beiträge. Aber wichtiger war noch, die Stärke und zugleich auch die Hilflosigkeit spüren zu können. Dafür bin ich sehr dankbar. Die Auseinandersetzung zu Fragen von Gewalt und Gewaltfreiheit aus der Perspektive des christlichen Glaubens und der Theologie ist für mich dadurch sehr viel schwieriger geworden. Wie findet eine christliche Verantwortung Gestalt in dieser Situation?

---

1   Besonders dankbar bin ich Dietrich Ritschl, der – auch durch die Forschungszusammenarbeit mit Paul van Buren u. a. – diese Perspektive so überzeugend vertrat, dass dieser Ansatz prägenden Einfluss auf uns Studierende hatte.

2. Anmerkungen zur aktuellen *politischen* Auseinandersetzung in Europa

Mein Eindruck ist, dass die israelische Regierung gerade durch den letzten, schrecklichen Krieg gegen die Menschen in Gaza im Jahr 2014 in der öffentlichen Wahrnehmung auch in Deutschland, in Europa ohnehin, endgültig eine Linie überschritten hat. Am 2. Dezember 2014 hat die Französische Nationalversammlung mit breiter Mehrheit beschlossen, den Staat Palästina offiziell anzuerkennen. „Untätig zu bleiben bedeutet, das Feld den Extremisten zu überlassen, die von der Fortsetzung des Kriegs profitieren" begründete Élisabeth Guigou (2014), Mitglied der Nationalversammlung, diesen Schritt. Die Parlamente in Schweden und Großbritannien haben diesen Schritt bereits früher getan. Auch das Europäische Parlament beschäftigt sich mit dieser konkreten Frage. Die deutsche Regierung aber stemmt sich dagegen. Bundeskanzlerin Merkel: „Wir sind [...] der Meinung, dass uns eine einseitige Anerkennung des palästinensischen Staates auf dem Weg zu einer Zweistaatenlösung nicht voranbringt."[2] Zu diesen Vorgängen möchte ich feststellen und fragen:

a. Diese offizielle Anerkennung Palästinas sind gerade die Staaten Europas den Palästinensern *und* dem propagierten „Friedensprozess" seit langem schuldig, wenn sie in ihrer Einforderung des internationalen Rechts noch glaubwürdig und nicht einfach Mitgefangene des *status quo* sein wollen.

b. Darüber hinausgehend wäre jetzt allerdings zu fragen, ob die seit Jahrzehnten wiederholte Forderung einer Zwei-Staaten-Lösung überhaupt noch eine realistische und erstrebenswerte Möglichkeit darstellt. Unter Palästinensern wie Israelis wird längst über eine völlig andere Lösung nachgedacht: ein tatsächlich demokratischer Staat, der es allen Menschen – unabhängig von Herkunft oder Religion – erlaubt, vollwertige Bürger dieses Staates zu sein. Ist das nicht die Forderung, die sowohl aus demokratisch verfassten Staaten, als auch von jenen Religionen erhoben werden müsste, denen Religionsfreiheit und die Gleichheit aller Menschen theologisch wie politisch ein so hohes Gut ist? – Kann die Anerkennung Palästinas als Staat ein Schritt dahin sein oder würde dies den Prozess dahin gerade verhindern?

c. Welche politischen Schritte müsste die deutsche Regierung unternehmen, wenn sie sich in diesem Konflikt weniger selbst thematisierte und stattdessen tatsächlich auf der Grundlage des internationalen Völkerrechts – gemeinsam mit den europäischen Partnern – für einen „Gerechten Frieden"[3] in Israel/Palästina einträte?

---

2   http://de.reuters.com/article/worldNews/idDEKCN0J51S820141121 (zuletzt geprüft am 14.07.2015).

3   Vgl. zum Begriff des „Gerechten Friedens" innerhalb der ökumenischen Diskussion: Raiser & Schmitthenner, 2012.

3. Anmerkungen zur *medialen* Auseinandersetzung

Zuweilen habe ich den Eindruck, dass der israelisch-palästinensische Konflikt nicht unter zu wenig, sondern gerade unter zu viel Aufmerksamkeit leidet. Jede politische Partei – auch in Deutschland – hat dazu eine Position; jede Regierung schickt Vertreter in die Region, jede international agierende Nichtregierungsorganisation engagiert sich gerade hier. Dieser kleine Landstrich ist in allen Medien omnipräsent. Auch nahezu alle Kirchen meinen, sich gerade hier engagieren zu müssen, viele haben sogar eigene hochrangige Vertretungen vor Ort.

Die Gründe dafür kann ich hier nicht erörtern, sondern möchte fragen, ob dieser Sachverhalt nicht gerade dazu führt, dass jede Äußerung – ob von Seiten der israelischen Regierung oder der palästinensischen Autonomiebehörde oder von den vielen anderen, meist extremistischen „Rändern" – viel zu sehr politisch wie religiös aufgeladen wird. Und verführt dies alle politisch Handelnden nicht auch dazu, diesen Konflikt ständig – wiederum politisch wie religiös – zu instrumentalisieren, oft auch für Zwecke, die die Menschen in diesem Landstrich gar nicht betreffen?

Selbst in dem von Viola Raheb bereits erwähnten „Kairos-Palästina-Dokument" (2009, Abs. 2–3) sagen palästinensische Stimmen:

> Wir glauben, dass unser Land einen universellen Auftrag hat. In dieser Universalität erweitert sich die Bedeutung der Verheißungen, des Landes, der Erwählung und des Volkes Gottes und schließt die ganze Menschheit ein – angefangen bei allen Völkern, die in diesem Land wohnen. Im Lichte der Lehren der Heiligen Schrift war die Verheißung des Landes zu keiner Zeit ein politisches Programm, sondern vielmehr der Auftakt zur vollständigen universellen Erlösung. Sie war der Beginn der Vollendung des Reiches Gottes auf Erden.

Verführt dieser Universalanspruch nicht auch dazu, diesen Konflikt derart zu überhöhen, dass eine Lösung ins Unerreichbare rückt, weil politische Positionen dadurch unverhandelbar werden? Kann es Situationen geben, in denen es zur Lösung eines Konfliktes beiträgt, dass man ihm Aufmerksamkeit entzieht, weil alle Mediationsversuche von außen letztlich schlicht Teil des Problems werden anstatt zu einer Lösung beitragen? Wo werden die genuinen Stimmen der direkt Betroffenen so ernst genommen, dass sie selbst zu den entscheidenden politischen Akteuren werden können?

Damit soll nun keineswegs dafür plädiert werden, sich der eigenen Verantwortung zu entziehen. Dieser Konflikt, wie fast jeder größere Konflikt in einer wirtschaftlich globalisierten Welt, in der wir leben, hat zumindest mittelbare Implikationen für Menschen in anderen Teilen der Welt. Daher haben die Kirchen im ÖRK-Zentralausschuss (2014) erneut *ihre* Rolle bekräftigt:

Der ÖRK-Zentralausschuss (Juli 2014, Übers. aus dem Englischen F.E.)

1. erinnert jene Kirchen, die an Investment Fonds beteiligt sind, dass sie die Möglichkeit haben, diese verantwortlich zur Unterstützung eines Friedens in Gerechtigkeit für Israelis und Palästinenser gebrauchen können;

2. fordert die weltweite ökumenische Familie auf, Einzelne wie Kirchen zu begleiten, die isoliert werden, weil sie versuchen, als prophetische Stimme die Besatzung Palästinas zu beenden und einen gerechten Frieden herbeizuführen;

3. ermutigt seine Mitgliedskirchen, dazu beizutragen, eine lebendige palästinensische christliche Präsenz und ihr Zeugnis in Israel und Palästina zu erhalten;

4. ermutigt seine Mitgliedskirchen, in einen Dialog zu treten mit den palästinensischen Kirchen, Akteuren der Zivilgesellschaft und jüdischen Partnern. Anstatt auf die politischen Kontroversen über ökonomische Maßnahmen zu reagieren, sollten die Kirchen behutsam und im Gebet darüber nachdenken, wie sie aus dem Fundament ihres Glaubens darauf antworten sollten;

5. erklärt sich solidarisch mit allen, die sich für einen Frieden in Gerechtigkeit für Palästina und Israel einsetzen.

4.   Friedensethische Anmerkungen

Mitri Raheb schlägt vor, nicht vom „gewaltlosen Widerstand" zu reden, sondern vom „kreativen Widerstand", da Gewaltlosigkeit immer noch die Negation eines Negativums sei. Um die Aufmerksamkeit nicht von der entscheidenden Frage der Gewalt abzulenken, ziehe ich es vor, in diesem Zusammenhang von gewalt*freiem* Widerstand zu sprechen. Ich meine, dass dieser Terminologie eine ganz entscheidende Denkbewegung zugrunde liegt: sich selbst von Gewalt befreien zu lassen, anstatt (womöglich ideologisch verbrämt) absolute Gewalt*losigkeit* zu beanspruchen. Dahinter steht die Überzeugung, dass es tatsächlich einer ganz eigenen Befreiungserfahrung bedarf, um aus der Verstrickung in die elenden Gewaltspiralen befreit zu werden und die ungeheure Kraft zu entfalten, der so verständlichen und naheliegenden Versuchung der Gewalt widerstehen zu können. – Einen solchen „Befreiungsakt" erkenne ich in der biblischen Rede von der „Erlösung": Gewaltfreiheit ist demnach nicht einfach eine politische Strategie – das ist sie sicherlich auch – aber sie wurzelt letztlich in einer „Befreiungstheologie", die die Erlösung der Opfer *und* Täter aus ihrem Gefängnis der Gewalt meint, um dem Dämon der Gewalt tatsächlich wehren zu können. In diesem Sinne lese ich auch das „Kairos-Palästina-Dokument" (2009):

> Der Widerstand gegen das Übel der Besetzung ist demnach eingebettet in die christliche Liebe, die das Böse ablehnt und wiedergutmacht. Sie widersteht dem Bösen in allen seinen Formen mit Methoden, die dem Grundsatz der Liebe entsprechen, und setzt alle Kräfte in Bewegung, um Frieden zu stiften. Wir können auch durch zivilen Ungehorsam Widerstand leisten. Wir sollen nicht Widerstand leisten, indem wir Tod bringen, sondern vielmehr, indem wir das Leben schützen (Abs. 4–2-5). […] Entweder wird der Zyklus der Gewalt beide Seiten vernichten oder der Friede wird beiden Seiten zugute kommen (Abs. 4–3).

Wie lässt sich vermeiden, dass diese theologischen Einsichten in den Ohren der Opfer wie Hohn klingen? Vermutlich erhalten sie ihre Glaubwürdigkeit erst dann, wenn die Opfer selbst imstande sind, sie zu sagen. – Das habe ich bei palästinensischen Christinnen und Christen erlebt, und das verändert mein theologisches Nachdenken nun erneut.

Literatur

„Kairos-Palästina-Dokument" (2009). *Die Stunde der Wahrheit. Ein Wort des Glaubens und der Hoffnung aus der Mitte des Leidens der Palästinenser*. Berlin: AphorismA

Enns, F. (2012). *Ökumene und Frieden. Theologische Anstöße aus der Friedenskirche* [Theologische Anstöße, Bd. 4]. Neukirchen-Vluyn: Neukirchener.

Guigou, É. (2014). *„Alarmschlagen für den Frieden". Weshalb wir wollen, dass Frankreich den Staat Palästina jetzt anerkennt*. IPG – Internationale Politik und Gesellschaft. http://www.ipg-journal.de/rubriken/aussen-und-sicherheitspolitik/artikel/alarm schlagen-fuer-den-frieden-695 (veröffentlicht am 08.12.2014, zuletzt geprüft am 14.07.2015).

ÖRK-Zentralausschuss (2014). *World Council of Churches, Statement on Economic Measures and Christian Responsibility towards Israel and Palestine. Central Committee, Geneva, 7 July 2014*. https://www.oikoumene.org/en/resources/documents/central-committee/geneva-2014/statement-on-economic-measures-and-christian-responsibili ty-toward-israel-and-palestine (zuletzt geprüft am 14.07.2015).

Raiser, K. & Schmitthenner, U. (Hrsg.). (2012). *Gerechter Friede. Ökumenische Studien Bd. 39*. [Begleitdokument des Ökumenischen Rates der Kirchen. Mit Anhang]. Münster: Lit.

Visionäre der Gewaltfreiheit –
kritisch betrachtet

Susanne Rohr

Of Dreams and Dread

Martin Luther Kings ziviler Ungehorsam

In den folgenden Ausführungen werde ich Martin Luther Kings Konzept des zivilen Ungehorsams in zwei Kontexten und Traditionslinien diskutieren, die das Format seines Verständnisses des gewaltlosen Widerstands entscheidend geprägt haben. Einerseits ist dies der religiös-biblische, der auch in einen Appell an das amerikanische Selbstverständnis als „land of the free" und den Aufruf, das Schweigen über das Unrecht des Rassismus zu brechen, mündet. Andererseits werde ich zeigen, inwiefern Martin Luther Kings Vorstellungen im ideengeschichtlichen Zusammenhang des Transzendentalismus stehen, der amerikanischen Romantik, die das Denken in den USA in der ersten Hälfte des 19. Jahrhunderts bis zum Beginn des Bürgerkriegs 1861 dominierte.

Ich möchte jedoch zunächst ganz aktuell beginnen: Am 26. Januar 2015 erschien in der amerikanischen Zeitschrift *The New Yorker* ein Artikel, der die Strahlkraft, die die Person Martin Luther Kings und sein Konzept des gewaltfreien Widerstands bis heute in den USA, aber auch weltweit, haben, verdeutlicht. Der Artikel „A President and a King" von Jelani Cobb stellt King, den „König", dem Präsidenten gleich, und er zeigt, wie Barack Obama sich immer wieder auf Martin Luther King beruft, wenn er Aussagen zur Rassenthematik in den USA macht, so auch in einer Rede im Juni 2009 an der Universität von Kairo:

> For centuries, black people in America suffered the lash of the whip as slaves, and the humiliation of segregation. But it was not violence that won full and equal rights. It was a peaceful and determined insistence upon the ideals at the center of America's founding. This same story can be told by people from South Africa to South Asia; from Eastern Europe to Indonesia. It's a story with a simple truth: that violence is a dead end. (Obama zitiert nach Cobb, 2015, Abs. 2)

Obama selbst, der erste afroamerikanische Präsident in der Geschichte der USA, wird als Zeichen des Erfolgs von Kings Strategie gesehen, doch wird der Rekurs auf den Führer der Bürgerrechtsbewegung andererseits immer schwieriger, wie der Autor betont:

> (. . .) nearly six years after the Cairo speech, Obama is less able to deploy the moral capital of civil rights, at least in the Middle East, not only because he is now established as the face of American authority but also because many of the battles that King fought have still not been resolved. Racism remains an Achilles' heel. The protests in Ferguson, New York, and beyond were watched by a global audience (. . .). (Cobb, 2015, Abs. 11)

Kings Kampf, der Kampf der amerikanischen Bürgerrechtsbewegung, ist noch nicht gewonnen, wie auch die Reaktionen auf die jüngste Verfilmung eines entscheidenden Sieges der Bewegung in Selma, Alabama, zeigen. Der Film *Selma* (Ava DuVernay [Regie], 2014) dramatisiert die Protestmärsche von Selma nach Montgomery in Alabama im Jahr 1965. Die dort gezeigte Brutalität, mit der die friedlich protestierenden Afroamerikaner von den weißen Ordnungskräften niedergeknüppelt wurden, haben viele Zuschauer mit den heutigen Rassenunruhen in den USA in Verbindung gebracht. Auch die Tatsache, dass dieser Film bei der Oscar-Verleihung 2015, obwohl für den besten Film nominiert, nur mit dem Oscar für die beste Filmmusik bedacht wurde, wurde sehr kontrovers diskutiert.

Und auch die Eröffnung des Martin Luther King Memorial in Washington am 22. August 2011 war von Kontroversen begleitet. Drei Tage später erschien in Reaktion auf die Eröffnung in der *New York Times* ein kritischer Artikel des Philosophen und Princeton-Professors Cornel West mit dem Titel „Dr. King Weeps From His Grave". Cornel West, ein streitbarer Intellektueller afroamerikanischer Herkunft, vermutet hier, dass die Freude Martin Luther Kings über seine große Ehrung wahrscheinlich nicht ungetrübt wäre, dass er wohl lieber eine Revolution als ein Denkmal unter seinem Namen gesehen hätte. Denn ist der Erfolg der Bürgerrechtsbewegung, deren Anführer King war, einerseits unübersehbar – der erste afroamerikanische Präsident der USA, Barack Obama, wird kurz darauf die Eröffnungsrede des Denkmals halten – so hat sich andererseits laut Cornel West an den vier großen Grundübeln der amerikanischen Gesellschaft, die King identifizierte, und die ihn dazu brachten, von den USA als einer „sick society", also einer kranken Gesellschaft, zu reden, nicht viel geändert. King, so Cornel West weiter, nannte sie die „vier Katastrophen": Militarismus, eine imperiale, Materialismus, eine spirituelle, Rassismus, eine moralische, und Armut, eine ökonomische Katastrophe. Wäre Martin Luther King nicht am 4. April 1968 in Memphis, Tennessee, ermordet worden, so hätte der Friedensnobelpreisträger am darauffolgenden Sonntag eine Predigt mit dem Titel „Why America May Go to Hell" gehalten. Darin hätte er nicht vertreten, dass Amerika zu Hölle gehen *solle*, aber dass Amerika zur Hölle gehen *könnte*, wenn es nicht entschiedener als bisher gegen wirtschaftliche Ungleichheit und kulturellen Verfall kämpfen und seine politische Lähmung überwinden würde. Genau diesen Kampf gilt es laut Cornel West weiterzuführen, und so ruft er in Fortführung des Bildes eines aus dem Grabe weinenden und zur Revolution ermunternden King reichlich pathetisch dazu auf: „Like King, we need to put on our cemetery clothes and be coffin-ready for the next great democratic battle" (West, 2011, Abs. 12).

Wenig überraschend hat Cornel Wests Artikel viele Leser zu Stellungnahmen provoziert, darunter eine, die festhält, dass das Bild Martin Luther Kings in der amerikanischen Öffentlichkeit mittlerweile völlig eindimensional ist. Dieser Leser schreibt:

We have constructed a third grader's simplification as our national narrative about Dr. King: love one another, nonviolence, had a dream. When my high school students listen to Dr. King's ‚Beyond Vietnam' speech, they are shocked and amazed (…). This angry revolutionary is not the Martin Luther King whom they are familiar with. (Kagan, 2011, Abs. 1–3)

Ich möchte an diese andere, kulturell verdrängte Seite Kings erinnern, wenn es um die Frage des gewaltlosen Widerstands gehen wird, bei der King eher in seiner gütigen Version beleuchtet wird. Denn diese eben zitierte Leserstimme erinnert uns daran, dass das öffentliche Narrativ ein Mythos ist, erschaffen gemäß den Bedürfnissen und Strukturen der öffentlichen Gedenkkultur Amerikas. Was dieses Bild auslässt, ist, dass Kings berühmter Traum von Amerika zum Zeitpunkt seiner Ermordung bereits zum Alptraum geworden war und er selbst durch seine dezidierte Opposition gegen den Vietnamkrieg in der amerikanischen Öffentlichkeit zur umstrittenen Figur wurde. Trotz seines Bekenntnisses zum gewaltlosen Widerstand – oder wahrscheinlich genau deshalb – wurde er von den amerikanischen Ordnungsorganen als Bedrohung wahrgenommen. Vor kurzem, im November 2014, erschien im *New York Times Magazine* ein Artikel, in dem zum ersten Mal der vollständige berühmt-berüchtigte „suicide letter" veröffentlicht wurde, ein Drohbrief, der 1964 mit größter Wahrscheinlich von J. Edgar Hoovers F.B.I. an King geschickt worden war. In diesem wird King persönlich diffamiert, der Unmoral bezichtigt, sein sexuell ausschweifendes Leben gegeißelt und er schließlich zum Selbstmord aufgefordert. Dieser Artikel von Beverly Gage trägt den Titel „What an Uncensored Letter to M.L.K. Reveals", und es lässt sich sagen, dass Dokumente wie dieses enthüllen: Reverend Dr. Martin Luther King, Jr. war eine Art Stolperstein für die weiße Überlegenheitsideologie, eine Unbequemlichkeit für das amerikanische Selbstverständnis und ein Ruhestörer der öffentlichen Ordnung – und er war dies, weil er sich in seinem Denken und Handeln explizit auf genau der Grenze positionierte, die in der amerikanischen Gesellschaft die alles entscheide war und ist: die sog. „color-line". Ich spiele mit diesem Ausdruck auf eine berühmte Aussage des ersten einflussreichen afroamerikanischen Intellektuellen, W.E.B. DuBois an, der 1903 in seinem Werk *The Souls of Black Folk* hellsichtig schrieb: „The problem of the twentieth century is the problem of the color-line,— the relation of the darker to the lighter races of men in Asia and Africa, in America and the islands of the sea" (DuBois, 1989, S. 13).

Mit dieser Aussage bewertet DuBois die Tatsache, dass die USA 1865, nach dem Bürgerkrieg, vor die Entscheidung gestellt, entweder den Afroamerikanern die vollen Bürgerrechte zu gewähren oder die Einheit der Nation um jeden Preis wiederherzustellen, sich für Letzteres entschieden haben und somit eine einmalige Chance verpasst und das Problem der Rassenungleichheit in das 20. Jahrhundert verschoben haben. Im Angesicht aktueller Entwicklungen kann man dies wohl auch getrost ins 21. Jahrhundert verlängern. Somit blieb diese Schwierigkeit als ständig wachsende Herausforderung bestehen, bis sie in der Bürgerrechtsbewegung unter ihrem Anführer Martin Luther King zum großen Kampf führte.

Im Folgenden möchte ich nun Martin Luther Kings Verständnis des gewaltlosen Widerstands im religiösen Kontext diskutieren und darstellen, auf welche
Art und Weise King den Kampf führte, genau genommen rhetorisch führte. Am
28. August 1963 hielt er im Kontext der gewaltigen Demonstration für Freiheit
und Bürgerrechte, dem „Great March on Washington", an dem 250.000 Menschen
teilnahmen, seine berühmte „I Have a Dream"-Rede, die dramatisch das Ende der
Rassentrennung in den USA fordert. Der „March on Washington" wird gemeinhin
als wesentliches Element der Entwicklungen gesehen, die letztlich 1964 zum „civil rights act" führten, mit dem die Rassentrennung in den USA offiziell beendet
wurde. In dieser Rede Kings, die in den USA übrigens so über-populär ist – und oft
in zweifelhafter Weise interpretiert wird –, dass der King-Forscher Michael Eric
Dyson 2000 zur allgemeinen Erholung ein zehnjähriges Moratorium vorschlug,[1]
finden wir Hinweise auf Kings rhetorische Strategien.

Zunächst einmal formuliert der Baptisten-Prediger King die Geschichte und An-
liegen der Bürgerrechtsbewegung als biblisches Narrativ, und zwar als Geschichte
des Exodus, wie sie im 2. Buch Mose erzählt wird. Damit folgt er der Tradition
afroamerikanischer religiöser Rhetorik und biblischer Hermeneutik (vgl. Miller,
2007, S. 406), in der zu den Zeiten der Sklaverei das eigene Schicksal entlang der
Exodus-Geschichte gedeutet wurde. In Abgrenzung zur biblischen Auslegung der
weißen Sklavenhalter erzählten afroamerikanische Prediger und Songschreiber die
Geschichte der Sklaverei in Amerika in Bezug auf die biblischen Texte der Gefangenschaft der Israeliten in Ägypten. In typologischer Parallelsetzung wurden z. B.
die weißen Sklavenhalter der Südstaaten als Pharaonen gesehen, die afroamerikanischen Sklaven als Israeliten, und später Befreier-Figuren wie Abraham Lincoln
als Moses. Es geht also um die Reise eines ganzen Volkes aus der Gefangenschaft
in die Freiheit und aus dem Exil in das Gelobte Land. Ein bekanntes Beispiel für
die Einschreibung der Afroamerikaner in das biblische Exodus-Narrativ wäre z. B.
das Spiritual „Go Down, Moses"

O let us all from bondage flee. Let my people go,
And let us all in Christ be free. Let my people go.

Go down, Moses,
Way down in Egypt land,
Tell old Pharaoh,
Let my people go.

In diese narrativen Zusammenhänge also stellt King seine Rede, wenn er im folgenden Zitat sagt, dass die Bürgerrechtsbewegung sich dagegen auflehnt, dass
die Afroamerikaner auch nach 100 Jahren noch nicht frei seien. Und mit diesem
Zeitpunkt meint er Abraham Lincolns „Emancipation Proclamation" von 1863, in

---

1   Dyson schreibt: „In the light of the determined misuse of King's rhetoric, a modest propos-
     al appears in order: a ten-year moratorium on listening to or reading ‚I Have a Dream'"
     (Dyson, 2000, S. 15).

der dieser die Abschaffung der Sklaverei in den Südstaaten erklärte. King führt aus, dass die Afroamerikaner auch nach 100 Jahren immer noch im Exil, nämlich in der Segregation, sind, obwohl sie sich, anders als seinerzeit die Israeliten, in ihrem eigenen Land aufhalten: „But one hundred years later, the Negro still is not free. (. . .) One hundred years later, the Negro is still languished in the corners of American society and finds himself an exile in his own land" (King, 1990a, S. 37).

Hier wird offensichtlich, dass der biblische Zusammenhang der erste Kontext für Kings Aufruf zum gewaltfreien Widerstand ist: Exodus erzählt, dass die Erlösung für die Israeliten durch Gottes Willen und Gottes Weisung ihrer Anführer geschah, nicht durch Krieg oder gewaltsamen Widerstand. Bei den Israeliten wie den Afroamerikanern geht es also um das Vertrauen auf die letztliche Befreiung, und King, der die Afroamerikaner „Veteranen kreativen Erleidens" nennt, ruft genau dazu auf: zum Vertrauen, dass unverschuldetes Leid zur Erlösung führt:

> You have been the veterans of creative suffering. Continue to work with the faith that unearned suffering is redemptive. Go back to Mississippi; go back to Alabama; go back to South Carolina; go back to Georgia; go back to Louisiana; go back to the slums and ghettos of the Northern cities, knowing that somehow this situation can, and will be changed. (King, 1990a, S. 41)

Was King hier mit seinem Exodus-Narrativ gleichzeitig etabliert, ist eine Koalition mit den *wahren* Nachfahren der Israeliten, d. h. der jüdischen Gemeinschaft in den USA. Und in der Tat war es so, dass von den 250.000 Teilnehmern am „March on Washington" ca. ein Viertel Weiße waren, ein Großteil davon Juden. Denn um 1963 herum war die Hoch-Zeit der jüdisch-afroamerikanischen Allianz erreicht, und diese spezielle Verbindung gibt uns einen weiteren Hinweis auf Kings Strategie des gewaltlosen Widerstands.

Joachim Prinz, Rabbiner der Gemeinde B'nai Abraham in Newark, New Jersey, und Präsident des AJC (American Jewish Congress), einer der größten jüdischen Organisationen, hatte die Ehre, beim „Marsh on Washington" unmittelbar vor Martin Luther King seine Rede zu halten. Auch Prinz etabliert zunächst die gemeinsame Geschichte der Erfahrung von Sklaverei und Diskriminierung als Grundlage der Solidarität der amerikanischen Juden mit den Belangen der Bürgerrechtsbewegung. Dann aber nimmt seine Rede eine interessante Wendung in seine Biografie, und damit in die Geschichte des Dritten Reichs. Prinz wurde 1902 in Deutschland geboren, war Rabbiner in Berlin und musste Deutschland 1937 verlassen. Er fährt in seiner Rede fort:

> When I was the Rabbi of the Jewish community in Berlin under the Hitler-Regime, I learned many things. The most important thing that I learned in my life and under those tragic circumstances is that bigotry and hatred are not the most urgent problems. The most urgent, the most disgraceful, the most shameful and the most tragic problem is silence. A great people which had created a great civilization had become a nation of silent onlookers. They remained silent in the face of hate, in the face of brutality, and in the face of mass murder. America, America must not become a nation of onlookers.

America must not remain silent, not merely black America, but all of America. It must speak up and act from the president down to the humblest of us and not for the sake of the Negro, not for the sake of the black community, but for the sake of the image, the dream, the idea and the aspiration of America itself. (Prinz, 1963, Abs. 7–9)

Hier passiert zweierlei: nicht nur evoziert Prinz den Holocaust als Interpretationshintergrund für die Belange der Bürgerrechtsbewegung, sondern er bezieht sich, wie nach ihm King, auf die Versprechen des amerikanischen Traums und Amerikas Selbstbild als „land of the free", wie es in der Nationalhymne heißt. Prinz fordert nicht Kampf, sondern Anerkenntnis des Unrechts vor dem Hintergrund der amerikanischen Versprechen. Er fordert, das Schweigen zu brechen, denn Schweigen ist das größte Problem, in Nazi-Deutschland ebenso wie im Amerika der 1960er Jahre, denn es hat die Kraft, eine große Kultur zu Fall zu bringen. Insofern ruft Prinz nicht zum Kampf auf, sondern dazu, das Schweigen zu brechen, er appelliert an die amerikanische Nation, sich zu ihren Werten zu bekennen.[2] Genau diesen Faden nimmt auch Martin Luther King in seiner Rede auf, wenn er sagt:

We have also come to this hallowed spot to remind America of the fierce urgency of now. This is no time to engage in the luxury of cooling off or to take the tranquilizing drug of gradualism. Now is the time to make real the promises of democracy. (. . .) It would be fatal for the nation to overlook the urgency of the moment (. . .). (King, 1990a, S. 38–39)

Wenn Amerika nicht seinem Selbstbild gerecht wird und sein Schweigen bricht, dann könnte es letztlich, wie King es in seiner oben genannten Predigt genannt hatte, „zur Hölle gehen". Später, 1967, wird er seine große Anti-Vietnamkriegs-Rede „A Time to Break Silence" nennen.

Kings Rhetorik ist meisterhaft darin, seine unverkennbare Wut über die Unterdrückung der Afroamerikaner mit einem ebenso konsequenten wie besonnenen Aufruf zur Gewaltfreiheit zusammenzubringen. Bevor ich mich der nächsten und wichtigsten Quelle seiner Vorstellungen vom gewaltlosen Widerstand widme, und zwar der Tradition des zivilen Ungehorsams, wie Henry David Thoreau sie für den amerikanischen Kontext begründet hat, möchte ich den Teil seiner „I Have a Dream"-Rede vorstellen, in der King eine explizite Aussage zu seiner Strategie macht:

But there is something that I must say to my people who stand on the warm threshold which leads into the palace of justice. In the process of gaining our rightful place we must not be guilty of wrongful deeds. Let us not seek to satisfy our thirst for freedom by drinking from the cup of bitterness and hatred. We must forever conduct our struggle on the high plane of dignity and discipline. We must not allow our creative protest to degenerate into physical violence. Again and again, we must rise to the majestic heights of meeting physical force with soul force. (King, 1990a, S. 39–40)

---

2   Ich verdanke David Jünger den wertvollen Hinweis auf die Rede von Joachim Prinz. Vgl. auch Jünger, 2013.

Unser kreativer Protest darf nicht zu physischer Gewalt herabsinken, sagt King, wir müssen körperlicher Kraft mit der Kraft unserer Seele begegnen. Was in diesem Zitat anklingt, ist eine Verbindung zum Transzendentalismus, der amerikanischen Romantik, die geistesgeschichtlich in den USA die erste Hälfte des 19. Jahrhunderts dominierte und in deren Tradition Thoreau steht. Ich möchte ganz kurz einige wichtige Elemente dieses Denkens vorstellen, da sie zum Verständnis von Thoreaus – und damit Kings – Konzept des zivilen Ungehorsams wichtig sind. Der Vordenker des Transzendentalismus ist Ralph Waldo Emerson, auf dessen Schriften King sich immer wieder beruft, und ähnlich wie in der europäischen Romantik steht auch im Mittelpunkt von Emersons Betrachtungen immer wieder das Individuum mit all seinen Potenzialen, vor allem den kreativen Potenzialen. Zentrales Konzept ist bei Emerson dabei das der „Self-Reliance", also die Vorstellung eines sich seiner selbst gewissen, unabhängigen Individuums, das sich allen Tendenzen zur Konformität aktiv widersetzt, seinen eigenen Idealen folgt und durch kontinuierliche Selbstverbesserung zur Veränderung der Gesellschaft insgesamt beiträgt. Es gibt kaum ein Konzept, das das amerikanische Selbstverständnis tiefer ausdrücken würde als dieses.

Der Schlachtruf, der sich durch den ganzen Essay – wie durch das gesamte Emersoniansche Denken – zieht, ist „Trust thyself" (Emerson, 1994, S. 1543), also „vertraue dir selbst", sowie der Aufruf zu unbedingter Nonkonformität: „Whoso would be a man must be a nonconformist" (Emerson, 1994, S. 1544).

Einer der zentralen Gedanken in diesem Essay ist ferner ein gesundes Misstrauen gegen jegliche Form institutioneller Autorität, und Emerson beschwört darüber hinaus die umstürzlerische Kraft konsequent gelebter „Self-Reliance":

> It is easy to see that a greater self-reliance must work a revolution in all the offices and relations of men; in their religion; in their education; in their pursuits; their modes of living; their association; in their property; in their speculative views. (Emerson, 1994, S. 1553; vgl. hierzu auch Patterson, 1997, S. 84)

Wichtiger Motor dieses Prozesses ist dabei das Konzept der Kreativität, das zur Selbst- und gesellschaftlichen Verbesserung führt. Vor diesem Hintergrund ist Emersons Wertschätzung des kreativen künstlerischen Ausdrucks zu verstehen, und wir sehen diese Anerkennung auch in Kings Betonung der Kreativität der unterschiedlichen Formen des Protests und Widerstands der Bürgerrechtsbewegung. Wenn King sagt, dass körperlicher Kraft mit geistiger Kraft begegnet werden muss, so stellt sich diese Verbindung nur über Kreativität her.

Emersons Schüler Henry David Thoreau (1817–1862) war der erste, der auf den Grundlagen Emersonianschen Denkens in seinem Essay „Civil Disobedience" (1846) das Konzept des zivilen Ungehorsams als Mittel des Protests im amerikanischen Kontext entwickelt hat. Das Konzept folgt den Prämissen der „Self-Reliance" und ruht insgesamt auf der Vorstellung eines unabhängigen, sich selbst verantwortlichen und non-konformen Individuums. Dieses Gründungsdokument hat Martin Luther King zutiefst beeindruckt, wie er in zahlreichen Kontexten ausführt (vgl. hierzu auch Powell, 1995, S. 26). Die beiden Streiter aber könnten unterschiedlicher nicht sein: Thoreau war ein weißer Nordstaatler, der romantischen Denktradition des Transzendentalismus verbunden, bekennender Individualist und Einzelgänger. King hingegen war ein afroamerikanischer Geistlicher aus den Südstaaten und ebenso charismatischer wie wortgewaltiger Anführer der Bürgerrechtsbewegung. Doch sie sind einer gemeinsamen Sache verbunden: der Freiheit der afroamerikanischen Bevölkerung, und beide glaubten daran, dass es ein Recht und eine Verpflichtung dazu gibt, sich gegen Ungerechtigkeit zur Wehr zu setzen und ungerechter Gesetzgebung den Gehorsam zu verweigern. Und beide erheben zivilen Ungehorsam und gewaltlosen Widerstand zu effektiven Mitteln des Protests.

„Civil Disobedience" entstand dabei in folgendem Kontext: Henry David Thoreau hatte als Protest gegen die Sklaverei im Jahre 1842 damit aufgehört, Steuern zu zahlen. Er begründete das damit, dass er keine Institution unterstützen wolle, die Unrecht begeht, und schreibt „I cannot for an instant recognize that political organization as *my* government which is the *slave's* government also" (Thoreau, 1989a, S. 88. Kursivierung im Original). In einem anderen Text, „Walden", in dem Thoreau seinen einjährigen Rückzug aus der Gesellschaft in die Natur beschreibt, führt er seine konkrete Gegenmaßnahme der Steuerverweigerung gegen das Unrecht seiner Regierung aus: „ (. . .) I did not pay a tax to, or recognize the authority of, the state which buys and sells men, women and children, like cattle at the door of its senate-house" (Thoreau, 1989b, S. 232). Nach sechs Jahren des Widerstands musste er für diese Verweigerung der Steuerentrichtung eine Nacht im Gefängnis verbringen und schrieb danach seinen berühmten Essay „Civil Disobedience", in dem er seine Landsleute dazu auffordert, nach ihrem Gewissen zu leben und zu handeln. 120 Jahre später folgt King als Präsident des Southern Christian Leadership Council diesem Aufruf und organisiert in Birmingham, Alabama, eine massive Protestkampagne gegen die dortige Praxis der Rassentrennung. Als er sich dabei über eine gerichtliche Verfügung hinwegsetzt, die es ihm verbietet, Demonstrationen zu organisieren, muss auch er ins Gefängnis und schreibt dort, wie als Antwort auf Thoreau, seinen berühmten „Letter from Birmingham Jail".

Thoreau hatte sich, in distinkter transzendentalistischer Tradition, die vor allem auf die kreative Kraft des Individuums setzt, dagegen aufgelehnt, dass seine persönliche Freiheit durch Verfassung und Regierung beschnitten wird. King hingegen argumentiert in seinem Brief aus dem Gefängnis genau andersherum, er betont sein Vertrauen in die Verfassung und Regierung und appelliert an ihre Gerechtigkeit, das System der Rassentrennung aufzugeben. Doch zeigen die beiden Texte vor allem grundsätzliche Gemeinsamkeiten (vgl. Powell, 1995, S. 28), denn beide beschäftigen sich mit vier zentralen Problemen: a) den Machtverhältnissen zwischen einer privilegierten Mehrheit und unterdrückten Minderheit in einer Demokratie b) der realen Existenz von Ungerechtigkeit c) der Notwendigkeit zu unmittelbarer Handlung und schließlich d) den angemessenen Mitteln des Protests. Thoreau und King sind sich einig, dass es eine Verpflichtung gibt, Gesetze, die dem Gewissen unrecht erscheinen, bewusst zu brechen – konsequenterweise ist, wie Thoreau findet, das Gefängnis der „wahre Ort" eines guten Menschen,[3] und auch für King und seine Mitstreiter ist es unumgänglich, sich in Massen für die richtige Sache ins Gefängnis sperren zu lassen, denn nur so könne Ungerechtigkeit letztlich geheilt werden:

> Like a boil that can never be cured so long as it is covered up but must be opened with all its ugliness to the natural medicines of air and light, injustice must be exposed, with all the tension its exposure creates, to the light of human conscience and the air of national opinion, before it can be cured. (King, 1990b, S. 18–19)

Schließlich sind sich Thoreau und King darin einig, dass ziviler Ungehorsam wohl Gewalt auf der gegnerischen Seite provozieren kann, dass sie aber ertragen werden muss, wolle der rechte Mensch, wie Thoreau schreibt, durch Feigheit nicht seine Menschlichkeit verlieren.[4] Und schließlich sind beide sich in ihrem Optimismus einig, dass ihr Kampf zu einem guten Ende führen würde. Thoreau glaubt in bester transzendentalistischer Tradition daran, dass sein Kampf zu einem Staat führen werde, der das Individuum als hohe und unabhängige Kraft anerkennen werde.[5] King wiederum glaubt an folgendes Resultat seines Kampfes, das gleichzeitig einem uramerikanischen Ideal entspricht: „We will reach the goal of freedom in Birmingham and all over the nation, because the goal of America is freedom" (King, 1990b, S. 32). Wie tief dieses Ziel dem amerikanischen Selbstverständnis entspricht, zeigt die Tatsache, dass kaum ein amerikanischer Präsident darauf verzichtet hat, sich ebenfalls darauf zu beziehen. Und so soll das letzte Wort Barack Obama haben, aus dessen Rede am 23.08.2013 anlässlich des 50. Jahrestages von Martin Luther Kings „I Have a Dream"-Rede ich abschließend zitieren möchte:

> But we would do well to recall that day itself also belonged to those ordinary people whose names never appeared in the history books, never got on TV. (. . .) They had seen loved ones beaten, and children fire-hosed, and they had every reason to lash out in anger, or resign themselves to a bitter fate. And yet they chose a different path. In the face of hatred, they prayed for their tormentors. In the face of violence, they stood up and sat in, with the moral force of nonviolence. Willingly, they went to jail to protest unjust laws, their cells swelling with the sound of freedom songs. A lifetime of indignities had taught them that no man can take away the dignity and grace that God grants us. They had learned through hard experience what Frederick Douglass once

---

3   „Under a government which imprisons any unjustly, the true place for a just man is also a prison" (Thoreau, 1989a, S. 94).

4   „But even suppose blood should flow. Is there not a sort of blood shed when the conscience is wounded? Through this wound a man's real manhood and immortality flow out, and he bleeds to an everlasting death" (Thoreau, 1989a, S. 94).

5   „There will never be a really free and enlightened State until the State comes to recognize the individual as a higher and independent power, from which all its own power and authority are derived, and treats him accordingly" (Thoreau, 1989a, S. 104).

taught – that freedom is not given, it must be won, through struggle and discipline, persistence and faith. (Obama, 2013, Abs. 6–7)

Literatur

Cobb, J. (2015, January 26). A President and a King. *The New Yorker.* http://www.newyorker.com/magazine/2015/01/26/president-king (zuletzt geprüft am 24.03.2015).

DuBois, W.E.B. (1989 [1903]). *The Souls of Black Folk.* New York: Penguin.

Dyson, M. E. (2000). *I May Not Get There With You: The True Martin Luther King, Jr.* New York: The Free Press.

Emerson, R. W. (1994 [1841]). Self-Reliance. In P. Lauter (Hrsg.), *The Heath Anthology of American Literature* (Vol. I, 2nd ed.) (S. 1542–1558). Lexington, MA: Heath.

Gage, B. (2014, November 11). What an Uncensored Letter to M.L.K. Reveals. *The New York Times Magazine.* http://www.nytimes.com/2014/11/16/ magazine/what-an-uncensored-letter-to-mlk-reveals.html?_r=0 (zuletzt geprüft am 25.03.2015).

Jünger, D. (2013, August 26). Prinz und King. *Frankfurter Allgemeine Zeitung,* 7.

Kagan, M. (2011, September 2). To the Editor. *The New York Times.* http://www.nytimes.com/2011/09/03/opinion/dr-kings-legacy-from-different-angles.html (zuletzt geprüft am 24.03.2015).

King, M. L., Jr. (1962). A Centenary Gathering for Henry David Thoreau. *The Massachusetts Review, 4* (1), 43.

King, M. L., Jr. (1990a). I Have a Dream. In M. L. King, Jr., *I Have a Dream, also Letter from Birmingham Jail* (S. 37–44). Logan, Iowa: Perfection Learning Corporation.

King, M. L., Jr. (1990b). Letter from Birmingham Jail. In M. L. King, Jr., *I Have a Dream, also Letter from Birmingham Jail* (S. 3–36). Logan, Iowa: Perfection Learning Corporation.

Miller, K. D. (2007). Second Isaiah Lands in Washington, DC: Martin Luther King, Jr.'s ,I Have a Dream' as Biblical Narrative and Biblical Hermeneutic. *Rhetoric Review, 26* (4), 405–424.

Obama, B. (2013, August 8). Remarks by the President at the ,Let Freedom Ring' Ceremony Commemorating the 50th Anniversary of the March on Washington. https://www.whitehouse.gov/the-press-office/2013/08/28/remarks-president-let-freedom-ring-ceremony-commemorating-50th-anniversa (zuletzt geprüft am 26.03.2015).

Patterson, A. H. (1997). *From Emerson to King: Democracy, Race, and the Politics of Protest.* New York: Oxford UP.

Powell, B. (1995). Henry David Thoreau, Martin Luther King Jr., and the American Tradition of Protest. *OAH Magazine of History, 9* (2), 26–29.

Prinz, J. (1963). I Speak to You as an American Jew. http://www.joachimprinz.com/ civilrights.htm (Zuletzt geprüft am 24.03.2015).

Thoreau, H. D. (1989a [1849]). Civil Disobedience. In J. Wood Krutch (Hrsg.), *Walden and Other Writings by Henry David Thoreau* (S. 85–104). New York: Bantam.

Thoreau, H. D. (1989b [1854]). Walden. In J. Wood Krutch (Hrsg.), *Walden and Other Writings by Henry David Thoreau* (S. 105–351). New York: Bantam.

West, C. (2011, August 25). Dr. King Weeps from His Grave. *The New York Times.* http://www.nytimes.com/2011/08/26/opinion/martin-luther-king-jr-would-want-a-revolution-not-a-memorial.html?_r=0 (zuletzt geprüft am 24.03.2015).

Hans-Jürgen Benedict

Hat Gewaltfreiheit verändernde Kraft?
Wirkungen Martin Luther Kings in Deutschland

Ein persönlicher Erfahrungsbericht

1. Der Politisierungsschub durch Kings große Reden 1967 und der Studentenprotest

Ich möchte mit einer persönlichen Erinnerung an meine Entdeckung Martin Luther Kings beginnen. Ich war Theologiestudent in Hamburg und dabei, mein Erstes Examen abzulegen, als ich von meinem Freund Heinrich Grosse, der nach seinem Theologischen Examen für ein Jahr in die USA an ein Theologie-College in Boston gegangen war und sich in der Bürgerrechtsbewegung im Süden engagierte, über die Vorgänge dort in ausführlichen und lebendigen Briefen informiert wurde. Grosse schrieb dann 1971 die erste Dissertation über King in der BRD unter dem Titel *Die Macht der Armen* (Grosse, 1971). So begann 1967 meine Politisierung, die sich vor allem an dem Beispiel der Bürgerrechtsbewegung und am Protest gegen den Vietnamkrieg entzündete (s. Benedict 1971). Mit Entsetzen nahm ich zur Kenntnis, wie sich unsere Schutzmacht USA, Garant der Freiheit Berlins, wie es hieß, in einen schmutzigen Krieg in Südostasien verwickelte. Da waren die Flächenbombardements aus B-52-Bombern, schreckliche Napalmangriffe, Fotos von verletzten nackten Kindern, die schreiend davonlaufen, was uns an andere Schreckensbilder von dem Tod entgegengehenden jüdischen Kindern erinnerte. Das darf nicht wieder passieren, sagten wir zu Recht und doch in einer Verwechslung der Dimensionen.

Ganz wichtig war für mich neben der „I have a dream"-Rede von 1963 die große Antikriegs-Rede von Martin Luther King in der Riverside Church in New York 1967. Ich übersetzte sie ins Deutsche – „Sprechen für die, die keine Stimme haben" – und veröffentlichte sie 1968 mit anderen Texten aus der US-Kriegsopposition in dem von mir und H.E. Bahr herausgegebenen Buch *Kirchen als Träger der Revolution* (Bahr/Benedict 1968, S. 146 ff.). In dieser Rede übte King scharfe Kritik am US-Militarismus und Imperialismus, daran, dass schwarze Soldaten zusammen mit ihren weißen Kameraden gezwungen werden, weitab in Südostasien einen brutalen Krieg zu führen, Hütten von Dorfbewohnern niederzubrennen, sie als Vietcong-Sympathisanten zu töten. (Ich erinnere nur an das erst später bekannt gewordene Massaker von My Lai. „There is a Nazi thing going on down there", so ein Hubschrauber-Pilot, der das Massaker beobachtete (Bernd Greiner, Krieg ohne Fronten. Die USA in Vietnam, Hamburg 2008, S. 330.) Schwarze, denen zu Hause in ihren Ghettos elementare Lebensrechte vorenthalten werden. King bezeichnete sein Land als den größten Gewalttäter der Geschichte. Er benutzte hier eine prophetisch-jesuanische Sprache der Einfühlung in den zum Todfeind erklärten Gegner, die diese Feindschaft infrage stellte, mich zutiefst ergriff und so meinen Protest gegen die Vietnam-Politik der USA bestärkte. King war ein großer Redner, der die Hoffnungsbilder der biblischen Tradition mit der amerikanischen Vision von Freiheit und der prophetischen Anklage von Unrecht mitreißend verbinden konnte.

Gleichzeitig war es auch eine Entdeckung der Methode des gewaltfreien Widerstands. Diese wurde wichtig in den sich verschärfenden Auseinandersetzungen zwischen den protestierenden Studenten und den Institutionen, der mitbestimmungsfeindlichen Ordinarien-Universität ebenso wie der herrschenden Politik, die mit dem Schahregime und der Schutzmacht USA kooperierte. Die Studenten übernahmen Protestformen aus den USA – sowohl aus der Bürgerrechtsbewegung wie aus dem US-amerikanischen Studentenprotest (SNCC, SDS) – Sit-ins, Teach-Ins, Go-Ins, Blockaden, symbolische Aktionen. In dem sich nach der Erschießung Benno Ohnesorgs 1967 und nach dem Attentat auf Rudi Dutschke kurz vor Ostern 1968 verschärfenden Klima der Auseinandersetzung erinnerten wir in Bochum am „Lehrstuhl von der handelnden Kirche" an Martin Luther Kings gewaltfreie Aktionen, besonders nach seiner Ermordung in Memphis am 4. April 1968, die ein großer Schock für uns war. Gegen Sätze wie „Ein Stein am Kopf eines Polizisten ist weniger Gewalt als eine SPRINGER-Schlagzeile" versuchten wir an den Prinzipien der Gewaltlosigkeit festzuhalten und sie in der Öffentlichkeit bekannt zu machen – durch Publikationen beispielsweise. Zusammen mit Theodor Ebert, christlicher Pazifist und Politikwissenschaftler am Otto Suhr-Institut der FU Berlin, dem Theoretiker der sozialen Verteidigung, gab ich 1968 das Buch heraus *Macht von unten* mit dem Untertitel „Bürgerrechtsbewegung, außerparlamentarische Opposition und Kirchenreform". Unsere leitende Frage war: Wie können die Erfahrungen der Bürgerrechtsbewegung für die gewaltfreien Aktionen der APO in der BRD fruchtbar gemacht werden? R. Niemann berichtete darin über einen gewaltfreien Sitzprotest des „Komitees der 100" vor der griechischen Militärmission in Berlin im Januar 1968. Zuvor hatten sich Militärs in Griechenland an die Macht geputscht (Ebert & Benedict, 1968, S. 131 ff.). Rüdiger Reitz fragte: Können die Erfahrungen von Geistlichen bei ihrer Beteiligung an gewaltlosen Aktionen in den USA vorbildlich für Pfarrer in der BRD sein? (Ebert & Benedict, 1968, S. 46 ff.). Immerhin hatten sich zuvor viele (vor allem in der Tradition der Bekennenden Kirche stehende) Pfarrer in dem Protest gegen die Verabschiedung der Notstandsgesetze engagiert. Eine wichtige Demonstrations-Erfahrung war für mich ein Protestmarsch mit 500 Pfarrern und kirchlichen Mitarbeitern am 8. Mai 1968 in der damaligen Hauptstadt Bonn, kurz vor dem Sternmarsch der APO; die Verhinderung (bzw. Abänderung) dieser Gesetze war vielleicht ihr größter Erfolg. Ein Medium des Erfahrungsaustausches zwischen gewaltfreien Aktionsgruppen war die vom Versöhnungsbund herausgegebene Zeitschrift *Gewaltfreie Aktion*.

Die Auseinandersetzungen mit der Polizei wurden härter und gewaltsamer. Bei den Aktionen gegen Springer – Ostern 1968 – kamen in München ein Demonstrant und ein Journalist durch Steinwürfe aus den Reihen der Demonstranten zu Tode. In der sog. Schlacht am Tegeler Weg im Herbst 1968 flogen Pflastersteine; Polizisten wurden verletzt. Der Theologieprofessor Helmut Gollwitzer mahnte auf einem Teach-In die strikte Unterscheidung von Gewalt gegen Sachen und gegen Personen an; die Letztere sei absolut verboten.

Verhindern konnten die strikt gewaltfreien Personen und Gruppen nicht, dass sich aus dem taktisch gewaltlosen Studentenprotest nach dem Frankfurter Kaufhausbrand eine Gruppe um Baader und Ensslin, die RAF, abspaltete, die schließlich zum bewaffneten Kampf gegen Staatsorgane und Wirtschaftsrepräsentanten aufrief. In einer folgenschweren Verwechslung beschwor sie in mörderischen Aktionen den quasi faschistischen Polizeistaat herauf, der angeblich schon da sei, eine Gefahr, die nach der Schleyer-Entführung und der vereitelten Entführung der Landshut im Deutschen Herbst 1977 letztlich dann doch gebannt werden konnte.

Aber es standen die nächsten Auseinandersetzungen um die Atomenergie und die Nachrüstung bevor, in der die gewaltfreie Methode von M.L. King dann doch noch das gewaltfreie Handeln vieler christlicher und anderer Gruppierungen bestimmte – so schon bei der Besetzung des Bauplatzes des geplanten AKW in Wyhl (es wurde nicht gebaut) und dann ab 1978/79 auf und vor dem Bauplatz des AKW Brokdorf und dem geplanten Endlager in Gorleben, vor dem Atomwaffenlager Kellinghusen und dem Raketenstandort Mutlangen. Es ging vor allem um gewaltfreie Besetzungen und Blockaden dieser Standorte und ihre praktische Durchführung. In Hamburg bildet sich die Gruppe HIKMUGA Hamburger Initiative kirchliche Mitarbeiter und gewaltfreie Aktion. Sie bereitete sich in gewaltfreien Trainings auf Demonstrationen und gewaltfreie Aktionen vor (Kleinert, 1981). In der Regel sahen wir uns den Film von Eli Landau über M.L. King an: *Dann war mein Leben nicht umsonst.* Das war immer wieder motivierend, so sehr auch die soziale Situation anders war. Bei der großen Demo 1980 haben wir vor dem Zaun versucht, provokative gewalttätige Aktionen des KWB zu verhindern (Benedict 1989, S. 77 ff.). Einmal haben wir aber symbolisch kleine Eisensägen in einem Gottesdienst in der Katharinenkirche verteilt; daraufhin verbot uns der Hauptpastor Stolt die Benutzung seiner Kirche. Und wir entwickelten den Stromrechnungsboykott als eine gewaltfreie Methode, unseren Gegner, die HEW (Hamburger Elektrizitätswerke) von seiner Atomenergiepolitik abzubringen. Für uns als Christen, die sich auf das Vorbild des gewaltfreien Jesus beriefen („Wenn dich einer auf die rechte Backe schlägt, dem halte auch die linke hin"), war der schwarze Pastor und Bürgerrechtler Martin Luther King mit seinen gewaltlosen Aktionen das motivierende Vorbild.

2. Hat Gewaltfreiheit verändernde Kraft? Kings Regeln für gewaltfreien Widerstand

Der gewaltfreie Widerstand im Süden der USA begann damit, dass eine müde schwarze Frau, die Näherin Rosa Parks, sich am 1. Dezember 1955 in Montgomery/Alabama in einem Bus weigerte aufzustehen und für einen Weißen Platz zu machen, wie es die Regeln vorschrieben. Es kam zu einem Boykott der Busse, der gut ein Jahr dauerte und mit einem Erfolg der Protestierenden endete – die Segregation in den Bussen wurde aufgehoben. Ein junger schwarzer Pastor wurde im Verlauf dieses Boykotts zum anerkannten Führer der Bürgerrechtsbewegung, er hieß Martin Luther King Jr. Angefangen mit diesem Busboykott in Montgomery über die Aktionen in Albany und Birmingham, den gewaltigen Marsch auf Washington 1963 und den Marsch von Selma nach Atlanta 1965 zur Wählerregistrierung von Schwarzen sollte sich der gewaltfreie Widerstand als wirksame Methode zur Aufhebung der Rassendiskriminierung erweisen.

Über seinen „Weg zur Gewaltlosigkeit" sagt King zusammenfassend: „Der Geist und die Beweggründe kamen von Christus, während die Methode von Gandhi kam". Er habe Jesu Gewaltverzicht zunächst nur für die Beziehungen zwischen einzelnen als relevant angesehen. Erst durch Gandhis Satyagraha sei für ihn Jesu gewaltfreie Ethik zu einer wirksamen Methode der sozialen Veränderung geworden. King berichtet im Einzelnen, welche Denker ihn beeinflussten, was er von ihnen übernahm und was er ablehnte. Er nennt den Sozialethiker Rauschenbusch, die deutschen Philosophen Hegel, Karl Marx und Nietzsche und den Pazifisten A.J. Muste. Schließlich kommt King auf die für ihn epochemachende Entdeckung Gandhis zu sprechen.

> Gandhi war wahrscheinlich der erste Mensch in der Geschichte, der Jesu Ethik von der Liebe über eine bloße Wechselwirkung zwischen einzelnen Menschen hinaus zu einer wirksamen sozialen Macht in großem Maßstab erhob (…). Ich kam zu der Überzeugung, daß sie für ein unterdrücktes Volk in seinem Kampf um die Freiheit die einzige moralisch und praktisch vertretbare Methode war. (King 1980, S. 25)

Doch dann musste er sich mit der Kritik des einflussreichen US-Theologen Reinhold Niebuhr am Pazifismus auseinandersetzen; dieser bezeichnete den Pazifismus als sektiererischen Perfektionismus, der zu wenig die Realität der Sünde in der Welt berücksichtigte. Hatte Niebuhr nicht recht? King entdeckt, dass Niebuhr Pazifismus als unrealistische Unterwerfung unter eine böse Macht missverstand. Jetzt, mit der Erfahrung des Busboykotts in Montgomery im Hintergrund, geht er dazu über, in sechs Punkten sein Konzept der Gewaltlosigkeit zu beschreiben: Erstens ist gewaltloser Widerstand keine Methode für Feiglinge. Es wird wirklich Widerstand geleistet. Gewaltlosigkeit ist nicht, wie das populäre Missverständnis suggeriert, Widerstandslosigkeit gegenüber dem Bösen. Zweitens muss die gewaltlose Direkt-Aktion der Herbeiführung einer Krisensituation dienen. Der Gegner muss den verdrängten Tatsachen der Unterdrückung ins Auge blicken. Drittens sucht Gewaltlosigkeit den Gegner nicht zu besiegen oder zu demütigen, sondern seine Freundschaft und sein Verständnis zu gewinnen. Ziel des Widerstands ist „eine neue innige Gemeinschaft", Versöhnung mit dem vom Selbstbehauptungszwang befreiten Gegner. Diese Absicht hat zugleich die praktische psychologische Wirkung, dem Gegner die Angst vor Demütigung zu nehmen. Viertens ist der Angriff der Gewaltlosigkeit gegen die Mächte des Bösen gerichtet, nicht gegen Personen, die das Böse tun. Diese Differenzierung zwischen übernommener Rolle im Konflikt und Menschsein erleichtert die Kommunikation mit dem Gegner auch während des Konflikts. Fünftens beinhaltet gewaltloser Widerstand die Bereitschaft, Demütigungen zu erdulden, ohne sich zu rächen, und Schläge hinzunehmen, ohne zurückzuschlagen. Im Leiden liegt eine gewaltige erzieherische und umwandelnde Kraft. King war wie Gandhi überzeugt, dass politische Gegner, die rational nicht ansprechbar sind, durch den Anblick der Wehrlosigkeit zur Änderung ihrer Haltung bewegt werden können. Gleichzeitig gibt das bewusste Erleiden ohne Vergeltung den Unterdrückten das Gefühl der Selbstachtung und Würde. Sechstens wird der Gewaltverzicht ermöglicht durch die Macht der Liebe, die King unter Rückgriff auf den neutestamentlichen Begriff der Agape beschreibt (King 1980, S. 31 ff.). Sie ist keine emotionale Liebe der Unterdrückten für ihre Unterdrücker, sondern verstehender, erlösender, guter Wille allen Menschen gegenüber. Für King ist Agape ein universales Prinzip, das besagt, dass die ganze Menschheit in einen einzigen Prozess verwickelt ist; sie ist eine schöpferische Kraft, die die Trennungen überwindet und bereit ist, Opfer zu bringen, um die Gemeinschaft wiederherzustellen. Agape bedeutet die Anerkennung der Tatsache, dass alles Leben zueinander in Beziehung steht. King schließt seinen Weg zur Gewaltlosigkeit mit dem Bekenntnis zu der Überzeugung, dass das Universum auf der Seite der Gerechtigkeit steht (King 1980, S. 33). Auch die Anhänger der Gewaltlosigkeit, die nicht an einen persönlichen Gott glaubten, würden doch von diesem Glauben an eine schöpferische Kraft getragen, die für das universale Ganze wirkt. King formuliert damit eine die unterschiedlichen Religionen und Weltanschauungen übergreifende Definition der aktiven Gewaltlosigkeit.

3. Kings Bedeutung für den Widerstand gegen die Atomkraftwerke ab 1979

Für gewaltfrei handelnde Gruppen in der Bundesrepublik, ob weltanschaulich neutral oder bewusst christlich, gab es jedoch Grenzen der Übernahme der Gewaltlosigkeitslehre von King. In einem Artikel über „christliche Grundlagen gewaltfreien Handelns" schrieb ich 1989:

> Wir hatten Schwierigkeiten mit dem Satz, dass unverdientes Leiden erlösende Kraft hat. Wir glauben zwar, dass das im Fall Jesu so war. Dennoch hat dieser Glaube für uns kaum eine materielle Erfahrungsbasis. Für uns gilt nicht, was für die Schwarzen in den Südstaaten gilt: ‚Seit den Tagen der Sklaverei hatten Neger ihre Leiden als Vorbereitung des Weges zur Freiheit gesehen, weithin so, wie die Passagen über den leidenden Gottesknecht Jesajas die Wunden und die Bedrängnisse Israels als wichtige Voraussetzungen für die Emanzipation der Juden und der ganzen Menschheit verstehen' (Sibley). Unsere Sensibilität gegenüber Unrechtserfahrungen ist weithin kognitiv erworben. Sind wir selbst Erfahrungen polizeilicher Gewalt ausgesetzt, reagieren wir

empört und mit der Neigung zum Zurückschlagen. Wir haben die Diskrepanz zwischen theoretisch erkannter Systemgewalt und gelegentlicher Polizeigewalt nicht verarbeitet. Leidensbereitschaft erscheint uns bei dem gegenwärtigen Stand fortgeschrittener Gewalteliminierung als sinnlos. Wo die motivationelle Basis der Kingschen Gewaltfreiheit nicht zu vermitteln ist, bleibt der Hinweis auf die Überlegenheit der gewaltfreien Methode zur Erreichung des angestrebten Ziels abstrakt. Allenfalls kann es heißen: gewaltlos, weil's vernünftig ist. Aber so erhält die Argumentation einen stark taktischen Zug. Die Kraft phantasievollen, gewaltfreien Widerstands kann sich so nicht entfalten. (Benedict 1989, S. 41)

Allerdings war es dann so, dass die ablehnende Haltung der Kirchenleitungen gegenüber Aktionen zivilen Ungehorsams und die staatliche strafrechtliche Verfolgung sogenannter Nötigungen uns dazu zwangen, die christlichen Grundlagen unseres Handelns stärker zu bedenken. In der aufgeladenen Atmosphäre bürgerkriegsartiger Auseinandersetzungen vor den Bauzäunen der Atomanlagen in Brokdorf, Gorleben, Grohnde und Wackersdorf entwickelten wir eine zunehmend bewusste gewaltfreie Einstellung und waren bereit, Demütigungen, Wasserwerferangriffe und Misshandlungen bei Festnahmen auf uns zu nehmen (s. meine Erfahrungsberichte in Benedict 1989, S. 58 ff. und S. 92 ff.). Gegen die Versuche der Kirchenleitungen, uns als Pastoren den gewaltfeien Protest zu verbieten, setzten wir frohgemut den Spruch aus Apg 5,29: „Man muss Gott mehr gehorchen als den Menschen" (Benedict 1989, S. 112 ff.).

Nach dem GAU des Atomkraftwerks in Tschernobyl organisierten wir ab Ende 1986 von Hamburg aus gewaltfreie Blockaden des nun weitergebauten AKW Brokdorf. Wir bereiteten uns mit Kings Regeln zur Gewaltfreiheit vor, übten in gewaltfreien Trainings, wie man sich bei Räumungen und Festnahmen gewaltfrei zu verhalten hat. Ich verfasste ein Flugblatt, das wir an die Polizisten verteilten. „Auch wenn Sie uns schlagen, bleiben Sie unser Menschenbruder. Wir werden Sie nicht beleidigen oder zurückschlagen." Für manche Hitzköpfe war diese aktive Gewaltfreiheit schwer auszuhalten. Einmal im Monat fuhren wir dorthin nach Brokdorf und blockierten die Einfahrt. Wir konnten so den Beginn der Arbeiten ein wenig hinauszögern, mehr nicht. Zu Beginn sangen wir meist „We shall overcome". Wir wurden von Wasserwerfern auseinander getrieben, sangen weiter, wurden festgenommen, nach Itzehoe gebracht und dort festgehalten. Viele erhielten Strafverfahren wegen Nötigung. Die Kirchenleitung, die zu Beginn unsere Teilnahme verhindern wollte, hat sich dann Jahre später für den Ausstieg aus der Atomenergie ausgesprochen. Nach drei Jahren stellten wir die Blockaden ein. Die christliche Basisgemeinde Wulfshagener Hütten (bei Kiel gelegen) ist allerdings über 20 Jahre lang immer wieder einmal im Monat nach Brokdorf gefahren und hat vor dem Tor eine Mahnwache gehalten. Das AKW wurde zu Ende gebaut und in Betrieb genommen, aber es wird nach 2020 auch vom Netz gehen.

4. Direkte Verhinderung von Atomanlagen oder symbolisch angelegter Protest?

Wie gesagt: Es gibt in anderen gesellschaftlichen Kontexten als dem vor allem baptistisch geprägten Süden der USA allerdings Grenzen für die Übertragbarkeit der Kingschen Gewaltlosigkeit. Wo die Glaubensbasis fehlt, dass unverdientes Leiden erlösende Kraft hat, sind die Geschlagenen in Versuchung, sich zu wehren oder militant aufzutreten. So in der Studentenbewegung 1968, als es hieß: Eine BILD-Schlagzeile ist mehr Gewalt als ein Steinwurf auf einen Polizisten (sprich: also erlaubt), so bei den harten Auseinandersetzungen vor den AKWs in den 80er Jahren oder den Castor-Transporten mit ihrem regionalen Bürgerkriegsklima oder bei Demos gegen Rechtsradikale. Die Unverhältnismäßigkeit polizeilicher Mittel hat ebenso zur Eskalation beigetragen wie die Gewaltbereitschaft militanter Gruppen (sog. Autonome). Gewaltsteigernd wirkte die Verwechslung symbolischen Protests mit dem Versuch realer Verhinderung, will sagen: Man kann die Castor-Transporte behindern, aber letztlich nicht direkt verhindern (etwa durch Anketten an Schienen). Das wäre Sache einer politischen Entscheidung, auf die der Protest zielt. Ermutigend aber ist, wie die Sitzblockade vor dem Tor des Zwischenlagers in Gorleben im November 2008 und danach in gewaltfreien Trainings vorbereitet und durchgeführt wurde (was auch auf das Räumverhalten der Polizei abfärbte). Und schließlich ist Gorleben jetzt als Folge langanhaltender Proteste und einer politischen Entscheidung nicht mehr als Endlager vorgesehen.

Anhaltende gewaltfreie Proteste haben ja mit zum Ausstiegsbeschluss aus der friedlichen Nutzung der Atomenergie bis 2020 der rotgrünen Koalition geführt, der dann von der konservativ-liberalen Koalition erst kassiert wurde, dann aber von der gewieften Taktikerin Merkel nach der Katastrophe von Fukushima 2011 wieder hervorgeholt wurde. Es war ein wunderbares Gefühl, als wir vor drei Jahren vor dem stillgelegten AKW Krümel kurz vor Ostern „Tschüss Krümel" sagen konnten und dann Richtung Hamburg marschierten in dem Wissen, hier müssen wir nicht mehr demonstrieren. Man traf alte Freunde, die man zuletzt vor vielen Jahren bei einer Blockade gesehen hatte, lag sich in den Armen und freute sich über diesen Erfolg!

Auf der andern Seite kommt auch der moderne Rechtsstaat nicht umhin, gewaltfreie Aktionen nicht mehr als illegale Nötigungen zu kriminalisieren, sondern in ihnen als Mittel aufklärenden Protests über unabsehbare Gefährdungen lediglich eine Ordnungswidrigkeit zu sehen (z.B. Prozesse gegen Blockierer, die mit Freisprüchen endeten). Gewaltfreies Handeln lebt von der Überzeugung: *Das Ziel der versöhnten Gesellschaft muss in den Mitteln aufscheinen.* Die Methoden und Strategien des gewaltfreien Widerstands sind inzwischen von großer Vielfalt. Vom Busboykott in Montgomery, dem Sit- In, das in nach Rassen getrennten Restaurants stattfindet über den Freiheitsmarsch bis zum Wirtschaftsboykott in Chicago (Operation Breadbasket) reichte schon das Repertoire in Kings Bewegung. In den

Antikriegsaktionen, Bürgerinitiativen und Umweltbewegungen hat es sich weiter differenziert.

Ein Beispiel will ich erwähnen: Christlich-radikale Pazifisten wie die katholischen Gebrüder Berrigan (beide Priester) begingen während des Vietnamkriegs Sachbeschädigungen in Wehrersatzämtern. Unter dem Motto „Besser Papier brennt als Kinder" verbrannten sie in Catonsville Einberufungsakten mit Napalmbenzin, nachdem sie die Beamten festgehalten hatten. Sie konnten dadurch die Einberufung von US-Soldaten zumindest verzögern. Nach dem Ende des Vietnamkriegs protestierten sie weiter gegen die atomare Hochrüstung der USA, die die Sowjetunion zu Tode rüsten wollten, wie Regierungsbeamte sagten. Weil die neuen „Minuteman III"-Raketen mit „Mark 12 A"-Sprengköpfen die sowjetischen Interkontinentalraketen in ihren Silos zerstören können, drangen die Berrigans 1980 zusammen mit weiteren religiösen Pazifisten, darunter eine Ordensschwester und eine Mutter von sechs Kindern, in eine Niederlassung von General Electric in King of Prussia, Pennsylvania ein. Mit Hämmern zerstörten sie zwei der „Mark 12 A"-Sprengköpfe und schütteten menschliches Blut auf geheime Konstruktionspläne. Nach ihrer Festnahme erklärten sie: „Wir begehen zivilen Ungehorsam an General Electric, weil wir meinen, dass dies eine dem Völkermord dienende Einrichtung ist" (zit. Benedict 1989, S. 33 f.). Für diese Aktion wurden sie zu vielen Jahren Gefängnis verurteilt. Ähnliche Aktionen, etwa in Großengstingen, organisierte in Deutschland Wolfgang Sternstein, der dafür auch verurteilt wurde und insgesamt in seiner Zeit als gewaltfreier Aktivist fast ein Jahr im Gefängnis saß. (Ich konnte mich als Kirchenbeamter und Familienvater nicht dazu verstehen, an solchen für die eigene Lebensplanung riskanten Aktionen teilzunehmen.) Solche symbolischen Aktionen wollen drastisch mahnen und – mit Bonhoeffer gesprochen – dem Rad in die Speichen greifen. Ihre Akteure müssen aber wissen, dass sie es letztlich nicht direkt können.

Gegenwärtig machen sich einzelne Bürgerrechtler und Gruppen vor allem die Vorteile der modernen Mediengesellschaft und der sozialen Medien zunutze. Menschenrechtsverletzungen können so schneller bekannt gemacht werden. Preisverleihungen an verfolgte Bürgerrechtler schützen diese. Neue Netzwerke wie die Antiglobalisierungsbewegung sind präsent auf den Weltgipfeln der G7 und der Institutionen des internationalen Kapitals. Sie veranstalten eigene Foren wie das Sozialforum in Porto Alegre. So zeigt sich eine zivilgesellschaftliche Verbreiterung der gewaltlosen sozialen Bewegungen.

5.   Gebete und Kerzen –
Kings Wirkungen in der DDR bis zur Wende 1989

In die Geschichte der erfolgreichen Auswirkungen von Kings gewaltfreiem Protest gehört auch seine wichtige Vorbildfunktion für Pfarrer und Laien in der damaligen DDR. King hatte 1964 Ost-Berlin überraschend bei seinem Berlin-Aufenthalt besucht (Brandt hatte ihn eingeladen, in der Waldbühne zu reden). Am Kontrollposten wollte man ihn zunächst nicht in den Osten lassen, bis ihn ein Vopo erkannte und sagte, das sei der Nobelpreisträger Martin Luther King. Daraufhin wurde der „Negerpastor King", wie es im Vermerk der Grenzbeamten hieß, aufgrund seiner Kreditkarte nach Ostberlin gelassen und konnte in der Marien- und Sophienkirche predigen. Das gab der christlichen Minorität in der DDR neue Hoffnung und inspirierte die Opposition in den folgenden Jahrzehnten. Einige Pfarrer und Laien waren von nun an dem gewaltfreie Erbe Martin Luther Kings verpflichtet und machten seine Aktionen bekannt (alle folgenden Details aus Grosse 2015), etwa in dem Christlichen Friedensseminar in Königswalde bei Chemnitz. 1973 von dem Elektriker Hans-Georg Weigel, einem ehemaligen Bausoldaten, gegründet, setzte es sich gegen die Militarisierung der DDR zur Wehr. Einem anderen Pazifisten, Georg Meusel aus Werdau, gelang es nach jahrelangen Bemühungen 1987 endlich, den M.L. King-Film von Landau in die DDR zu holen. Ein Jugend-Pastor, Harald Bretschneider, wurde, beeinflusst durch seine King-Lektüre (Friedensnobelpreisrede), zum Totalverweigerer und hatte die Idee zum Aufnäher *Schwerter zu Pflugscharen*, der von DDR-Jugendlichen getragen wurde, bis man es ihnen verbot. Kings Erbe wirkte sich aus bis zu den Friedensgebeten in der Nikolaikirche und den anschließenden Montagsdemos, die im Oktober 1989 schließlich die Wende in der DDR einleiteten. Pfarrer Christoph Wonneberger – beeinflusst von Prager Frühling, Solidarnocs, Gandhi, Kings Gewaltfreiheit und Eberts Sozialer Verteidigung – verlangte einen Sozialen Friedensdienst in der DDR. Als Pastor der Leipziger Lukaskirche koordinierte er die Friedensgebete in der Stadt, zusammen mit Christian Führer, dem Pfarrer der Nikolaikirche. In seiner Predigt am 25. September 1989 forderte Wonneberger eine friedliche Revolution in der DDR. Dieses Friedensgebet endete mit dem Absingen der Internationale und von *We shall overcome*. Dieses Lied der Bürgerrechtsbewegung wurde auch bei anderen Demonstrationen immer wieder gesungen. Die Ansprachen Wonnebergers und Führers bezogen ausdrücklich die anwesenden Stasi-Spitzel mit ein und mahnten die Zuhörer zu gewaltfreiem Verhalten. Es war das gewaltlose Verhalten der Demonstranten, ihre strikt friedlich eingestellte Haltung, die mit zu ihrem Erfolg beitrugen. „Keine Gewalt!" war das Motto. Sie lieferten der Staatsmacht keinen Vorwand, gewaltsam einzugreifen und die Kundgebung zu zerschlagen: „Auf alles waren wir gefasst, nur nicht auf Kerzen und Gebete", sagte später Horst Sindermann, ein wichtiger DDR-Funktionär. Im letzten Herbst wurde in Ost- und Westberlin des Besuchs M.L. Kings vor 50 Jahren gedacht. Eine große Wanderausstellung „,Aus dem Fels der Verzweiflung einen Stein der Hoffnung hauen' – King und die DDR" zeigte Stationen und Erscheinungsformen der Wirkung M.L. Kings in der ehemaligen DDR.

6.   Kings Gewaltfreiheit ist aktuell

Gewaltfreier Widerstand gegen neu aufkommenden Rassismus in der Bundesrepublik infolge des Sozialabbaus einerseits und der zunehmenden Einwanderung andererseits greift auf Praktiken des gewaltfreien Widerstands Kings zurück. Ich erinnere an die Lichterketten nach den Brandanschlägen von Mölln und Solingen auf türkische Häuser 1993. (Sie waren auch ein Bußakt einer Bevölkerung, die insgeheim oder offen manche fremdenfeindlichen Vorurteile der Brandstifter teilte.) Auch die Andachten vor Abschiebegefängnissen, Mahnwachen bei Deportationen und die Bereitstellung von Kirchenasyl für von Abschiebung bedrohte Flüchtlinge (vom Staat in der Regel geduldet und zumeist erfolgreich) sind gewaltfreie Aktionen in der Tradition Kings. Es gibt eine Reihe von Kirchen und Schulen, die Martin Luther Kings Namen tragen. 1993 gab es auf dem Evangelischen Kirchentag in München einen ganzen Tag unter dem Motto „Weitergehen mit Martin Luther King". 1998 wurde in Werdau/Sachsen das „Martin Luther King-Zentrum für Gewaltfreiheit und Zivilcourage" gegründet mit dem Ziel, das Erbe Martin Luther Kings und anderer Pioniere der Gewaltfreiheit zu bewahren und die Lehren der friedlichen Revolution von 1989 auf die gegenwärtigen Konflikte anzuwenden.

Christliche und andere Friedensdienste bilden in der Bundesrepublik vor allem junge Menschen zum zivilen Konfliktarbeiter aus, als Alternative zur militärischen Konfliktlösung. Nach wie vor ist zivile Konfliktlösung eine Methode, die von den Regierenden nicht ernst genug genommen wird. Immer noch wird die Sprache der Waffen der des Dialogs vorgezogen (s. die Beteiligung am Militäreinsatz in Afghanistan). Immer noch greifen einzelne Moral-Terroristen wie Moral-Staaten zu den Mitteln der Gewalt, um eine bessere Welt zu schaffen. Und scheitern damit regelmäßig. Dass die Sanftmütigen und Friedensstifter das Erdreich besitzen (so Jesus in der Bergpredigt) ist nach wie vor Utopie. So bleibt neben dem staatlichen Gewaltmonopol in demokratischen Gesellschaften und einer internationalen Rechtsordnung die aktive Gewaltfreiheit zum Schutz von Menschen- und Bürgerrechten ein wichtiges Mittel zivilgesellschaftlicher Aktivität. Sie ist so auch ein Beitrag dazu, in dieser Welt mit mehr Vertrauen und weniger Angst leben zu können.

Es gibt auch überraschende Auswirkungen des Gedankens, dass gewaltfreies Verhalten und das dabei in Kauf genommene Leiden eine transformierende Kraft hat. Kürzlich sah ich „Winterschlaf", den wunderbaren Film des türkischen Regisseurs Nuri Bilge Ceylan. Darin kommt eine Szene vor, die mich überraschte:

Die Schwester des Hotelbesitzers zitiert in einem Gespräch mit ihrem Bruder ein Wort Jesu aus der Bergpredigt. Man soll, wenn man geschlagen wird, auch die andere Backe hinhalten. Der Bruder ist empört. Was das denn für eine Moral sei! Wenn man geschlagen wird, muss man sich wehren, das verlangt allein die Ehre. Nein, sie sollen sich ändern, sagt die Schwester. Wer? Na, die Polizisten, die schlagen. Wie denn? Nun, dass sie sich schämen. Wie sich schämen?! Schämen dafür, dass sie wehrlose Menschen schlagen. Aber das werden sie doch nicht tun. Sie werden sie schlagen und dann festnehmen. Vielleicht auch nicht, sagt die Schwester, wenn es nur oft genug wiederholt wird, werden sie sich schämen, sie werden angeekelt von ihrem Verhalten sein. Und werden damit aufhören. Der Bruder schüttelt den Kopf, nie wird das passieren. Aber die Schwester hält daran fest.

Es kann geschehen, es ist möglich. M.L. King ist dafür gestorben, dass es möglich wird. Er ist gestorben, als er streikende schwarze Müllarbeiter in Memphis unterstützte, schwarze Müllarbeiter, die viel schlechter bezahlt wurden als ihre weißen Kollegen und die für ihre Gleichbehandlung streikten. King glaubte an die Veränderbarkeit des Menschen durch Gewaltfreiheit und Liebe. Sein Traum darf nicht enden, auch wenn er sich bislang nicht erfüllt hat. Dass sein Traum nicht vergessen wird, liegt auch an uns.

Literatur

Benedict, Hans-Jürgen (1971). *Der neue Protestantismus. Motive und Formen der kirchlichen Kriegsopposition in den USA*. Stuttgart: Kohlhammer.

Benedict, Hans-Jürgen (1989). *Ziviler Ungehorsam als christliche Tugend*. Frankfurt a. M.: Athenäum.

Benedict, Hans-Jürgen & Bahr, Hans-Eckehard (Hrsg.). (1968). *Kirchen als Träger der Revolution. Ein politisches Handlungsmodell am Beispiel der USA*. Hamburg: Furche.

Ebert, Theodor & Benedict, Hans-Jürgen (1968). *Macht von unten. Bürgerrechtsbewegung, außerparlamentarische Opposition und Kirchenreform*. Hamburg: Furche

Grosse, Heinrich (1971). *Die Macht der Armen. Martin Luther King und der Kampf für soziale Gerechtigkeit*. Hamburg: Furche.

Grosse, Heinrich (im Erscheinen, 2015). The March on Washington and the American Civil Rights Movement as an Inspiration for Social Protest Movements in West and East Germany. *Bulletin of the German Historical Institute*. Washington DC.

King, Martin Luther (1980). *Schöpferischer Widerstand. Reden, Aufsätze, Predigten*, hrsg. v. Heinrich Grosse. Gütersloh: Gütersloher Verlagshaus Gerd Mohn.

Kleinert ,Ulfrid (1981). *Gewaltfrei widerstehen – Brokdorf-Protokolle gegen Schlagstöcke und Steine*. Reinbek: Rowohlt.

Ulrich Dehn

Mohandas K. Gandhi und seine Ambivalenzen

Grundimpulse seines Denkens und Handelns
im Bereich des gewaltfreien Widerstands

1. Einleitung

Auch auf dem Höhepunkt der politischen Karriere Gandhis als Vorsitzender der indischen Kongresspartei wurde er nicht von jedem politischen Gesprächspartner ernstgenommen und wertgeschätzt. Aus Anlass eines Treffens mit dem englischen Vizekönig in Indien belustigte sich der britische Premierminister Churchill über ihn als den „aufsässigen Fakir, der halbnackt die Stufen zum Palast des Vizekönigs hinaufstolzierte, um mit dem Vertreter des Königs zu verhandeln". Der Vizekönig selbst (Lord Irwin) jedoch beschrieb die Begegnung mit Gandhi als „die dramatischste persönliche Begegnung zwischen einem Vizekönig und einem indischen Führer" (Zitate in Erikson, 1971, S. 534).

Gandhi wird oft unter dem Stichwort „Politischer Hinduismus" verhandelt (vgl. Klimkeit, 1981; S. 280–301; Meisig, 1996, S. 185–195), sinnvoller wäre es vielleicht, von einem aus Hindu-Quellen beeinflussten Politiker zu sprechen. Auch schon bei Sri Aurobindo ist der reformhinduistische Weg von der nationalistisch-antikolonialen Politik zur Spiritualität nicht weit gewesen, sodass die beiden als sich gegenseitig verschränkende Parallelfälle betrachtet werden können – auch wenn die Parallele nicht allzu weit gezogen werden darf.

Die wichtigste Quelle für die Beschäftigung mit der Person Gandhis ist seine Autobiographie *Die Geschichte meiner Experimente mit der Wahrheit*[1], in der er schonungslos über seine Kindheit und Jugend, seine Londoner Zeit, die ersten Schritte des beruflichen Versagens, seine „Flucht vor sich selbst" nach Südafrika und schließlich seine prominente politisch-religiöse Laufbahn nach der Rückkehr nach Indien berichtet.

Gandhi wurde 1869 in Porbandar in Gujarat in eine Familie der Banya-Kaste hineingeboren, eine kaufmännische Unterkaste der Vaishyas. Sein Vater Karamchand Gandhi war Politiker und zeitweiliger Premierminister des Fürstentums von Porbandar. Der Mahatma war das jüngste Kind seiner vierten Frau, nachdem der Vater vorher dreimal verwitwet war. Weder Vater noch Mutter hatten eine nennenswerte formale Bildung genossen, sodass der spätere Lebensweg Gandhis einschließlich seines Auslandsstudiums in London für seine Familie höchst ungewöhnlich war. Religiös war die Familie, insbesondere die Mutter, vaishnavitisch

---

1   Sie beruht auf der englischen Übersetzung *An Autobiography: The Story of my Experiments with Truth,* während das Original in Gujarati geschrieben wurde. Erstveröffentlichung war in zwei Teilen 1927 und 1929.

orientiert und von einem tiefen Rama-Glauben geprägt. Gandhi wurde im Kindesalter zweimal verlobt, ohne etwas davon zu erfahren. Da beide kleinen Bräute schon bald im Kindesalter verstarben, war dies auch unerheblich für ihn. Auch von seiner dritten Verlobung mit seiner späteren Frau Kasturbai im Alter von sieben Jahren erfuhr er erst, als im Alter von 13 Jahren die Hochzeit stattfand. Die Eheschließung und der Beginn des ehelichen Lebens führten dazu, dass Gandhi an der Oberschule ein Jahr verlor; er machte dies aber später als guter Schüler wett, übersprang eine Klasse und gewann sogar Preise, nachdem er als Grundschüler eher mittelmäßig gewesen war. Die Familie Gandhis war aufgrund eines starken jainistischen Einflusses in Gujarat streng vegetarisch orientiert, die Mutter hielt darüber strenge Fastenvorschriften ein. Mohandas geriet unter den Einfluss eines älteren Schulfreundes, der ihm suggerierte, dass die Engländer nur aufgrund ihres Fleischgenusses körperlich und geistig in der Lage seien, mit wenigen tausend Menschen ein Volk von hunderten Millionen zu beherrschen. Mohandas erlag zeitweilig unter großen Gewissensbissen diesem Einfluss, rauchte und wurde von seinem Freund auch dazu angeregt, in Bordelle zu gehen. Er schildert, dass er zu Beginn nur unter körperlichen Schmerzen Ziegenfleisch essen konnte, sich aber nach und nach daran gewöhnte. Nichtsdestoweniger hatte er Albträume und hörte in seinem Inneren Ziegen blöken. Nach einiger Zeit kehrte Mohandas reumütig unter die Regeln seines Elternhauses zurück und beugte sich nun umso treuer dem Gebot der *ahimsa*, der Nicht-Verletzung von Leben. Weniger wichtig als die Ernährungsaspekte waren ihm die korrekte Regelbefolgung und die Aufrichtigkeit gegenüber seinen Eltern, die er selbst als wahrheitsliebend schildert. Ein weiteres Ereignis um den Tod seines Vaters spielte eine große Rolle in seinem Leben: Der junge Mohandas, der seine Frau, die als schlicht, schüchtern, aber tapfer geschildert wird, leidenschaftlich liebte, konnte es zeitlebens nicht verwinden, dass er die Minuten, in denen sein kranker Vater starb, im Bett mit seiner Frau verbracht hatte. Die Fleischeslust und Leidenschaft habe ihn blind gemacht für die liebevolle Wahrnehmung seiner Pflichten als Sohn (vgl. Rau, 1970, S. 24 f.; Klimkeit, 1981, S. 282 f.).

Schon als Kind lernte Mohandas von seiner Amme Rambha die Gottesanrufung *ramanama* als Anrufung in Gefahr und persönlichen Zweifeln. Er lernte das Ramayana kennen und schätzen und profitierte außerdem davon, dass in seiner Familie ein hohes Maß an religiöser Toleranz geübt wurde. Trotz der allgemeinen vaishnavitischen Orientierung wurden auch shivaitische Tempel aufgesucht, und der Vater pflegte intensive Kontakte zu Jainas, von denen die Familie stark beeinflusst wurde. Mohandas lernt das Bhagavata Purana und das Gesetzbuch des Manu kennen. Abgestoßen wurde er allerdings vom Christentum, das er zunächst nur in Gestalt der Missionare kennenlernte, die nicht müde wurden, den Hindus die Missbräuche ihrer Religion und die vorzivilisatorischen Aspekte des Hindu-Glaubens vor Augen zu führen. Seine Einstellung zum Christentum änderte sich später, als er die Bergpredigt kennenlernte, jedoch nicht so weit, dass er jemals in Betracht gezogen hätte, sich als Grenzgänger zwischen Hinduismus und Christentum zu betrachten.

2. 1888 bis 1891: London

Gandhi studierte gegen den Willen seiner Mutter seit 1888 in London und wurde aus diesem Anlass auch aus seiner Kaste ausgestoßen. Dort wurde er u. a. mit der englischen Übersetzung der Bhagavadgita von Edwin Arnold (*The Song Celestial*) bekannt (das Sanskrit-Original hätte er nur stockend lesen können) und war insbesondere vom 2. Gesang sehr beeindruckt, in dem die Verderblichkeit des Begehrens ausgeführt wird. Es waren zwei Brüder, beide Mitglieder der Theosophischen Gesellschaft, die ihn in die Lektüre der Bhagavadgita eingeführt hatten und nun mit ihm zusammen auch den Sanskrit-Originaltext lesen wollten (vgl. Rau, 1970, S. 22 f.). Gandhi ließ sich auch Helena Blavatsky (der Gründerin der Theosophischen Gesellschaft) und Annie Besant vorstellen, wurde jedoch nicht Mitglied. Er las zwar einige Werke aus diesem Bereich, wie etwa Blavatskys *Key to Theosophy* und Annie Besants *How I became a Theosophist*, aber letztendlich benutzte er die Theosophie eher als einen gründlicheren Zutritt zum Hinduismus, mit dem er sich in Indien nie sonderlich intensiv befasst hatte. Ein christlicher Freund aus Manchester regt ihn dazu an, die Bibel zu lesen. Das Alte Testament allerdings konnte ihn bis auf die Genesis, allgemein die Bücher Mose, nicht begeistern, das Buch Numeri stieß ihn geradezu ab. Ganz anders das Neue Testament und hier die Bergpredigt, die ihn zutiefst beeindruckte. Insbesondere die auf die Talionsformel folgenden Verse Mt 5,39 ff.: „Ich aber sage euch: Leistet dem, der euch etwas Böses antut, keinen Widerstand, sondern wenn dich einer auf die rechte Wange schlägt, dann halt ihm auch die linke hin" usw. Das Buch *Helden und Heldenverehrung* von Thomas Carlyle brachte ihn in Berührung auch mit dem Leben des Muhammad.

Er wurde zwar berührt von dem im damaligen englischen Protestantismus weit verbreiteten Glauben, dass Gott den einzelnen Menschen in allen Lebenslagen führt und geleitet, ersetzte jedoch diesen Gott für sich durch Rama im Anschluss an den Glauben seiner eigenen Familientradition, insbesondere die religiöse Sozialisation durch seine Mutter.

1890 reiste er nach Paris zum Besuch der dortigen Weltausstellung. Er teilte die Verachtung einiger Zivilisationskritiker dem Eiffelturm gegenüber, der die neu erbaute Attraktion der Expo darstellte, bestieg ihn jedoch selbst auch zwei- oder dreimal und aß auf der ersten Plattform teuer zu Mittag – dies wird erwähnt, um zu dokumentieren, dass Gandhi zu dieser Zeit noch bedenkenlos einen gutbürgerlichen Lebensstil pflegte. Tiefer als der Eiffelturm beeindruckten ihn die zahlreichen großen alten Kirchen von Paris, insbesondere Notre Dame. Dies blieb seine einzige Europa-Reise von London aus. Im Juni 1891 bestieg er nach bestandenen Prüfungen und der Eintragung als Barrister ins Register des High Court das Schiff zurück nach Indien. In Indien musste er als erstes erfahren, dass seine Mutter, an der er sehr gehangen hatte, während seiner Londoner Studienzeit verstorben ist. Sein beruflicher Start in Bombay als Anwalt war ein Desaster: Aufgrund seiner Schüchternheit und rhetorischen Unfähigkeit brach er dieses Experiment nach

sechs Monaten ab, auch kannte er sich aufgrund des Auslandsstudiums nicht aus-
reichend im indischen Recht aus. Er wurde Berater in der Firma seines Bruders in
Rajkot. In dieser Zeit hatte er Kontakt zu dem jungen Geschäftsmann und Mystiker
Raychandbai, der ihn tief beeindruckte, und wurde stark beeinflusst durch Tolstoys
Buch *Das Reich Gottes ist in euch* sowie John Ruskins *Unto this Last*.

3.   1893 bis 1914: Südafrika

1893 wurde er nach Südafrika gerufen, um dort einen Rechtsstreit zu lösen. Bald
schon nahm er wahr, welche Verachtung den im Lande lebenden Indern entge-
gengebracht wurde. Bereits auf seinem ersten Weg nach Pretoria, den er mit ent-
sprechender Fahrkarte im Erste-Klasse-Abteil eines Zuges zurücklegen wollte,
erfuhr er dies am eigenen Leibe: Er wurde aus dem Zug hinausgeworfen, und bei
der Weiterfahrt mit einer Kutsche durfte er nicht im Fahrgastraum Platz nehmen,
sondern nur auf dem Kutschbock. Die in Südafrika lebenden Inder waren in mehrere Gruppen gespalten: die muslimischen Kaufleute, die Hindus und die Parsen
sowie die größte Gruppe der Arbeiter, die aus verschiedenen Teilen Indiens kamen
und normalerweise auf der Basis eines Fünf-Jahres-Vertrags in Südafrika waren.
Der englische Jargon für alle Inder war Kuli, Gandhi war „Kuli-Barrister". Seinen
ersten juristischen Fall, für den er gerufen worden war, löste er bravourös mit
einem Vergleich, mit dem beide Seiten höchst zufrieden waren. Dieser Vorgang,
bei dem es um die Abmilderung von Kreditbedingungen ging, stellte für Gandhi
ein Schlüsselerlebnis dar. Er kommentierte dies mit den Worten: „Ich hatte gelernt,
die bessere Seite der menschlichen Natur zu aktivieren und zu den Herzen der
Menschen vorzudringen. Ich begriff, dass die wahre Funktion eines Anwalts darin
bestand, die zerstrittenen Parteien zusammenzuführen" (Gandhi, 1960, S. 132).
    Gandhi las erstmalig den Koran und hatte intensiven Kontakt mit Christen und
Missionaren, insbesondere Quäkern, die ihn gerne zum Christentum bekehrt hätten. Gandhi fühlte sich zwar vom Neuen Testament angezogen, nicht jedoch von
der Botschaft der Missionare und von der Lehre, dass Jesus der einzige fleischgewordene Sohn Gottes sei, dass nur der Glaube an ihn zum ewigen Leben führe,
dass nur Jesus Sohn Gottes sei, nicht wir alle, und deshalb auch nicht wir alle
göttliche Natur hätten. Auch der Glaube an die Sühne für die Sünden der Welt mit
Jesu Tod und Blut konnte ihm nicht einleuchten (Gandhi, 1960, S. 133 f.).
    Zu dem Zeitpunkt, zu dem Gandhi nach getaner Arbeit wieder nach Indien hätte
zurückkehren wollen, kündigte die Regierung von Natal an, Indern das Wahlrecht
für das Parlament von Natal zu entziehen. Gandhi kündigte seine Schiffspassage,
um zu bleiben und diesen Schritt zu verhindern. Nun verbrachte er die nächsten
zwanzig Jahre in Südafrika, hatte zwar keinen Erfolg mit der Verhinderung des
besagten Gesetzesentwurfs, gründete aber in Anlehnung an den Indian National
Congress, der 1885 entstanden war, 1894 den Natal Indian Congress und setzte

sich so lange für die Rechte der Inder ein, bis sie den Weißen nahezu rechtlich gleichgestellt waren.

4.   Seit 1915: Indien

Mit diesem Ergebnis kehrte er im Dezember 1914 mit seiner Familie, die er 1896 nach Südafrika nachgeholt hatte, mit dem Schiff nach Indien zurück und kam am 15. Januar 1915 in Bombay an. Von Rabindranath Tagore, der ihn bei seiner Ankunft begrüßte, erhielt er den Ehrennamen *Mahatma* (große Seele), der ihn zwar ehrte, aber auch belastete, wie er in seiner Autobiographie schreibt (vgl. Gandhi, 1970, S. 12). Tagore distanzierte sich allerdings in einem Briefwechsel 1921 von Gandhi. In Südafrika hatte dieser einen großen Teil seiner politischen Strategie entwickelt: Von Tolstoy, Ruskin und Henry Thoreau übernahm er die Ideen des passiven Widerstands und des bürgerlichen Ungehorsams. Damit verband er eine Zivilisationskritik im Anschluss an Thoreau, die ihn das einfache, ländliche Leben und eine Absage an die moderne komplizierte Zivilisation befürworten ließ. Ihm schwebte das Ideal der selbständigen wirtschaftlichen Einheiten vor, die sich aus eigener Kraft erhalten und für den eigenen Bedarf produzieren. Symbol für diese Selbstbewirtschaftung wurde das Spinnrad.

Nach seiner Rückkehr nach Indien hatte Gandhi zunächst vor, sich nicht politisch im indischen Freiheitskampf zu betätigen. Er gründete einen Ashram in der Nähe von Allahabad und ließ sich dort als religiös-sozialer Erzieher nieder. Er fühlte sich nach wie vor dem gemäßigten Nationalisten Gokhale verbunden und wuchs allmählich doch wieder in die politische Arbeit hinein. 1919 wandte Gandhi sich von seiner Tuchfühlung mit den Briten ab, als ihm deutlich wurde, dass das neue Wahlrecht, das den Briten ein Vetorecht einräumte, Indien noch weiter von politischer Autonomie, in Hindi *svaraj*, entfernte. Er begann am 16. April 1919 mit seiner Aktion der *civil disobedience*, des zivilen Ungehorsams. Einschneidend war ein Ereignis in Amritsar am 13. April 1919, wo sich eine antibritische Demonstration zusammenfand, die von indischen Soldaten (*gurkha*s) unter britischem Befehl (General Dyer) wahllos und brutal zusammengeschossen wurde: 380 Todesopfer und über 1000 Verletzte. Dieses Massaker und der dadurch verursachte Volkszorn werden weithin als der Auftakt zur indischen Unabhängigkeitsbewegung im engeren Sinne betrachtet. 1920 übernahm Gandhi die Führung des Indian National Congress, der unter seiner Leitung stark expandierte und zur Massenorganisation wurde. Er plante nun ein *Non-Cooperation Movement*, das nach seinem Plan innerhalb eines Jahres auf indische Selbst-Regierung hinauslaufen soll, faktisch durchgeführt von 1920 bis 1922. *Non-cooperation* lief im Rahmen der Einhaltung von Gesetzen darauf hinaus, dass auf Ehrentitel und Ämter verzichtet wurde und importierte Waren nicht gekauft wurden. Insbesondere von dem letzteren Aspekt wurde die britische Exportwirtschaft zunehmend getroffen. Inder ließen sich freiwillig festnehmen und aburteilen. Dieser Art von Verhalten standen die Briten machtlos gegenüber, weil es nur mit Tricks illegalisiert und konterkariert werden konnte. Gandhi ging davon aus, dass die Briten mit einhunderttausend Kolonial-beamten ein Volk von 300 Millionen Indern nicht regieren konnten, wenn diese die Zusammenarbeit verweigerten. Bald, ab 1922, ging er wieder zum *Civil Diso-bedience Movement* über, das mit gezielten Gesetzesübertretungen arbeitete. Nach einer Haft von 1922 bis 1924 blieb es für einige Zeit politisch ruhig. Mit der Welt-wirtschaftskrise 1929 nahm die Unterdrückung der indischen Massen zu, und im Gefolge dessen unternahm Gandhi im März 1931 seinen legendären Salzmarsch, der das Salzgewinnungs- und Vermarktungsmonopol der Kolonialregierung bre-chen sollte. Er marschierte mit einer wachsenden Zahl von Anhängern von seinem Ashram bei Ahmedabad zum Meer und stellte dort Salz her, allerdings unter In-kaufnahme einer großen Zahl von Opfern, Toten und Verletzten – eine Aktion, die auch unter Anhängern sehr umstritten war. Gandhis Aktionen waren letztlich nur zum Teil politisch erfolgreich, sie trugen aber zu einer zunehmenden natio-nalen Bewusstseinsbildung der indischen Massen bei. Gandhis Kurs einer Aus-söhnung mit den Muslimen war bei den hinduistischen Bekenntnisparteien (z. B. Hindu Mahasabha) verpönt. Gandhi schätzte die Sprengkraft des muslimischen Abspaltungswillens und die Durchsetzungskraft seines Gegenspielers Mohammed Ali Jinnah falsch ein: Anstatt auf Schadensbegrenzung im Falle einer Teilung des Landes hinzuarbeiten, versuchte er bis zuletzt die Teilung zu verhindern. Wenige Monate nach der indischen Unabhängigkeit wurde Gandhi am 30. Januar 1948 von dem politisierten Hindu- Fundamentalisten Nathuram Godse erschossen, bat aber noch mit seinen letzten Worten darum, den Mörder nicht zu hart zu bestrafen.

5. Religiöse Überzeugungen Gandhis

Oberbegriff für seine politischen Strategien der *civil disobedience* und *non-coope-ration* ist für Gandhi *satyagraha* = Bemühung um die Wahrheit. Mit *satyagraha* sind die Themen des Leidens und der Selbstaufopferung verbunden. Wachstum kommt aus dem Leiden und dem Opfer. Gandhi bezieht sich implizit auf das biblische Gleichnis vom Weizenkorn, das wächst, wenn der Same erstirbt (Joh 12,24). Das Leben gehe aus dem Tod hervor. Das altindische Stichwort *ahimsa* als Gebot des Nicht-Tötens bzw. Nicht-Verletzens versteht Gandhi im positiven Sinne als Gebot der Liebe und des Wohlwollens allen lebenden Wesen gegenüber. *Brahmacarya*, die Herrschaft über sich selbst, der Begriff, mit dem Gandhi sein as-ketisches Ideal begründet, ist Voraussetzung für *svaraj*, persönliche und politische Selbstherrschaft. *Svaraj* wiederum versteht Gandhi als sowohl innerliches als auch äußerliches, diesseitiges Ziel, als der Angelpunkt zu seinem Ideal des *svadeshi* (wörtlich eigenes Land, Selbst-Land), der wirtschaftlichen und politischen Eigen-ständigkeit der kleinen Einheiten im Sinne des Boykotts ausländischer Waren und der Nutzung dessen, was nahe liegt.

Gandhi bezieht aus der Bhagavadgita die Einsicht des unbeteiligten Handelns, das den Versuchungen der Welt indifferent gegenübersteht und somit das Selbst beherrscht (*svaraj*). Die Frucht des Handelns, d. h. der persönliche verbuchbare Erfolg, sollen verblassen in der Orientierung auf die Sache. Auch die innere Freiheit vom Besitz (*aparigraha*) liest Gandhi aus der Bhagavadgita wie auch aus den Einflüssen durch den Jainismus. Das Stichwort des *ramraj*, das ihm bereits von seiner Mutter mitgegeben war, ist ein wichtiger Bestandteil seiner vaishnavitischen Frömmigkeit und wird von ihm mit Einflüssen Tolstoys verbunden. Er verbindet das Reich-Gottes-Denken Tolstoys, den *svaraj*-Gedanken und den *ramraj* miteinander, grenzt sich aber von Vertretern des politischen Hindutums ab mit dem Argument, dass das Reich Ramas und Rahims (muslimischer Name für Gott) für ihn dasselbe seien. Es geht ihm nicht um einen theokratischen Grundgedanken, sondern um die Verwirklichung des *ramraj* im Herzen als Voraussetzung für *svaraj* im sowohl spirituellen als auch politischen Sinne (vgl. Klimkeit, 1981, S. 296 f.). Aber zugleich ist *ramraj* für ihn ein gesellschaftlicher Gedanke und ein Hinweis darauf, dass die Religion nicht aus der Gesellschaft und aus dem Gemeinwesen eliminiert werden darf. Herrschaft Ramas bedeutet, dass das Gute das Böse überwindet, so wie im Ramayana Rama seinen Widersacher Ravana überwindet. Die Selbstbeherrschung des Menschen führt auch dazu, dass er den Tod als physisches Phänomen ohne Einfluss auf seine Seele zu verstehen lernt und nicht mehr fürchtet (vgl. Klimkeit, 1981, S. 298). Diese Einsicht erleichterte Gandhi die Anleitung zu spektakulären Maßnahmen in seiner Strategie des zivilen Ungehorsams.

6. Abschließende Bemerkungen

Die religiösen Koordinaten Gandhis fasst Meisig (1996, S. 195) so zusammen:

> Wir sehen, wie sich im Leben und in den Lehren des Mahatma Gandhi heterogene Einflüsse zu einer neuartigen, ungeheuer wirksamen Konzeption verbanden. Bhakti und Asketenethik aus den Hinduismus, daneben christliche Lehren, vor allem aus der Bergpredigt, und ebenso auch westliche Gesellschaftslehren mit ihrem egalitären, universalistischen und der natürlichen Lebensweise verpflichteten Gedanken: all dies nahm Gandhi auf und entwickelte seine Version des *gewaltfreien* politischen Hinduismus.

Die Größe Gandhis ist an vielen Orten gewürdigt worden, u. a. in der Biographie Wilhelm Mühlmanns und der Arbeit des Psychoanalytikers Erik Eriksons. Auch sein Freund Romain Rolland und Otto Wolff sowie Louis Fischer widmeten ihm biographische Arbeiten, die alle durchgehend ein positives Bild von Gandhi ohne jeglichen kritischen Ansatz darstellen. Im Kontrast zu den vielen hagiographischen Quellen sticht insbesondere Salman Rushdie hervor, der in überzogener Weise und provokativ Gandhi in erster Linie langweilig findet und ihn als heuchlerischen Moralprediger beschreibt (Rushdie, 2004). Auch der Film *Gandhi* von Richard

Attenborough (1982) wurde von ihm scharf kritisiert, allerdings nicht völlig zu Unrecht: Der Film stützt sich fast ausschließlich auf eine positiv-hagiographische Darstellung der Vita Gandhis, die keine kritischen Dimensionen zulässt. Die heutige Forschung lässt das Pendel oft zur anderen, sehr kritischen Seite ausschlagen, insbesondere was das Ehe- und Familienleben und die persönlichen Entscheidungen Gandhis betrifft, wobei oft die spezifischen indischen Bedingungen an der Wende vom 19. zum 20. Jahrhundert nicht berücksichtigt werden (Franz, 2005). Gandhis Pionierleistung bestand ohne jeden Zweifel in der Entwicklung der gewaltfreien Aktionsmethoden des zivilen Ungehorsams und der gewaltfreien Nichtzusammenarbeit, die er erstmalig als wirksames Instrument der Massen in die politische Auseinandersetzung einführte. Auch führte seine charismatische Führerschaft zu einer breiten Bewusstseinsbildung gegenüber dem kolonialen System und der wirtschaftlichen Abhängigkeit von den Briten.

Gandhi war allerdings, bei allem, was an pionierhaften Impulsen von ihm ausging, kein politischer Analytiker, was sich in dramatischen Fehlurteilen niederschlug. Bemerkenswert an seiner frühen Karriere in Südafrika ist, dass er seine ganze Aufmerksamkeit der Situation der gegenüber der schwarzen Bevölkerung bereits privilegierten indischen Community widmete, ohne sich nennenswert vom Schicksal der Schwarzen berühren zu lassen, und zwar so weitgehend, dass er sich sogar während des Zulu-Aufstands in einem Sanitätskorps auf britischer Seite engagierte. Es gibt zahlreiche rassistische Äußerungen Gandhis über die schwarze Bevölkerung in Südafrika. Ebenso war er in Indien kein Gegner des Kastensystems (vgl. hierzu den Beitrag von Pearly Walter in diesem Band).

Viele Kampagnen Gandhis, die in gewaltsamen Auseinandersetzungen resultierten, beruhten auf falschen politischen Einschätzungen der Lage, in welchen ihm das Prinzip über den Realitätssinn ging. Die professionelle Entwicklung gewaltfreier Aktionsmethoden, die heute zum Instrumentarium jeder Bürgerinitiative gehören, steckte damals in den Kinderschuhen, und für Gandhi lagen bei der Abwägung der Methoden keine Erfahrungswerte vor, die ihn das jeweilige Risiko und die politischen Chancen hätten besser einschätzen lassen. Das Analysedefizit betraf auch seine Unterschätzung des hindu-muslimischen Antagonismus, der auch zahlreiche sozioökonomische Hintergründe hatte. 1938 drückte Gandhi in einem offenen Brief („Die Juden") sein Verständnis für die verfolgten und unterdrückten Juden unter der Naziherrschaft aus, lehnte jedoch Zionismus ab, da Palästina den Arabern gehöre, und legte den Juden gewaltlosen, zivilen Widerstand gegen ihre Verfolgung nahe. Er verglich die Situation der Juden mit der der Dalits in Indien und der Inder in Südafrika. Insbesondere für die als unangemessen betrachteten Vergleiche erhielt er scharfe Kritik von Martin Buber und anderen (Bartolf 1998, 11–13).

Die Unabhängigkeit Indiens war zu einem beachtlichen Teil sein Verdienst. Die Briten waren allerdings durch den 2. Weltkrieg und die unregierbare Ausdehnung ihrer Kolonialgebiete in Asien geschwächt und hatten sich ohnehin bereits seit den 1930er Jahren auf Raten aus Indien zurückgezogen, zumal auch außerhalb des Einflussbereichs Gandhis massiver Widerstand gegen die Kolonialmacht brodelte. Industrielle Arbeitskämpfe hatten die Produktivität des Landes massiv reduziert, sodass Indien für die Briten schon lange ein Verlustgeschäft geworden war. Gandhis Verdienst jedoch ist es, dass der Indian National Congress seit seinen Zeiten die stärkste politische Kraft des Landes ist und mit Unterbrechungen seit der Unabhängigkeit normalerweise die Regierung stellt (vgl. u. a. Rothermund, 1997; Lütt, 1986; Eberling, 2006).

Für die Idealisierung Gandhis, die ihn fast in den Rang eines nationalen Heiligen hebt, ist hauptsächlich die Propaganda des Indian National Congress verantwortlich, der sich selbst allerdings in keiner Phase seiner Regierungszeit an die politischen Prinzipien dieser charismatischen Gestalt hielt. Diese Idealisierung, aber auch Wertschätzung Gandhis führte u. a. zu der Etablierung eines imposanten National Gandhi Museum (http://gandhimuseum.org) in Delhi, in welchem auch die Werke Gandhis zu Taschenbuchpreisen erworben werden können. Auch in Europa sind vier Gandhi-Denkmäler (in Amsterdam, Genf, Hannover, London) zu finden.

Der kritische Blick auf Gandhi, den die neuere Forschung notwendig macht und der seine Idealisierung in rationale Bahnen lenken sollte, soll jedoch seine außerordentlichen Verdienste nicht verdecken: Er bleibt weltweit als Symbol und Pionierfigur für gewaltfreies Handeln in der Politik und als großer Charismatiker von großer Bedeutung, der einen erheblichen antikolonialen Bewusstseinsschub in der breiten Bevölkerung Indiens herbeiführte. Gewaltfreie Bewegungen überall auf der Welt verdanken Gandhi eine ethische Grundlegung wie auch methodische Ausdifferenzierung des gewaltfreien Handelns in der gesellschaftlichen und politischen Auseinandersetzung.

Literatur

Bartolf, Chr. (1998). Wir wollen die Gewalt nicht – die Buber-Gandhi-Kontroverse. Berlin: Gandhi-Informationszentrum

Eberling, M. (2006). *Mahatma Gandhi – Leben, Werk, Wirkung*, Frankfurt am Main: Suhrkamp

Eberling, M. (2006). *Mahatma Gandhi* (Dokumentarfilm). Hamburg: Hoffmann und Campe.

Franz, A. (2005). *Der eitle Asket*, DIE ZEIT, 24.02.2005.

Erikson, E. H. (1971). *Gandhis Wahrheit. Über die Ursprünge der militanten Gewaltlosigkeit*. Frankfurt am Main: Insel.

Gandhi, M. (1960). *Mahatma Gandhis Autobiographie. Die Geschichte meiner Experimente mit der Wahrheit*. Freiburg i. Br./München: Alber.

Klimkeit, H.-J. (1981). *Der politische Hinduismus. Indische Denker zwischen religiöser Reform und politischem Erwachen*. Wiesbaden: Harrassowitz.

Lütt, J. (1986). *Mahatma Gandhis Kritik an der modernen Zivilisation*. Saeculum, Jahrbuch für Universalgeschichte, Bd. 37, 96–112.

Meisig, K. (1996). *Shivas Tanz – der Hinduismus*. Freiburg im Breisgau: Herder.

Rau, H. (1970). *Mahatma Gandhi in Selbstzeugnissen und Bilddokumenten*. Reinbek: Rowohlt.

Rothermund, D. (1997²). *Mahatma Gandhi – eine politische Biographie*. München: C. H. Beck.

Rushdie, S. (2004). *Gandhi heute* (Februar 1998). In ders.: Überschreiten Sie diese Grenze!: Schriften 1992–2002 (S. 234–241). Reinbek: Rowohlt.

Internetquellen

http://de.wikipedia.org/wiki/Mohandas_Gandhi
http://gandhimuseum.org

Pearly Usha Walter

A Critical Appraisal of Gandhi's Political and Ethical Views

The story of Mahatma Gandhi that we are taught in school and that we are made to believe is a lie and it's time that we face it. (Arundhati Roy, Ayyankali Memorial Lecture, 17 July 2014)

Introduction

Mohandas Karamchand Gandhi, popularly known as Gandhiji or Mahatma ("great soul"), a political icon from India, is renowned world-wide – besides his fame for simplicity – more for his ideas on non-violence. M.K. Gandhi, who is addressed also as 'the father of Indian Nation' takes a prominent place among the world's most popular figures predominantly for his teachings on non-violent strategies against the colonial British Empire. Volumes of writings praising the thoughts and deeds of Gandhi are published till date, portraying him as a saint. In fact, as Indians, every child is introduced to this legend as 'Bapuji', and the school text books portray him as one of the greatest man of all times, and the undaunting picture of this old man still remains in our minds even as adults.

> History has been kind to Gandhi. He was deified by millions of people in his own lifetime. Gandhi's godliness has become a universal and, so it seems, an eternal phenomenon … Gandhi has become all things to all people: Obama loves him and so does the Occupy Movement. Anarchists love him and so does the Establishment. Narendra Modi loves him and so does Rahul Gandhi. The poor love him and so do the rich. He is the saint of the Status Quo. (Roy, 2014, p. 40)

It is true that so far Gandhi has captured the minds of many through his ideas and his life-style. But now this image of Gandhi is outrightly questioned, especially on his commitment and faithfulness to his own ideas. In this paper two critics are chosen to reveal and explain the hidden truth of the 'Mahatma'. One is B. R. Ambedkar, a stark critic at the time of Gandhi, and the other is Arundhati Roy, present day critic on Gandhi, and this paper is mainly based on Roy's findings about Gandhi after ten years of her meticulous research. Bhimrao Ramji Ambedkar (1891–1956) an Indian Lawyer, politician, a reformer who strived for the political rights of the Dalits and often named the "Father of Indian Constitution", was the main critic and a political opponent of Gandhi and the author of the book 'Annihilation of Caste' (1936) – besides an impressive oeuvre, meant to provide the frame for the liberation of Dalits from the oppressive caste-system. Arundhati Roy, a writer, political and human rights activist who, as the modern day critic, slammed the idolised image of Gandhi through her extensive and thorough research on the life and work of Gandhi in her annotated critical introduction titled 'The Doctor and the Saint' (Roy, 2014) to Ambedkar's book 'Annihilation of Caste'.

The image of Gandhi 'as an idol of non-violence' is a 'mistake' says Roy and – quite surprisingly – reveals the stark and stunning contradictions which encompassed the life of Gandhi. Her arguments against Gandhi are quite strong and convincing as she quotes Gandhi from his own writings and doing not much of interpretation. Roy (2014, p. 43) states and asks:

> There is no doubt that Gandhi was an extraordinary and fascinating man, but during India's struggle for freedom, did he really speak Truth to Power? Did he really ally himself with the poorest of the poor, the most vulnerable of his people?

Now, it is time to accept the hidden truth of this great man, coming out from this carefully conducted evaluation. It is not easy to criticize a popularly accepted figure, but it is the need of the hour to get a more comprehensive picture of this man, of which important dimensions have been swept under the carpet, affecting the Indian history and politics till date.

Gandhi's Inconsistencies in Statements and Writings

Ambedkar (1955) in an interview with BBC Radio, commented on the double standards of Gandhi – through two publications of Gandhi, one in English, called 'Young India' and later known as 'Harijan' and the other one in Gujarati, 'Harijan Bandhu' (earlier known as Navajivan). Ambedkar in the same interview makes the following statement:

> If you read the two papers, you will see how Mr. Gandhi was deceiving the people. In the English paper, he posed himself as an opponent of the caste system and of untouchability and that he was a democrat. But if you read the Gujarati magazine, you will see him more as an orthodox man. He has been supporting the caste system, the Varnashrama Dharma and all the orthodox dogmas … In fact somebody ought to write Mr. Gandhi's biography by making a comparative study of the statements made by Mr. Gandhi in his 'Harijan' and the statements made by Mr. Gandhi in this Gujarati paper. There are seven volumes of it. The people, the western world only reads the English paper, where Mr. Gandhi in order to keep himself in the esteem of the western people, who believe in Democracy, was advocating democratic ideals. You got to see also what he actually taught to the people in his vernacular paper. Nobody seems to have made any reference. All the biographies written of him are based upon his 'Harijan' and 'Young India', but not upon the Gujarati writings of Gandhi …

Gandhi's view on truth

Roy (2014) says that "Mahatmahood" provided Gandhi with an amplitude that was not available to ordinary mortals. It allowed him to use his "inner voice" affectively, effectively, and often. It permitted him to contradict himself constantly. Gandhi in his own words:

> My aim is not to be consistent with my previous statements on a given question, but to be consistent with the truth as it may present itself to me in a given moment. The result has been that I have grown from truth to truth. (Harijan, 30 September 1939; CWMG vol. 76, p. 356; cited in Roy, 2014, p. 65)

Gandhi on Caste

Here are the words of Gandhi justifying the brutal caste system:

> I believe that if Hindu society has been able to stand, it is because it is founded on the caste system ... To destroy the caste system and adopt the Western European social system means that Hindus must give up the principle of hereditary occupation which is the soul of the caste system. Hereditary principle is an eternal principle. To change is to create disorder ... It will be chaos if everyday a Brahmin is changed into a Shudra and a Shudra is to be changed into a Brahmin. (Gandhi, 'Navajivan' (1921) cited in BAWS vol. 9, p. 276; also cited in Roy, 2014, p. 25)

In 1933, during a temple entry campaign, Gandhi rebaptised untouchables and gave them the patronizing name: Harijans, meaning 'people of God'. Ambedkar (1955) commented on this move of Gandhi:

> Just a sweet name to the untouchables and a political move to draw them into Congress and to support his 'Swaraj- (Self-Rule) movement'.

In another incident in 1936, objecting to the missionary work of Reverend John Mott among "Harijans", Gandhi said:

> Would you, Dr. Mott, preach the gospel to a cow? Well, some of these untouchables are worse than cows in understanding. I mean they can no more distinguish between relative merits of Islam, Hinduism and Christianity than a cow ... (cited in Roy, 2014, p. 134)

Gandhi on Dalits/Lower Caste Indians in South Africa

While Gandhi worked in South Africa for 25 years till 1915, there lived two kinds of Indians. One were the "Passenger Indians" who went there to do business, and the other ones were "indentured labourers" who mostly came from subordinated classes and castes. Indian labourers were brought to South Africa because the Zulus of South Africa refused to work on the white men's farm (Roy, 2014, p. 70). Gandhi said about the 'indentured labourers':

Whether they are Hindus or Mohammedans, they are absolutely without any moral or religious instruction worthy of the name. They have not learned enough to educate themselves without any outside help. Placed thus, they are apt to yield to the slightest temptation to tell a lie. After some time, lying with them becomes a habit and a disease. They would lie without any reason, without any proper … prospect of bettering themselves materially, indeed, without knowing what they are doing. They reach a stage in life when their moral faculties have completely collapsed owing to neglect. (CWMG vol. 1, p. 200, cited in Roy, 2014, p. 67)

He clearly signalled the British that these Indian labourers are different from his group. He said he was looking forward to an "Imperial Brotherhood". For the British, all Indians were coolies, and Gandhi was annoyed that the privileged caste was also called coolie.

Gandhi on Manual Scavengers (Bhangi)

Gandhi elucidated his views on the merits of ancestral and hereditary occupations. He wrote in an essay in 1936, called "The Ideal Bhangi …" ('Bhangi' is the manual scavenger in North India):

A Bhangi should know how a right kind of latrine is constructed and the correct way of cleaning it. He should know how to overcome and destroy the odour of excreta and the various disinfectants to render them innocuous. He should likewise know the process of converting urine and night soil into manure. But that is not all. My ideal Bhangi would know the quality of night-soil and urine. He would keep a close watch on these and give a timely warning to the individual concerned. (Harijan, Nov. 1936, cited in Roy, 2014, p. 133)

Gandhi on Temple Entry

Gandhi is widely acknowledged for his radical move to remove untouchability by allowing Dalits into the Hindu temples, who were denied temple entry. But this move of Gandhi was highly criticised by Ambedkar. In his interview, Ambedkar (1955) emphasized that the oppressed caste people needed something more than the mere temple entry. In his response to the interviewer on Gandhi's effort for the temple entry for the untouchables, Ambedkar said:

There are two things about the scheduled castes. We want untouchability to be abolished. We also want that we must be given equal opportunities, so that we may rise to the level of the other classes. Mere washing of untouchability is of no consequence. We have been carrying on with untouchability for the last two thousand years, nobody has bothered about it … nobody has bothered about it, yes, there are some … some disabilities which are very harmful, for instance, people can't take water and people can't have land, to cultivate and earn their livelihood but the other things which are far more important namely, that they should have the same status in the country and they should have the opportunity to hold high offices, so that not only their dignity will rise but also they will get, what I call strategic positions from which they could protect their own people. Mr. Gandhi was totally opposed … totally opposed. All that he wanted to do is 'temple entry'. Nobody cares for Hindu temples now. The untouchables have become so conscious of the fact that temple going is of no consequence at all. You live in the untouchable quarters, it is just the same, whether you went into the temple or not …

The remarks of Ambedkar on Gandhi's view on temple entry indicated already that Ambedkar was very sceptical about Gandhi's position about a genuine political representation of Dalits.

Gandhi's unknown/hidden racism

In South Africa, Gandhi was thrown out of a 'Whites only' compartment of a train in Pietermaritzburg. We surmise that Gandhi was against racism and against imperialism and that this incident was the spark for him to start the battle. The real reason for his anger, however, was that he felt that it is below his dignity as a privileged caste person to sit or be treated on par with black people. But when he was thrown out due to his dark complexion (compared with white people) and his Indian origin, he was frustrated and later he opposed untouchability based on colour but did not oppose the discrimination and untouchability inherent in the caste system.

In many of his campaigns in South Africa for separate treatment of Indians, he only objected to the same treatment of Indians with 'raw kaffirs', which is how he called black Africans (i.e. with the same expression which the British colonialists used). One of his first political victories after forming Natal Indian Congress came in 1895. It was a 'solution' to the Durban Post Office 'problem'. The post office had already two entrances, one for whites and one for blacks. He successfully campaigned to have a third entrance opened so that Indians would not have to use the same door as the 'kaffirs'. But Gandhi accepted the segregation from the whites without any protest (Roy, 2014, pp. 66–67).

Once Gandhi wrote from the prison in South Africa about sharing jails with the "Kaffirs":

We were all prepared for hardships, but not quite for this experience. We could under-stand not being classed with the whites, but to be placed on the same level with the natives seemed to be too much to put up with. … Apart from whether or not this im-plies degradation, I must say it's rather dangerous. Kaffirs as a rule are uncivilized, the convicts even more so. They are troublesome, and dirty and live like animals. I have resolved in my mind on an agitation to ensure that Indian prisoners are not lodged with kaffirs or others. We cannot ignore the fact that there is no common ground between them and us … (CWMG vol. 9, pp. 256–7, cited in Roy, 2014, p. 73)

Gandhi and Non-violence

Gandhi worked with the British army in the Anglo-Boer war in 1901 and during the crushing of the Bambatha rebellion in 1906. In his speeches he said he was looking forward to an "Imperial Brotherhood", towards which "everyone who was the friend of the Empire should aim". (*The Natal Advertiser*, 16 October 1901; CWMG vol. 2, p. 421; Roy, 2014, p. 69). Many Indian labourers were dragged into the war by the British but Gandhi and the "Passenger Indians" expressed loyalty to the British as their subjects and volunteered to join the ambulance corps. He even wrote a letter asking for weapons to engage in the warfare and he never regretted the role he was playing in white man's war. In 1913, Gandhi left South Africa. On his way back to India he stopped in London where he was awarded the Kaiser-e-Hind Gold Medal for public service to the British Empire (Roy, 2014, p. 88).

From what we have learnt so far, the following questions of Roy (2014, p. 43) appear very relevant and challenging:

> How do we reconcile the idea of the non-violent Gandhi, with his views (and deeds) on caste? What do we do with this structure of moral righteousness that rests so comfortably on a foundation of utterly brutal, institutionalised injustice? Is it enough to say Gandhi was complicated, and let it go at that? [...] Did he really ally himself with the poorest of the poor, the most vulnerable of his people?

Second Round Table Conference in London

The first face to face confrontation between Gandhi and Ambedkar was at the Second Round Table Conference 1931 in London. Gandhi claimed at this conference that he represents all people of India (including Dalits) and was actually refusing Ambedkar's claim to speak for them. In his first public confrontation over Ambedkar's proposal for a separate electorate[1] for Dalits, Gandhi said:

---

1 "Separate Electorate" for Dalits means that separate elections are held, in which (only) Dalits can vote (only) for Dalit candidates. For this election, India would be divided in as many electorates as seats will be reserved for Dalits in the parliament. Though different Dalit parties will compete against each other, the number of Dalit representatives in parliament will not reduce, as only Dalits can contest in all these electorates. This sort of parallel elections were granted for the Muslims already and they were held simultaneously/parallely to the general elections, in which all people (including Dalits and Muslims) voted for their representatives in general electorates, in which candidates from all sections of society could contest. This system of "separate electorates" was designed with the basic idea to give a secured political representation to minorities, as this is usually not happening in the Westminster-type of "majoritarian electoral system", where 'the winner takes it all'. Though the combination of "separate electorates" and the "general electorates" could finally lead to the situation that members of the minorities have a double vote (one for their separate and one for the general electorate), Gandhi never questioned Ambedkar's demand on the basis of the basic democratic principle of 'one man – one vote', but because he feared the

I claim myself in my own person to represent the vast mass of the untouchables, signaling strongly that the Dalits should not be given a separate electorate in Indian Politics. (BAWS vol. 9, p. 68; also cited in Roy, 2014, p. 65).

Ambedkar challenged this claim, and they became strong political adversaries.

The Poona Pact

The significant historical, political damage wrought by Gandhi to the Dalits was in forcing Ambedkar to sign the 'Poona Pact'. In 1932, the British Prime Minister Ramsay Mac Donald announced that he will grant separate electorate for the depressed classes (Dalits). This was proposed by Ambedkar, following the provision which was given to Muslims in 1909 already. Gandhi strongly opposed it and undertook a fast unto death. Ambedkar had to give up his demand, fearing violence against Dalits, if Gandhi would die. Ambedkar was forced to agree to a compromise which was laid down in the so-called Poona Pact (1932). As a compensation, Dalits were given so-called "reserved constituencies", in which every party could present only Dalit-candidates for elections. About 16% of the constituencies were declared to be "reserved" ones, thus guaranteeing a "proportionate" representation of Dalits both in the national and state parliaments. Ambedkar feared that in the above mentioned system only "dummies" will be put up in these constituencies and that there will never be a clear Dalit-strategy with any genuine Dalit party. The Poona Pact indeed led to the political "castration" of the Dalits. There is no strong political organisation of the Dalits until now! (BSP is a special case and confined to the state of Uttar Pradesh). Today, the "Campaign on Electoral Reforms in India" (CERI) tries to rectify this in promoting an advanced "Proportionate Electoral System".

In using the hunger strike as a weapon in this political controversy Gandhi contradicted his own teachings. He had always emphasized that his struggle for freedom is closely related to truth and justice, hence, in other words, with human rights, dignity and respect. In applying the hunger strike as a weapon in a "normal", conventional political controversy (the debate on methods of organising political representation of minorities in the most genuine way can in no stretch of imagination be seen as a matter of truth and human rights), he turned this precious weapon into a mere means of blackmailing his political opponent. In doing so he misused this tool for plain political considerations, thus betraying his own political philosophy.

---

non-integration of the emerging Indian nation or massive conflicts between the different sections of the society.

Conclusion

Mahatma Gandhi, a Vaishya, born into a Gujarati Baniya family, never opposed the caste system probably as he was from an upper caste family. All through his life, Gandhi wrote a great deal about the importance of "scavenging" as a religious duty. As a spokesman for the Indian community, Gandhi was always careful to distinguish – and distance – "Passenger Indians" from indentured workers in South Africa. Therefore, one can say that he was a revolutionary only in certain areas, but at the same time a reactionary in other most important ones. His doctrine of nonviolence was based on the acceptance of the most brutal social hierarchy the world has ever known, the caste system. The historical debate between Gandhi and his political opponent Ambedkar is something which has immense impact on the Indians even today. Some of Gandhi's own statements are not only disturbing but also shocking for all of us who have been nurtured with the hagiographies of Gandhi. Freedom in Independent India finally resulted in a mere transfer of power. Freedom is there, but practically only for upper caste people.

Acknowledgement

I completely owe my allegiance on the critical views on Gandhi to Arundhati Roy's brilliant piece of work, 'The Doctor and the Saint', the annotated Introduction to Ambedkar's book 'Annihilation of Caste'. I deeply feel that this book really deserves a broad readership and wide distribution and that it should be translated as soon as possible into German, so that more Germans will widen their perspectives on Gandhi. I'm grateful having had the opportunity to present it at least in a few of its highlights to this audience!

References

Ambedkar, B.R. (1979–2003). *Dr. Babasaheb Ambedkar: Writings and Speeches (BAWS)*. *Volumes 1–17*. Mumbai: Education department, Government of Maharashtra.
Ambedkar, B.R. (Broadcasted on 1955, December 31). Interview to BBC Radio. See https://www.youtube.com/watch?v=TNAdYLbGLKY (last accessed 05 November 2014).
Ambedkar, B.R. (1954). *What Congress and Gandhi Have Done to the untouchables?* *http://guruprasad.net/wp-content/uploads/2014/06/What-Congress-and-Gandhi-have-done-to-the-Untouchables.pdf* (last accessed 16 October 2014).
Anderson, Perry (2012). *The Indian Ideology.* New Delhi: Three Essays Collective.
Gandhi, M.K. (1999). *The collected Works of Mahatma Gandhi. (CWMG), 98 Volumes.* New Delhi: Publication Division, Government of India.
Roy, Arundhati (2014). 'The Doctor and the Saint'. In S. Anand (Ed.), *B.R. Ambedkar's Annihilation of Caste: The annotated Critical Edition*. New Delhi: Navayana.
Roy, Arundhati (lecture delivered on 2014, July 17). *Mahatma Ayyankali Memorial Lecture*, Kerala University, Trivandrum. http://navayana.org/blog/2014/07/25/the-flotsam-on-a-sea-of-lies/ (last accessed 08 October 2014).

Fyodor Kozyrev

Returning the Ticket to God

The Topic of Violence in Russian Utopias

I will start with an extended quotation from Dostoyevsky's famous novel "The Brothers Karamazov" (Dostoyevsky, 1912, pp. 258–269), because the title of my presentation refers to an expression used by one of the brothers. This is what Ivan Karamazov told Alyosha during their conversation at a restaurant:

> As for me, I've long resolved not to think whether man created God or God man. And I won't go through all the axioms laid down by Russian boys on that subject, all derived from European hypotheses; for what's a hypothesis there, is an axiom with the Russian boy … And so I omit all the hypotheses. For what are we aiming at now? I am trying to explain as quickly as possible my essential nature, that is what manner of man I am, what I believe in, and for what I hope, that's it, isn't it? And therefore I tell you that I accept God simply. […]
>
> I accept God and am glad to, and what's more, I accept His wisdom, His purpose – which are utterly beyond our ken; I believe in the underlying order and the meaning of life; I believe in the eternal harmony in which they say we shall one day be blended. I believe in the Word to Which the universe is striving, and Which Itself was 'with God,' and Which Itself is God and so on, and so on, to infinity. There are all sorts of phrases for it. I seem to be on the right path, don't I? Yet would you believe it, in the final result I don't accept this world of God's, and, although I know it exists, I don't accept it at all. It's not that I don't accept God, you must understand, it's the world created by Him I don't and cannot accept. Let me make it plain. I believe like a child that suffering will be healed and made up for, that all the humiliating absurdity of human contradictions will vanish like a pitiful mirage, like the despicable fabrication of the impotent and infinitely small Euclidian mind of man, that in the world's finale, at the moment of eternal harmony, something so precious will come to pass that it will suffice for all hearts, for the comforting of all resentments, for the atonement of all the crimes of humanity, of all the blood they've shed; that it will make it not only possible to forgive but to justify all that has happened with men – but though all that may come to pass, I don't accept it. I won't accept it. Even if parallel lines do meet and I see it myself, I shall see it and say that they've met, but still I won't accept it. That's what's at the root of me, Alyosha; that's my creed. […]

After giving some heart-breaking pictures of atrocities committed over children, Ivan asks Alyosha:

> Can you understand why a little creature, who can't even understand what's done to her, should beat her little aching heart with her tiny fist in the dark and the cold, and weep her meek unresentful tears to dear, kind God to protect her? Do you understand that, friend and brother, you pious and humble novice? Do you understand why this

infamy must be and is permitted? Without it, I am told, man could not have existed on earth, for he could not have known good and evil. Why should he know that diabolical good and evil when it costs so much? [...]

Listen! I took the case of children only to make my case clearer. Of the other tears of humanity with which the earth is soaked from its crust to its centre, I will say nothing. I have narrowed my subject on purpose. I am a bug, and I recognise in all humility that I cannot understand why the world is arranged as it is. [...] With my pitiful, earthly, Euclidian understanding, all I know is that there is suffering and that there are none guilty. [...] I know that, and I can't consent to live by it! ... I must have justice, or I will destroy myself. And not justice in some remote infinite time and space, but here on earth, and that I could see myself. I have believed in it. I want to see it, and if I am dead by then, let me rise again, for if it all happens without me, it will be too unfair. [...] I want to see with my own eyes the hind lie down with the lion and the victim rise up and embrace his murderer. I want to be there when everyone suddenly understands what it has all been for. All the religions of the world are built on this longing, and I am a believer. But then there are the children, and what am I to do about them? That's a question I can't answer. [...]

Listen! If all must suffer to pay for the eternal harmony, what have children to do with it, tell me, please? It's beyond all comprehension why they should suffer, and why they should pay for the harmony. Why should they, too, furnish material to enrich the soil for the harmony of the future? I understand solidarity in sin among men. I understand solidarity in retribution, too; but there can be no such solidarity with children. And [...] so I renounce the higher harmony altogether. It's not worth the tears of that one tortured child who beat itself on the breast with its little fist and prayed in its stinking outhouse, with its unexpiated tears to 'dear, kind God'! [...] And if the sufferings of children go to swell the sum of sufferings which was necessary to pay for truth, then I protest that the truth is not worth such a price. I don't want the mother to embrace the oppressor who threw her son to the dogs! She dare not forgive him! Let her forgive him for herself, if she will, let her forgive the torturer for the immeasurable suffering of her mother's heart. But the sufferings of her tortured child she has no right to forgive ...! And if that is so, ... what becomes of harmony? I don't want harmony. From love for humanity I don't want it. [...]

And so I hasten to give back my entrance ticket, and if I am an honest man I am bound to give it back as soon as possible. And that I am doing. It's not God that I don't accept, Alyosha, only I most respectfully return him the ticket. "That's rebellion," murmured Alyosha, looking down.

Here, in one of the most profound episodes of the novel, preceding the legend of the Grand Inquisitor, Dostoyevsky reveals maybe the most arresting feature of Russian revolution. Later another Russian writer, spiritually very close to Dostoyevsky, Vasily Rozanov, who was even married to the former mistress of Dostoyevsky, Appolinaria Souslova (the prototype of Dostoyevsky's female main characters), claimed that the main motive of the Russian revolution was pity:

The whole Russian socialism in its ideal and pure essence, in its original essence is feminine. It is nothing but the extension of 'Russian pity', of compassion with the unhappy, poor and depressed, with those who are unable to overcome the evils of life

... Let's see the female characters of Kluechevsky, Turgenev, Tolstoy ... Meanwhile socialism itself is an European, highly tough, monetary and calculating system (Rozanov, 1995, p. 356).

In identifying Russian socialism with Christian compassion, Rozanov may seem to be too naïve, and it may seem much more reasonable to follow Vladimir Solovyev's brilliant definition of the basic difference between Christians and socialists. Both want to eliminate inequality, said Solovyev, but in order to do so, the first call to share your own belongings and the latter call to take belongings of the others. But Rozanov was not naïve, neither before the Revolution nor after it. The famous English writer D.H. Lawrence wrote in one of his extensive reviews on Rozanov's writings in 1930:

I believe Tolstoy would be absolutely amazed if he could come back and see the Russia of today. I believe Rozanov would feel no surprise (Lawrence, 2005, p. 350).

We will return to this later, but now I want to underline another interesting point revealed by Dostoyevsky. It is the existentialistic and personalistic pathos of Ivan's speech. Certainly one may attribute it to the author of the novel, and there were quite a number of outstanding commentators of Dostoyevsky, including Berdyaev and Bakhtin, who brought convincing arguments in favor of treating Dostoyevsky as one of the first existential philosophers. But such an interpretation would be too narrow as it would ignore a wide stratum of social Russian thought that had formed before Dostoyevsky and had evidently become a source of his inspiration.

Ivan Karamazov as a personification of Russian utopian thought has many historical prototypes, but probably the closest links are to be found among the members of the so-called coterie of Hegel devotees with M. Bakunin, A. Herzen, and other pioneers of the socialist revolutionary movement in Russia. The author of a most respected history of Russian philosophy, Vasily Zenkovsky, stressed the existentialistic ideas underpinning the socialist pathos of these thinkers. He cites for instance lines from Bakunin's epistle apparently reminiscent of Ivan Karamazov's speech:

You are mistaken, – wrote Bakunin in 1849 – if you think that I do not believe in God. But I have wholly given up comprehending Him through science and theory. I seek God in men, in human freedom, and now I seek Him in revolution (Zenkovsky, 1967, p. 255).

According to Zenkovsky, Bakunin was the first Russian philosopher for whom utopia ceased to be a literary dream or scientific theory and became a practical aim to achieve. And this emergence of the *philosophy of action,* Zenkovsky identified as a specific Russian divergence from Hegel – responsible in a great deal for the establishment of the communist regime. Let's recall Ivan Karamazov's speech (cited at the beginning):

> I must have justice, or I will destroy myself. And not justice in some remote infinite time and space, but here on earth, and that I could see myself.

Our genius poet Pushkin – in his verses devoted to his revolutionary comrades, written some 50 years before Dostoyevsky – exclaimed: "With our impatient soul we hark to Fatherland's appeal". *Impatient* is the key word here. It is a psychological substrate of what Zenkovsky called later the *theurgical anxiety* of Russian thought meaning by that all numerous daring plans of direct intervention into the divine plan of creation. Praised and glorified by Russians for overcoming the dualism of spirit and matter, Hegel soon was found not consistent enough with the theurgical anxiety. And Russian philosophers treated his idea like the Russian boys described by Dostoyevsky – the boys who borrow a celestial map for a night, not at all being acquainted with it and returning it in the following morning corrected. Hegel was corrected in the point of obedience to the fate of the historical process. Ivan did not want to be obedient and so he returned his ticket.

The most impressive example of this state of mind we find in writings of another famous Russian Hegelian thinker Vissarion Belinsky. Here is a quotation from his epistle to Botkin, written in 1841:

> Hegel's subject is not an end in itself, but a means for the ephemeral expression of the Universal … Laugh if you wish, but this is my opinion: the fate of the subject, the individual personality, is more important than the fate of the whole world … including Hegel's *Allgemeinheit.* I am told: develop all the riches of your spirit for the free self-enjoyment of Spirit … Thank you very kindly [and my respect to your philosophic cap], Yegor Fyodorovich [the nickname of Hegel among Russian philosophers of that time], … but if I should succeed in climbing to the highest rung of this ladder of development, even there I would ask you to render me an account of all the victims of real life and history … Otherwise I should hurl myself head foremost from the top rung of this ladder. I do not want happiness even as a gift if my conscience is not easy with regard to each of my brethren … It is said that disharmony is the condition for harmony. Perhaps. This is very profitable and delightful for music lovers but not for those who are condemned to express their fate in the idea of disharmony … (Zenkovsky, 1967, p. 267).

This piece of violent speech is very typical for Belinsky whose nickname in the literary circles of that time was "furious Vissarion." Its obvious concurrence in pathos with Ivan Karamazov' speech is hardly an incident, but rather a witness of documentary exactness of the portrait of the Russian rebellion given by Dostoyevsky in his latest novel written 40 years after Belinsky's epistle. It is worth noticing in this respect the outstanding role Belinsky played in the literary career of Dostoyevsky. Being a co-editor of the main Russian literary journal *Sovremennik*, Belinsky gave a most favorable review on the first novel of the young writer, "Poor Folk". This review and the meeting that took place in 1845 was regarded by Dostoyevsky as a spiritual blessing for his literary work. Much later he wrote in his memoirs that the minutes experienced after his short conversation with Belinsky were the most exciting moments of all his life. Belinsky convinced young Dostoyevsky that he had a special gift and that he should be loyal to his great vocation. In fact it was dedication into the order of Russian writers and of course this spiritual act should not be underestimated while reading Dostoyevsky's novels.

Radical refusal of created order seems to be the common basis of all sorts of revolutionary activity. "The Revolution of the Saints" – a profound book by Michael Walzer – provides interesting parallels between Western religious reformation and Russian Bolshevism. Walzer states that the tradition of political radicalism has its origin in the religious ideas of Calvin with his puritan successors. It was for the first time in European history that a political group made the destruction of traditional order its primary task, and it was also a sort of theurgical anxiety that made the natural order ethically unacceptable for these revolutionary *saints*, as they are called in the book.

> Their enthusiastic and purposive activity was part of their religious life, not something distinct and separate: they acted out their saintliness in debates, elections, administration, and warfare. Only some sensitivity to religious zeal can make the behavior of the English in the sixteen-forties and fifties explicable ... (Walzer, 1970, p. 12).

This religious zeal brought into being a new vision of politics as a kind of permanent war lead by the saints against the devil. Calvin, according to Walzer, should be properly called not a theologian or philosopher but rather an ideologist, because

> the power of a theology lies in its capacity to offer believers a knowledge of God and so to make possible an escape from the corrupted earth ... The power of a philosophy ... lies in its capacity to explain to its students the world and human society as they are and must be and so to win for them that freedom which consists in an acknowledgement of necessity. The power of an ideology, on the other hand, lies in its capacity to activate its adherents and to change the world. Its content is necessarily a description of contemporary experience as unacceptable and unnecessary and a rejection of any merely personal transcendence or salvation (Walzer, 1970, pp. 26–27).

So unlike Luther who turned away from politics and left the kingdom on earth "to anyone who wants to take it", Calvin was driven by his commitments to "take the earthly world, and to transform it" (Ibid.).

It is amazing how similar is Zenkovsky's characteristic of the place of Lenin in Russian philosophy:

> The inner narrowness, which characterized Lenin from the beginning, transformed his philosophic searchings into a kind of scholasticism – in the bad sense. Like Pushkin's 'poor knight', who had a 'single vision, incomprehensible to the mind', and saw nothing else [...] Lenin had a single interest and always saw only one thing – closeness to or incompatibility with the system of Marxism [...] The 'vision' which permeated

Lenin's consciousness had to do [...] with the revolutionary *Zusammenbruch*, the 'leap' into the 'dictatorship of the proletariat'. All of the efforts of Lenin's keen and persistent mind were devoted to reducing all ideas and theories to the point which was central for him, rejecting everything that did not fit harmoniously and submissively about this point (Zenkovsky, 1967, p. 746).

It was after this powerful push made by Lenin that philosophy in Soviet Russia completely transformed into ideology.

Parallels between Russian and European revolutionary ideas are too obvious to ponder on them. Let's just mention that Dostoyevsky paid enough attention to this phenomenon of the ideology as well, especially in his "Demons" where one of his most sinister characters, Pyotr Verkhovensky, sets forth his plans to establish compulsory happiness for the people by means of equality, discipline, austerity and other virtues celebrated by Calvin. More interesting are the differences between the two camps, and Rozanov's remark about the pity seems illuminating in this respect. European socialism is a "tough, monetary and calculating system ..." Russian devotion to socialism on the contrary involves much more affection and passion. Another Russian religious philosopher and theologian Sergey Bulgakov confronted German transcendental philosophy with the spirituality of the Russian charismatic sect of Khlysts and identified both as *immanentism*. The difference between the two, according to Bulgakov, lies in the irrationality of the Russian case:

> While the German Khlyst mentality is born and cultivated in the daytime consciousness and consequently suffers of excessive intellectualism, Russian Khlyst mentality nestles in the night-time subconsciousness, it is hostile to rationality ... and the depths of the primordial chaos always familiar to the East is disclosed in it (Bulgakov, 1994, p. 5).

Affection makes the Russian socialist dream more utopian and more radical in a sense. It turns discipline into anarchy. Berdyaev in his contemplations over Russia noticed that anarchism was the only original philosophic idea with which Russians enriched Western thought. Bakunin, Kropotkin and Tolstoy, these three Russian outstanding philosophers developed within several decades three utterly different versions of anarchism. Common for them was their overwhelmingly passionate hatred of oppression and their almost obsessive determination to finish with it by their own efforts.

Tolstoy is a more specific case among the three, for unlike the other two and unlike thousands and thousands of revolutionaries he denied oppression and violence not only as a normal condition of existence but also as a means of struggling with it. Yet his gentle and pacific call for non-violence was a rebellion *par excellence*, and none of the Russian serious thinkers was deceived by this gentleness; a few of them (except for Lenin) even failed to recognize the volcanic passionate nature of Tolstoy's spirit covered by a thin layer of Chinese quietism. A contemporary to

Berdyaev and Bulgakov, the Russian poet and literary critic Vyacheslav Ivanov, described Tolstoy's mystery in the following words:

> Tolstoy's infantile simplicity concealed great fury of his proud spirit. His unpracticality arose not from shyness but rather from a heaviness of a lion and its sluggishness to start a move. And where could he move indeed from his earthly cell? His only option was to stride the cell forth and back with his lion's pace calculating, like a monk calculates his beads, the lattice bars of life each of which was cursed with a gentle prohibition: don't drink, don't smoke, refuse all flesh pleasures, don't fight, don't resist to evil … (Ivanov, 1911, p. 79).

Paradoxically and tragically Tolstoy's radical denial of violence – in fact one of the most radical in the history of humanity – did not help him to avoid the accusation of being responsible for one of the greatest bloodsheds and self-destructions ever known in that history too.

In 1918, when the dream of happiness for humanity obviously turned into its opposite, into unprecedented waves of violence and hatred, and when the educated Russian society was paralyzed with the question, "How it could this happen?", a group of leading Russian philosophers published a collection of articles about the Russian revolution called "De profundis." This collection itself presents a shameful picture of helplessness of the Russian intelligentsia that had used for decades to blame Russian monarchy for every evil in their country and now needed urgently to find another scapegoat. Sergey Askoldov's opening article entitled "The religious meaning of Russian revolution" blames for instance Rasputin.

> Rasputin was undoubtedly a religious person and undoubtedly a man who understood the specific religious talent of Russians, that is, to live a virtuous life in the shell of sin … His guilt toward Russia consisted not of his personal sins which are unknown for us, but of his cynical crossing over religious, moral and social boundaries that gained the nation-wide and church-wide meaning and became the focus of the state policy … And Russian revolution came as an unexpected divine retribution for it (Askoldov, 1990, p. 42).

The second and actually the strongest article of the collection was written by N. Berdyaev, called "The Spirits of the Russian Revolution". Here Berdyaev blames personally Lev Tolstoy for all evils, and his verdict is uncompromising.

> Tolstoy is one of those who are in fault of the devastation of Russian culture … He poisoned Russian men with moral reflection, which made them feeble and unable for historical and cultural action. Tolstoy is a real poisoner of the wells of life … It is Tolstoy who made the existence of great Russia morally impossible … Our task is to get rid of Tolstoy as a moral teacher (Berdyaev, 1990, pp. 78–85).

Most striking in this text seems for me the accusation of poisoning Russian men with moral reflection. Is it really so bad to have moral reflection, to have moral consciousness after all? I am pretty sure he would not repeat these words in his later years in emigration, but his antipathy to Tolstoy was enduring and his accusation was not ungrounded. Yes, it was the Tolstovian teaching of non-resistance to evil that contributed strongly to the revolution, but it was not Tolstoy's invention. Rather, Tolstoy was an ingenious exponent of the wider Russian idea of the uncompromising rejection of suffering – the idea that united Tolstoy, Dostoyevsky, Belinsky and many others and that burst finally in the communist revolution. Tolstoy just raised the problem of suffering from a political to a cosmic level, and any careful study of Russian literature will admit this sort of utopianism (Zenkovsky called it *cosmism*), also distinctive of the Russian rebellion.

"The universal historical overturn will be an event not of political but of religious nature" – preached Bakunin seventy years before the revolution. Connotations with this thought are to be easily found in early Soviet art, especially in painting and sculpture, but in literature as well. It was not just a fancy of Alexander Block when he finished his main poem "The Twelve" (1918) with the image of Jesus Christ leading a detachment of the twelve revolutionaries into the future with the red flag in His hand. Many among Block's friends were outraged by this image and some accused him of betraying Russian history and Russian literature. Block pleaded in response: "What can I do if I see Him there?" Maximilian Voloshin, another outstanding representative of the 'Silver Age' of Russian poetry who gave in his verses the most horrifying pictures of the Red terror, wrote inter alia the following verses:

> If all the thickness of reality is to be hardened by the white heat and there is not enough fuel in Your furnace, here is my flesh, take it, Oh Lord!

Revelations about the religious motives of the Russian revolution penetrate "Chevengour" – a profound and quite eccentric novel by Andrey Platonov (1927). It is about a detachment of the Red army that enthusiastically built communism in an occasional local setting. Just as an example, most indicative in the context of our topic, the main hero of the novel, the communist commander Sasha Dvanov, from his very childhood had got a habit to contemplate things surrounding him – such as a fence or a tree – and to empathize with them in a sort of deep meditation. In one of the scenes of the novel he looks at a burdock – a broad-leaved plant growing near the road – and feels with all his heart how this burdock wants to live under communism.

Rozanov truly noticed this underlying element of pity and compassion so oddly coinciding with violence in the Russian revolutionary movement. But he was pessimistic and skeptical about its origin and its predictable fruits. Earlier than the others, in 1911, he started to warn about it, pointing out for instance that the whole property in Russia has only two sources. It has been either donated or stolen, but never earned. And it is the reason why nobody respects it. Russian man – Rozanov claims – is always dreaming and if he is thinking sometimes, his only thought is how to escape working. And Russian literature is nothing but empty talk, almost nothing but it. During awful dark winter of 1918, dying of hunger in one of the

Russian monasteries, Rozanov repeats the same thought in much stronger expressions:

> Why are we dying, after all? We are dying for only one basic reason: because we don't respect ourselves ... The essence of Russia is the lack of self-respect. And it is understandable. We did not work in the sweat of our brow and the earth threw us off her face ... In our literature we only played. 'Well written!' ... That's the point: everyone looked at how it was written but not at what was written. In its contents Russian literature is such a nasty stuff of shamelessness and insolence as no other literature ever. It did not educate its strong, smart and patient people and did not inspire this people even to make a nail ... We import mustard plasters from France because Russian cosmopolitans can't even spread mustard over paper. So what we are able to do? Ah, we are able to love, like Vronsky loved Anna Karenina and Oblomov loved Olga. My God, but one must have love inside one's family and this was also what we were not able to do ... (Rozanov, 1990a, pp. 468–473).

Rozanov's irony accords bitterly with a historical anecdote presenting a definition of love made by one French lady of easy virtue. She said that the idea of love was invented by Russian men in order to make it without payment. Yes, one may suggest that it was irresponsibility granted by the impracticability of the projects that made the utopian style of thinking so attractive for Russians. And of course they were all centered around love: from non-acceptance of God's creation by Belinsky to the resurrection of fathers by Nikolay Fedorov and to non-resistance toward evil by Lev Tolstoy.

But the point is that Rozanov himself did not escape the temptation so prudently unveiled, and we find his name right among the radical utopian thinkers. And of course his utopia was also about love, though unlike Tolstoy, Solovyev, Berdyaev and Fedorov he celebrated not platonic but carnal love. His ideas were so shocking and challenging for the public of his time that he received the title of the Russian Nietzsche, and a comparison of the two thinkers under this title would make probably another way to understand the peculiarity of the Russian moral rebellion, explicated in the image of the "returning ticket to God".

I hope one extract from Rozanov will help to understand what I mean. His own rebellion against traditional Christian morality is densely argued in his book "People of the Moonlight" (Rozanov, 1990b; see also Roberts S.E., 1978). This is how Rozanov called people hostile to natural sexual behavior including into this group homosexuals, eunuchs and moral rigorists. He claimed that the tragedy of Christianity comes from allowing this sort of people, who hate or fear normal sexuality and who are always present in all societies, to conquer the top positions in the religious hierarchy. This is the core idea of the book. D.H. Lawrence praised Rozanov much for this rehabilitation of carnal love and was even ready to forgive him his "morbid Dostoievskian Russianitis," his Dostoyevskian inner perversity of which, he was sure, Europeans were already pretty tired. In particular he wrote:

Rozanov has more or less recovered the genuine pagan vision, the phallic vision, and with those eyes he looks, in amazement and consternation, on the mess of Christianity. For the first time we get what we have got from no Russian, neither Tolstoy nor Dostoievsky nor any of them, a real, positive view of life. It is as if the pagan Russian had wakened up in Rozanov, a kind of Rip van Winkle, and was just staggering at what he saw … He is the first to see that immortality is in the vividness of life, not in the loss of life … He is not dual, nor divided against himself. He is one complete thing. His vision and his passion are positive, non-tragic (Lawrence, 1965, p. 101).

In the context of this appraisal it is worth reading a short pre-scriptum to the book performed by Rozanov in his very specific fragmentary manner. This is what Lawrence definitely did not like in Rozanov's writing and what made "Russian genuine Christianity," in Lawrence's own terms, incomprehensible for Europeans. But if we understand what this pre-scriptum has in common with the pan-erotic pathos of the book we will probably get a good key to distinguish Rozanov from Nietzsche, as well as to better distinguish Eastern Christianity from paganism. It may serve as an entrance into the hermeneutical circle of Russian religious thought in which Dostoyevsky and Rozanov are parts of the whole and in which the topic of violence inevitably becomes a ground for rebellion no matter if we condemn or admire our earthly world.

Here is this pre-scriptum with little cuts (Rozanov's style of text format is preserved):

Seven years old, shaking with fear, I was listening at our kitchen in Kostroma what an old man was telling: "Vieilles gens used to say that one who understands the Divine Scripture completely, will lose his mind!" […]

And something frightening glimmered to me, some ban or some curse. "Anyhow, those who lose their mind will never tell the others what they understood", I guessed in my mind. "Oh my God! Who has grasped it? And why it can't be grasped?" […]

A beautiful woman not young but not old either was standing with her lips pulled and her face contracted by suffering and her eyes full of tears in front of the holy image of the Blessed Virgin … She wore a coat, a hat (winter) and one could see she felt the burden of it, but for the moment she pulled herself up, like she was trying to meet the eyes of the icon with her eyes, to dive into it with her face … There were no words, nothing.

"Help me, Our Lady, the Holy Empress" whispered somebody, but not this ailing woman. She clenched into one uncontainable desire, into one unbounded plea – into one hope which is stronger than anything else … and she wept and wept.

But the crowd was waiting and she had to stop. With her pale thin arm the ailing woman took her other hand, lifelessly hanging, and placed it on the crimson ribbon … She wanted to wrap the ailing hand into the ribbon but was only able to touch it: while she tried to take the ribbon, her other hand went down and did not reach the aim. I lifted her arm quickly and she wrapped it immediately. And looking at her paralyzed arm she wept unceasingly.

"We need to go, people are waiting." Heavily, leaning against her stick she started turning … Immediately her stand was taken by another. People were flowing and flowing …

A well placed Russian voice with provincial accent recited: "No help do we have except for you our Lady …", and as steady as a thousand years ago […] And we really need no other help. Nothing we need more! Even medicine is not needed: for what purpose to heal the body? It is the soul to be healed. […]

And let these icons shine forever. Because it is better if the mind grows dim than the life fades. […] And even if we finally will "understand" completely everything, we will throw this "understanding" into the fire. […]

So that's why God arranged it in the way that "nobody will understand" and those who understand lose their mind and can't tell anything, as the old man whispered into my ear (Rozanov, 1990b, pp. 7–8).

References

Askoldov, S. (1990). Religiozny smysl russkoy revolutsii [rus.]. In *Iz Glubiny*. Moscow: Moscow University [Аскольдов С. А. Религиозный смысл русской революции] (First published 1918).

Berdyaev, N. A. (1990). Dukhi russkoy revolutsii [rus.]. In *Iz Glubiny*. Moscow: Moscow University [Бердяев Н. А. Духи русской революции] (First published 1918).

Bulgakov, S. (1994). *Svet nevecherniy* [rus.]. Moscow: Respublika [Булгаков С. Свет невечерний] (First published 1917).

Dostoyevsky, F.M. (1912). *The Brothers Karamazov*. (C. Garnett, Trans.) New York, NY: Lowell Press (Original work published 1880).

Ivanov, Vyach. (1911). Lev Tolstoy i kultura [rus.]. *Logos*, 1, 73–93 [Вяч. И. Иванов. Лев Толстой и культура] Retrieved from http://rvb.ru/ivanov/2_lifetime/borozdy/002.htm (last accessed 6 July 2015).

Lawrence, D.H. (1965). On Dostoievsky and Rozanov. In Donald Davie (Ed.), *Russian literature and modern English fiction. A collection of critical essays*. Chicago: University Of Chicago Press.

Lawrence, D.H. (2005). *Introductions and reviews*. Ed. by N.H. Reeve and J. Worthen. Cambridge: Cambridge University Press.

Roberts, S.E. (Ed.) (1978). *Four faces of Rozanov: Christianity, sex, Jews, and the Russian revolution*. Philosophical Library.

Rozanov, V.V. (1990a). Apokalipsis nashego vremeni [rus.]. In V.V. Rozanov, *Sochineniya*. Leningrad: Vasilyevskiy ostrov [Розанов В.В. Апокалипсис нашего времени].

Rozanov, V.V. (1990b). Lyudi lunnogo sveta [rus.]. In *V. Rozanov. V. 2. Uedinennoye*. Moscow: Pravda [Розанов В.В. Люди лунного света] .

Rozanov, V.V. (1995). Vozle Russkoy idei [rus.]. In *Rozanov, V.V. Sochineniya*, V. 1 [*Розанов В.* Возле "Русской иде"] (First published 1911).

Walzer, M. (1970). *The Revolution of the Saints: A Study in the Origins of Radical Politics*. New York, N.Y.: Athenium.

Zenkovsky, V.V. (1967). *A History of Russian Philosophy* (G. Kline, Trans.) London: Routledge and Kegan Paul Ltd. (Original work published 1953).

Christoph Störmer

Anmerkungen zum Beitrag von Fyodor Kozyrev

Sehr geehrter Herr Prof. Kozyrev,

Ihr Vortrag steht im Kontext der Ringvorlesung „Gewalt und Gewaltfreiheit in den Religionen". In diesem Zusammenhang möchte ich auch meinen Kommentar ansiedeln, der eher aus Fragen besteht.

Vorausschicken muss ich: Ich bin kein Kenner der russischen Literatur. „Die Brüder Karamasow" habe ich vor Jahrzehnten gelesen. Eindrücklich vor Augen und im Ohr habe ich die jüngste Rezeption im Thalia-Theater. In diesem Roman wird ermittelt, wer den menschlich unausstehlichen und rücksichtslosen Gutsbesitzer Fjodor Karamasow ermordet hat. Es ist nicht *ein* Täter, es sind vier, und alle sind mit dem Opfer verwandt. Der erste, Aljoscha Karamasow, hat die Möglichkeit des Mordes in seinen Gedanken bewegt – und verworfen. Der zweite, Iwan Karamasow, hat den Mord in Gedanken begangen. Der dritte, Dmitri Karamasow, hat laut damit gedroht, dass er den Mord begehen werde. Und der vierte, Smerdjakow, hat den Vatermord schließlich begangen.

Am Ende wird zwar der falsche Mann verurteilt, nämlich der dritte, der mit dem Mord nur geprahlt hat; aber dieser falsche Mann erkennt, dass er der eigentliche Täter ist, und nimmt die Strafe an. Der faktische Mörder, der nur das Werkzeug der drei anderen war, hat sich zu diesem Zeitpunkt schon das Leben genommen.

So, könnte man sagen, hängt alles mit allem zusammen und alle sind in Gottes Hand. Am Hamburger Thalia-Theater ist dieser Umstand in einem sinnfälligen Bühnenbild erfasst worden, das im Begleitbuch wie folgt kommentiert wird:

> Vom Schnürboden hängen lauter Stahlpendel in den leeren schwarzen Bühnenraum hinab, und bei Berührung und allgemeinem Tumult geraten sie in Schwingung und stoßen tieftönend gegeneinander. Selbst wenn die Figuren miteinander kämpfen, erzeugen sie, die Stangen berührend, eine Art höheren Einklang.
>
> Die Pendel schwingen zwischen den Figuren und kreuzen ihre Wege. Es sind Standleitungen zu Gott, von denen die Wesen am Boden keinen Gebrauch machen. Wenn man dieses Bühnenbild als gesellschaftliche Zustandsbeschreibung lesen wollte, müsste man sagen: Das Stück spielt in jener halben Höhe, in der zu sehen ist, dass Erde und Himmel zusammenhängen. Die Erdenbewohner wissen es nur nicht.

Meine Fragen an Sie, geehrter Herr Kozyrev, sind in diesem Kontext:

1) Welche Standleitungen haben wir zu Gott? Wie sehen die im heutigen, nachsowjetischen Russland aus? Im letzten Jahr hatten wir im Rahmen der Internationalen Friedenskanzel Vladimir Fedorow, Hochschullehrer und Priester an der Fürst Vladimir Kathedrale in St. Petersburg, hier in Hamburg zu Gast.

Er sagte in etwa: Man ist neuerdings orthodox. Man dürfe das nicht mit einem Bekenntnis zum Christentum verwechseln. Doch was ist es dann? Eine Chiffre für was? Ist die orthodoxe Kirche als Ideologie in das Vakuum der implodierten Sowjetideologie getreten?

2) Dostojewski wirft mit den „Brüdern Karamasow" die Frage nach den Vätern auf. Wie ist es um sie bestellt, im heutigen Russland? Und auch in unserem Umfeld? Zugespitzter gefragt: Wie ist es bestellt um die Wut auf den abwesenden Vater, den irdischen und den himmlischen? Hängt beides zusammen? Hier könnte ein ganzes Bündel anthropologischer Fragen anknüpfen. Von Mitscherlichs These der „vaterlosen Gesellschaft" bis hin zur Wut der RAF auf das „Schweinesystem", womit der Staatsapparat und das Wirtschaftssystem der Bundesrepublik der 60er Jahre gemeint war, in dem viele Ex-Nazis unbeschadet ihrer Vergangenheit tätig waren.

3) Ich erinnere an Erich Fromms „Anatomie der menschlichen Destruktivität". Sie zitieren in Ihrem Vortrag den Satz: *„I must have justice, or I will destroy myself."* Woher kommt die Ungeduld – ein Schlüsselwort in Ihrem Vortrag? Muss sie sich destruktiv äußern, gipfeln in Selbstzerstörung, schlimmer noch: Selbstmordattentaten? Weiter gefragt: Gibt es nicht auch eine konstruktive und produktive Ungeduld, die Menschen mitnimmt statt umbringt? Ich denke an Martin Luther Kings Reden *„I have a dream"* in Washington 1963 oder in Montgomery 1965: *„How long? Not long! Our God is marching along. How long, not long, because the arc of the moral universe is long, but it bends towards justice."* – Das ist eine Eschatologie, die ins Gelingen verliebt ist.

4) Sie sprechen von *„theurgical anxiety"* – und ich frage: Wo kommt der *urge*, also der Zwang, her? Diese Angst, die dazu führt, in Gottes Plan eingreifen zu müssen?

5) Hat diese zwanghafte Angst mit dem Mangel an Selbstrespekt zu tun, der die Essenz Russlands sei? Das zu lesen, hat mich bestürzt. Wenn das so ist, hat dann, so frage ich, der russische Schriftsteller Wladimir Sorokin (59, in Berlin lebend) recht, der vor zwei Wochen in einem ZEIT-Interview sagte: „Ich habe den Eindruck, dass wir in die letzte Phase dieses Staates eintreten. Es erinnert alles an die Agonie eines Todkranken. Ein großer Organismus stirbt und verfällt plötzlich in Aggression, greift nach der Krim, der Ukraine."

6) Sie sagen, das Hauptmotiv der Russischen Revolution sei Mitleid (*pity, compassion*) gewesen. Wie kann Mitgefühl in Gewalt umschlagen? Ist das zwangsläufig die Folge, wenn man die Spannung zwischen Utopie und Realität nicht aushält, das Reich Gottes hier und jetzt realisieren will ohne Umwege, gar ohne Arbeit? Frappierend in diesem Zusammenhang ist für mich die Aussage im Vortrag, dass in Russland Besitz nie erarbeitet worden sei, sondern entweder gestohlen werde oder man bekomme ihn geschenkt. Gilt das für die Oligarchien heute auch?

7) Im Rückblick auf die Reformation zitieren Sie eine Kritik an Calvin, der kein Theologe, sondern Ideologe gewesen sei. Ich wünschte mir von Ihnen eine

Anwendung dieser Begrifflichkeit auf die orthodoxe Kirche. Müsste man da auch unterscheiden zwischen *„power of a theology"* und *„power of ideology"*? Wie ist Ihre persönliche Einschätzung?

8) Sie sagen, Rozanow's Vorwurf an das Christentum sei der Hass auf das Lebendige, auf die Sexualität. Gilt das möglicherweise noch heute? Ich erinnere an die in Russland derzeit sehr ausgeprägte Homophobie. Läge in deren Überwindung nicht die Chance, einen Dualismus zu überwinden und eine Inkarnationstheologie zu gestalten und zu entfalten, die weder in die Utopie – d. h. den Nicht-Ort einer herzustellenden, mit Gewalt herbei zu diktierenden leidfreien Gesellschaft – noch in den persönlichen Nicht-Ort der Selbstzerstörung, des Suizids führt?

9) Und lässt sich mit einer Inkarnationstheologie, die ja impliziert, Gott zu erkennen in den Geringsten seiner Brüder und Schwestern, wie es im Evangelium heißt, nicht auch Tolstoi, der „Löwe", aus seiner Trägheit erwecken und aus der Zelle holen? Von dem Sie sagen: *„His gentle and pacific call for nonviolence was a rebellion."*

10) Solche Rebellion könnte münden in ein Pathos, das nicht pathetisch ist, sondern empathisch und leidenschaftlich: Es würde das Hier und Jetzt im Blick haben und nicht beanspruchen, die ganze Welt zu retten. Könnte ein wiederentdeckter Tolstoi nicht entgiften und die russische Seele oder auch die orthodoxe Kirche beflügeln zu einer Ethik, die anschlussfähig ist an das, was der jüdische Talmud wie auch später der Koran so formuliert: „Wer einen Menschen rettet, rettet die ganze Welt"?

Gewaltfreiheit und Gewalt aus Sicht von Buddhismus, Hinduismus, Judentum, Christentum und Islam

Carola Roloff

Gewaltfreiheit im Buddhismus

In einem Blog für *DIE WELT* war am 1. August 2014 zu lesen, der Pazifismus sei „eine feige Ideologie, die keine Verantwortung übernimmt, die Schwachen und Verfolgten dieser Welt im Stich lässt und sich dabei trotzdem als moralisch überlegen begreift."[1] Ein Großteil der Menschheit scheint sich einig: Die Terrorgruppe Islamischer Staat kann nur durch Waffengewalt gestoppt werden. Wie verhält sich der Buddhismus dazu?

In der westlichen Öffentlichkeit gilt der Buddhismus als *die* friedfertige, gewaltfreie Religion *par excellence*. Ist diese Vorstellung nur ein Klischee oder hält sie einer differenzierten Wahrnehmung stand (Schmithausen 2006, S. 3)? In der Buddhismuskunde ist man sich weitgehend einig, dass zumindest der frühe Buddhismus einen radikalen Verzicht auf Gewaltanwendung lehrt[2]; strittig scheint jedoch, ob man den radikalen Verzicht auf Gewaltanwendung auf die Gesamtheit der Erscheinungsformen des Buddhismus beziehen kann.[3] Gilt das Grundprinzip der Gewaltfreiheit für alle drei Hauptströmungen des Buddhismus, und ist der im Alltag praktizierte Buddhismus tatsächlich bis heute von diesem Ideal geprägt?[4]

Die eine der beiden Hauptsäulen des buddhistischen Lehrgebäudes ist Gewaltfreiheit (*ahiṃsa*), die andere ist das Entstehen in wechselseitiger Abhängigkeit (*pratītyasamutpāda*). Ein charakteristisches Kennzeichen des Buddhismus ist, dass er diese beiden Konzepte miteinander verknüpft. Doch was versteht der Buddhismus unter Gewaltfreiheit? Woher kommt dieser Begriff, und was bedeutet er?

---

1 http://boess.welt.de/2014/08/01/wann-stoppt-margot-kaessmann-endlich-isis/ (letzter Zugriff am 28.04.2015).

2 Die Wendung „früher Buddhismus" bezieht sich nicht nur auf Quellen des Theravāda-Buddhismus, sondern auch auf frühbuddhistische Quellen der beiden anderen Mainstream-Traditionen, des Ostasiatischen und Tibetischen Buddhismus. Schmithausen (2006, S. 18) weist z. B. auf wichtige Stellen im *Abhidharmakośa(bhāṣya)* hin und dessen ebenfalls radikal pazifistische Position.

3 Schmithausen (2006, S. 22) kommt zu dem Schluss, dass sich aus den Anfängen neben einem radikal pazifistischen Strang auch Formen des Buddhismus entwickelt haben, die sich in der Frage der Gewaltanwendung weniger von anderen Religionen unterscheiden, als das Klischee suggeriert. Deegalle (2003, S. 127) meint demgegenüber: „The overwhelming consensus among the scholars of Buddhism is that Buddhism is against violence. This scholarly consensus is neither a confessional view nor an exaggeration of the real situation. The pacifist image of Buddhist teachings and historical practices of non-violent actions in Buddhist communities are very much supported by and grounded on Pali canonical scriptures." Allerdings kann ein überkonfessioneller Konsens nicht allein auf dem Palikanon beruhen, da dieser, auch wenn es teils wörtliche und noch mehr inhaltliche Übereinstimmungen gibt, nicht Teil des tibetischen Kanons ist.

4 Dies veranschaulicht besonders gut Sallie King (2009) in ihrem Kapitel „War and Peace" (S. 67–95).

Eine Antwort darauf finden wir in einigen Beispielen aus dem Tri-Piṭaka (Drei-korb), den kanonischen Texten des Buddhismus. Sie zeigen, welche Formen der Gewalt der Buddhismus ablehnt und warum.

Vor dem Hintergrund der aktuellen Entwicklungen im Nahen Osten und in Afrika kommt der Frage des Tötens und des Einsatzes militärischer Gewalt eine vorrangige Bedeutung zu. Lässt der Buddhismus überhaupt Raum für Gewalt? In den Lehren des Mahāyāna erfährt der Begriff der Gewaltfreiheit eine Erweiterung. Hat dies die radikal pazifistische Einstellung des Buddhismus verändert? Und wie verhält sich die buddhistische Realpolitik[5] dazu; wird sie den Ideen und Werten des Buddhismus gerecht? Gibt es Formen der Gewalt, welche die Mehrheit der Buddhisten als „nicht buddhistisch" ablehnen müsste?

1.   Das buddhistische Verständnis von Gewaltfreiheit

Zunächst einmal muss klar gesagt werden, dass es *das* buddhistische Verständnis von Gewaltfreiheit nicht gibt, denn der Buddhismus ist kein einheitliches Gebilde. Vielmehr hat er sich in seiner zweieinhalbtausendjährigen Geschichte zunächst in Indien über einen langen Zeitraum entwickelt und dann, zwischen dem 3. Jh. vor Chr. bis ins 11./12. Jh. nach Chr., in viele andere asiatische Kulturen hineinver-breitet.

Zudem ist Gewaltfreiheit, auf Sanskrit *ahiṃsā*[6], nicht nur ein zentraler Begriff in den drei Hauptströmungen des Buddhismus – Theravāda, ostasiatischer und tibetischer Buddhismus –, sondern er lässt sich bis ins frühvedische Denken zu-rückverfolgen, also bis etwa 1800 v. Chr.[7] Der Buddha knüpfte also an ein bereits bekanntes Konzept an, das sich im Laufe der Jahrhunderte in unterschiedlichen Kontexten bis heute immer wieder verändert hat, so auch im Buddhismus. Der Buddha, der das Kastensystem kritisierte, gehörte selbst zur zweithöchsten Kaste

---

5   Die Bezeichnungen „radikal buddhistischer Pazifismus" und „buddhistische Realpolitik"
      wurden geprägt von Schmidt-Leukel (2004, S. 39). So auch übernommen von Schmithau-
      sen (2006, S. 17).
6   Skt. *ahiṃsā* [Mvyt: 1943], Tibetisch: *mi 'tshe ba* – das Nichtverletzen, Gewaltlosigkeit;
      ahiṃsaka – mfn. nicht verletzend oder gewalttätig; (anderen Wesen) keinen Schaden zu-
      fügend; friedfertig. In tibetischer Umgangssprache auch eine Konnotation hin zu Frieden:
      non-violent / non-violence = *'tshe med zhi ba* (~'i ‚thab rtsod = ~ struggle / ~'i lam = the
      path of non-violence). Monier Monier-Williams: *ahiṃsā*, Skt.: fem. not injuring anything,
      harmlessness (one of the cardinal virtues of most Hindū sects, but particularly of the Bud-
      dhists and Jains); security, safeness.
7   So auch Anna Alomes (2012, S. 113): „The word ahimsa expresses an ancient Hindu, Jain,
      and Buddhist ethical precept." Vgl. dazu Thomas Oberlies (2008, S. 98–99), der betont,
      dass es jedoch die außervedische Asketenbewegung gewesen zu sein scheint, „die die
      grundsätzliche Vermeidung jeglicher Schädigung lebender Wesen, die Ahiṃsā, zur Pflicht
      des Menschen erhob, der sich um seine Erlösung mühte" (S. 98).

der Kṣatriyas, der Kaste der Herrscher und Krieger.[8] Doch schon im Alter von 29 Jahren, so die Legende (Waldschmidt, 1929, S. 85–116; Schumann, 1982, S. 59–63), entschloss er sich, nicht in die Fußstapfen seines Vaters, König Śuddhodana, zu treten, sondern verließ heimlich in tiefer Nacht den elterlichen Palast, Frau und Kind, um über Jahre im Wald zu meditieren. Dabei ging es ihm weniger darum, die Welt oder den Saṃsāra im Sinne der Sozialreform zu verbessern (Hüsken, 1998, S. 67–72), sondern er wollte sich gänzlich daraus befreien. Der Weg, den er fand, um Leiden endgültig zu überwinden, besteht aus Ethik, meditativer Sammlung und Weisheit.

Das Fundament der buddhistischen Ethik ist die Gewaltfreiheit. Sie wurde nicht nur vom Buddha gelehrt, sondern auch von seinem Zeitgenossen Mahāvīr, dem Stifter des Jainismus, und gilt somit als eine der Haupttugenden von Hinduismus, Jainismus und Buddhismus. Mahātmā Gandhi (1869–1948) hat diese Ideen dann im Sinne von *satyāgraha* in die Politik eingeführt. Satyāgraha[9] ist eine politische Strategie des *aktiven* gewaltfreien Widerstands, der an Vernunft und Gewissen appelliert und das Ziel hat, die Spirale der Gewalt zu unterbrechen.

2. Welche Formen der Gewalt lehnt der Buddhismus ab und warum?

Gewaltfreiheit, Skt. *ahiṃsā*, ist die Negation von Gewalt, Sanskrit *hiṃsā*,[10] das mit „Verletzen", „Schaden" übersetzt werden kann. Wenn man Buddhist bzw. Buddhistin wird, verspricht man, jegliches verletzende, gewalttätige Verhalten aufzugeben und das Gegenteil zu praktizieren, nämlich Gewaltfreiheit, Nicht-Verletzen, denn man will weder sich selbst noch anderen Schaden zufügen. Das ist die grundlegende ethische Disziplin. Vor allem geht es darum, die zehn unheilsamen Taten[11] (Skt. *daśākuśala karmapatha*) aufzugeben und die zehn heilsamen Taten (Skt. *daśākuśala karmapatha*) zu praktizieren.[12] Mit den zehn unheilsamen Taten werden zehn Arten von Gewalt beschrieben, von denen sich alle Buddhistinnen und Buddhisten distanzieren sollten, weil sie als karmisch unheilsam gelten, also zu Leid führen.

---

8 Die vier Stände (Skt. *varṇa*) sind: 1. Der Priesterstand (Brahmanen), 2. die Herrscher, das Militär, der Adel (Kṣatriyas), 3. die Händler, Ackerbauern und das Handwerk (Vaiśyas) und 4. der dienende Stand (Śūdras). Ein kurzer Exkurs zum indischen Kastenwesen findet sich in Oberlies (2008, S. 38–40). Zur Frage, ob das Kastenwesen dem Hinduismus innewohnend ist, siehe Rambachan (2008).

9 Eine detaillierte Studie von Gandhis Prinzip des Satyāgraha findet sich in Alomes (2012, S. 112–139).

10 Tibetisch: *'tshe ba = gnod pa / gnod 'tshe*.

11 Wörtlich: Werkpfade bzw. Wirkensfährten. d. h. Arten des Wirkens. Vgl. Dīgha Nikāya 26 (Neumann, 1957a, S. 470; Nyanatiloka & Nyanaponika, 1989, S. 95–96).

12 Siehe Majjhima Nikāya 114 (Neumann, 1956, S. 861–869).

Zu diesen zehn unheilsamen Arten gehören die drei unheilsamen Taten des Körpers: 1) Töten, Stehlen und sexuelles Fehlverhalten, 2) die vier unheilsamen Taten der Sprache: Lüge, Verleumdung, rohe Rede und törichte Rede und 3) die drei unheilsamen Taten des Geistes: Habgier, Übelwollen und falsche Ansicht. Der Begriff der Gewalt umfasst also physische, verbale und psychische Gewalt. Diese werden aus der Perspektive des Handelnden, des Täters, dargestellt: Wenn man tötet, schadet man durch das eigene physische Handeln dem Körper des anderen – oder auch dem eigenen Körper, denn auch Selbsttötung gilt als Gewalt. Wenn man stiehlt, schadet man nicht nur dem anderen, dessen Eigentum man sich aneignet, sondern man schadet auch sich selbst, weil man durch diese Tat negatives Karma ansammelt.

Sexuelles Fehlverhalten meint in erster Linie Ehebruch bzw. das Verletzen der Beziehung, in die man eingreift. Vergewaltigung fällt ebenfalls unter sexuelles Fehlverhalten. Verbale Gewalt bedeutet, andere durch Worte zu verletzen, indem man lügt, Zwietracht sät oder rohe oder törichte Rede führt und damit ihren Interessen schadet, meist um sich selbst einen materiellen oder immateriellen Vorteil zu verschaffen. Ganz abgesehen davon vergeudet man durch unnütze Rede auch kostbare Lebenszeit.

Die Auslöser für physische und verbale Gewalt sind nach buddhistischer Überzeugung nicht in den äußeren mitwirkenden Umständen zu suchen, sondern zunächst einmal im eigenen Geist. Hauptursachen von Gewalt, die wir dort finden, sind Habgier, Übelwollen und falsche Ansicht oder, anders ausgedrückt, Gier, Hass und Verblendung. Will man Befreiung aus Saṃsāra erlangen, dem ewigen Rad von Tod und Wiedergeburt, muss man diese Übel überwinden. Wenn man dieses Ziel erreicht, hat man Nirvāṇa erlangt, endgültigen Frieden.

Im Buddhismus geht es letztlich darum, dieses innere Ziel zu erlangen, endgültigen Frieden. Ein Prozess, der viele Leben dauert. Den Weg dahin muss jeder selbst gehen. Endgültiger Frieden ist also nicht gleichzusetzen mit absolutem Pazifismus im Sinne eines dauerhaften äußeren Friedens, sondern bezeichnet zunächst einen individuellen Zustand inneren Friedens. Versteht man dagegen Pazifismus wörtlich als (inneren und äußeren) Frieden und meint, dessen Verwirklichung sei im Sinne einer allmählichen Annäherung realitätsfremd, klingt das aus buddhistischer Sicht ziemlich unsinnig. Denn als Buddhist geht man davon aus, dass jeder von uns das Potenzial in sich trägt, Frieden zu erlangen, indem alle Fehler aufgegeben und alle Tugenden verwirklicht werden. Eine solche Annahme ist philosophisch betrachtet durchaus plausibel, wenn man Karma und Wiedergeburt als gegeben annimmt. Das ist die Langzeit-Perspektive, über dieses Leben hinaus, nicht nur individuell, sondern auch kollektiv. Endgültiges Ziel ist es, dass alle Lebewesen ohne Ausnahme wahres Glück, d. h. den Zustand inneren und äußeren Friedens erreichen. Erreicht werden kann dieses Ziel nur Schritt für Schritt, durch allmähliche Annäherung.

Aber wenn in den Medien in schöner Regelmäßigkeit immer wieder die Meinung präsentiert wird, dass absoluter Pazifismus keine Lösung sei, steckt natürlich etwas anderes dahinter, nämlich, dass es angesichts der Brutalität von Terrorgruppen wie dem Islamischem Staat keine Lösung ist, den Einsatz von Waffengewalt als Mittel der Auseinandersetzung ohne jegliches Wenn und Aber abzulehnen. Wie verhält sich nun der Buddhismus dazu?

Wie bereits erwähnt, lehrte der Buddha neben der Gewaltfreiheit das Entstehen in wechselseitiger Abhängigkeit (Skt. *pratītyasamutpāda*). Buddhistinnen und Buddhisten glauben, dass unheilsame Taten negative karmische Spuren im eigenen Geist hinterlassen und dass so mit jeder unheilsamen Handlung Ursachen für neues Leid geschaffen werden. Wenn ich töte, schade ich nicht nur dem anderen, sondern ich schaffe mir dadurch auch selbst zukünftiges Leid, z. B. in Form einer schlechten Wiedergeburt. Dabei ist es unerheblich, ob ich diese Handlung selbst ausführe, sie in Auftrag gebe oder andere dazu anstifte. Ein Tier schlachten zu lassen, gilt als ebenso unheilsam, wie es selbst zu töten. Gibt ein General den Befehl zum Töten, sammelt er das gleiche unheilsame Karma an wie jeder Soldat, der diesen Befehl befolgt. Auch Waffen herzustellen und mit ihnen zu handeln gilt als unrechter Lebenserwerb.

Ob eine Tat karmisch vollständig „angesammelt", also kreiert und wirksam im eigenen Geist abgespeichert wird, hängt von mehreren Faktoren ab. Ausschlaggebend ist die Absicht, mit der sie durchgeführt wird, also die Motivation, die ihr zugrunde liegt. Der Buddhismus betont, dass allem physischen und verbalen Handeln stets der Geist vorangeht. Im *Udānavarga* 31.23–24, übersetzt aus dem Sanskrit und dem Tibetischen (Hahn, 2007, S. 127), heißt es: [13]

> Vom Geist geführt sind alle Dinge,
> von Geist beherrscht, schnell wie der Geist;
> sprichst oder handelst du
> mit einem verdorbenen Geist,
> dann folgt das Leid dir auf dem Fuß,
> so wie das Rad dem Wagenlenker.

Dagegen:

> … sprichst oder handelst du
> mit einem heiter-klaren Geist,
> dann folgt das Glück dir auf dem Fuß,
> wie auch der Schatten dir nachfolgt.

Mit Glück ist vorrangig das Glück der Befreiung, Nirvāṇa, gemeint, aber auch zeitweiliges Glück. Um das langfristige Ziel zu erreichen, ist ein achtsames Leben im Hier und Jetzt nötig. Gewaltfreiheit wird nicht nur befürwortet, weil sie langfristig zur Erlösung führt, sondern auch, weil Gewalt stets Gegengewalt und Rache nach sich zieht. So sagt der Buddha im *Saṃyutta Nikāya* 3.14 (Geiger, 1930, S. 133):

---

13 Für den Paralleltext im *Dhammapāda*, übersetzt aus dem Pāli, siehe Neumann (1957, S. 619, Verse 1 und 2).

Sieg erzeugt Feindschaft, leidvoll liegt darnieder der Besiegte. Der Friedliche ruht glücklich, nachdem er Sieg und Niederlage aufgegeben.

Selbst wenn man meint, im Recht zu sein, lehrt der Buddha, dass wenn man andere beraubt oder tötet usw., einen langfristig dasselbe Los ereilen wird. Entsprechend kommentiert Wilhelm Geiger (1930, S. 135, Anm. 2) einen Ausspruch des Buddha über den Krieg (*Saṃyutta Nikāya* 3.15), nachdem König Pasenadi von Kosala seinen skrupellosen Neffen Ajātasattu von Magadha in einer Schlacht besiegte, nachdem zuvor Ajāsattu den Pasenadi besiegt hatte:

> Der Gedanke ist dieser: in den Gewalttaten ist ein ewiger Kreislauf. Der eine besiegt oder beraubt oder mordet, zu andrer Zeit wird er von dem, den er besiegt usw. hat, selbst besiegt, beraubt, gemordet.

Dem Buddha lag daran, Frieden und Harmonie in der Gesellschaft zu wahren. So heißt es im *Dhammapada* 1.5 (Neumann, 1957b, S. 619):

> Es wird ja Feindschaft nimmermehr
> Durch Feindschaft wieder ausgesöhnt:
> Nichtfeindschaft gibt Versöhnung an;
> Das ist Gesetz von Ewigkeit.

Unterbrochen werden können der Zyklus von Tod und Wiedergeburt wie auch die Spirale der Gewalt nur durch Umkehr im eigenen Denken und Handeln, indem man sich in Gewaltfreiheit übt. Nur eine nicht gewalttätige, friedfertige Gesinnung führt zu wahrem Frieden. Im Tibetischen Buddhismus werden Mönche wie Nonnen am Tag ihrer Ordination angewiesen:[14]

> Von heute ab gilt für Dich:
> Wenn Du beschimpft wirst, schimpfe nicht zurück.
> Wenn jemand wütend auf Dich ist, reagiere nicht mit Wut.
> Wenn Dich jemand schlägt, schlage nicht zurück.
> Wenn Dich jemand verspottet, reagiere nicht mit Spott.

Diese Ideale gelten auch für buddhistische Laien, jedoch gibt es für sie weniger Regeln, und diese sind nicht so strikt gefasst wie für Ordinierte. Das Abstandnehmen vom Töten lebender Wesen gehört aber auch für Laien zur täglichen Praxis. In einer Quelle heißt es sogar explizit, dass man selbst dann nicht töten solle, wenn es um den Schutz des eigenen Lebens oder um den der eigenen Freunde geht.[15]

---

14 Ich folge hier der Lesart des im Rahmen meines DFG-Projekts untersuchten Handbuchs zur Nonnenordination: Die vier Śramaṇīkārakadharmas (Tib. *dge sbyong gi chos bzhi*), Derge Kangyur (*'dul ba phran tshegs kyi gzhi*), da, 119 b5–6.

15 Vasubandhu beschreibt im *Abhidharmakośabhāṣya* (1988–90, S. 645) drei Arten des Tötens, aufgrund von Begierde, aufgrund von Hass oder aufgrund von Unwissenheit. Zum

Viele Buddhisten in Deutschland haben deshalb den Wehrdienst verweigert. Als in den 1980er Jahren die Ansicht aufkam, das sei für Buddhisten doch selbstverständlich, protestierten vietnamesische Buddhisten. Sie stellten die Frage, wie ein Land, dessen Bevölkerung zu 98 Prozent aus Buddhistinnen und Buddhisten besteht, ohne Militär regiert bzw. verteidigt werden könne. Verständlich, der Vietnamkrieg war erst wenige Jahre zuvor beendet worden.

Der Dalai Lama (1993, S. 18–19) vertrat dazu 1991 in Hamburg die Auffassung, dass eine schrittweise vollständige Demilitarisierung der Welt durchaus denkbar wäre, und nannte Costa Rica als Beispiel, wo man 1949 die Armee abschaffte und die frei gewordenen Mittel in das Bildungs- und Gesundheitswesen investierte. In seinem Vortrag favorisierte der Dalai Lama den Einsatz multinationaler Sicherheitskräfte unter dem Kommando der Vereinten Nationen und betonte, dass er als buddhistischer Mönch Gewalt niemals akzeptieren werde. Sollten sich zum Beispiel die Tibeter in ihrem Freiheitskampf für einen Weg der Gewalt entscheiden, würde er als Mönch sein (politisches) Amt als Dalai Lama niederlegen[16] und anderen die Entscheidung überlassen (Shiromany, 1998, S. 252–253).

Wenn ein Mönch oder eine Nonne mit Absicht tötet, wird er bzw. sie für immer aus der Ordensgemeinschaft ausgeschlossen. Deshalb haben eine Reihe tibetischer Mönche und Nonnen ab 1951, als die Annexion Tibets seitens der VR China durch das 17-Punkte-Abkommen („Friedliche Befreiung") begann, ihr Ordensgelübde zurückgegeben und dann versucht, ihre Klöster mit Waffengewalt zu verteidigen. Auch zahlreiche buddhistische Laien haben damals ihr Gelübde, nicht zu töten, zurückgegeben und sich tibetischen Guerillakämpfern angeschlossen. Diese haben etwa 100.000 Menschen die Flucht über den Himalaya ermöglicht, unter ihnen 1959 auch dem Dalai Lama.

3.   Gewaltfreiheit im Mahāyāna

Im Mahāyāna, zu dem auch der Tibetische Buddhismus gehört, erweitert sich der Begriff der Gewaltfreiheit. So erzählt z. B. ein Sūtra (Zimmermann, 2002, S. 108), wie ein König, der einer feindlichen Streitmacht gegenübersteht, zwar den Entschluss fasst, in den Kampf zu ziehen, jedoch gelobt, seine Gegner nicht zu töten, sondern *lebend* gefangen zu nehmen. Dem voran geht der Rat, zuallererst nach einer friedlichen Lösung zu suchen, z. B. indem man dem Gegner mit Freundlichkeit

---

Töten aufgrund von Begierde/Anhaftung gehört das Töten zum Schutz des eigenen Lebens oder zum Schutz der eigenen Freunde.

16 Tatsächlich hat der Dalai Lama am 19. März 2011 seinen Rücktritt erklärt und somit seine politische Verantwortung vollständig abgegeben: http://www.dalailama.com/messages/reti rement/retirement-remarks (13.08.2015). Der Grund war aber ein anderer. Es ging ihm um die Festigung der von ihm in den 1960er Jahren eingeleiteten demokratischen Strukturen der tibetischen Regierung im Exil. Zu den Hintergründen siehe Dalai Lama XIV., 2011; Tethong, 2011; Tsujimura, 2014.

begegnet, ihm Gefälligkeiten erweist oder, wenn auch das nicht hilft, den Gegner einschüchtert, indem man ihn umzingelt und nur Gewalt *androht*.

Darüber hinaus kommt im Mahāyāna ein wichtiges neues Element hinzu: Mitgefühl. Für den indischen Meister Asaṅga (4./5. Jh.) besteht Gewaltfreiheit nicht nur im passiven Nicht-Verletzen, sondern sie ist vielmehr eine aktive mitfühlende Haltung des Geistes[17] (Asaṅga, 2001, S. 11). Der berühmte Gelehrte Yeshe Gyaltsen (1713–1793) definiert Gewaltlosigkeit als eine völlig nichtfeindselige Haltung, die es nicht ertragen kann, ein fühlendes Wesen leiden zu sehen und sich wünscht, dass es frei sein möge von Leid (Ngawang & Spitz, 1988–2001, S. 166, Teil 3: Cittamātra-Lehrmeinung, Transkript). Aus Sicht des Mahāyāna, die ab dem 1. Jh. n. Chr. deutlich greifbar wird, ist es am besten, jede Handlung mit *bodhicitta* durchzuführen, also mit einer altruistischen Motivation, die das Wohl aller Lebewesen anstrebt. Entsprechend sagt Śāntideva (1981, S. 25) in seinem Lehrgedicht *Bodhicaryāvatāra*

> 26. Wie soll man das Verdienst dieses Gedankenjuwels ermessen, das der Same der Freuden der Welt und das Heilkraut für ihre Leiden ist?

> 27. Der bloße Wunsch nach dem Heil [aller Wesen] ist verdienstvoller als die Verehrung der Buddhas, um wieviel mehr die Bemühung um das vollkommene Glück aller Wesen.

In diesem Kontext taucht die Frage auf, wie es sich auswirkt, wenn man aus solch einem Motiv heraus tötet. Im *Sūtra der Geschickten Mittel* (Tatz, 1994, S. 73–74) berichtet der Buddha dazu aus einem seiner früheren Leben als Bodhisattva. Er war Kapitän auf einem Schiff und trug den Namen „Großes Mitgefühl". Auf dem Schiff befanden sich 500 reiche Kaufleute. Kraft seiner Hellsicht entdeckte er einen Übeltäter, der plante, sie alle zu töten und auszurauben. Deshalb beschloss der Kapitän, das schlechte Karma auf sich zu nehmen und den Übeltäter daran zu hindern, seine Tat auszuführen. Also kam er ihm zuvor und tötete ihn mit großem Mitgefühl. So rettete er zum einen das Leben der 500 Kaufleute und schützte zum anderen den Übeltäter davor, schlechtes Karma anzusammeln.[18]

In den Auslegungen der tibetischen Gelehrten gibt es dazu zwei Standpunkte (Palden, 2006, S. 44): Die einen meinen, dass beim bewussten Töten immer eine gewisse aggressive Tötungsabsicht enthalten ist, weil man ohne eine solche gar

---

17 Wörtlich heißt es in der tibetischen Übersetzung: „Was ist Gewaltverzicht (*avihiṃsā*)? Es ist eine mitfühlende Geisteshaltung, die zur Kategorie der Hasslosigkeit gehört. Sie bewirkt, dass man nicht quält." Quelle: Tengyur Derge edition 4049 (*sems tsam*), *ri*, 49a5–6: *rnam par mi 'tshe ba gang zhe na/ zhe sdang med pa'i char gtogs pa/ snying rje ba'i sems nyid de/ tho mi 'tsham pa'i las can no.*

18 Eine andere Variante der Geschichte kommt zu dem Schluss, dass wenn ein Bodhisattva einem Menschen mit Bedauern und allein aus Sorge um dessen zukünftiges Schicksal das Leben nimmt, dieser ohne Schuld bleibt und sogar viel Verdienst erwirbt. Siehe dazu Schmithausen (2006, S. 16, Anm. 6).

nicht in der Lage wäre, eine Waffe gegen jemanden zu führen. Die anderen dagegen meinen, dass, wenn während der Tat das Mitgefühl des Bodhisattvas nicht unterbrochen wird, das Töten karmisch nicht unheilsam sei. Hier wird deutlich, dass es einen Bereich gibt, wo Gewalt und Gewaltfreiheit schwer voneinander abzugrenzen sind (Samdhong Rinpoche, 2006, S. 26). Es gibt also Grenzfälle. Es gibt Taten, die von außen gewaltfrei und friedfertig erscheinen, aber aufgrund der Motivation der beteiligten Akteure einen Akt der Gewalt darstellen, und umgekehrt, gibt es Taten, die von außen gewalttätig erscheinen, aber aufgrund der Motivation des Täters gerechtfertigt sein mögen. Letztlich liegt die Verantwortung, dies zu entscheiden, bei jedem selbst.

4. Buddhistische Realpolitik

Wie bereits am Beispiel von Tibet erwähnt, finden sich in Ländern des Buddhismus – Vietnam, Sri Lanka und Kambodscha[19] – viele Beispiele aktiver Gewaltfreiheit. Es gibt aber auch Beispiele, die genau das Gegenteil belegen (für eine ausführliche Diskussion dazu siehe Schmidt-Leukel, 2004). In den letzten Jahren häufen sich Nachrichten, dass in Ländern wie Myanmar, Sri Lanka und Thailand, in denen Buddhisten die Mehrheit stellen, diese mit Gewalt gegen religiöse Minderheiten vorgehen. Hier wird Gewalt zum Teil sogar von buddhistischen Mönchen angestachelt, obwohl das fundamental gegen das buddhistische Prinzip der Gewaltfreiheit verstößt (vgl. Blume, 2013; Peljor & Deimann-Clemens, 2013).

Zwar ist in der Geschichte des Buddhismus kein Fall bekannt, in dem militärische Gewalt mit dem erklärten Ziel eingesetzt wurde, den Buddhismus in bis dahin nichtbuddhistische Regionen – womöglich über die ganze Welt – zu verbreiten (Schmithausen, 2006, S. 20), aber es steht außer Frage, dass es dennoch zu kriegerischen Auseinandersetzungen kam. Dabei ging es nicht nur um weltliche, sondern auch um religiöse Macht. Nicht nur für Länder des Mahāyāna wie Japan oder Tibet, sondern auch für Länder des Theravāda wie Sri Lanka sind Kriege belegt (Schmithausen, 2006, S. 18–20). Gerechtfertigt wurde Gewalt z. B. damit, dass sie dem Erhalt des Buddhismus diene oder sich ja *nur* gegen Nicht-Buddhisten wende. Bei den derzeitigen Auseinandersetzungen in Südostasien, handelt es sich nicht immer um religiös-motivierte, sondern zum Teil auch um ethnisch-soziale Konflikte. Auf jeden Fall sind sie von dem Wunsch nach Ausgrenzung motiviert oder von dem Gedanken der Überlegenheit der eigenen religiösen Tradition, was ebenfalls buddhistischen Grundprinzipien diametral entgegensteht.

Ob Macht durch Gewalt überhaupt legitim sein kann, untersucht Anna Alomes (2012, S. 89–90) und berücksichtigt dabei auch Ansätze aus dem sozial-engagierten Buddhismus. Am Beispiel der südafrikanischen Wahrheits- und Versöhnungskommission im Post-Apartheid-Südafrika und anhand der Philosophie und

---

19 Nachzulesen im oben erwähnten Kapitel zu „War and Peace" von Sallie King (2009, S. 67–95).

Praxis der tibetischen Exilgemeinschaft zeigt sie, wie durch Beharren auf Wahrheit (*satyāgraha*) Gewaltfreiheit eine weitaus akzeptablere Handlungskategorie darstellt als Gewalt, weil sie in der Wahrheit verankert ist (S. x-xi; 213–233).

5.   Fazit

Der Buddhismus, Theravāda wie Mahāyāna, favorisiert gewaltfreie Mittel der Konfliktlösung. Gemeinsam und von zentraler Bedeutung ist beiden die Überzeugung vom Prinzip von Ursache und Wirkung. Extremsituationen, wie wir sie derzeit in Syrien, im Irak und in Teilen Afrikas erleben, sind nicht von heute auf morgen entstanden – sie haben eine Vorgeschichte. Der Buddhismus hat hier keine Patentlösung parat, und es wird wohl auch keine einheitliche Meinung von Buddhistinnen und Buddhisten dazu geben. Man sollte jedoch auf jeden Fall versuchen, eine friedliche Lösung zu finden, und dazu gehört auch, dass man eine pazifistische Haltung respektiert und ihr eine Chance einräumt. Sie einfach als naiv und realitätsfern abzutun, führt nur dazu, Gewaltanwendung als scheinbar einzig mögliche Lösung zu sehen. Doch Gewalt ist nicht imstande, Frieden zu schaffen – Gewalt erzeugt nur noch mehr Gewalt. Deshalb sollte man immer zuerst und immer wieder und präventiv nach friedlichen Mitteln suchen, um dem Töten Einhalt zu gebieten. Dazu gehört auch, nicht automatisch auf Konfrontationskurs zu gehen, sondern immer wieder das Gespräch auch mit dem „Feind" zu suchen und auch mit jenen, die aus kurzsichtigen Eigeninteressen Terrorbewegungen finanziell unterstützen. Wichtig scheint es mir, mehr Gelder dafür einzusetzen, Armut zu bekämpfen und Bildung zu fördern, insbesondere die Bildung des Herzens.

Ich würde mir mehr Transparenz und Aufklärung über die Ursachen der weltweiten Konflikte, über die bisher getroffenen Maßnahmen und die möglichen Prognosen wünschen, sodass man Schaden und Nutzen besser gegeneinander abwägen kann. Hier sind in erster Linie die unabhängigen Medien und Institutionen gefragt, denn Politiker und staatliche Organisationen verfolgen in der Regel ihre eigene Agenda. Eine kontinuierliche Berichterstattung, die z. B. einen Informationsteppich legt und nicht erst einsetzt, wenn eine Krise eskaliert und eine Region schon in Flammen steht, würde uns alle in die Lage versetzen, uns ein besseres Bild von der jeweiligen Situation zu machen und dann gegebenenfalls auch politisch aktiv zu werden. In unserer globalisierten Welt, in der wir nur einen Klick voneinander entfernt sind, sind derartige Informationen nicht nur simple Vermittlung von Wissen; sie lassen uns auch erkennen, wie schicksalhaft wir alle miteinander verbunden sind. Dies wiederum macht es möglich, Mitgefühl zu entwickeln für andere Menschen, die leiden – mögen sie auch Tausende von Kilometern entfernt leben.

Die zunehmende Pluralisierung der Gesellschaft weltweit bietet eine große Chance, schon früh im Bereich der Bildung anzusetzen, damit die Menschen lernen, wie man Differenzen mit Offenheit begegnen und sie gemeinsam beilegen kann. Gerade auf diesem Gebiet verfügen die Religionen mit ihren alten Weisheitsschriften über großes Potenzial, das es zu entdecken und dem heutigen Kontext entsprechend auszulegen und zu vermitteln gilt. Religionskundlicher Unterricht für alle und Erziehung zu ethischen Werten, aber auch die Erwachsenenbildung bieten eine gute Gelegenheit dazu. Aus buddhistischer Sicht sollten auch Trainingsprogramme für Achtsamkeit, Mitgefühl und emotionale Balance eingeführt werden. Es ist nicht Aufgabe von Religion, Gewalt zu rechtfertigen – sie soll das Positive stärken, die Qualitäten des Herzens: Gewaltfreiheit, Liebe und Mitgefühl, gepaart mit Weisheit und Vernunft.

In seiner Milleniumsansprache am 1. Januar 2000 sagte der Dalai Lama: „Das nächste [21.] Jahrhundert sollte ein Jahrhundert des Dialogs und der Diskussion werden und nicht eins von Krieg und Blutvergießen."[20] Er glaubt daran, dass ein dauerhafter Weltfrieden möglich ist, und ermutigt jeden einzelnen, die Hoffnung darauf nicht aufzugeben und in seinen Bemühungen nicht nachzulassen. Gemeinsam haben wir eine Chance.

Literatur

Alomes, A. (2012). *Power in Philosophy. Two arguments for nonviolence today*. Dharamsala: Library of Tibetan Works & Archives.

Asaṅga (2001). *Abhidharmasamuccaya. The Compendium of the Higher Teaching (Philosophy). Translated and annotated by Rahula Walpola, English version by Sara Boin-Webb*. Fremont, CA: Asian Humanities Press.

Blume, G. (2013). Der Zorn der Mönche. Buddhisten töten in Myanmar hilflose Muslime – und der Westen muss sein Bild vom guten Buddhismus korrigieren. *DIE ZEIT, Nr. 21*. http://www.zeit.de/2013/21/myanmar-buddhisten-muslime/komplettansicht [zuletzt geprüft am 27.08.2015].

Dalai Lama XIV. (1993). *Frieden für die Welt – Frieden für Tibet*. Hamburg: dharma-edition.

Dalai Lama XIV. (2011). „Ich denke an das Wohl des tibetischen Volkes". Das Rücktrittsgesuch S.H. des Dalai Lama. *Tibet und Buddhismus: Vierteljahresheft des Tibetischen Zentrums e. V., Hamburg, 25* (2), 45–47.

Deegalle, M. (2003). Is Violence Justified in Theravāda Buddhism? *The Ecumenical Review 55* (2), 122–131. http://onlinelibrary.wiley.com/doi/10.1111/j.1758–6623.2003. tb00187.x/pdf [zuletzt geprüft am 20.10.2014].

Geiger, W. (1930). *Saṃyutta-Nikāya. Die in Gruppen geordnete Sammlung aus dem Pāli-Kanon der Buddhisten zum ersten Mal ins Deutsche übertragen*. München-Neubiberg: Benares-Verlag / Ferdinand Schwab.

Hüsken, U. (1998). Der historische Buddha. In L. Schmithausen (Hrsg.), *Buddhismus in Geschichte und Gegenwart (1)*, Fachbereich Orientalistik Asien-Afrika-Institut. https://www.buddhismuskunde.uni-hamburg.de/pdf/4-publikationen/buddhismus-in-ge schichte-und-gegenwart/band1/bd1-k03huesken.pdf [zuletzt geprüft am 27.08.2015].

King, S.B. (2009): *Socially Engaged Buddhism*. Honolulu: University of Hawai'i Press.

---

20 http://www.dalailama.com/messages/world-peace/millennium-message [zuletzt geprüft am 28.04.2015].

Neumann, K.E. (1956). *Die Reden Gotamo Buddhos. Aus der Mittleren Sammlung Majjhimanikāyo des Pāli-Kanons* (Karl Eugen Neumanns Übertragungen aus dem Pāli-Kanon, Bd. 1, 4. Aufl.). Zürich, Wien: Artemis Verlag; Paul Zsolnay Verlag.

Neumann, K.E. (1957a). *Die Reden Gotamo Buddhos. Aus der Längeren Sammlung Dīghanikāyo des Pāli-Kanons* (Karl Eugen Neumanns Übertragungen aus dem Pāli-Kanon, Bd. 2, 3. Aufl.). Zürich, Wien: Artemis Verlag; Paul Zsolnay Verlag.

Neumann, K.E. (1957b). *Sammlungen in Versen. Die Sammlung der Bruchstücke, Die Lieder der Mönche und Nonnen, Der Wahrheitspfad* (Karl Eugen Neumanns Übertragungen aus dem Pāli-Kanon, Bd. 3). Zürich, Wien: Artemis Verlag; Paul Zsolnay Verlag.

Ngawang, G.T. & Spitz, C. (1988–2001). *Systematisches Studium des Buddhismus.* Hrsg. vom Tibetischen Zentrum e.V., Hamburg.

Nyanatiloka & Nyanaponika. (1989). *Buddhistisches Wörterbuch. Kurzgefaßtes Handbuch der buddhistischen Lehren und Begriffe in alphabetischer Anordnung* (4. Aufl., unveränd. Nachdr. der 2., rev. Aufl.). Konstanz: Christiani.

Oberlies, T. (2008). *Hinduismus. Eine Einführung.* Frankfurt am Main: Fischer Taschenbuch.

Palden, G. L. (2006): Zornvolle Erscheinungen im Tantra – eine Form der Gewalt? In L. Schmithausen (Hrsg.), *Buddhismus in Geschichte und Gegenwart. Gewalt und Gewaltlosigkeit im Buddhismus. Vorträge aus dem Wintersemester 2004/2005, Universität Hamburg* (Weiterbildendes Studium, 10), 37–44.

Peljor, T. & Deimann-Clemens, M. (2013). *Gewalt in buddhistischen Ländern: Zum Hintergrund der Konflikte in Burma, Sri Lanka und Thailand. Interview mit dem Tibetologen und Gründer von TibetInfoNet, Thierry Dodin.* http://info-buddhismus.de/Gewalt-in-Sueddostasien_Interview-mit-Thierry_Dodin.html [zuletzt geprüft am 27.08.2015].

Rambachan, A. (2008). Is Caste Intrinsic to Hinduism? *Tikkun, 22* (1), 59–61.

Roloff, C. (2006): Der 14. Dalai Lama von Tibet und seine Philosophie der Gewaltlosigkeit. In L. Schmithausen (Hrsg.), *Buddhismus in Geschichte und Gegenwart. Gewalt und Gewaltlosigkeit im Buddhismus. Vorträge aus dem Wintersemester 2004/2005, Universität Hamburg* (Weiterbildendes Studium, 10), 187–209.

Samdhong Rinpoche, Ven. (2006): Satyagraha in Tibet – Non-violence and the Practice of Buddhism. In L. Schmithausen (Hrsg.), *Buddhismus in Geschichte und Gegenwart. Gewalt und Gewaltlosigkeit im Buddhismus. Vorträge aus dem Wintersemester 2004/2005, Universität Hamburg* (Weiterbildendes Studium, 10), 23–35.

Śāntideva (7./8. Jh.) & Steinkellner, E. (1981). *Eintritt in das Leben der Erleuchtung. Poesie und Lehre des Mahāyāna-Buddhismus.* Düsseldorf, Köln: Eugen Diederichs Verlag.

Schmidt-Leukel, P. (2004). War and Peace in Buddhism. In P. Schmidt-Leukel (Hrsg.), *War and Peace in World Religions. The Gerald Weisfeld Lectures 2003* (S. 33–56). London: SCM Press.

Schmithausen, L. (2006): Gewalt und Gewaltlosigkeit im Buddhismus – zur Einführung. In L. Schmithausen (Hrsg.), *Buddhismus in Geschichte und Gegenwart. Gewalt und Gewaltlosigkeit im Buddhismus. Vorträge aus dem Wintersemester 2004/2005, Universität Hamburg* (Weiterbildendes Studium, 10), 3–22.

Schumann, H.W. (1982). *Der historische Buddha. Leben und Lehren des Gotama* (3. Aufl. der Neuausgabe 1994). München: Eugen Diederichs Verlag.

Shiromany, A.A. (1998). *The Political Philosophy of His Holiness the XIVth Dalai Lama. Selected Speeches and Writings.* New Delhi: Tibetan Parliamentary and Policy Research Centre.

Tatz, M. (1994). *The Skill in Means (Upāyakauśalya).* Delhi: Motilal Banarsidass.

Tethong, W. (2011). Ein Rücktritt auf Kosten der tibetischen Staatsidee. *Tibet und Buddhismus: Vierteljahresheft des Tibetischen Zentrums e. V., Hamburg, 25* (3), 44–47.

Tsujimura, M. (2014). The Politics of „Compassion" of the Fourteenth Dalai Lama: Between „Religion" and „Secularism". *Journal of Buddhist Ethics, 21,* 207–227. http://blogs.dickinson.edu/buddhistethics/2014/03/10/the-politics-of-compassion-of-the-fourteenth-dalai-lama/ [zuletzt geprüft am 27.08.2015].

Vasubandhu (4./5. Jh.). (1988–90). *Abhidharmakośabhāṣyam. Transl. by Louis de La Vallée Pouissin. Engl. transl. by Leo M. Pruden* (4 Bände). Berkeley: Asian Humanities Pr.

Waldschmidt, E. (1929). *Die Legende vom Leben des Buddha* (Lizenzausgabe 1991). Hamburg: dharma edition.

Zimmermann, M. (2002): Buddhismus und Gewalt. In L. Schmithausen & J. Sobisch (Hrsg.), *Buddhismus in Geschichte und Gegenwart. Grundfragen buddhistischer Ethik. Vorträge des vierten Semesters, Wintersemester 2001–2002, Universität Hamburg* (Weiterbildendes Studium, 7), 99–132.

André van der Braak

Non-Violence and Violence in Buddhism

Introduction

When it comes to nonviolence, Buddhism is often mentioned as an exemplary religion. Buddhism is usually associated with peacefulness, tolerance, respect for all living beings – even vegetarianism. However, this modern image of Buddhism is one-sided. Also Buddhism has known its "holy wars", in Tibet and Birma. In Japan, during World War II, Zen masters sanctioned the war that the Japanese government was conducting. Brian Victoria has vividly described this in his book *Zen at War* (Victoria, 1997 / 2006). And more recently, disturbing news about Buddhist violence in Sri Lanka and Birma against religious minorities has put the nonviolent nature of Buddhism into question.

A Buddhist way to answer the question about nonviolence and violence in Buddhism would be to point out that all things do not have an essential nature, and neither does Buddhism itself. Therefore, we would first have to open up the question more broadly: which Buddhism are we referring to? As the transmission of Buddhism to the West matures, it becomes possible to differentiate more clearly between the various Buddhist traditions in their historical development, and come to a cross-cultural hermeneutical understanding of them that takes into account local and historical conditions and contexts. Such an understanding is not only sensitive to the differences between past historical manifestations of Asian Buddhist traditions, but also to the differences between Asian and Western connotations of certain key terms within those traditions.

Therefore, rather than trying to answer the question of whether Buddhism is a nonviolent or a violent religion, in this essay I want to look for resources within the Buddhist traditions that can be a valuable contribution to our thinking about nonviolence and violence. I specifically will focus on the notion of mutual interconnectedness that underwent several changes throughout time. I want to show how in Indian Buddhism, the notion of mutual interconnectedness was not so much explicitly formulated, but was implicitly present in the notions of non-self and karma. Those notions of non-self and karma, as documented in the Pali Canon, were reconceptualized when Buddhism moved from India into China, from China into Japan, and from Japan into the West.

This essay starts with a discussion of karma and its relationship to nonviolence and violence in Indian Buddhism. It then traces the transmission of Indian Buddhism to China, a complex process that reveals important differences between Indian and Chinese cosmologies and soteriologies that influence how mutual interconnectedness was interpreted in a Buddhist context.[1] Consequently, I discuss how the notion of mutual interconnectedness can play out in our time, in three ways: the philosophy of "interbeing" of the Vietnamese Buddhist teacher Thich Nhat Hanh, the new forms of "humanistic Buddhism" that arise in China and Taiwan, and applications of mutual interconnectedness in the new field of Buddhist chaplaincy.

1.   Karma in Indian Buddhism

In early Indian Buddhism, the notions of karma and rebirth play a crucial role. The moral law of karma, intentional action, is a matter of cause and effect. All of one's actions, even one's thoughts and intentions, have a causal effect on future life circumstances. Good karma brings good effects for the doer, bad karma bad effects. These effects are explained by analogy to agriculture. One sows a seed, and through a complex process of growth a plant pops up which is harvested. In the same way, an intentional act leads to its fruit. The time between the act and its fruit is unpredictable however. Either one's actions bring one closer to nirvana, or they entangle one further in samsara.

According to Richard Gombrich (2009, p. 27), the Buddha made belief in the law of karma the first step of the Buddhist Eightfold Path to nirvana. The first step is called right view (*sammā ditthi*) which, Gombrich claims, refers to accepting the tenet of karma.

The Buddha called himself a *kammavādin*, someone who deals with karma and its transformation through discourse and dialogue. Meditation practice was an effective means to attain enlightenment because it was a technique to counteract karmic fruits from past actions. The right intention is crucial in this process. Right intention is the second step of the Buddhist Eightfold Path, and serves as a fundamental prerequisite for transformation in Indian Buddhism.[2] Enlightenment is seen as an individual matter. One has to withdraw from others and from society in order to pursue liberation. The notion of karma implies some form of cosmic justice, but it can also be used (and has been used) as a justification of social injustice and violence, more specifically the Hindu caste system and its repercussions in Indian society. We have to ask ourselves: is the notion of karma a possible source of conflict and war?

---

1   The material from this section has been taken from two earlier publications: "Meditation and Ritual in Zen Buddhism", *Acta Comparanda* Vol/ XXI, 2010, 109–124, and "The Practice of Zazen as Ritual Performance", in: Marianne Moyaert and Joris Geldhof (Eds.), *Ritual Participation and Interreligious Dialogue* (London: Bloomsbury, 2015), pp. 156–165.

2   Analogously, in the Western philosophical and spiritual tradition it is the notion of *metanoia*, a conversion or fundamental change of heart, that is considered essential for attaining spiritual transformation.

On the other hand, the notion of karma was also used, especially in later Mahayana Buddhism, as in instrument for encouraging nonviolent behavior. The eighth-century scholar Santideva stresses that we should approach all living beings with love and compassion, since the law of karma suggests that we must have been related to them all in one of our many previous lives. One meditation exercise specifically instructs us to contemplate that each and every one of our fellow human beings has been our mother in a previous life. And who would be so foolish and callous to behave violently towards his or her own mother?

In this use of the notion of karma, an implicit kind of mutual interconnectedness can be detected. We are implicitly connected to all of our fellow human beings, through karmic entanglement.

2.   From Indian to Chinese Buddhism

Starting in the first century C.E., the transmission of Buddhism from India to China is a very complex process that took place over many centuries.[3] Indian Buddhist notions of meditation and karma merged with Chinese cosmological notions, and with Chinese notions of self-cultivation.[4]

In Chinese thought, establishing harmony is about attuning oneself to the ever-changing cosmos that one is a part of. For example, the potency of rain making rituals was understood in terms of resonance between things of like kind (Sharf, 2002, p. 87). And the very need for rain-making rituals was explained by the notion that drought, like floods and other natural disasters, was a consequence of

---

3   As research continues, it becomes apparent that conventional narratives, such as a "Buddhist conquest of China" fall short of doing justice to the reciprocity of this process (see Sharf, 2002, pp. 4–12). Buddhism not only changed Chinese culture when it was assimilated, it was also changed by its indigenous values and soteriological models.

4   The Chinese cosmos is conceived as an ordered and patterned organic whole. And whereas there seems to be an apparent congruity between Chinese and Indo-European cosmology, there is an important difference. The Chinese cosmos is a natural process of change and multiplicity. The universe is in a state of continual motion and flux, according to the cyclic interactions of the five phases (*wuxing*) and the forces or vital energy (*xi*) of *yin* and *yang*. Humans do not stand apart from this natural order but are part and parcel of it. Everything moves to the beat of the same cosmic drummer. This organic unity is held together not by invariant laws of nature, but by something called sympathetic resonance, or stimulus-response (*ganying*). See Le Blanc, 1994, p. 60: "*Gan* has as its semantic field the notion of affect, feeling, stimulus and may syntactically function as a verb (to be affected, to be stimulated), a substantive (affect, stimulus), and adverb (affectively, feelingly), or an adjective (affective, stimulating). [...] The meaning of *ying* focuses upon the idea of response, reaction, reflex, effect." . Just like a vibrating tuning fork sets the strings of a guitar in sympathetic motion, and vice versa, all things in the world continually respond to each other, even if there is no external contact. Localized phenomena affect the state of the whole, and the state of the whole is reflected in local phenomena. They share a space of sympathetic resonance in which all things are intimately entangled (Sharf, 2002, pp. 82–84).

the emperor's moral failings (p. 88). The emperor needed to maintain the state of cosmic harmony by being virtuous, which meant to exhibit correct moral conduct and ritual behavior. Virtue consisted in being literally in tune with the universe (p. 91). One became virtuous by means of a practice of self-cultivation, which resulted in attaining perfect resonance between oneself and others, oneself and nature, oneself and the cosmos.[5]

In the gradual process of Buddhist assimilation in China, the Buddhist scholar Peter Hershock (2005, p. 27 f.) distinguishes two phases: accommodation and advocacy. During the first phase of accommodation, Buddhist concepts and practices were incorporated into the indigenous cultural framework – in this case, the Chinese traditions of self-cultivation, both the Confucian ritual cultivation of the *li* and the Daoist spontaneous improvisation with regard to the *dao*. In the second phase of advocacy, Buddhist concepts and practices were used to selectively supplement Chinese soteriological resources.

The next section will show how the notion of karma was opened up in order to accommodate Chinese notions of sympathetic resonance. It will show how the notions of buddha nature and original enlightenment were used to creatively reinterpret and advocate Buddhist meditation practice in a context of social justice and engagement.

3.   From individual karma to mutual interconnectedness

The notion of karma was foreign to Chinese thought. Although Buddhist concepts such as non-self, impermanence, and emptiness could be related to indigenous Chinese analogues, no such analogues existed for karma. Since Chinese thought is primarily correlative, not causal, the Indian Buddhist notion of causality in general was associated with sympathetic resonance (*ganying*) (Sharf, 2002, p. 130). Karma was not interpreted as a form of cosmic causality, but as a form of sym-

---

5   Confucian virtue ethics emphasized personal self-cultivation by means of studying the classics. For Confucius, ritual conduct (*li*) offers the opportunity to directly embody the wisdom of the ancestors. This wisdom can then be applied to one's own situation. Ritual conduct attunes one to the cosmos, especially when properly executed with *ren* (mostly translated with "true humanity"). A self-cultivated person is like a virtuoso pianist that gives an inspired rendition of a Mozart sonata; others can play that sonata as well, but the virtuoso can bring the music to life and deeply move his audience (Hershock, 2005, p. 40). Philosophical Daoism emphasized being in harmony with the natural patterning of things (*dao*), not by means of rules and principles, but by letting go of all principles, and allowing a natural spontaneity (*ziran*) to manifest itself. One needs no Confucian-style self-cultivation; cultural conditionings are to be let go of so one can give oneself over to "free and easy wandering" (*xiaoyaoyou*), as Zhuangzi calls it. If the Confucianist can be compared to a virtuoso Mozart interpreter, the Daoist can be compared to a jazz musician, who responds improvisationally with his solo to changes in the rhythm section of the combo. The jazz musician possesses a virtuoso flexibility, his performance is an unhindered, adaptive improvisation (p. 45).

pathetic resonance. According to Le Blanc, *Ganying* was widely used in Chinese Buddhist text to translate the Sanskrit term *karma* (Le Blanc, 1994, p. 65). In this way, karma acquired a new meaning, and sympathetic resonance became the new soteriological mechanism.

The Chinese cosmos is not causally ordered through the law of karma or any other law, but correlationally ordered through the connection with the natural elements, and one's ancestors. The *Yijing* describes natural patterns of change. In this conception of change, however, intention is not considered fundamental. Rather than being the result of right intention, transformation or enlightenment tends to be seen as spontaneously occurring, made possible by harmonizing the human microcosm with the macrocosm (the *Dao*) through personal self-cultivation (Hershock, 2005, p. 55). In a karmic cosmos, a change of heart is causally effective. In a cosmos correlatively held together by ever-changing natural processes, karma became re-interpreted as one's interconnectedness with others. One's own fate is inextricably linked to the fate of others. The term sometimes used to translate "karma" into Chinese (*ye*) literally refers to one's entire personal and communal estate (p. 49). The notion of karmic merit (beneficial future results from one's actions) is not interpreted individually but communally. The *Lotus Sutra* and the *Jataka Tales* (accounts of the Buddha's former lives) contain ensembles of characters ("dharma families") moving together through various incarnations, playing such roles as father, mother, son, daughter, king, minister, teacher, student or friend. They shared their karma, as well as their eventual liberation. This was deeply significant for Chinese Buddhists: liberation from suffering is not something realized alone or only for oneself. As a matter of fact, the Indian opposition between the early Buddhist aspiration to liberate oneself by becoming an *arhat*, and the later Mahayana Buddhist aspiration to liberate all beings by taking the bodhisattva vow, was simply nonsensical from a Chinese perspective. Seen from the perspective of non-self and mutual interconnectedness, liberating oneself cannot be separated from liberating all beings. Therefore, it was Mahayana Buddhism that resonated most with the Chinese. The teaching of karma was interpreted as one's karmic interconnectedness with all others; therefore the bodhisattva vow of liberating all sentient beings was the root condition for realizing any liberation at all (p. 57).

Another aspect of the Indian notion of karma was very problematic for Chinese Buddhists. When the famous Chinese monk and pilgrim Xuanzang (602–664) went to India in the seventh century, he came back with Indian Mahayana Buddhist texts that claimed that some people have such bad karma that they cannot ever attain liberation. Such a violent notion of exclusion and difference was deeply offensive to Chinese sensibilities. In the Chinese context, the bodhisattva vow is linked to social solidarity and mutual responsibility.

What does this reconceptualization of the notion of karma mean about the Buddhist perspective on mutual interconnectedness? Chinese Buddhist thought adopted a strand of Indian Mahayana Buddhism, *tathāgatagarbha* thought, in which the practice of meditation is reconceptualized as resulting in the realization of one's buddha nature (*foxing*). Since all beings are in possession of this buddha nature, they are all capable of realizing liberation.

There is, however, an ambiguity in the meaning of *tathāgatagarbha*. *Tathāgata* means buddha; the term *garbha* means both "embryo" and "womb." Therefore, on the one hand, *tathāgatagarbha* points to the fact that every sentient being possesses the germ to attain buddhahood. On the other hand, it refers to the universal essence of buddhahood (also expressed as buddha nature). Not only is everyone deep within a buddha, the entire world is one great womb where buddhas are being produced. According to one interpretation, through Buddhist practice one can realize one's buddha nature (in the sense of actualizing it and demonstrating it). According to another one, the Buddha's enlightenment brought about the enlightenment of the whole world. At the time of his enlightenment, the Buddha is said to have declared that, together with his own enlightenment, mountains, rivers, grass, and trees had all realized their intrinsic buddha nature. Such a notion of original enlightenment led to a reconceptualization of the notion of mutual interconnectedness. All beings are mutually interconnected in their shared original enlightenment.[6]

In Chan Buddhism, which arose in China in the sixth century, the Indian Buddhist discourse on buddha nature was transposed into the Chinese philosophical discourse of *ti* (substance or essence) and *yong* (function). Early Chan conceived of realizing one's buddha nature in terms of contemplating and seeing the essence (*ti*) of the mind. Bodhidharma's famous dictum was: "directly point to the human mind (*zhi zhi ren xin*); see one's nature and become a Buddha" (*jian xing cheng fo*). The later Chan master Mazu Daoyi (709–788), however, stressed that buddha nature manifests in function (*yong*). The essence of the mind is seen through its external functioning (Jia, 2006, p. 78). Mazu advocated to simply let the mind be free, and to follow along with the movements of all things or circumstances (*ren-yun*). The ultimate realm of enlightenment manifests itself everywhere in human life.[7]

---

6   This leads to the question of ignorance, and how it arises. According to Indian Buddhist theories of karma, ignorance has its source in the defiled seeds that one has accumulated in one's past incarnations. Only their purification through meditation practice can transform and purify consciousness. The sixth-century treatise *Awakening of Faith in the Mahayana* (the *dasheng qixin lun,* traditionally attributed to the Indian master Asvaghosa, but now generally thought to be composed in China), represents part of a larger attempt on the part of Chinese Buddhists to clarify the relationship between enlightenment, meditation practice and ignorance. It explains that through meditation practice, one is able to realize that deluded and ignorant thoughts have no real status; they are in essence none other than the pure, originally enlightened mind. The process of cultivation by which one arrives at this realization is called "acquired" or "actualized" enlightenment. When enlightenment is actualized, one realizes that it is identical to original enlightenment, the undefiled buddha nature that one has possessed all along (Stone, 1999, p. 6). Meditation practice does not purify, but merely allows the natural purity of the mind to manifest itself. In this way, it comes close to Daoist practices that allow the natural spontaneity of *ziran* to manifest itself.

7   As the Buddhist scholar Jinhua Jia (2006, 76) describes it: Daily activities of ordinary life, even those as seemingly trivial as the slightest movements of the eye or finger, are equated

Buddhist scholar Peter Hershock (2005) argues that, as Chan developed, it increasingly left behind Indian Buddhist formulations of the goal of Buddhism as a transformative inner experience (realizing enlightenment), and reconceptualized it in terms of optimal external functioning (attaining the capacity for social virtuosity). Hershock notes that the major schools of Chinese Buddhism did not focus on the psychologically rich commentarial Indian Buddhist literature, such as the voluminous Abhidharma writings that extensively ranked levels and degrees of contemplative and concentrative experience. They instead embraced texts, such as the *Lotus Sutra* and the *Vimalakirti Sutra*, that practically ignored subjective experience in favor of extensive examples of skilled conduct. This is in line with the fact that early Chinese meditative traditions of self-cultivation did not aim at mystical experiences or intensely altered states of consciousness. The meditative adept proved able to induce harmony in others without saying a word (Hershock, 2005, p. 143 f.). Likewise, Hershock (p. 134) claims that Chan practice is just demonstrating, moment by moment, one's readiness to perform everyday activities with improvisational virtuosity which Hershock calls "liberating intimacy", a personal embodiment of the mutual interconnectedness of all things. The function of Buddhist practice is not to promote any experiential breakthrough, but to facilitate such a personal embodiment, or, in Hershock's words (p. 145), "to do the bodhisattva work of changing the quality of interdependence obtaining at any given moment, shifting it in the direction of truly liberating intimacy". As Hershock sees it, Indian Buddhist soteriology, with its emphasis on "inner" mental purification, transformed into a Chinese Buddhist soteriology that focused on "outer" optimal functioning, attaining situational virtuosity through a sympathetic resonance with all things. In this way, meditation practice comes close to Chinese forms of ritual self-cultivation. Its aim is not an inner realization of a psychological state of enlightenment, but to become oneself the embodiment of the mutual interconnectedness of all things.

---

with the ultimate reality of dharma-nature. The ultimate realm of enlightenment manifests itself everywhere in human life, and Buddha-nature functions in every aspect of daily experiences. Ordinary people are liberated from their former karma in limitless kalpas; they spontaneously practice Chan in daily life and attain personal and spiritual freedom. Mazu ultimately denied any kind of awakening, even the awakening of the ordinary mind to itself, since the ordinary mind is already buddha nature. No meditation practice is therefore necessary. In a famous koan, Mazu's teacher admonishes him that practicing meditation in order to realize his buddha nature is like polishing a tile in order to make a mirror. Therefore, Mazu states: The path does not involve cultivation. If it is claimed that it is achieved through cultivation, that cultivation results, in turn, in disaster. [...] The sanctified mind is originally free from stages and positions, causes and effects, steps and levels. It is a mental presumption and misconception that one cultivates causes and realizes their effects (Record of Mazu, quoted in Buswell, 1987, p. 339).

4. Contemporary interpretations and contributions of mutual interconnectedness

Let us now move to our contemporary age, in which Buddhism has come to the West, and has engaged with Western ways of thought and practice. The Buddhist notion of mutual interconnectedness forces us to rethink the distinction between thought and action. Mutual interconnectedness brings together thought and action, and leaves behind the Western tendency to privilege thought over action. Philosophers such as Wittgenstein and Heidegger have stressed that our practical interaction with reality is always practical and embodied. Thought and action are always connected. Thought is not something that sets action in motion; thinking is itself a form of activity. And our actions contain knowledge, not knowing that something is the case ("knowing-that"), but embodied knowledge ("knowing-how"), knowledge of how to live in such a way that one is attuned to people and nature around oneself, based on an understanding of mutual interconnectedness.

The Buddhist bodhisattva-vow to save all sentient beings, based on a liberating insight into the mutual interconnectedness of all sentient beings, is a way to conceptualize common solidarity that has been recognized to have great potential for the West. This is evidenced by various developments in contemporary forms of engaged Buddhism. I would like to briefly describe three of them.

4.1 Thich Nhat Hanh

The notion of mutual interconnectedness, with its implication of the fundamental unreality of any sense of an isolated self, can be used to develop a truly ecological world view. In this sense, there seems to be a fundamental difference between Buddhism and the Western monotheistic religious traditions that stress the importance of the unicity of each person and the salvation of the individual soul.

The Vietnamese Zen teacher Thich Nhat Hanh attempts to develop such an ecological world view by stressing the notion of "interbeing". Thich Nhat Hanh (born 1926), is a Vietnamese Buddhist monk, teacher, author, poet, peace activist and founder of the "Order of Interbeing". He lives in the Plum Village Monastery in the Dordogne region in the south of France. Thich Nhat Hanh describes "interbeing" (French: interêtre) as follows:

> In one sheet of paper we see everything else, the cloud, the forest, the logger. I am, therefore you are. You are, therefore I am. This is the meaning of the word 'interbeing'. We inter-are (Nhat Hanh, 1987, p. 92).

The ethical consequences of the notion of inter-being are that we have to take personal responsibility for violence, wherever it happens in the world:

I am the child in Uganda, all skin and bones … and I am the arms merchant, selling deadly weapons to Uganda (Nhat Hanh, 1991, p. 91).

Only in this way can it be possible to truly come to the end of violence. For Thich Nhat Hanh, Buddhist practice based on the notion of interbeing is always a form of engaged Buddhism. This opens up the possibility for a collective perspective on Buddhist practice:

> Meditation is not to get out of society, to escape from society, but to prepare for a re-entry into society. We call this "engaged Buddhism". When we go to a meditation center, we may have the impression that we leave everything behind – family, society, and all the complications involved in them – and come as an individual in order to practice and to search for peace. This is already an illusion, because in Buddhism there is no such thing as an individual (Nhat Hanh, 1987, p. 45).

4.2   Humanistic Buddhism

Such an engaged Buddhism, which connects the path to enlightenment with a call for social action, has also arisen in East Asia. In Japan, Zen master and philosopher Shin'ichi Hisamatsu (1889–1980) attempted to reform the Japanese Zen tradition, stressing not just personal liberation but a fundamental self-awakening of all mankind. In China, Buddhist reformer Taixu (1890–1947) advocated the reform and renewal of Chinese Buddhism. He coined the term 'humanistic Buddhism', which refers to a form of Buddhism that doesn't see the "pure land" as merely a form of Buddhist cosmology, some kind of paradise to be attained after death, but a just and nonviolent world that can be created here and now:

> If today, based on good knowledge of our minds, we can produce pure thoughts and work hard to accomplish good deeds, how hard can it be to transform an impure China into a Chinese pure land? … All persons have this force of mind, and since they already have the faculty (*benneng*) to create a pure land, they can all make the glorious vow to make this world into a pure land and work hard to achieve it. (Taixu, 1956, p. 427).

Humanistic Buddhism has been made popular by the Taiwanese Buddhist sangha of the Foguangshan, which has founded Buddhist temples around the world, also in Europe (Amsterdam and Paris). My own repeated visits to Longquan monastery in Beijing has given me a personal experience of this humanistic Buddhism. Ethical behaviour and social responsibility is a large aspect of the Buddhist life style at Longquan monastery. However, some critics could also ask some difficult questions about such a humanistic Buddhism. Is Buddhism being used here in order to justify a return to Chinese traditional values? Is it truly a nonviolent form of Buddhism, or could it be used by the Chinese government to legitimate and justify Chinese state violence and social injustice? Only the future will be able to tell in which way humanistic Buddhism will develop in China.

4.3   Buddhist Chaplaincy

In the West, a practical application of using the mutual interconnectedness to promote nonviolence could be in the domain of Buddhist chaplaincy.

Buddhist chaplaincy represents a relatively new phenomenon, connected with the rising popularity of Buddhism and Buddhist meditation practice in the West. Not only does the rise of the Buddhist chaplain add a new member to the family of spiritual care workers, it also has the potential to redefine the field as such. Within Buddhist circles, especially in North America, the notion of "spiritual care" is increasingly connected with, or even reframed as, "contemplative care" (Giles & Miller, 2012, p. xvii).

The focus of such Buddhist contemplative care can be summarized with the help of the Buddhist tradition: it is to help others to come to terms with the three marks of existence, i. e. *dukkha* (often translated as 'suffering', but more adequately rendered as the fundamentally unsatisfactory nature of existence), *anicca* (impermanence) and *anatta* (the illusory nature of any sense of self). In other words, Buddhist contemplative care can help others to see the world in terms of mutual interconnectedness.

The practice of the Buddhist chaplain is fuelled by the fundamental Buddhist virtue of boundless compassion, as epitomized in the bodhisattva vow: "sentient beings are numberless, I vow to save them". Related to these features of Buddhist chaplaincy is its particular contribution to the development of modern palliative and hospice care (Watts & Tomatsu, 2012).

With respect to compassion, however, it is important to realize that East Asian Buddhist notions of compassion substantially differ from Western philosophical views on compassion (Van der Braak, 2012). Whereas in the West, compassion is often considered to be a personal quality that can be cultivated, from an East Asian Buddhist perspective, compassion spontaneously arises when one resonates with situations and with others. From this perspective, it is not so much a matter of consciously cultivating the quality of being compassionate, but more a matter of being able to empty oneself of any personal agenda or idea that might block such spontaneous compassionate resonance (including even, or perhaps especially, all kinds of notion of helping the other person involved). In other words, on has to realize mutual interconnectedness in order to let compassion flow naturally. This subtle relationship between mutual interconnectedness and compassion can be found in many forms of Mahayana Buddhism.

5.   Discussion

The Buddhist notion of mutual interconnectedness (in its early Indian context of karma and rebirth, in its later Chinese Mahayana context of spontaneous resonance, and in its contemporary context of engaged Buddhism) carries a great promise for a new form of Buddhism that is also socially active. As David Loy (2013) has stressed, such a new Buddhism has yet to take shape (both in the West and in Asia). Loy notes how the prophetic voice that characterizes the Western Judeo-Christian tradition (the Old Testament prophets that castigate the king; medieval popes that have emperors beg for absolution) has been lacking in Buddhist traditions.

It remains to be seen to what extent modern forms of engaged Buddhism, or humanistic Buddhism, will be willing to speak out in such a prophetic voice against injustice and violence. In China, for example, this seems hard to imagine.

Also, as useful as the notion of mutual interconnectedness can be, it can also be misused. The notion of karma has been used (in the past and in the present) by conservative Buddhist traditions to justify social injustice, and injustice against women. The notion of collective practice can also be used to stifle individuality, and be turned into an element of inherently violent suppression.

I would like to end with my observation from the beginning: it is naïve to think about Buddhism as an inherently nonviolent religion that is somehow immune to the human tendency to violence. Rather, it contains resources that could be helpful to think about nonviolence, such as the notion of mutual interconnectedness. In this essay I have tried to go into some of the Indian and Chinese roots of this notion, and to indicate several examples of modern Buddhism that attempt to make use of mutual interconnectedness in a positive way.

References

van der Braak, A. (2010). Toward a Philosophy of Chan Enlightenment: Linji's anti-enlightenment Rhetoric. *Journal of Chinese Philosophy, 37* (2), 231–247.

van der Braak, A. (2012). *De vele gezichten van compassie* (The many faces of compassion). Amsterdam: VU Inaugural lecture.

Buswell Jr., R. E. (1987). Short-cut Approach of *K'an-hua* Meditation. In P. N. Gregory (Ed.), *Sudden and Gradual: Approaches to Enlightenment in Chinese Thought* (pp. 321–377). Honolulu: University of Hawaii Press.

Garfield, J. L. (2002). *Empty Words: Buddhist Philosophy and Cross-Cultural Interpretation.* Oxford: Oxford University Press.

Giles, C. A. & Miller, W. B. (Eds.). (2012). *The Arts of Contemplative Care: Pioneering Voices in Buddhist Chaplaincy and Pastoral Work*. Boston: Wisdom Publications.

Gombrich, R. (2009). *What the Buddha Thought.* London: Equinox.

Hershock, P. D. (2005). *Chan Buddhism*. Honolulu: University of Hawai'i Press.

Jia, J. (2006). *The Hongzhou School of Chan Buddhism in Eighth-through Tenth-Century China.* Albany: State University of New York Press.

Le Blanc, C. (1994). From Cosmology to Ontology through Resonance: A Chinese Interpretation of Reality. In G. Bibeau, E. Corin (Eds.), *Beyond Textuality: Asceticism and Violence in Anthropological Interpretation* (pp. 57–77). Berlin/New York: Mouton de Gruyter.

Loy, D. (2013). *Why Buddhism and the West Need Each Other*. http://www.huffingtonpost.com/david-loy/why-buddhism-and-the-west_b_3446616.html

Nhat Hanh, T. (1987). *Being Peace*. Berkeley: Parallax.

Nhat Hanh, T. (1991). *Peace is Every Step*. Berkeley: Parallax.

Sharf, R. H. (2002). *Coming to Terms with Chinese Buddhism: A Reading of the Treasure Store Treatise*. Honolulu: University of Hawai'i Press.

Sharf, R. H. (2005). Ritual. In D. S. Lopez Jr. (Ed.), *Critical Terms for the Study of Buddhism* (pp. 245–270). Chicago: The University of Chicago Press.

Taishō shinshū daizōkyō, ed. by Takakusu Junjirō and Watanabe Kaigyoku, 100 vols. Tokyo: Taishō issaikyō kankōkai, 1924–1932. Cited in text as *Taishō*.

Taixu (1956). *Taixu dashi quanshu* (The Complete Works of the Venerable Master Taixu), 20 vols. Taibei.

Watson, B. (Trans.). (1993). *The Zen Teachings of Master Lin-Chi. A Translation of the Lin-chi lu*. New York: Columbia University Press.

Watts, J. S. & Tomatsu, Y. (Eds.). (2012). *Buddhist Care for the Dying and Bereaved*. Boston: Wisdom Publications.

Welter, A. (2008). *The Linji lu and the Creation of Chan Orthodoxy. The Development of Chan's Records of Sayings Literature*. Oxford: Oxford University Press.

Victoria, B. (1997). *Zen at War*. New York: Weatherhill (2nd ed. Lanham: Rowman, 2006).

Welter, A. (2010). Yongming Yanshou: Scholastic as Chan Master. In S. Heine and D. Wright (Eds.), *Zen Masters* (pp. 59–89). Oxford: Oxford University Press.

Victor van Bijlert

How Hindus Reject Violence

Hinduism, Rabindranath Tagore, Mahatma Gandhi and Non-Violence in Political Action

1. How to approach Hinduism

It is a great challenge to explore the spiritual capital of religions in order to find building blocks for peace in a spirit of non-violence. To contribute to this effort on behalf of Hinduism, seems appropriate. For it may be noted that the term 'non-violence' was first coined by a prominent Hindu: Mahatma Gandhi. And because of this, common people all over the world often associate Hinduism with non-violence.[1] Hinduism is one of the great world religions and Hindus often call it the oldest living religion in the world.[2] At present Hinduism can boast of nine hundred million followers world-wide.[3]

In what follows two things will be discussed. First, there will be a description of the main features of Hinduism in order to highlight the way in which it fundamentally differs from the Abrahamic religions, and how the question of violence has a special place in Hinduism's implicit thinking on ethics. Second, in the light of what constitutes Hinduism as a system of normative social behaviour, two modern Indian activist thinkers, Rabindranath Tagore (1861–1941) and Mahatma Gandhi (1869–1948) will be highlighted, for both persistently argued against violence as a necessary ingredient of any political action. In the eyes of the world, Tagore and

---

1   The concept of non-violence within Indian culture over the centuries is the subject of an important edited volume: Houben and van Kooij (1999).

2   Already the famous Hindu propagandist and missionary Swami Vivekananda (1863–1902) claimed at the World's Parliament of Religions, Chicago in 1893 that Hinduism has the 'oldest order of monks' and is 'the mother of religions' (Complete Works of Swami Vivekananda, vol. 1:3). If we take the Vedas as the earliest texts of Hinduism and the earliest Vedic text, the Rig Veda, is usually dated around 1000 BC, this claim of great antiquity is not without foundation.

3   According to the Indian census of 2001, India counted around 870 million Hindus (http://www.censusindia.gov.in/Census_Data_2001/India_at_Glance/religion.aspx). There are about 20 million Hindus in Nepal; around 15 million in Bangladesh; around 7 million in Pakistan (according to the Pakistan Hindu Council http://pakistanhinducouncil.org/hindupopulation.asp) but according to the Pakistan census of 1998 around 2 million (http://www.census.gov.pk/Religion.htm); around 1,5 million in Sri Lanka, and around 4 million in Indonesia (facts from the CIA website (https://www.cia.gov/library/publications/the-world-factbook/index.html). Even in the Netherlands there must be over a 100,000 Hindus although hard evidence is lacking as the Dutch Government does not take censuses anymore.

Gandhi represent the moral high ground of modern Indian (and Hindu) culture, which means that what they said is regarded by many as normative Hinduism.

For two decades South Asian postmodern and postcolonial social theory has maintained that Hinduism is not a religion; or that it does in no way resemble what the Western colonial gaze had made it out to be; or that Hinduism is not what contemporary Hindus think it is.[4] Space here does not permit a detailed examination of these postmodern and postcolonial critiques. However, the main findings of postcolonial theory on Hinduism help clear the uncertainties and mis-understandings about what Hinduism is, and in particular: lack of understanding about what motivates Hindu normative social behaviour. Postcolonial critique has forcefully maintained that an academic account of Hinduism cannot be given in the manner of Christianity. This is the burden of Balagangadhara's incisive essay (1994). Hinduism, as anyone who has lived among Hindus in India for some years must have noticed, is not a religion in the common Christian understanding of the word.[5] Unlike the Abrahamic religions, Hinduism – for its normative behaviour and ethics, and thus for arguing the legitimacy or illegitimacy of violence – does not have a revealed, and universally applicable, sacred source book.[6]

2.   Hinduism as a sacred social order

So if Hinduism is not based on a single written canon of transcendental origin, then from what sources do Hindus derive their knowledge about normative social behaviour? How would Hindus know if and when violence is illegitimate or le-gitimate? It is not true that Hinduism does not have any texts that provide moral guidance. In fact there are many different books. Hinduism teaches many specific rules of conduct for many specific groups, but the majority of these rules is known through implicit socialisation, not through a universally applicable written Hindu code of morality.

---

4   See for a recent overview of such postcolonial contentions the volume of essays edited by Bloch, Keppens & Hegde (2010); the small essay by D.N. Jha (2009); and the essays of G. Viswanathan and D. Smith in the volume edited by Gavin Flood (2005, pp. 23–44; 45–63 respectively). An important source for the thesis that Hinduism is not a 'Christianity-like' religion is: Balagangadhara (1994). Balagangadhara gives many reasonable arguments for his thesis.

5   It might be possible to qualify this statement: not Christianity as a whole but especially Protestant Christianity with its stress on the Bible and the internalization of the teachings of the Bible, seems to have been the implicit master-model of religion as understood by for instance Balagangadhara.

6   It is precisely for this and related reasons that Balagangadhara somewhat defiantly claims that Hinduism is not a religion, and that the term religion, even when used by secular schol-ars, remains a Christian theological term and is thus only applicable in the fullest measure to Christianity (Balagangadhara, 1994, pp. 108–9; 113–119; 366–8; 378).

The difficulty for Hindus themselves is this: if there is so much variety and if there are so many conflicting views, then what *is* correct action? Hinduism, if anything, has to do with rituals and actions (cf. Balagangadhara, 1994, pp. 465–469). Hinduism is not orthodoxy, it is orthopraxis. The right actions, the correct ritual performances, are what counts; not right beliefs or correct doctrines. In principle this stress on action should make it easy to find normative ethics in Hinduism, for what is ethics if it does not reveal itself in social activity? The difficulty with really existent lived Hinduism is its overwhelming variety. Normative acts in a Hindu social context are always determined by the particular person within the context of his or her gender and the status within society. Hindu society itself is the source of normative behaviour. Hinduism must be regarded as an immanent sacred sociological model that prevails over the whole of the Indian *Kulturkreis*, a model that also explains where the ultimate ethical norms in Hinduism come from. The hypothesis of sociological (rather than propositional or doctrinal) unity owes a great deal to the French sociologist and Indologist Louis Dumont (1980).[7]

Normative social behaviour within Hindu society is regulated in accordance with the ideal-typical model of the sacred Hindu social order. This order is not secular and worldly (in the Western sense of the word), but it is a sacred order, a sacred immanent system that regulates the cosmos and human society. In this model, the ideal social order is divided into four social classes (*varna*) to which people belong not by choice but by birth. The cosmic and social order is not egalitarian but strictly hierarchical. At the head of the hierarchy stands the Brahmin who is a priest and keeper of the sacred tradition. The Brahmin wields religious power on the basis of his knowledge of ritual and sacred tradition. The Brahmin derives his status from birth but has to preserve it through continuous ritual purity.

Wielding political power in society is the prerogative of the second class: the *kshatriyas* or princes and nobles. They maintain the sacred social order by using violence to punish the wicked and wage war against enemies. Thus only the prince can legitimately use violence. The third class is that of (landowning) farmers and traders, the *vaishyas*. Their duties lie in the sphere of the economy. They produce the material wealth in Hindu society. Thus their power is economic. The lowest rung of the sacred hierarchy is occupied by the *shudras*, the servants and serfs. They till the land, they do menial work and their duty is to obey the higher classes.

The earliest textual reference to this fourfold social division is Rig Veda 10.90.11–12. But the Rig Veda does not specify the respective duties of the four classes. These duties are briefly enumerated first in the Dharmasutras and then in much greater detail in the Dharmashastras.[8] This ideal-typical system reincarnates as it were in reality in the much more complex and chaotic jumble of numerous

---

7   A good summary of the (often very critical) reception of Dumont's ideas by Indian social scientists and historians is found in the edited volume of Khare (2006).

8   See the easily available translations of the four major Dharmasutras (Olivelle, 1999) and the translation of the Code of Manu (Olivelle, 2004). Manu is also translated by Doniger (1991). The Dharmasutras predate the Dharmashastras by several centuries.

castes (*jati*). Castes are what traditional Hindu society is really made of. Castes are often described as guild-like groups practicing commensality (taking food only with persons of the same social group, caste or class) and connubiality (only marrying within one's own social group, caste or class) and keeping themselves apart from other castes by their adherence to untouchability and ritual purity. The four classes are found all over the Indian *Kulturkreis*. The castes however, are regional groupings of which there exist thousands (according to the many Indian censuses). In both group-systems the Hindu is born and remains for life. One cannot change one's caste or class at will.[9]

3.   Health and ritual purity

The cosmic Man (the Purusha of Rig Veda 10.90) is the oldest metaphor that expresses the classical Hindu social system. This Cosmic and Social Man metaphor has many implications, but one of them is the preservation of the health of society through ritual. Health of the Cosmic Man, the health of the sacred social organism, entails that life should continue and death be avoided or kept away. Rituals are meant both to preserve societal health and to periodically reinforce it. The absolute opposite of health is of course fatal illness and death. Health is preserved through ritual but effective ritual requires the ritual purity of the officiating priests. Purity is ritual hygiene: removing impurity or protecting against it. The ultimate impurity is death. The greatest impurity which the social order must avoid is contact with substances that cause death. Ritual purity and its preservation or improvement means the upholding of the health of the sacred order itself. Death is therefore the ultimate impurity whose nefarious influence has to be kept away by rituals performed with the help of Brahmin priests.

There are two means for the Hindu social order to stay healthy and intact. One is ritual performed by Brahmin priests, the other is the hierarchical structure of the social order itself. This hierarchical order ensures that the death-bearing and polluting influences of impurity remain below, so that the higher rungs of the hierarchical social ladder remain relatively free from absolute impurity. It is in this context that Hindu rules of social behaviour are practiced. What those on the higher echelons of Hindu society must avoid is touching impurity whether in substances or in people.[10] The rules about what to touch and not to touch, what to eat and what not to eat, and from whom one accepts water and from whom one does not, constitute the essence of untouchability. From the social need of avoiding

---

9 Hindus are also subdivided according to lineage (*gotra*) which implies that people belonging to a particular lineage originally descend from a Vedic seer. Before a marriage the priest has to establish that the couple does not both belong to the same lineage.

10 Some more details on purity and impurity can be found in Michaels (2004), pp. 184–187, 326–329; purity and pollution in connection with food cf. Béteille (1996), pp. 59–60; in connection with hygiene cf. Dumont (1980), pp. 131–133.

death and absolute impurity stem the rules of Brahmin ritual purity whose main ingredients are non-violence, vegetarianism – which imply avoidance of killing and death – and total abstinence from alcohol and drugs. These three are the ultimate hallmarks of ritual purity and the duty of the Brahmin priest. Non-violence is thus to a large extent class-specific. It is a duty incumbent on Brahmins, but not on *kshatriyas*. But since non-violence is a Brahminical virtue and a hallmark of ritual purity, it can be emulated by those on the lower rungs of society. Those who emulate Brahminical non-violence and vegetarianism usually do so with a view to gain social recognition and a higher ritual status in traditional Hindu society (see Dumont, 1980, p. 31; Mendelsohn & Vicziany, 1998, p. 78).

4. World renunciation

There is a complement to the sacred hierarchy, which is also the permanent way out of the hierarchical system: the sphere of world renunciation. This complement/ opposite is the sphere in which socially and emotionally, the Hindu renounces the specificities of orthopraxis and untouchability within the social order. In the sphere of world renunciation the Hindu can head straight for the origin and source of all sacred health, the heart of the cosmic order itself. Those who renounce the hierarchical order to become one with its source are generically designated as world renouncers although there are different Indian terms for a renouncer such as *sannyasi, tyagi, yogi, sadhu, bhikshu*.[11] The typically Hindu institution of world renunciation – often implying the total severance of all social and family ties – is the source of everything that is known as Indian spirituality. In the sphere of world renunciation individual and universal ethics merge. Hindus looking for ethical values (not limited by rules of ritual purity, untouchability and the specificities of caste and class) would turn to world renouncers. The sphere of world renunciation is both extremely individualistic as well as genuinely universal; this is because in it the individual and the universal are not distinguished.[12] In the sphere of renunciation, or inspired by this sphere, normative behaviour can assume the form of universally applicable moral rules. From the sphere of world renunciation one has to expect the teaching of ethics unencumbered by the chaotic specificity of the sacred social order.

---

11 On world renunciation cf. Dumont (1980), pp. 267–286, notes 425–439; furthermore Heesterman (1985), pp. 26–44, notes 208–214; Olivelle (1992), pp. 3–112. The different Sanskrit terms all designate the same state a person is in, namely a state in which he or she does not belong anymore to the world of caste and class.

12 Theologically this merger is often expressed in terms of non-duality: the individual self and the cosmic Self are intimately connected or even the same. Cf. also Isha Upanishad 6: "He who sees all living beings in the Self alone and the Self in all living beings, does not feel any aversion against [anyone]".

5.   Hindu nationalism and the Bhagavad Gita

From the preceding sketchy account of Hinduism one can imagine how difficult it was for British colonial civil servants and missionaries in nineteenth century British India to get a grip on Hinduism. They were able to convey this bafflement to indigenous Hindu intellectuals as well. In the course of the nineteenth century Hindu intellectuals tried to redefine Hinduism in a way that they thought both Europeans and modernised Indians would appreciate. There was a successful religious model available to the Hindu modernisers: Christianity. More precisely: Protestantism. The so-called Hindu reform movement in nineteenth and early twentieth century India tried to make over Hinduism into a religion; with a sacred book or books; with a congregational form of worship; emphasising monotheism, doctrine and theology; promoting something like a world view.[13] From the unlimited supply of sacred texts, the Hindu reformers selected two kinds. The first and most revered but little studied: the ten Upanishads; and second the Bhagavad Gita, a quasi independent episode of the large Sanskrit epic Mahabharata.[14] The Upanishads and the Bhagavad Gita are in Sanskrit, a sacred ritual language that is respected all over India, if little studied.

Now towards the end of the nineteenth century the experiment with reformed Hinduism had failed to create Hindu congregational churches. The Hindu reformers had, however, promoted the Bhagavad Gita as something akin to a Hindu Bible. Some nineteenth century Hindu reformers thought they should broaden the scope of the Hindu congregation until it encompassed the totality of all Hindus (including the many non-Hindu minorities). What you get as a result is the whole of India. Such an intellectual and emotional leap meant: nationalism; more precisely Hindu nationalism. To put it briefly: the Protestantization of Hinduism on the basis of the Bhagavad Gita led to Hindu anti-colonial nationalism[15].

Towards the very end of the nineteenth century this Hindu nationalism inspired young Hindus to adopt the idea of armed struggle against British colonial rule. In the first years of the twentieth century a network of underground Hindu guerrilla groups proliferated. These groups committed acts of terrorism against British colonial civil servants: judges, district magistrates, police-commissioners, police-informants, the transport and postal services. One of the main sources of inspiration

---

13 For details on all the nineteenth century religious reform movements, see Jones (1989). The Hindu reformation was started in Bengal by Raja Rammohun Roy (1772–1833). Rammohun founded a Unitarian Hindu church, the Brahmo Samaj, which initially adopted the classical Upanishads as its main scriptures and the exegesis of Shankara (8th century AD) as its theology.

14 For a good translation of the Upanishads consult Olivelle (1996); for a good translation of the Bhagavad Gita one could still use the often reprinted translation of Radhakrishnan; another useful translation is Johnson (1994). Nagappa (2011) gives a readable introduction to the way Indian anticolonial nationalists interpreted and 'nationalised' the Bhagavad Gita.

15 For a mixed Marxist and post-Marxist analysis of this nationalism one should consult the classic by Chatterjee (1993).

for these acts of political violence was the Bhagavad Gita (upgraded to the rank of Hindu Bible). British newspapers, when not censoring news, would report about terrorist revolutionary Hindu youths armed with a revolver and the Bhagavad Gita, out to topple the British Empire. The modern war on terror began against this kind of Hinduism: the cult of the revolver and the Gita.[16]

Perhaps a few words about the context and the content of the Bhagavad Gita are necessary here: It purports to record the theological and soteriological teachings that the God Krishna was giving to his friend and disciple Prince Arjuna. The scene of the Gita is set on the battlefield of Kurukshetra in North India where two factions of a royal family are fighting it out in order to establish who will gain kingship. Prince Arjuna is one of the combatants and a commander of the armies. Seeing his kinsmen on both sides of the battlefield, Arjuna suddenly is overcome with grief when he thinks of the impending carnage. He drops his bow and arrows and asks his friend and charioteer Krishna for advice. In the remainder of the Bhagavad Gita Krishna discourses on the teaching of the Upanishads to which he adds the cult of devotion to God, creator and preserver of the universe. Gradually as the teachings proceed, Krishna reveals himself as the supreme deity. At some point Arjuna even addresses Krishna as Vishnu, the supreme Hindu God who upholds the cosmos and the Hindu social order. In his discourses Krishna does not advise Arjuna to leave the battlefield and renounce his duty as a prince. Krishna plainly tells Arjuna to fight.[17] It was of course this advice which attracted the Hindu revolutionaries to the Gita. The Gita does not advocate non-violence. This is hardly surprising. When Krishna, in the Mahabharata and the Purana stories, kills numerous demons, he is acting as a *kshatriya*, protecting the weak and punishing (with violence!) the wicked. Krishna does this in his role as upholder and protector of the Hindu social universe.[18] Moreover, Arjuna to whom the Gita is addressed, is himself a *kshatriya*. Thus Krishna's exhortations are perfectly suited to the social class to which Arjuna belongs.[19] Krishna reminds Arjuna of the fact that he is a *kshatriya* and cannot walk away from a battle.[20]

---

16 For more details on these matters, see van Bijlert (1996 and 1999).

17 Bhagavad Gita, chapter 2:2–3.

18 According to received mythological wisdom, Krishna is actually the 8th incarnation of the great Hindu god Vishnu, the god who represents the *kshatriya* function of the divine. Often in the mythological stories Krishna and Vishnu are conflated, as is the case with the other popular incarnation of Vishnu: Rama. In popular Hindu devotion Krishna and Rama represent the Supreme God as such, even though functionally they are only incarnations of Vishnu. In the Bhagavad Gita Krishna speaks about himself and reveals himself as the Supreme Deity of the universe.

19 It was only the leader of the untouchables, Babasaheb Ambedkar (1891–1956) who high-lighted the notion that the teachings of the Gita could be interpreted as merely legitimating the Hindu social order and the caste and class hierarchy, cf. Nagappa (2011), pp. 227–231.

20 Bhagavad Gita, chapter 2:31–33, 35–36.

6.   Tagore opposes violence and nationalism

In the first decades of the twentieth century the militant Hindu nationalist movement made great headway and posed a serious threat to the British presence in
India (see Popplewell, 1995). In the same period both Rabindranath Tagore and
Mahatma Gandhi began to have great moral doubts about the violent elements
within the anti-colonial nationalist movement. It worried both of them that nationalists would wish to strive for political independence through violence, precisely
the same means that the coloniser applied to subjugate the Indian people. Both
Tagore and Gandhi began to plead for non-violence. Tagore did this in his writings.
Gandhi promoted non-violence in his political activism, an activism that he had
perfected in the years 1893–1915 when he stayed in South Africa. Tagore and
Gandhi saw two reasons for non-violence: a practical one and a moral one.

Let us first look at the practical reason. The majority of Indians was not prepared for an armed struggle against a mighty British Empire. The militant Hindu
revolutionaries caused much trouble for the British colonial government, but they
could not overthrow British Rule. If the Indians were to win independence, it
needed to be through mass political actions. Indians had to be mobilised in large
numbers; Indians had to join a mass movement because there were pressing issues
that needed rectifying. These issues had to be of such a nature that a majority of
the people would see the need to address them politically. The political method
of non-violence consisted in non-cooperation and boycott. This could be done
without any arms. Mahatma Gandhi had experimented with non-violent forms of
mass struggle in South Africa. Tagore was averse to actively taking part in mass
movements. He inspired the masses with his many patriotic songs and poems.

The moral reasons to reject violence carried more weight with Tagore and
Gandhi. In Tagore's view the Hindu revolutionary nationalists were emulating an
aggressive Western form of politics. Tagore was a fervent critic of Western nationalism.[21] Nationalism, thus Tagore, accounted for horrendous violence in Europe,
violence which Western nations exported to their colonies, because European empire building was motivated by the nationalism of European colonising nations. In
Tagore's view nationalism entails colonial wars and genocide. A Bengali sonnet
that he wrote in the last year of the nineteenth century (Ravindra-racanavali, vol.
4, p. 296)[22] resounds with the wars that were going on in the year 1899: the Span-
ish-American war over Cuba, the Sino-Japanese war over the control of Korea and
the murderous Dutch "pacification" of Aceh.

> Today the last sun of this century has set amidst
> blood-coloured clouds; today the festival of violence

---

21 See Tagore's own booklet *Nationalism* published in 1917. The English Writings, vol. 2,
    pp. 419–466.
22 All translations from Bengali are my own.

rings with the frightening melodies of death
from a multitude of weapons. The merciless snake of culture
raises in the blink of an eye its tortuous hood
and fills its hidden fangs with violent poison.

Conflicts start from numerous selfish interests; greed
and greed alone begets these battles; in the din of total
destruction, barbarism in fashionable dress awakens
from its muddy bed. Sheer injustice abandons modesty
and shame in the name of love of nation:
it seeks to drown religion in a flood of armies.

A gang of poets instils fear, they growl
their songs of fighting dogs on a cremation-ground.

A few years into the twentieth century, as Hindu nationalism gained momentum, Tagore distanced himself publicly from militancy and violence, much to the chagrin of his compatriots. In three successive novels he portrayed the dire results of Hindu militancy: in the novel *Gora* (The White Man) from 1909 he lampooned violent Hindu jingoism and blind nationalism; in his novel *Ghare Baire* (Home and the World) from 1916 he severely criticised the anti-Muslim stance of militant Hindu nationalists; while in 1934 he condemned on moral grounds the Hindu revolutionary nationalist movement itself in the novel *Char Adhyay* (Four Chapters). In all three novels Tagore portrays the moral decay of Hindu militancy in the violent political actions and moral degeneracy of the main protagonist.

In *Gora* (The White Man) the clash between revivalist 'orthodox' Hinduism and liberal Hindu Brahmoism is epitomised in the main character of the story, whose name is Gora (literally meaning: white or fair). This Gora, a young, extremely fair-skinned ultra-Hindu Brahmin, defends Hinduism and is opposed to the Hindu reform movement of the Brahmo Samaj.[23] He is equally, if not more, opposed to British rule over India. However, towards the end of the story Gora learns the devastating truth that he is not at all a Brahmin, not even Indian, but … Irish. He was left an orphan during the Mutiny of 1857 and was adopted by a Brahmin couple and raised as their own son.

The political-sociological issue of the novel *Ghare-Baire* (Home and the World) is twofold: the coming out of seclusion of Bimala, the main female character of the novel; and the populist mob politics of the Hindu nationalist Sandip who is portrayed as a callous manipulator. Not only is Sandip a Hindu rabble rouser, he also seduces Bimala, the wife of his good friend Nikhil, and makes Bimala pilfer her husband's moneybox under the pretext that the funds are necessary for the national struggle[24].

---

23 The Unitarian Hindu church founded by Raja Rammohun Roy in 1828. Tagore himself was an active member of the Samaj and often took the pulpit to lead a Brahmo church service.

24 Many detailed studies on this novel are found in Datta (2005).

In *Char Adhyay* (Four Chapters) the main issue is the murderous ruthlessness of the main male character Atin, the Hindu revolutionary who executes his beloved girlfriend Ela. He murders her because she stands in the way of the great revolutionary cause of the liberation of the Hindu motherland. The three novels span roughly a quarter century and a most crucial period in the history of the Indian freedom struggle. They are Tagore's ongoing commentary on the militant Hindu nationalist component of this movement.[25]

Tagore had little sympathy for the Hindu revivalist tendencies in Indian anticolonial nationalism. In Tagore's view these tendencies constituted the very opposite of what he regarded as modern progressive India. In these novels Tagore shows that he feels seriously hurt by Hindu revivalism because he strongly believes in a humanistic liberal Hindu modernity, a modernity whose supreme values are non-violence and universal love of all mankind.

In many ways Tagore was a fellow-traveller of Mahatma Gandhi but also at times his opponent. It should be pointed out that their differences of opinion were uttered in public in the most amiable and polite way conceivable and they did genuinely admire each other.[26] Tagore had first called Gandhi 'Mahatma' –'Great Soul'. Gandhi set great store by Tagore's ethics and conscientiousness, calling him in return 'Gurudev' – 'Godlike teacher', and 'Great Sentinel' or simply 'the poet'. The fact that Tagore was Gandhi's senior by eight years may have added a bit to Gandhi's deference.

7.   Gandhi, non-violence and Satyagraha

Gandhi regarded his politics of non-violence as a fundamental way of life and as a religious duty. About his ultimate goal in life, Gandhi (1992, p. 3) states:

> What I want to achieve – what I have been striving and pining to achieve ... – is self-realization, to see God face to face, to attain *Moksha*.[27] I live and move and have my being in the pursuit of this goal.

Moreover, in his opinion, "the essence of religion is morality" (p. 4). It is with this in mind that we have to value Gandhi's life-long training in non-violence (p. 49):

> For me non-violence is not a mere philosophical principle. It is the rule and the breath of my life. I know I fail often, sometimes consciously, more often unconsciously. It is

25 Asish Nandy (1994, pp. 22–34) discussed this novel.

26 Sabyasachi Bhattacharya (1997) edited the exchange of letters between Gandhi and Tagore. Bhattacharya's volume shows the various ways in which Tagore and Gandhi criticised and praised each other.

27 Here Gandhi uses the Sanskrit word for 'liberation'. The term implies both liberation from the endless cycle of rebirth and from the ritual obligations and rules of touchability and untouchability. Liberation is the goal and the substance of world renunciation.

a matter not of the intellect but of the heart. True guidance comes by constant waiting upon God, by utmost humility, self-abnegation, by being ever ready to sacrifice one's self.

For Gandhi non-violence was not just a mentality or even a strong religious senti-ment. He had perfected non-violence into a practicable method of political strug-gle. This consisted in non-cooperation with the aggressor, a mass movement if possible, and in his own case: fasting until death in order to change the mind of his opponent. He did not call his method of political and social struggle non-violence, he called it *satyagraha* – 'holding on to truth'. The ingredients were non-violent non-cooperation with an unjust government, such as he had come to regard the colonial government of India; a lot of press coverage; fasting as a form of penance for the evil of the aggressor; striving for economic autarky such as spinning one's own cotton in order to produce one's own clothes. Gandhi's programme of *satya-graha* and non-violence was a total way of life, not only a method. Gandhi (1992, p. 114) explained:

> In the application of *Satyagraha,* I discovered in the earliest stages that pursuit of truth did not admit of violence being inflicted on one's opponent but that he must be weaned from error by patience and sympathy ... patience means self-suffering. So the doctrine came to mean vindication of truth, not by infliction of suffering on the opponent, but on one's self.

Gandhi always emphasised that political means and political ends should be the same: non-violence as a method is also the end or goal of the political action. In connection with the violent Hindu revolutionaries, he was adamantly opposed to their methods, even if he could fully sympathise with their cause of full independ-ence of India. Gandhi declared (p. 106):

> I do not believe in short-violent-cuts to success. ... However much I may sympathize with and admire worthy motives, I am an uncompromising opponent of violent meth-ods even to serve the noblest of causes. There is, therefore, really no meeting-ground between the school of violence and myself. But my creed of non-violence not only does not preclude me but compels me even to associate with anarchists and all those who believe in violence. But that association is always with the sole object of weaning them from what appears to me their error. For experience convinces me that permanent good can never be the outcome of untruth and violence.

It should be noted that in this passage Gandhi refers to the militant Hindu revo-lutionaries as anarchists. This was the usual term in British India for the Hindu revolutionaries (cf. Popplewell, 1995, pp. 64–66; 109; 125–127).

8.   Gandhi and the Bhagavad Gita

As we have seen above, the Bhagavad Gita, (a) does not seem to teach non-violence, (b) was read by Hindu revolutionaries as advocating the legitimacy of political violence. Gandhi disagrees on both counts and yet was a life-long votary of the Bhagavad Gita. For him as a Hindu the Gita was what the Bible is for orthodox Protestants. He got acquainted with the text in London, 1888–1889 when he read the English poetical rendering by Sir Edwin Arnold (cf. Gandhi, 2009, pp. xv-xvii).[28] In later years he always came back to the Gita.

In 1926, Gandhi began to study the Gita in Sanskrit during his morning prayer meetings and gave his own commentary on the text. The Collected Works of Mahatma Gandhi, vol. 37, pp. 75–354, contains Gandhi's commentary.[29] The meetings on the Gita lasted from February 24 to November 27. Gandhi's assistant Mahadev Desai made notes of what Gandhi said on the Gita and these notes were later published in book form ("The Gita according to Gandhi", 2009).[30]

According to Gandhi's commentary on the Bhagavad Gita(1991, p. 12) the Gita teaches non-violence.

> Since the *Gita's* subject is not description of the battle and justification of violence, it is perfectly wrong to give much importance to these. If, moreover, it is difficult to reconcile a few verses with the idea that the *Gita* advocates non-violence, it is still more difficult to reconcile the teaching of the work as a whole with the advocacy of violence …
>
> That the overall teaching of the *Gita* is not violence but non-violence is evident from the argument which begins in Chapter II and ends in Chapter XVIII. The intervening chapters propound the same theme. Violence is simply not possible unless one is driven by anger, by ignorant love and by hatred.

However, Gandhi argues that under the circumstances Krishna could not have taught anything else to Arjuna than to proceed with the violent work of war that he had already started. After all Arjuna had fought before. So in this particular case, Gandhi (1991, p. 13) excuses the use of violence:

---

28 Elsewhere Gandhi writes that while he was in London in the late 1880s and meeting with Hindu revolutionaries there, among whom Shyamji Krishnavarma and Savarkar, he was told that the Gita and the Ramayana endorse political violence in order to liberate the motherland. Gandhi already then opposed the view that these Hindu texts endorsed political violence (cf. Gandhi, *The Bhagavadgita*, p. 23).

29 I refer to the online edition in which the volumes are available in pdf format: http://www.gandhiserve.org/cwmg/cwmg.html. One should note that the numbering of the volumes and the pagination is different from the older printed edition brought out by the Government of India.

30 The bulk of these notes are collected in: Gandhi, *The Bhagavadgita* and 'The Gita according to Gandhi'.

But to conclude from this that the *Gita* teaches violence or justifies war is as unwarranted as to argue that, since violence in some form or other is inescapable for maintaining the body in existence, dharma lies only in violence.

Gandhi (1991, p. 14) believes the Mahabharata is a symbolic story and thus the Gita is also symbolic: "Shri Krishna is the Lord dwelling in everyone's heart who is ever murmuring His promptings". There is some place for violence in the Gita. The person not awakened to non-violence may not act like a coward and run away from violence (ibid.):

> There is only one dharma. Non-violence means *moksha*, and *moksha* means realizing Satyanarayana [one of the names of God Vishnu]. But this dharma does not under any circumstances countenance running away in fear. ... Anyone who prepares to run away would do better, instead, to kill and be killed.

Gandhi (1991, p. 15) reiterates his view that the Gita is symbolic and therefore cannot be read as a justification of violence: "the epic describes the battle ever raging between the countless Kauravas and Pandavas dwelling within us". The real importance of the Gita lies in self-realisation and liberation, in the giving up, the renunciation of the ego. Gandhi (2009, pp. xviii-xix) states:

> ... self-realization is the subject of the Gita, as it is of all scriptures. ... The object of the Gita appears to me to be that of showing the most excellent way to attain self-realization. That which is to be found, more or less clearly, spread out here and there in Hindu religious books, has been brought out in the clearest possible language in the Gita ...
>
> [self-realization] is renunciation of fruits of action. This is the center round which the Gita is woven. This renunciation is the central sun round which devotion, knowledge, and the rest revolve like planets.

Furthermore, Gandhi (2009, p. xxii) declares:

> ... according to the Gita, all acts that are incapable of being performed without attachment are taboo.

Gandhi is trying to interpret the main teaching of the Gita as non-violence, even if a first obvious reading of the text does not seem to support such a view. For Gandhi (2009, pp. xxiii-xxiv) personal experience counts for more than mere scriptural exegesis:

> Let it be granted that, according to the letter of the Gita, it is possible to say that warfare is consistent with renunciation of fruit. But after forty years' unremitting endeavour fully to enforce the teaching of the Gita in my own life, I have, in all humility, felt that perfect renunciation is impossible without perfect observance of *ahimsa* [non-violence] in every shape and form.

Gandhi (2009, p. 30) regards the story of the Mahabharata war and of the Gita itself as metaphor, not as depicting historical events: "Krishna is the *atman* in us, who is our charioteer. We can win only if we hand over the reins of the chariot to him". In sum, the Gita teaches that: "He who is afraid kills. He for whom there is no death will not kill" (p. 32). Obviously the matter of violence in the Gita did not prevent Gandhi from regarding it as the most important scripture of Hinduism. It is a scripture which gives spiritual liberation (*moksha*): "He who has the *Gita* always engraved in his heart and keeps it there till the moment of death, will attain to *moksha*" (p. 47). Moreover, Gandhi thinks that "We should honour and revere the *Gita*. It will certainly protect us. It is a deity of the mind. If so, we should read it daily as a part of our prayer" (p. 283). The Indian-British philosopher Margaret Chatterjee (1983, p. 38) thinks that Gandhi "extracted out of the *Gita* not only the message of non-violence (which for him was an implicate of the whole concept of renunciation when thought through) but an ethos of *work*. The ideal man that is projected in [Gandhi's] … new interpretation … is a man whose battles with selfhood result in practical benefit to all" .

Yet Gandhi's non-violent reading of the Gita remains unique and did not convince everyone. The Japanese Christian and pacifist Toyohiko Kagawa who visited Gandhi in 1939 expressed his amazement at Gandhi's appeal to the Gita. After all, the Gita clearly does not endorse non-violence. Gandhi's defence of the Gita made Kagawa remark that the non-violent reading was purely subjective and Gandhi's very own (cf. Fernhout, 1995, pp. 128–129).

9.   Conclusion

Like Tagore, Gandhi disapproves of the militant Hindu revolutionaries' methods, but unlike Tagore, Gandhi does support their cause. Where Tagore does not aim for nationalism and nationalist struggle, Gandhi wholeheartedly supports this nationalism, but not in exactly the way the Hindu revolutionaries saw it. When in 1947 British India finally became independent, it was cut in two pieces: the Republic of Pakistan as a homeland for Indian Muslims and the secular Republic of India with a Hindu majority. Gandhi was opposed to the partition of British India because it had caused immense bloodshed with millions of casualties on both sides of the new border. This fact filled Gandhi with nothing but grief and shame. Tagore did not live long enough to witness India's independence and the subsequent gory partition, for he died in 1941.

Both Tagore and Gandhi were great charismatic Indian figures, leaders of opinion and influential prophetic personalities whose message inspired not only Indians but also a large global audience. Both Gandhi and Tagore saw themselves as ambassadors of India's culture to the outside world. They can be regarded as spokespersons for modern Hinduism. In the case of Gandhi we are fully justified in this assessment as Gandhi himself has consistently called himself a Hindu, albeit a reformist Hindu with a keen interest in improving the lot of all Indians irrespective of their religious allegiance.

To call Tagore a Hindu is a little hazardous for after 1910 he seems to have always associated the term Hindu with narrow chauvinism and militant exclusivism – things he abhorred. But in his spiritual life Tagore always harked back to the ancient Hindu texts of the Upanishads, and later in life to the teachings of Buddha. Gandhi was a fervent devotee of the Bhagavad Gita. The Gita is anything but non-violent, but Gandhi avoided this obvious understanding of the text by claiming that the war in the Gita was symbolic as was the war in the Mahabharata epic in which the Gita is embedded. Even though the Gita cannot easily be read as a text teaching non-violence, Tagore does quote from it in his writing, but not by far as often as from the Upanishads.[31] The Upanishads hardly mention non-violence but do not teach the performance of warlike duty either.[32] When Tagore wished to make a moral point, he often referred to Buddha whose message does entail non-violence at its very core.

In the last analysis both Tagore and Gandhi did not need scriptures to support the moral imperative of non-violence. The reasons have been given already at the beginning: Hinduism is not a book-religion and its morality and ethics are learned implicitly through socialisation, not through the study of a sacred book. It would be better to say that, especially in the case of Gandhi, it seems correct to say that spirituality in Hinduism derives from the sociological model of world renunciation. Gandhi acted as an informal world renouncer. He consistently uses the term *moksha*, spiritual liberation, the major goal of all Indian world renunciation, to designate the ultimate goal of non-violence and of the teachings of the Gita. Because Gandhi acted like a world renouncer he exerted a great charismatic influence on Indians of all walks of life. Gandhi's teachings did not derive from books but from personal experience (this in spite of his claim that the daily perusal of the Bhagavad Gita gave him spiritual sustenance). Because he valued personal experience above book-knowledge, he called his autobiography 'the story of my experiments with truth'.

Tagore on the other hand, was not a world renouncer. He was a poet and a thinker. But also in Tagore's case there is streak of the inner world renouncer. He did often quote Upanishads, texts favoured by world renouncers. The Upanishads were his sources of spiritual and poetic sustenance. Non-violence is an important aspect of Brahmin ritual behaviour. But non-violence is a duty for the Brahmin;

---

31 For details about the quotations from texts in Sanskrit, Pali and old Bengali found in Tagore's writings, see Mazumdar (1972). To Tagore's quoting from the Gita, Mazumdar devotes a whole chapter (Mazumdar, 1972, pp. 127–163) and lists all the quotations and references: (pp. 135–142). It should be noted that Mazumdar's extensive study is in Bengali.

32 The only reference to non-violence, *ahimsa*, in the classical Upanishads is in Chandogya Upanishad 3.17.4; and in a few later sannyasa-Upanishads. In the Bhagavad Gita non-violence is mentioned four times in lists of moral virtues: 10.5; 13.7; 16.2; 17.14.

it is not a universal moral imperative for all Hindus. Both Gandhi and Tagore made non-violence into universal morality. This is typical of the ethos of world renouncers. The credit of rendering the Hindu Brahminical rule of non-violence into a political term and method with a global impact, this credit goes deservedly to Gandhi. It was Gandhi who had practiced non-violence in political struggle and redefined it – in some analogy to Buddha – as a universal moral attitude.

References

Balagangadhara, S.N. (1994). *'The Heathen in his Blindness ...': Asia, The West and the Dynamic of Religion*. Leiden, New York, Köln: Brill.

Béteille, A. (1996). *Caste, Class and Power: Changing Patterns of Stratification in a Tanjore Village* (2nd ed.). New Delhi: Oxford University Press.

Bhattacharya, S. (Ed.). (1997). *The Mahatma and the Poet: Letters and Debates between Gandhi and Tagore 1915–1941*. New Delhi: National Book Trust, India.

Bijlert, van V.A. (1996). Sanskrit and Hindu National Identity in Nineteenth Century Bengal. In J.E.M. Houben (Ed.), *Ideology and Status of Sanskrit: Contributions to the History of the Sanskrit Language* (pp. 347–368). Leiden: Brill.

Bijlert, van V.A. (1999). Nationalism and Violence in Colonial India: 1880–1910. In J.E.M. Houben & K.R. van Kooij (Eds.), *Violence Denied: Violence, Non-Violence and the Rationalization of Violence in South Asian Cultural History* (pp. 317–339). Leiden, Boston, Köln: Brill.

Bloch, E., Keppens, M. & Hegde, R. (Eds.). (2010). *Rethinking Religion in India: The colonial construction of Hinduism*. London, New York: Routledge.

Chatterjee, M. (1983). *Gandhi's Religious Thought*. Notre Dame, Indiana: University of Notre Dame Press.

Chatterjee, P. (1993). *Nationalist Thought and the Colonial World. A Derivative Discourse* (Reprint from 1986. 2nd ed.). London: Zed Books.

Complete Works of Swami Vivekananda. Mayavati Memorial Edition. Vols. I–VIII. 1965. Calcutta: Advaita Ashrama.

Datta, P.K. (Ed.). (2005). *Rabindranath Tagore's 'The Home and the World': A Critical Companion*. London: Anthem Press.

Doniger, W. & Smith, B.K. (1991). *The Laws of Manu: With an Introduction and notes*. London: Penguin Books.

Dumont, L. (1980). *Homo Hierarchicus: The Caste System and Its Implications. Complete Revised English Edition* (translated by Mark Sainsbury, Louis Dumont, and Basia Gulati). Chicago: The University of Chicago Press.

Fernhout, R. (1995). Combating The Enemy: The Use of Scripture in Gandhi and Godse. In A.A. An-Na'im, J.D. Gort, H. Jansen, H.M. Vroom (Eds.), *Human Rights and Religious Values: An Uneasy Relationship?* (pp. 120–132). Amsterdam: Editions Rodopi; Grand Rapids/Michigan: William B. Eerdmans Publishing Company.

Flood, G. (Ed). (2005). *The Blackwell Companion to Hinduism*. Malden/USA & Oxford/UK: Blackwell Publishing.

Gandhi, M.K. (1991). *The Bhagavadgita*. New Delhi & Bombay: Orient Paperbacks.

Gandhi, M.K. (1992). *All Men are Brothers: Life and Thoughts of Mahatma Gandhi as told in his own words, compiled and edited by Krishna Kripalani*. Ahmedabad: Navajivan Publishing House.

Gandhi, M.K. (2009). *The Bhagavad Gita According to Gandhi: Edited by John Strohmeier*. Berkeley/California: North Atlantic Books.

Heesterman, J.C. (1985). *The Inner Conflict of Tradition: Essays in Indian Ritual, Kingship, and Society*. Chicago & London: The University of Chicago Press.

Houben, J.E.M. & Kooij, K.R. van (Eds). (1999). *Violence Denied: Violence, Non-Violence and the Rationalization of Violence in South Asian Cultural History*. Leiden, Boston, Köln: Brill.

Jha, D.N. (2009). *Rethinking Hindu Identity*. London & Oakville: Equinox.

Johnson, W.J. (Transl.). (1994). *The Bhagavad Gita*. Oxford & New York: Oxford University Press.

Jones, K.W. (1989). *The New Cambridge History of India: III.1 Socio-religious reform movements in British India*. Cambridge: Cambridge University Press.

Khare, R.S. (Ed.). (2006). *Caste, Hierarchy, and Individualism: Indian Critiques of Louis Dumont's Contributions*. New Delhi: Oxford University Press.

Kripalani, K. (Ed). (1960). *All Men are Brothers: Life and Thoughts of Mahatma Gandhi as told in his own words*. Ahmedabad: Navajivan Publishing House.

Mazumdar, P. (1972). *Rabindrasamskritir Bharatiya Rup o Utsa*. Kalikata: Jijnasa.

Mendelsohn, O. & Vicziany, M. (1998). *The Untouchables: Subordination, poverty and the state in modern India*. Cambridge: Cambridge University Press.

Michaels, A. (2004). *Hinduism: Past and Present*. Princeton & Oxford: Princeton University Press.

Nagappa, G.K. (2011). *The Bhagavadgita in the Nationalist Discourse*. New Delhi: Oxford University Press.

Nandy, A. (1994). *The Illegitimacy of Nationalism: Rabindranath Tagore and the Politics of Self*. Delhi: Oxford University Press.

Olivelle, P. (1992). *Samnyasa Upanisads: Hindu Scriptures on Asceticism and Renunciation* (translated with introduction and notes by Patrick Olivelle). New York & Oxford: Oxford University Press.

Olivelle, P. (Transl.). (1996). *Upanishads*. New York & Oxford: Oxford University Press.

Olivelle, P. (1999). *Dharmasutras: The Law Codes of Apastamba, Gautama, Baudhayana, and Vasistha*. New York & Oxford: Oxford University Press.

Olivelle, P. (2004). *The Law Code of Manu: A new translation based on the Critical Edition*. New York & Oxford: Oxford University Press.

Popplewell, R.J. (1995). *Intelligence and Imperial Defence: British Intelligence and the Defence of the Indian Empire 1904–1924*. London: Frank Cass.

Ravindra-racanavali. 1393–1398 (Beng. era). 125 tama Ravindrajayanti upalakse prakasita sulabh samskaran. 15 vols. Calcutta: Visva-Bharati.

The English Writings of Rabindranath Tagore. Volume Two: Plays, Stories, Essays. Edited by Sisir Kumar Das. 1996. New Delhi: Sahitya Akademi.

Ephraim Meir

Violence and Peace from a Jewish Perspective

I was asked to express some thoughts on violence and non-violence from a Jewish perspective. Yet, the binomial violence and peace seems to me more fitting, since "non-violence" is not a real alternative to "violence." I will focus upon peace and proximity as the opposite of violence. It is my intention through a "dialogical hermeneutics" to offer a view from the Jewish particularity that is at the same time universal, meaning: open to and destined for everyone who is ready to listen to a highly particular message with universal consequences.

In the first stage, I explain how the redactors of the Bible and commentators during the entire Jewish tradition took into account the problematic nature of human beings, even if they were heroes in Israel. They did not hide the violent side of human existence, but wrote about it in order for us learn from it. In the second stage, I discuss various aspects of peace from a Jewish point of view, not as it entails a temporary absence of violence, a rupture in the chain of constant violence, but peace as ethical proximity to the other human being.

1. The violent side of human existence

1.1 Violent desire

A fine example of the fact that the redactors of the Bible did not hide some dark sides of the human existence it portrays is the case of King David and Batsheva. According to the Biblical account, King David saw a beautiful woman bathing from the roof of his palace. Upon inquiry, he learned that her name was Batsheva. The king desired her and, therefore, he sent her husband Uriyya the Hittite to the front line in the war then raging, so that he perished. David took Batsheva as his wife. The prophet Nathan then appeared before the king and told him a story: there was once a poor man and a rich man in a city. The rich man had many flocks and herds, the poor one had only one little lamb that did eat of his bread, drank of his cup, and lay in his bosom: it was like a daughter to him. The rich man came and took the poor man's lamb. Hearing the story, David became angered and shouted: the man who did this is worthy to die. And Nathan answered "You are the man" (2 Sam. 11:2–12:25). David's immoral act of bloodshed and desire is mentioned in order for us to learn from it.

1.2   Violent jealousy

In another story we hear about Ya'aqov-Israel, who loved Yosef more than all his other children. Yosef was the son of his old age and Ya'aqov gave him a beautiful, expensive garment (*ketonet passim*; Genesis 37:3). The Bible does not keep it a secret that Ya'aqov privileged this son over all his brethren, who envied him and hated him for his dreams and words. When the brothers saw him in the town of Dothan with his special long sleeved coat, a violent feeling of jealousy arose in their hearts. They stripped Yosef of his coat (Genesis 37:23), and threw him into a pit. They then dipped the garment in the blood of a slaughtered goat, brought it to their father and stated: "This have we found. Is this *your* son's shirt?"(*haker na ha-ktonet binkha hi 'im lo*). The redactor of the story does not hesitate to relay that Yosef's brothers, the fathers of eleven tribes of Israel, behaved cruelly not only towards Yosef, but also towards Ya'aqov. They did not mention Yosef's name to their father, as if they had stripped him even of his name.

1.3   False religiosity

The Hebrew Bible is therefore not devoid of some violent scenes. However, most of these passages are interpreted as stories with a lesson to impart. The Biblical texts converge in their tendency towards situating the relation with God within the concrete ethical relationships between human beings.

Again and again, the prophets warned against neglecting the representatives of weak social categories: the stranger, the widow, and the orphan. These fragile people are the favorites of God, the apple of His eye. The prophets severely criticized traditional offerings if they were not accompanied by an engagement towards the other. In Hoshea's words: "I desired loving-kindness and not sacrifice, and to know God more than offerings." (Hoshea 6:6). To "know" God in the Biblical sense is not an intellectual activity, it is a commitment to relate to other human beings. God loves Israel and therefore rebukes it. In the words of the prophet Yeshayahu, God does not want the multitude of sacrifices, the many offerings, the blood of lambs and the gatherings of Israel. He "cannot bear iniquity along with solemn meeting" (*lo 'ukhal 'avvon va'atsara*; Yeshayahu 1:13). When people spread out their hands, He will hide His eyes from them. He will not hear their many prayers. One has first of all to cease to do evil. "Learn to do good. Seek judgment, relieve the oppressed, judge the fatherless, plead for the widow" (Yeshayahu 1:17). Against a magic kind of religiosity, concentrating upon rituals in the temple, the prophets highlighted the necessity of moral behavior: one had to defend the cause of the widow, the orphan, and the stranger. Their protest is not bitter; they believe in the people of Israel and in the power of return. And in doing so, they posit the high standard of creating a really human society.

In conclusion of this first part: violence is not absent in the Bible, but resonates in the best of Jewish tradition as an occasion to learn what real religiosity is about:

a relationship with God takes place in ethical behavior towards one's neighbor. Today, violence is present not only in immediate relationships, it is also present in the structure of the state or, for instance, in prioritizing nuclear energy more than the safety of people. Violence is not the exception, it is the rule. The question arises: how to counter this trend? In the following, in order to provoke a change, I offer some inspiration from the best of the Jewish tradition, in which *shalom* is one of the names of God.

2. Peace as proximity

2.1 Pursuing peace as disciples of Aharon

In an elevated Jewish lifestyle, pursuing peace is perceived as a commandment. It is not enough to sit down peacefully. One has to actively seek peace, to bring peace. The Psalmist asks: "Who is the person who desires life, who loves days, to see good therein?" His answer is: "Keep your tongue from evil and your lips from speaking deceit. Stay away from evil and do good, ask for peace and pursue it (*baqesh shalom ve-radfehu*, Psalm 34:13–15). This demonstrates how, in Jewish tradition, a good life lies in the active search for peace, in bringing peace between people by avoiding quarrel and conflict and doing whatever is needed for the construction of a peaceful society. It is one's religious duty to bring peace.

In the same vein, one reads in the Sayings of the Fathers (Pirqe Avot 1:12): "Hillel says: Be of the disciples of Aharon, who loves peace und pursues peace, who loves his fellow creatures and brings them near to the Teaching." The "pursuer of peace" (*rodef shalom*) is at a higher level than the "lover of peace" (*'ohev shalom*): he does not content himself with avoiding quarrel, but goes out to restore peace that has been lost. Aharon loved his fellow creatures (*briot*) – a term that not only designates Israel, but all people, without distinction of race, gender, age, or religion. He was the prototype of the one who brings peace, as we read about Aharon in the book of Malachi: "He walked with Me in peace and uprightness and brought many back from sin" (Malachi 2:6). It is not surprising that the threefold blessing of Israel by Aharon ends with *shalom* as the highest of all blessings:

> "And the Lord spoke to Moshe: speak to Aharon and to his sons. So shall you bless the children of Israel:
> May He bless you and keep you.
> May He make His face shine upon you and be gracious.
> May He lift up His face to you and give you peace." (Numbers 6:22–26)

Until today, the *cohanim*, the priests, descendants of Aharon, give God's blessing to the praying community as in the days of old. They bless with a blessing of material goods: that you may possess money, without money possessing you. They further bless with spiritual goods: may God shine upon you and give you the light of wisdom (see Ecclesiastes 8:1: A man's wisdom makes his face shine; *hokhmat 'adam ta'ir panav*). Material and spiritual goods together bring *shalom*, peace, as wholeness, *shlemut*. Both, being blessed with good while keeping away from evil and being blessed with insights, grant the human being a divinely bestowed peace of mind.

God is the One who grants peace; one of his names is *shalom*. Qaddish, the prayer for mourners, ends with: "the One who makes peace in heaven, may He make peace over us and over all Israel" (*'ose shalom bimeromav hu ya'ase shalom 'alenu ve-'al kol yisrael*). In reform communities, one rightly adds "and over every human being" (*ve'al kol bene 'adam*).

2.2   Truth and peace

But what about truth? Is truth not higher than peace? Shall one not give up peace for the sake of truth? Many think that the truth comes first and that peace has to retreat. In Jewish tradition, we find a different opinion. The famous verse of Zecharya, "Love truth and peace" (Zech. 8:19), follows the admonition that one shall speak to the other in truth (*dabru 'emet 'ish et re'ehu*). One has to judge in truth and peace (*emet ve-mishpat shalom*) and then, fast days will turn into festivals of joy. In Zecharya's vision, only looking at the negative aspects of others will never bring peace. One has to be ready to look at the negative sides of oneself. The aim of truth is therefore to bring peace. Contracts and peace treaties as rational compromises between people will be easily broken if peace, as readiness to look at one's own negative sides, is lacking from both sides. Peace and truth go together; one must: "love truth and peace."

But then again: one has to love truth and peace, but is truth not more elevated? Another psalm gives us the outcome. It reads: "Loving-kindness and truth met, righteousness and peace kissed" (*hesed ve'emet nifgashu tsedeq ve-shalom nashaku*; Ps. 85:12). Midrash Tanhuma (on Ex. 4:27) explains that "loving-kindness" is Aharon and "truth" is Moshe. Most interesting is that in the following verse, we read: "Truth will sprout from the earth" (Ps. 85:13a), (*'emet mi-'erets titsmah*). Why would truth sprout from the earth and not come from heaven?

This question brings to mind an aggadic story: Midrash Bereshit Rabba (8:1) tells us that when God decided to create man, there was a dispute among the angels in heaven: the angel of loving-kindness was in favor: man was charitable. The angel of truth was against: man was full of falsehood. The angel of righteousness agreed that man would be created, but the angel of peace objected. God took truth and threw it to the earth, as it is said: "Truth will sprout from the earth" (Ps. 85:13a). The conclusion is that human beings have to seek the truth, which will sprout from the earth in a painstaking process. This makes our own truth relative; it is not heavenly truth. We all seek truth, and peace will be established as the result of the humility of people who recognize that their truth is relative; it grows between them in an interconnectedness that brings peace. This *midrash* (exegesis of Torah texts) is food for the construction of a sound interreligious theology, in which cognitive humility is one of the pillars.

2.3   Erasing God's name in the name of peace

A beautiful and colorful example of the high value of peace is brought in the Jerusalem Talmud, Treatise Sota 1:4. The Talmud brings the story of a certain woman who listened on Shabbat eve to a prolonged lesson of Rabbi Meir. As a result, she came home late and her angered husband asked why she had returned home that late. She responded that she listened to Rabbi Meir's lecture. Thereupon, the husband forbade her to enter the home until she spit at Rabbi Meir. Rabbi Meir was told what had happened between that woman and her husband. He acted as if he had an eye inflammation and asked the woman, for medical reasons, to spit in his eye seven times. And so she did. She went home and told her husband that she had spit in Rabbi Meir's face not once but even seven times. The disciples of Rabbi Meir were astonished: how could their Rabbi give up his honor? Rabbi Meir, however, answered that just as God himself is ready to erase his own Name and to give up his honor in the ordeal of the bitter water (Numeri 5:11–31 on the *sota*, the woman who is suspected of adultery), so much more is he – Rabbi Meir – ready to relinquish his own honor in order to restore peace between husband and wife.

2.4   Learned people and *shalom*

Another fascinating aspect of peace is contained in the Babylonian Talmud. In the Talmudic Treatise Berakhot 64a, we read: "Rabbi Elazar taught in the name of Rabbi Hanina: scholars increase *shalom* in the world, as it is written, 'all your children are taught of the Lord and great shall be the peace of your children' [Yeshayahu 54:13]. Do not read 'your children' (*banaikh*), but 'your builders' (*bonaikh*)."

This beautiful passage gives great weight to learned people, who have a special task to increase peace in the world. There may be many disputes amongst them, but their common task is, within discussions and varying opinions, "for the sake of Heaven," to create *shalom*, peace.

2.5   Ask for the peace of Jerusalem for the sake of your neighbor, for God's sake

In our days of daily violence from all sides, without prospective of peace, with violence at the Temple mount, the Psalmist continues to pray for peace in Jerusalem: "Ask for the peace of Jerusalem. Those who love you shall prosper. Peace within your walls, prosperity in your palaces. For the sake of my brothers and neighbors, I will say: peace upon you. For the sake of the house of the Lord our God, I will seek your good" (Ps. 122:6–9). Shall we put aside the Psalmist's words as extremely naïve and go on with our dirty business as usual? The Psalmist does not give up; we are asked by him to pray for the good of Jerusalem; not to curse, but to bless. For the sake of all people in Jerusalem –Jews, Muslims. and Christians –, in fact for the sake of the One and unifying God, we have to consider the preciousness and significance of Jerusalem, which is – according to its name – destined to be the "city of peace." If we are far removed from such a thought, we are lacking faith in the possibility of the impossible. Only if we believe in a city for all citizens, in civic virtues of all, will one's own people as well as the neighbors prosper. The Psalmist does not wait until all agree to bless Jerusalem: he himself seeks the good of Jerusalem. He makes a parallel between wishing Jerusalem all the best for the sake of all people (Jews and Arabs), and for the sake of God Himself.

2.6   The holiness of wholeness

Peace is at the center of a religiosity that is not magical, but humanistic and ethical. This comes into expression in the idea that the altar of God will be built with whole stones (*'avanim shlemot*), that no iron tool has touched (Deut. 27:5–6). In other words: the altar of God will be built not on war, but upon peace. It will be built with stones that are whole (*'avanim shlemot*), meaning: those that are the fruit of man's wholeness (*shlemut*).

Wholeness or interconnectedness implies the recognition of multiplicity. Many different standpoints may go together: once they are the result of wholeness, of being linked to all others, they will not lead to violence, but to multi-faced, color-ful, "trans-different" peace. Many think that world peace only comes through the acceptance of one way of thinking, of one ideology, but history has shown how disastrous such a viewpoint may be. In the name of love for a totalizing system, for an ideology, people have frequently put their neighbors in concentration camps. The multiplicity in the world carpet of many colors is therefore the condition for a unified world that respects and promotes diversity. Global and regional *shalom* will be the result of interaction between all, between people who realize that differ-ences are necessary and that all are linked with in-between-ness, non-indifference, or wholeness. God's house itself will be built not on war, but upon peace, which requires human wisdom, of which it is said: "All her ways are pleasant and all her paths are shalom" (Proverbs 3:17).

2.7   "You shall be loving towards your fellow human being"
(Leviticus 19:18)

Peace cannot come about without love, as is clear in the Biblical rule of love of one's neighbor. Hillel formulated the Biblical love commandment "You shall be loving towards your fellow human being as yourself" (*ve-ahavta le-re'akha kamokha*) in a negative way: "Do not to others what you do not want to do to yourself" (Babylonian Talmud Shabbat 31a). This was the quintessence of the Torah. One hundred years later, Rabbi Akiva taught that the love commandment was the "great rule" (*klal gadol*) of the entire Torah (Jerusalem Talmud, Nedarim 9:4). About two millennia later, Rosenzweig in his "Star of Redemption" saw this commandment as the source of all other commandments.

Yet, what does "as yourself" mean? Shall one love others as one loves oneself? Does everybody love himself? And who is the neighbor? Shall one love only the members of his own group or is "the neighbor" anyone?

Here we can learn from Ben Azai, who was in disagreement with Rabbi Akiva. Ben Azai referred to the verses in Genesis, "This is the book of the generations of Adam: in the day that God created Adam in the likeness of God He made him. Male and female He created them" (Gen. 5:1–2a). According to Ben Azai, the neighbor is every human being, since all are made in God's image. Therefore, he selected the quoted verse as the basis of the entire Torah. Ben Azai's phrasing is echoed in the words of my teacher Emmanuel Levinas: you are the love of the other, your higher identity is to reach out to the other, your uniqueness consists in your loving and compassionate connection with others. The I is visited by otherness, we are called to be linked to every other human being.

In this perspective, *shalom* is the result of knowing that you are interconnected with each and every other human being. It is the result of the respect, acceptance, and reverence for every other human being. *Shalom*, the non-violent loving coexistence with the other, is the realization of the great principle of the Torah, of the commandment to love all human beings, since all are in God's image. *Shalom* is not a temporary interruption of violence or war, it is to be near to the other human being in mercy and solidarity.

Rachel Reedijk

Teshuva – A Jewish Perspective on Non-Violent Peace-Building

This essay is built on a triptych, or three sections of correlating views.

1. The outside perspective of peace-building whilst relying on outside agents and elements.
2. The interaction perspective of (interreligious) relationship-building.
3. *Teshuva* or repentance stands for the opening of the heart; the will and the ability to look at the mirror and ask oneself: what is it that *I* can do?

1.   Outside Agents and Elements

In the roaring 1970s, I decided to join the so-called *Bond Voor Dienstplichtigen* (BVD), the League of Conscripts. At the time, the Netherlands knew general conscription to military service. The BVD – not accidentally short for *Binnenlandse Veiligheidsdienst*, the Dutch Secret Service, as well – issued from the *Bond Voor Dienstweigeraars* or the League of Conscientious Objectors. This conversion was based on the insight, so we thought, that pacifism had become obsolete and therefore we – men and women – had to embrace Marxism, as did many in this decade.

Terms like 'conflict' did not have a negative connotation. On the contrary, we welcomed and even hailed class-conflict, even armed conflicts, since they were considered the precursor to the proletarian revolution which would bring freedom and justice to all. Afterwards, I never repented my Marxist sins, as did many others. Classified as dangerous to the state, our BVD had at his peak about a thousand dedicated members, who were naïve rather than sectarian. By now, I would characterize the political program as messianic enthusiasm. The white BVD (in contradiction to the black one) suffered from a Messiah-complex. In order to enhance our messianic dream, we listened to Bob Dylan, and believed like Robert Allen Zimmerman that the Times to Come were Changing. As for the Messiah-complex, we were convinced of our leading task: we were the vanguard.

When not complaining – about the food or the rude hairdresser – there were smoky debates. Translated in sociological terms, we were discussing the question of agency versus structure, framed in a throbbing Marxist terminology. Some comrades emphasized the mechanical, or teleological, view of the prognosticated destruction of capitalism. Others stressed their belief in agitprop, a mixture of encouragement and propaganda – if only the masses would know. It was our task to raise their consciousness.

Marxism and social sciences have a troubled relationship, particularly in the Netherlands. Jan Rath has drawn the attention to this negative appreciation in Dutch research. A majority of scholars were accusing Marxism of determinism, the belief that the substructure conditioned the superstructure. A second criticism concerned reductionism: traditional Marxism reduced phenomena as racism and antisemitism to a minor aspect of the economic domain. In order to tackle racism and antisemitism, one had to address the issue of false consciousness, which was created and enhanced by a false ideology. By the same token, racism and antisemitism would be eradicated, more or less automatically, under socialist conditions. Luckily, Karl Marx was not a Marxist. Rath properly refers to studies of neo-Marxists. In France for example, Michel Foucault and Louis Althusser taught that social phenomena are the outcome of a complex and continual interplay of economic, political and ideological forces and processes. In the UK, Stuart Hall and Paul Gilroy developed their relative autonomy model: antisemitism without Jewish neighbors or compatriots or causes that would "explain" the hatred.

Anthony Giddens went one step further by rejecting the clear-cut distinction between structure and agency, statics and dynamics, determinism and voluntarism. Agency, or free will, according to Giddens, is an intricate aspect of structure, and vice versa. In his view, the very notion of contradiction involves integration. He advocates a dialectical approach. Giddens develops his theory in discussion with, or rather, distancing himself from both functionalism and structuralism. In the functionalist viewpoint, society is represented as a bodily organism. Following this metaphor, residents are interconnected to one another. In its consequence, functionalism gave rise to a static view of culture. Interestingly, Giddens emphasizes the importance of tradition, rightly because we should not cede tradition to the conservatives. At the same time he argues that we, humans, are responsible and acknowledgeable actors. In other words, we will have to deal with tradition *and* change, structure *and* agency.

Since the 1970s, times *have* changed, yet not in the once desired socialist direction. Moreover, the attention has shifted, rather drastically, from the community to the individual. The focus of attention now is personal growth. The Self or Ego has become the center of contemporary ideology. In my view, radical individualism is at odds with the idea of *teshuva*. Before further exploring this thesis, let us dwell on the second level of peace-making: relationship building.

2.   Relationship Building in the context
of Interreligious Dialogue

Since I did a PhD on "Identity Construction and Jewish-Christian-Muslim Dialogue", this essay focusses on interreligious relationships. Interreligious dialogue has been judged and labelled as soft, lenient and condoning. However, serious matters are at stake. After all, it is a matter of truth and justice, of co-operation and *convivencia.* As I realize now, decisive for my personal development has been that my parents raised me in a spirit of respect for unknown and even alien cultures. In terms of Girard, I have imitated my parents.

When I joined that pesky anti-militarist underground group, my father served as a sergeant at the Military Police. I did something radically different, so I thought. In Girard's view, for that matter, opposing oneself to one's role-model is a question of mimesis as well. Until his passing, at the blessed age of 89, my father has been telling narratives – real life histories, as many elderly people do. One day he was talking about the Marechaussee. It happened that one of his superiors at the military police, notably a general, had rebuked him for being too "independent". He was ordered to show more respect to commandership, in other words to accept and internalize the authority culture. I had completely misjudged my "authoritarian" father. I had been wrong. Secondly, I learned that apparently, "as the tree, so the fruit".

Our lives offered some additional surprises. In 1965 my father became a Protestant minister, while I found my way back to my Jewish roots – a process that started in the 1970s. In Jewish terms, I became a *ba'alat teshuva*; literally, a daughter who returned to Judaism. The pressing question is: Why did that paradigm change happen? Did we think for ourselves because my father's father had been a stubborn character; was it genetically settled? Was it pre-ordained, God's will, so to speak? Until this day, I have not been able to grab that mystery. What I do know, however, is that some of the major changes in my life took place as a result or effect of interaction, the encounter with Significant Others. Basically, I believe that interfaith dialogue boils down to people opening one's heart to one another.

As a scholar, I wanted to know whether people are changing as a consequence of interreligious dialogue. To what degree do dialogue participants embrace new forms and insights, to quote the socialist anthem. I will not go into intricate theoretical questions but confine myself here to one issue. One aspect of my theoretical framework concerned the contemporary either/or approach to culture, religion and identity. Politicians demand their citizens to choose – either you love Morocco, or you are loyal to the Dutch nation-state. Either you keep your faith, or you will be seduced to convert to the other's religion. What I found in my PhD research was a both/and pattern. Dialogue participants tend to indulge in their own religious tradition *and* simultaneously develop a deeper understanding of the other's. At an abstract level, there is a dialectical relationship between past and future orientation, tradition and modernity, truth finding and the construction of meaning.

Maybe Jews have the advantage of having inherited an originally Eastern frame of reference. Judaism is familiar with paradoxes, so to speak; used to approach a question from different or even opposing point of views which are equally valid. Yet, even those who are raised in, or comfortable with a dualist worldview will easily understand the wordplay – and it might invite dialogue participants to study a case from different angles – about the bridge that is open from the captain's perspective and closed from the driver's point of view, or vice versa.

Ancient logicians were puzzled and tormented by the paradox. According to Epimenides, all Cretans were liars. Since he was from Crete himself, he was a liar if he spoke the truth. Willard V.O. Quine argues that his paradox is untidy; perhaps some Cretans were liars, notably Epimenides. Are present-day Jews capable of coping with paradoxes? According to rabbi professor Eugene B. Borowitz, the early rabbis encouraged an almost unlimited hermeneutical space. In his *The Talmud's Theological Language Game*, he concentrates on the Aggadah, a corpus of literature that was developed in addition to the Talmud. It his study Borowitz explores thinking about thinking, the explicit reflection on Jewish beliefs. He tells us the story of Nachmanides who found that biblical text clashes with the way we understand things to occur. Nachmanides asks himself how light can be created, merely by Gods words. In order to find answers to this question, he deliberately draws on non-biblical knowledge.

Aggadic views and teachings are presented as "one of a number of informed opinions about a subject". Sometimes interpretation seems more a product of the imagination, or even word association. Borowitz delineates the meandering attention to shifting topics: from the virtue of circumcision to Abraham and the habit of astrology to an explanation of ancient Egyptian servitude of Abraham's descendants. The rabbis used anecdotes and parables. They made use of rhetoric, e. g. the hyperbole, to make their lessons more convincing. The rabbis realized that exaggeration could be a problem, and explained that it should not be taken too literally. The key concept was *ke'ilu* – "as if" – which is quite similar to the modern thought experiment. Every aspect of the Torah, a word or a phrase, may convey meanings. In other words, the Torah contains a plethora of meanings. Difficulties may be solved by reversing phrases. The Talmud frequently presents contrary positions, without trying to reconcile them. Stating a new view, even a contrary one, is itself an Aggadic value. You may find, continues Borowitz, in a Midrash (teaching) the suggestion that "Scripture should have said …".

Rabbinical Judaism agreed to disagree. However, there is a steady principle that each verse, in the end, can have only one Halakhic implication. Torah retains its fundamental authority. The rabbinic tradition can be free, regarding interpretation, because it has a firm theological foundation. Borowitz therefore distinguishes Judaism from "self-destructing relativism and moral nihilism". This hermeneutical attitude is mirrored in the structure and layout of the Talmud – biblical text in the center, surrounded by equally valuable commentaries. In other words, there is a final answer; truth exists, basically one Halakhic decision is the right one. And then again, we should rather emphasize the search process, the spiritual pilgrimage.

Personally, I believe that learning to cope with paradox, with different opinions, worldviews and frames of reference, is the key to interreligious and cross-cultural understanding. In the words of the Dalai Lama, quoted by one of my interviewees: "I could be wrong!"

Are dialogue participants the new vanguard? Unfortunately I'm afraid they're not. Dialogue participants operate from a deep-rooted conviction that personal encounters will stimulate understanding; it is their primary drive. They are extremely motivated to contribute to a better understanding, not even interested in petty identity questions. In this respect, dialogue participants really are atypical. The basic hypothesis is simple, and accords with common sense. The credo of interfaith dialogue is: To know one another, is to respect one another. Gordon Allport warned that contact reduces prejudice under favorable conditions only. He listed a series of caveats; contact should be regular, genuine and free from anxiety. Interestingly, the thesis arose in a segregated America that believed that "good fences make good neighbors."

The contact thesis has been criticized: the effect of intercultural and interreligious contact on personal perceptions cannot be generalized. Yet, other research shows that intercultural and interreligious contact de-reifies inflexible frameworks. Robert David Putnam found a negative correlation between mixed societies and trust. The Dutch scholars Jaap Dronkers and Bram Lancee however found that on a neighborhood level, minorities are not turned into scapegoats. There seems to exist an intriguing paradox between distanced abstraction and committed praxis, albeit that recent developments – militant radicalism, new antisemitism – further complicate the picture.

The interviewed Jews, Christians and Muslims confirmed the contact theory on experiential grounds. However, when asked about the phenomenon of prejudice, I found an astounding gap. A large majority of dialogue participants interprets the question – "Does dialogue reduce prejudice?" – in terms of their prejudice against us. In the spirit of Sartre, one seems to express that *l'enfer c'est les autres.* Hell is other people. Irrespective of their disappointing experiences, dialogue participants believe that dialogue works. They offered six explanations.

1. Studying the other's religious texts offers a major weapon against prejudice.
2. Contact across boundaries operates vicariously – if the bishop is inviting Muslims to his birthday party, it cannot be that bad.
3. Telling personal narratives has a de-categorizing effect – he is a human being.
4. Sharing shocking events and catastrophes, like 9/11, creates friendships.
5. The support of religious (*Nostra Aetate*, the Vatican document) as well as secular (funding meetings) authorities opened the door to new encounters.
6. Admitting "our weak point" and building on Rodger Kamenetz, I believe that it may be one of the fundamental characteristics of *teshuva*: asking oneself, "What have *I* done wrong?"

3.   Teshuva – the Opening of the Heart

The literal translation of *teshuva* is to return or search one's heart. Chassidism teaches that *teshuva* stands for rediscovering our true selves. Within each of us resides a divine soul, a Spark of God. *Teshuva* emphasizes the fundamental spiritual potential of every person.

Unfortunately, I cannot go into the question whether we have a soul. Dutch author Dick Swaab states the opposite – we are our brains. I doubt whether it makes sense to enter into a debate with positivistic fundamentalism. It reminds me of the Russian astronauts, in the 1960s, who claimed that God did not exist because they had not seen Him out there. If it would be the case that we don't have a soul, then priests and rabbis would soon be obsolete. What we would need then is a mechanic to make the clock ticking – old determinism in a new cloth. It is my persuasion that *teshuva* is a about the opening of our hearts and our souls, but what does it mean? Let us have a look at a medieval giant, Moses Maimonides. Writing on this issue of *teshuva*, the famous philosopher quotes two biblical verses.

Leviticus 5:1   *We nefesj kitèchèta (...) we nefesj avono.*

If a person sins, because he does not speak up when he hears a public charge, to testify regarding something he has seen or learned about, he will be held responsible [he *is* an eye-witness].

Numbers 5:7   *We hitwadoe [a reflexive verb in Hebrew grammar] et khatatam asjer asoe.*

And [he who did wrong] must confess the sin he has committed. He must make full restitution for his wrong, and give it to the person he has wronged.

If a person sins, he must confess. Scripture obligates us in the *Widoei*, the confession of sins. The Torah does not obligate to do *teshuva*, because it cannot tell us how to feel. Maimonides focuses strongly on confession, emphasizes its critical importance. Feelings, introspection or individual consciousness are modern concepts. Unfortunately, I cannot go deeper into the subject of the Axial Age (800–200 CE) either, a period of time in which the conception of man changed radically. In addition to the coming into being of the Axial Age and the post-biblical, responsible individual, the conception of God changed.[1]

We should not ignore, I suppose, the paradigmatic change that took place in the Axial Age, while looking at biblical verses in which God is portrayed as harsh – the God of Wrath. This crucial image of the Old Testament and the Jewish God has played a central role in Christian polemics against Judaism. Until today, the image of the angry God of the Torah may occur in public discourse, e.g. Sybe Schaap's *Het rancuneuze gif,* which contrasts the ancient Hebrew God of cruelty to the Christian value of putting evil inside of man. Interreligious dialogue requires a careful judgment of ancient texts. The God of Moses was an *isj milchama* indeed, a warlord who killed many Egyptians. Ancient Egyptian literary and archeological sources show that the pharaohs behaved in the same way. Ancient gods were supposed to protect their people and, through them, safeguard the cosmic balance. It

---

1   The Ancient Egyptians knew a variety of words for soul, conscience, personality, even inner dialogue with one's *ba* [equivalent to our guardian angel] and so forth.

would therefore be a fallacy as well to try and look for proof that the God of the Torah was pure love. It is a question of scientific integrity to study the holy books in the cultural context in which they have been written.

Contemporary rabbis believe that the biblical God did not forgive completely. In the Book of Numbers twelve men went to Palestine to explore the Promised Land. Two men returned and reported: "It is an extraordinarily beautiful country". Ten men reported: "We cannot occupy this country, we have seen giants (Anakim) over there". Then God's majesty appeared in the Tent: I will punish this people with a plague. Then Moses comes up with an interesting argument: if the Egyptians learn about this, they will say, "You were not able to protect your people". God answers: "I will forgive." Yet he punishes Israel. They are forced to wander for forty years.

The rabbis choose to ignore the Torah's message that God does not forgive completely. They preferred to teach that He allows us to start again, with a clean slate – even the gentiles (non-Jews), hence the reading of the Book of Yonah on Yom Kippur:

> Although God is the giver of life, human beings have great choice in the matter. Choice resides in a thousand daily decisions. We are asked to shake off bad behaviors so as to enhance life and not harm others. Rabbi Joseph Soloveitchik adds another dimension: teshuva as an act of re-creation. We must pause to review our lives, examine stale routines and static relationships. Becoming aware of life's partial deaths enables us to live at new depths of intensity and goodness in the coming year. (Blue and Rabbi Yitz Greenberg, in: *Jewels of Elul*, 2015)

In his Treaty on Repentance – *Hilkhot Teshuva* – Maimonides draws a distinction between several levels of repentance. I will confine myself to four aspects.[2]

a. If one transgressed a commandment, whether deliberately or accidentally, one has to confess: I have done such-and-such, I am ashamed, and I will never do it again.
b. On the Day of Atonement, the scapegoat atones for all of Israel. The High Priest confesses over it for all the iniquities of all Jews, whether the transgressor had confessed or not.
c. Even a person who was wicked throughout his life, but at the end repented, will be forgiven.
d. Repentance is completed when an opportunity to commit one's original transgression again arises, but one does not repeat the sin.

---

2   Two intriguing ways to repent: changing one's name and exiling oneself from one's hometown.

4.   Free Will

Central to the concept of *teshuva* is the belief in free will. I say this deliberately: It is a belief, as is the conviction that we are predestined in one way or another: by our brains, our genes, the economic substructure or the language we were born into. Central to the *teshuva* process is the will-power and inner energy to return and to repair. We are free to choose, between the *jetser hatov* and the *jetser hara*, the two conflicting tendencies, the good and the evil forces that challenge us. How does free will relate to divine providence?

In the same tractate Maimonides says: "Those stupid astrologers think that our temperament has guided us from birth; but the Prophets command us to do one thing, and not the other. It is God's will that man should have a free will". The concept of free will is not opposed by God's knowing of everything. It is written in the Book of genesis: man became aware of good and evil. People say, if God knows everything that will happen it will be impossible not to be righteous. Maimonides answers: "The explanation of this paradox is complicated."

According to modern commentators, Maimonides formulated a dogma, rather than giving reasons. They admit that paradox has always fascinated Jewish thinkers. Rabbinical Judaism has been deeply influenced by Islamic philosophers who tried to reconcile free will and divine provenance. The phenomenon of hardened hearts was one of the intriguing questions. If God hardened pharaoh's heart, was the king responsible? Should he be punished? Is God causing an evil act? If God wants sinners to repent, why does He not prevent us from doing evil? Rabbi Schatz' comment: "All these problems are formidable."

Judaism is orientated toward praxis rather than theology. Rabbi David Lilienthal, who is living in Jerusalem now, once said: "I never ask my congregants whether they believe in God." Some of them attend services whilst declaring that "I am not a religious person". Essential, in Judaism, is behavior. Even if you don't believe in God, act as if you do. Because it matters. On the analogy of the existence of God, I would suggest that, whether you believe in free will or not, it is better for your soul, your relations, and the world at large, to do *teshuva*.

Israeli philosopher Avishai Margalit issues a similar conclusion in *The Decent Society*. A decent society is characterized by institutions that do not humiliate (in a civilized society the citizens respect one another). He argues that both anarchism and stoicism are wrong. Anarchists suppose that any power-based societal order humiliates. Margalith's critique is that social institutions are necessary in order to create and sustain a stable society. According to stoicism one can fence oneself off, become immune to humiliation. Margalith explains that respect is always referential. Like Charles Taylor he states that human beings cannot survive without recognition. The fundamental question then is why, and on what grounds, we would respect one another. Margalith offers three types of justification.

1. Negative justification. All people potentially suffer, hence we should try to avoid suffering.
2. Sceptic justification. There are no a-priori characteristics that warrant respect. Respect is based on the convention or agreement that we should act respectfully. The sceptic point of view is arbitrary and potentially dangerous: by the same token one could decide that women with red hair or men taller than 1.90 meters do not deserve our respect.
3. Positive justification. This view is to be found in religions: we are created in the image of God. Everybody! Even the criminal is worthy of respect because he may repent!

Without even mentioning it, Margalith actually addresses the value of *teshuva*. I would like to stress, finally, that the three levels of peace-building we have discussed – outside agents, interaction and the opening of the heart – are to be interconnected, analytically and practically. In our present-day Zeitgeist of hedonism, frustration and finger-pointing, the deepening gap between ethnic and religious groups, *teshuva* could offer a way out. The concept and value of *teshuva* may contribute to a process of reconciliation: between individuals, communities, and, when times *are* changing, the world at large.

Hans-Martin Gutmann

Tragen Religionen zu Gewaltunterbrechung bei?

Eine christlich-theologische Sicht[1]

Sind Religionen gefährlich? Ja, es hat den Anschein, dass es so ist. Überall wird Religion missbraucht als Durchlauferhitzer für Gewalt gegen alle, die anders glauben und leben. Jeder Kampf um knapper werdende Ressourcen, um Ackerland, Wasser, Rohstoffe wird heute religiös aufgeblasen. Man kann besser draufschlagen, wenn der Gegner der Feind des eigenen Gottes ist.

Aber: Überall, wo das geschieht, wird das Gesicht der eigenen Religion, wird das Gesicht des eigenen Gottes beschmutzt. In den heiligen Schriften aller Religionen wird erzählt: Gott – der Grund, der Halt, die heilsame Macht allen Lebens, welchen Namen sie immer hat – Gott ist barmherzig. Gott ist der, der aus allem Elend befreit: alle, auch und gerade die Armen und die Fremden. Gott ist Liebe. Gott will das Leben und nicht den Tod. Es ist die Aufgabe der Religiösen, der religiös musikalischen Menschen, das stark zu machen. Das zu vertreten. Das gegen den fundamentalistischen Schwachsinn und die fundamentalistischen Hohlhirne durchzusetzen, dem im jeweils Eigenen genauso Gewicht zu verleihen wie im Austausch mit denen, die religiös und kulturell anders sind. An allen Orten. Schulen und Universitäten sind wichtige Orte, das zu vertreten und diese Haltung einzuüben.

1. Neue Dimensionen von Gewalt

Wir leben heute in Zeiten, in denen in verschiedenen Weltgegenden fast gleichzeitig kriegerische Konflikte explodieren – im Irak und in Syrien, in der Ostukraine, in Zentralafrika, um nur einige Schauplätze zu nennen. Wir erleben gerade in den letzten Monaten eine Inflation von Kriegsgerede: in der NATO und in der EU, in Russland und erst recht im Zusammenhang mit der Frage, wie die Massaker-Feldzüge des IS gestoppt werden können. Nicht alle Interessen gehen hier in die gleiche Richtung und das ist für die Wahrung des Friedens und das Überleben der demokratischen Kulturen ein kleiner Hoffnungsschimmer. Aber die dominierenden Interessen scheren sich einen Dreck um die Wahrung von Frieden und Demokratie, sie scheren sich einen Dreck um die Lebensperspektiven, oft genug um das

---

[1] Bei diesem Beitrag handelt es sich um ein nur geringfügig verändertes Vortragsmanuskript, bei dem der mündliche Stil beibehalten wurde. Dieser Artikel wird ebenfalls veröffentlicht in Gutmann, H.-M. (2015). *Evangelisch leben zwischen Religion, Politik und populärer Kultur*. Berlin: EB-Verlag.

Leben von hunderttausenden betroffenen Menschen. Das ist eine neue Situation nach dem Zweiten Weltkrieg. Das ist definitiv beängstigend.

Diese dramatische Lage heute, ist die Zuspitzung eines längerfristigen Prozesses. Mary Kaldors Untersuchung über „Neue und alte Kriege" (2000) zeigt, wie sich in der globalisierten Weltgesellschaft seit den 1980er/90er Jahren (insbesondere in Afrika und Osteuropa) ein neuer Typus von organisierter Gewalt herausbildet, der Typus des „neuen Krieges" (S. 8). Bislang gültige Grenzen zwischen verschiedenen Formen von Gewalthandlungen verschwinden zunehmend, vor allem die klare Unterscheidbarkeit zwischen Krieg (als politisch motivierter Gewalt zwischen Staaten oder organisierten politischen Gruppen) und organisiertem Verbrechen (als von Individuen oder Gruppen verübten Gewalttaten, zumeist mit dem Interesse an finanziellem Gewinn). Die „neuen Kriege" in der Epoche der Globalisierung sind Mischgebilde aus Krieg, Verbrechen und Menschenrechtsverletzungen dramatischen Ausmaßes. Die Fronten verlaufen zwischen Sprach-, Religions- oder Stammesgemeinschaften. Zugleich kooperieren Vertreter ganz unterschiedlicher und oft gegensätzlicher partikularistischer Interessen, wenn es darum geht, zivilgesellschaftliche und multikulturelle Werte und Lebensformen zu unterdrücken (S. 20). Lokale Konflikte sind zumeist in transnationale, wirtschaftliche und politische Interessen eingebunden. Innerhalb vom Krieg betroffener Gesellschaften sind Chancen radikal ungleich verteilt, zu überleben, eigene Interessen zu sichern, Eigentum zu mehren oder zu verlieren. In globaler Perspektive existiert, über Landesgrenzen hinaus, eine globale Klasse derjenigen, die Englisch sprechen, Zugang zu Internet und E-Mail-Verkehr, Satellitenfernsehen und zum Dollar haben, und auf der anderen Seite die Klasse derjenigen, deren Bewegungsfreiheit durch Straßensperren, Landminen und Visa eingeschränkt ist und die „von der Hand in den Mund", von dem leben müssen, was sie verkaufen oder eintauschen können bzw. was sie an humanitärer Hilfe bekommen (S. 12).

Religion ist in die neuen Kriege eingebunden, auf allen Seiten der Konfliktlinien. Oft liefern religiöse Verbundenheiten bzw. deren Verletzung den Anlass für den Ausbruch von Kriegen, oft führen sie zu Brutalisierung und Entgrenzung von Gewalttätigkeit. Religiöse Symbole und Räume wie Kirchen, Synagogen oder Moscheen sind bevorzugte Ziele von Angriffen. Die Zuschreibungen von religiöser „Identität" – die, die zum „Eigenen" gehören, und die Anderen/Fremden, die zum Objekt der Aggression „freigestellt" werden – können sich mit anderen Dimensionen einer „Politik der Identität" vermischen wie Nation, Clan oder Sprachgemeinschaft (Kaldor, 2000, S. 15 f.). Auch die christlichen Kirchen sind immer wieder in diese Konfliktmuster involviert. Zentrale staatliche Institutionen, die rechtliche Mindeststandards durchsetzen könnten, werden in den Regionen der „neuen Kriege" in ihrer Macht, ihren Erzwingungsmöglichkeiten und oft sogar in ihrer Existenz zerstört, mit zunehmender Tendenz.

Diese Kriege haben häufig lange Vorläufe der Destabilisierung von Gesellschaften. Ökonomische Knappheit und soziale Verwerfungen nehmen für weite Bevölkerungsteile dramatische Ausmaße an. Menschen, die in der gleichen Region bisher oft über lange Zeiträume ungeachtet ethnischer oder religiöser Unterschiede in alltäglicher Vertrautheit gelebt haben, die Arbeitsplätze und Straßen, Häuser und selbst Ehebetten miteinander geteilt haben, werden in dramatisch kurzer Zeit zu Kombattanten einer Gewaltorgie. Die Bevölkerung einer Region zerfällt in gegeneinander feindliche Segmente. Die Innen-Außen-Unterscheidungen werden rabiat hochgeladen. Nach innen wird die eigene Gruppe – ethnisch, religiös, historisch usw. – harmonisiert: Die alltäglichen, selbstverständlichen Unterschiede (zwischen Beruf, Freizeitinteressen, Geschmack usw.) werden nicht mehr gegenüber der einzig als geltend zugelassenen, z. B. ethnischen oder religiösen Unterscheidung wahrgenommen – oder werden sogar zunichte gemacht. Zugleich gilt nach außen hin alles, was anders ist, als feindlich und lebensbedrohlich. Das Andere muss um des eigenen Überlebens, der eigenen Identität usw. willen bekämpft, im Extremfall vernichtet werden.

Hier liegt zugleich eine zentrale Aufgabe von Initiativen der Gegenkräfte: Verhinderung, Eindämmung, Linderung der Folgen von Gewalt und Reorganisation der betroffenen Gesellschaften – durch öffentliche Kontrolle der organisierten Gewalt auf lokaler, nationaler und globaler Ebene, durch Wiederherstellung der Rechtsstaatlichkeit und Durchsetzung zivilgesellschaftlicher Beteiligungsmöglichkeiten. Auch diese Aufgaben können nur global gelöst werden und in den vergangenen Jahren sind zunehmend Ressourcen für diese Aufgaben entstanden. Nicht nur lokale Konflikte sind globalisiert, sondern mittlerweile hat sich eine global agierende „Armee" internationaler Akteure des *peace-building* entwickelt: Nichtregierungsorganisationen (NGOs) wie Oxfam, Save the Children, Médecins Sans Frontières, Human Rights Watch usw., aber auch Organisationen wie der Hohe Flüchtlingskommissar der Vereinten Nationen UNHCR oder militärische Verbände, Friedenstruppen usw. (Kaldor, 2000, S. 11 f.).

2.   Die Feinde lieben: Gewaltunterbrechung durch Gebot

Was ist die Aufgabe, was ist die Möglichkeit der christlichen Religion? Mein Ausgangspunkt bei diesem Thema ist: Das Christentum ist im Verhältnis zur Gewalt ambivalent. Wie in jeder Religion finden sich Gewalterzählungen und Erzählungen der Gewaltunterbrechung. Ich bin überzeugt, dass sich in den biblischen Texten, in Einzeltexten wie in der Gesamterzählung, immer wieder eine unumkehrbare Bewegung zeigt: Gewalt wird in Gewaltunterbrechung überführt und aufgehoben.

Aber – die Erzählungen, Symbole und Rituale der christlichen Religion wirken nicht „von selbst". Die Bewegung in Richtung Gewaltunterbrechung muss stark gemacht werden. Menschen müssen sich dafür einsetzen. Wir müssen uns dafür einsetzen. „Von selbst" wird sich Gewaltunterbrechung nicht durchsetzen. Vor allem deshalb nicht, weil die Gewaltförderer, die Fundamentalisten im Christentum heute – genauso wie in anderen Religionen auch – mit massivsten Mitteln auf dem

Vormarsch sind. Es ist überlebensnotwendig für den Frieden, für die demokratische Kultur, ja für das Überleben der Menschheit, diesen Vormarsch zu unterbrechen.

Ich möchte, was die Bewegung zur Gewaltunterbrechung angeht, auf zwei Themen eingehen: auf Jesu Forderung der Feindesliebe in der Bergpredigt (Matthäus 5, 38–38) und auf die Macht von Erzählungen.

Jesus fordert, die Feinde zu lieben. Ich denke, er meint eine Haltung. Nicht Innerlichkeit, nicht Gefühl, sondern veränderndes Handeln. „Ich aber sage euch: liebt eure Feinde und bittet für die, die euch verfolgen" (Matthäus 5,44). Eine andere Übersetzung: „Ich lege das heute so aus: Begegnet denen, die euch Feindschaft entgegenbringen, mit Liebe und betet für die, die euch verfolgen."

Ich denke, es geht Jesus nicht um eine Ausnahmeethik angesichts der unmittelbar kommenden neuen Welt Gottes. Er will auch nicht alles auf den Kopf stellen, was in den heiligen Schriften des Gottesvolkes gesagt ist. Er legt auf neue, überraschende Weise aus, was das Gesetz und die Propheten fordern. Er radikalisiert, was hier schon gesehen wird: Die zerstörerische Kraft der Gewaltreziprozität, die ansteckende Macht von Gewalt kann unterbrochen werden. Sie kann verwandelt werden durch Gesten der Wertschätzung, der Freundlichkeit, der Solidarität. Dies geschieht, indem ich den Anderen als Menschen behandele – auch wenn er mir gegenüber feindlich handelt.

Schon die Reziprozitätsregel „Auge um Auge, Zahn um Zahn" (2 Mose 21,24) will die ansteckende Kraft von Gewalt begrenzen. Nicht den ganzen Schädel einschlagen. Nur das beim Anderen zerstören, was er mir zerstört hat. Wenn das beachtet würde, würden viele Gewaltkonflikte anders laufen. Zwischen Israel und Gaza, zwischen ukrainischen Regierungssoldaten samt Freischärlern und separatistischen Verbänden in der Ostukraine. Ganz zu schweigen von den grenzenlosen Massakern in den neuen Kriegen auf dem afrikanischen Kontinent, im zerfallenden Irak oder im Bürgerkriegsland Syrien.

Jesus will die gewalteindämmende Wirkung, die in dieser Regel – „Auge um Auge" – schon angelegt ist, auf eine stabilere Basis stellen. Er setzt auf die unbewusst zwingende Kraft der Ansteckung: nicht nur von Gewalthandlungen, sondern auch von menschlichem, achtsamem, menschenfreundlichem Handeln. Nicht nur Gewalt wirkt ansteckend. Auch Liebe. Auch Freigebigkeit, Wertschätzung, Freundlichkeit, Solidarität. Jesus setzt darauf: Menschen können nicht anders, als entsprechend zu antworten.

„Liebt eure Feinde" (Matthäus 5,44). Dabei geht es nicht nur um ein neues Gefühl. Der ganze Text ist voll von Handlungswörtern: widerstehen, nehmen, lassen, bitten. Jesus setzt auf die unbewusst zwingende Kraft überraschender, spontaner Güte – in Gesten, in Worten, in Handlungen. Gerade dann, wenn die Verstrickung in Gewalt übermächtig und eine Unterbrechung aussichtslos erscheint.

Es ist so furchtbar schwer, die Feinde zu lieben. An Hamburger Schulen werden gezielt muslimische Schüler und Schülerinnen für den Krieg in Syrien und Irak angeworben. Selbstmordattentäter haben sich aus Deutschland in diesen Krieg aufgemacht ebenso wie junge Frauen, die in Westeuropa aufgewachsen sind und sich jetzt im Internet damit brüsten, ihren kämpfenden Gemahlen Kinder zu gebären und für die marodierenden Verbände Werbekampagnen im Netz zu organisieren. Es ist so furchtbar schwer, die Feinde zu lieben, wenn Menschen, die zerstörerische Fluchtrouten auf maroden Booten oder über martialisch gesicherte Zäune überlebt haben, in Flüchtlingslagern in Deutschland gequält und gedemütigt werden. So schwer, die Feinde zu lieben, wenn man seinen Arbeitsplatz verliert, weil das Management schlecht gewirtschaftet hat. So schwer, wenn man die traumatische Erfahrung verarbeiten muss, von Kollegen oder sogar von Freunden gemobbt worden zu sein.

Eines ist wichtig. Die Handlungsweise, die Jesus vorschlägt, meint nicht Unterwürfigkeit und Selbstauslieferung. „Ich aber sage euch, dass ihr nicht widerstreben sollt dem Übel, sondern: wenn dich jemand auf deine rechte Backe schlägt, dem biete die andre auch dar. Und wenn jemand mit dir rechten will und dir deinen Rock nehmen, dem lass auch den Mantel!" (Matthäus 5,39 f.). Gemeint ist nicht, das Böse einfach zu ertragen.

Sehen wir die Szenen genauer an, die Jesus vor Augen hat: Ein Schlag mit der offenen, rechten Hand würde die linke Backe des Gegners treffen. In dieser Szene ist jedoch das Schlagen mit dem Handrücken angesprochen. In der Antike ist das eine Geste, Sklaven oder politisch Unterworfene zu demütigen. Ihnen schlägt Jesus überraschendes, unterbrechendes Handeln vor. Der Hamburger Neutestamentler Tim Schramm (1997, S. 409–422) sieht hier eine Aufforderung zu einer gewaltfreien Aktion: „Halt auch die andere Backe hin!" Das bringt den Gegner in Verlegenheit. Wenn er die linke Backe treffen will, müsste er jetzt mit der rechten Handinnenseite, nicht mit dem Handrücken schlagen. Die Geste hat ihren Ort im (sportlichen) Kampf gleichberechtigter Partner. Wer seinem Gegner so die andere Backe hinhält, zeigt ihm: „Ich lasse mich nicht demütigen". Der Gegner ist irritiert, er verliert seine Macht, zu beschämen. Ähnlich in der zweiten Szene. Wer in einem Prozess dem überlegenen Prozessgegner alle Kleidungsstücke überlässt, wird ihn und alle Anwesenden irritieren und beschämen. Er würde nämlich den Gerichtssaal nackt verlassen. Alle am Prozess Beteiligten, vor allem der überlegene Gegner wäre beschämt, denn Nacktheit ist ein Tabu in Israel.

Jesus geht noch einen Schritt weiter. In einer weiteren Szene, die er vor Augen führt, setzt er auf die zwingende Kraft des Gebens, umgekehrt wieder ähnlich zu handeln. Jesus fordert interesselose Güte von denen, die selbst viel empfangen haben. Güte gegenüber denen, die besonders darauf angewiesen sind. Gegenüber den Armen. Gegenüber denen, die nicht die Mittel haben, am gesellschaftlichen Leben zu partizipieren. „Gib denen, die dich darum bitten, und wende dich nicht ab von denen, die von dir borgen wollen" (Matthäus 5,42). Ein Gegenprogramm gegen die Geldökonomie, damals wie heute. Dagegen, dass Geld vor allem dafür eingesetzt wird, noch mehr Geld zu gewinnen. Die aberwitzig schnellen, jeder Verantwortung entzogenen Finanzströme an den Börsen heute werden durch diese Mahnung Jesu schon angesprochen.

Die gewalttätige Aktion wird durch Gesten der Freundlichkeit und Solidarität unterbrochen. Die feindselige Haltung wird durch überraschende, spontane Güte verwandelt. Darum geht es Jesus hier. Möglicherweise nicht sofort. Möglicherweise nicht immer. Aber immer öfter. Durch wiederholtes Tun. Durch Einübung. Keiner kann sich der zwingenden Macht von Güte auf Dauer entziehen.

Wir wissen aber auch – und die lutherische Reformation hat diese Einsicht stark gemacht, und hier ist, denke ich, ein Gespräch mit den Friedenskirchen nötig – es gibt Situationen, in denen die Haltung spontaner Güte nicht mehr hilft. Ja, ich kann mich in Situationen der Gewalt selbst hingeben. Aber ich darf nicht den Anderen opfern. Ich darf bedrohte Mitmenschen und Kreaturen nicht preisgeben. In den aktuell wütenden neuen Kriegen mischen sich ökonomische und politische Interessen mit grenzenloser Mordlust an denen, die als anders und fremd angesehen werden. Gegen Genozidarmeen und Massakermilizen, in denen Mordlust oft genug religiös verbrämt wird, hilft die Haltung spontaner Güte nicht. Auch gewaltfreier Widerstand bleibt hilflos. Es gibt Situationen, in denen Gegengewalt die einzige Rettung für die Bedrohten ist. Das Problem ist, dass solche Interventionen niemals frei sind von eigenen wirtschaftlichen und politischen Interessen. Das Problem ist, dass von Finanzplätzen eben der Militärmächte, die zur Rettung der Bedrohten eingreifen sollen, im selben Augenblick vollständig verantwortungslose Transaktionen getätigt werden, die die soziale Sicherheit und rechtlich-politische Stabilität ganzer Weltregionen zerstören. Die Konsequenzen sind klar: neue Kriege um knapper werdende Ressourcen, fundamentalistischer Hass gegen alles Fremde, endlose Flüchtlingsströme. – Wahrscheinlich ist die Lage heute, in der globalisierten Moderne, wirklich so verfahren wie bisher niemals. In jedem Fall ist es hoch problematisch, an Kombattanten in kriegerischen Konflikten Waffen zu liefern – wir wissen schlechterdings nicht, wie sich diese Bewegungen weiter entwickeln werden, vor allem dann, wenn sie selbst siegreich geworden sind. Notwendig sind in vielen heißen Konflikten allerdings Einsätze von UNO-mandatierten Verbänden mit robustem Mandat, um Genozidarmeen stoppen zu können.

Was heißt Jesu Forderung, den Feind zu lieben, angesichts des vielfach bedrohten Friedens heute und angesichts des Vormarsches der Fundamentalisten im Christentum genauso wie in anderen Religionen, im Islam, im Judentum, im Buddhismus? Die religiöse Weisheit, die der Rabbi aus Nazareth – unser Bruder Jesus – an diesem Punkt heiß macht, ist radikal. Sie ist neu, überraschend für jeden Konflikt in individuellen Lebensgeschichten und sozialen Gemeinschaften. Jesus sagt nämlich: Es geht nicht um die angestrengte Haltung, jetzt um Himmels willen alles richtig zu machen. Rigidität hilft nicht – nach der Melodie: Jetzt strengen wir uns mal so richtig an und finden alles Fremde gut, besonders dann, wenn es uns in Wirklichkeit auf die Nerven geht. Nein. Es ist ziemlich sicher damit zu rechnen, dass das der Weg ins nächste Desaster wäre.

Der Einfall Jesu, seine Idee, die er vorschlägt, ist verblüffend einfach. Sie heißt: Öffnen wir uns für die Haltung und das Handeln Gottes. Gott lässt regnen über Gerechte und Ungerechte (Matthäus 5,45). Und ihr könnt, sagt Jesus, genauso handeln. Unrigide. Anstrengungslos. Zwanglos zwingend. Ungerechtigkeit wird nicht verleugnet, sie wird verwandelt. Befreit euch von den eingefahrenen Richtigkeiten eurer Weltbilder, lasst eure längst gefällten Urteile los. Gott lässt regnen über Gerechte und Ungerechte. Orientiert euer Handeln daran. Überlasst euch der zwanglos zwingenden Kraft des Handelns Gottes. Macht es genauso. Ihr könnt es, wenn ihr euch für ihn öffnet. Ihr spiegelt Sein Angesicht, von Anbeginn. Überlasst euch jetzt dem Fluss seiner Güte. Den Feind lieben: eine Haltung. Nicht Innerlichkeit, nicht Gefühl, sondern veränderndes Handeln. Jesus selbst ist diesen Weg bis zum Ende gegangen. Nach Erfolgskriterien strategischen Handelns ist dieser Weg nicht immer erfolgreich. Jesus ist ihn bis ins tiefste Elend gegangen. Bis ans Kreuz. Und Gott hat ihn nicht im Tode gelassen. Er hat den Tod in Leben verwandelt.

3.   Die Macht der Erzählungen

Wenn wir die christliche Religion ansehen, geht es nicht nur um Gebote – wie um das Gebot der Feindesliebe. Es geht auch um Erzählungen. Es existieren in allen Religionen Erzähltraditionen genauso wie Rituale, Symbole, die Gewalt hervorbringen und verstärken. Und genauso existieren Potenziale zur Eindämmung, zur Unterbrechung und Aufhebung von Gewalt.[2] In der öffentlichen Wahrnehmung dominiert heute die gewaltfördernde Rolle von Religion – bis hin zu der These, dass die rigide Unterscheidung zwischen Wahr und Falsch und die aggressive Ablehnung des Anderen mit der Entstehung monotheistischer Religionen direkt einhergeht (Assmann, 2003).

In allen großen Religionen finden sich aber zugleich Handlungs- und Glaubensformen, zerstörerische Gewalt zu *unterbrechen*. Diese Spuren finden sich beispielsweise:

- in der Umwandlung von Gewalt durch ihre rituelle Eingrenzung im Opfer (Hinduismus),
- in der Aufhebung des Begehrens als der energetischen Schubkraft von Gewalt (Buddhismus),
- in der Umwandlung von zerstörerischer in solidarische Wechselseitigkeit (Judentum und Christentum),
- in der Rechtleitung (die „fünf Säulen") im Islam
- und im Glauben daran, dass wir davon befreit sind, Gott im Guten wie im Schlechten alles heimzahlen zu müssen, weil im Leben, im Sterben und im Auferstehen Jesu Christi, durch seine Lebenshingabe alles schon wieder gut gemacht ist – und wir zu einem lebensfrohen und solidarischen Leben befreit sind. Das

---

2   Diese Ambivalenz gilt im Einspruch gegen verbreitete Vorurteile auch für den Buddhismus. Vgl. z. B. Schmithausen (2006).

ist die Spur, die im Christentum auf dem Weg zur Gewaltunterbrechung lebendig ist.

Erzählen schafft Wirklichkeit. Erzählungen machen Ereignisse langfristig wirksam, indem sie diese erinnern, bekräftigen, sie „auf die Reihe bringen". Es gibt mächtige, Gewalt verstärkende Erzählungen. Die Erzählung beispielsweise, dass die „böse Gewalt" – bzw. die Gewalt der Bösen – durch die „gute Gewalt" – bzw. die Gewalt der „good guys" zunichte gemacht werden muss, wird nicht nur in zahllosen Western- und Actionstreifen inszeniert, sondern sie hat über viele Jahre die Kriegspolitik der USA im „Krieg gegen den Terror" begründet – mit verheerenden Konsequenzen für die Überlebenschancen großer Teile der Weltbevölkerung.

In der Bibel finden sich zugleich zahlreiche Erzählungen von der Umwandlung von zerstörerischer Gewalt in lebensförderliche Verbundenheit. Dies gilt für die Hebräische Bibel ebenso wie für das Neue Testament. Einige Beispiele: Der Brudermörder Kain wird nicht (in mimetischer Fortsetzung seiner Gewalttat) selber erschlagen, sondern er wird durch Kainszeichen vor Gewalt geschützt und als Kulturgründer vorgestellt (Gen 4,16 ff.). In der Sintfluterzählung (Gen 6,5–9,17) wird Gott als Lernender, als sich verändernder Gott dargestellt: Zuerst motiviert GOTTES Wahrnehmung unbegrenzt sich ausbreitender Gewalt unter den Menschen seine Zerstörung der Schöpfung durch die große Flut (Gen 6,5). Das verändert sich am Ende dieser Erzählung: Es kommt zum neuen Bundesschluss JHWHs mit seinen Menschen und allen Geschöpfen: „Ich will hinfort nicht mehr die Erde verfluchen um der Menschen willen; denn das Trachten des menschlichen Herzens ist böse von Jugend auf") (Gen 8,21; vgl. Baumgart, 1999). Eine weitere, umwandelnde Erzählung findet sich im Zentrum des Neuen Testaments: Auf dem Höhepunkt der Passionsgeschichten, auf dem Gipfel einer massenhaften Pogromstimmung („Kreuzige ihn") und eines von den Mächtigen inszenierten Justizskandals wird die Kreuzigung des Jesus von Nazareth nicht nach dem Modell des Gewaltopfers als „Lösung" einer Gewaltkrise, nach dem Muster einer Frieden schaffenden Schlachtung des am Unfrieden Schuldigen erzählt, sondern als Dabeibleiben Gottes in der Situation des Schreckens und als Lebenshingabe Jesu an seine Freundinnen und Freunde, die Angst, Vereinzelung, Depression und Flucht in die Erfahrung neuer Gegenwart des Lebendigen umkehrt (z. B. Lukas 24,13–35; Johannes 20,1–18).

Das Symbol *des Kreuzes* als christliches Zentralsymbol gibt diese Bewegung biblischer Erzählungen verdichtet wieder: vom Hinrichtungsinstrument und Symbol zerstörerischer Gewalt zum Symbol von Versöhnung, der zärtlichen Lebensfreundlichkeit Gottes. Diese Bewegungsrichtung der biblischen Erzählung wird, wenn wir als Kirche unsere Arbeit gut machen, aufgenommen: im christlichen Gottesdienst, in Predigten und weiteren Erzählungen, in Inszenierungen von Zeiten und Räumen, in der „Heilung" von Erinnerungen, in der religionspädagogischen Einübung einer Haltung des Mitgefühls und der Perspektivübernahme gegenüber Fremden, die bisher als „Feinde" erfahren werden, im Kampf für Gerechtigkeit (vgl. Naurath, 2007). Wir haben Chancen, aus der Perspektive christlicher Friedenstheologie dafür zu sorgen, dass Religion gewaltunterbrechend wirkt. Nutzen wir diese Chance! Machen wir diese Richtung und Linie der ganzen Bibel stark! Überlassen wir das Feld nicht dem fundamentalistischen Schwachsinn der Leute, die das Christentum, die den Islam, das Judentum, den Buddhismus, die Religion überhaupt zum Durchlauferhitzer von Gewalt machen wollen. Noch haben wir diese Chance. Nutzen wir sie!

Literatur

Assmann, J. (2003). *Die Mosaische Unterscheidung oder der Preis des Monotheismus.* München: Hanser.

Baumgart, N. (1999). *Die Umkehr des Schöpfergottes. Zu Komposition und religionsgeschichtlichem Hintergrund von Gen 5–9.* Freiburg im Breisgau: Herder.

Gutmann, H.-M. (2015). *Evangelisch leben zwischen Religion, Politik und populärer Kultur.* Berlin: Eb-Verlag.

Kaldor, M. (2000). *Neue und alte Kriege.* Frankfurt a. M.: Suhrkamp Verlag. [Englisch: (1999). New & Old Wars, Organized Violence in a Global Era. Cambridge: Polity Press].

Naurath, E. (2007). *Mit Gefühl gegen Gewalt. Mitgefühl als Schlüssel ethischer Bildung in der Religionspädagogik.* Neukirchen-Vluyn: Neukirchener Verlag.

Schramm, T. (1997). „Pay-back"-Gesellschaft und der Verzicht auf Gewalt. In T. Ahrens (Hrsg.), *Zwischen Regionalität und Globalisierung.* Hamburg: Missionshilfe-Verlag.

Schmithausen, L. (2006). *Gewalt und Gewaltlosigkeit im Buddhismus: Zur Einführung* (S. 213–227) [Buddhismus in Geschichte und Gegenwart, Nr. 10]. Hamburg: Universität Hamburg. https://www.buddhismuskunde.uni-hamburg.de/pdf/4-publikationen/buddhismus-in-geschichte-und-gegenwart/bd10-k01schmidthausen.pdf [zuletzt geprüft am 24.08.2015].

Fernando Enns

Das ambivalente Verhältnis zur Gewalt im Christentum und das Potenzial der ökumenischen Diskussion zum Gerechten Frieden

Einleitung

An die von Hans-Martin Gutmann vorgetragenen Gedanken und Argumente kann ich gut anschließen, da er die wichtigsten Grundlinien aus der Perspektive einer Friedenstheologie des christlichen Glaubens aufgezeigt hat: zum einen das ambivalente Verhältnis auch des Christentums gegenüber der Frage der Gewalt. Zum Zweiten dann die Erklärung, dass diese Ambivalenz nicht in den Texten des Neuen Testaments selbst, allen voran den Jesus-Erzählungen, zu finden ist, sondern hier gerade das Verhältnis zur Gewalt eben sehr eindeutig geklärt ist: Gewalt ist kein Fatum und Gewaltzirkel sind nicht schicksalhafte Phänomene, die Gegengewalt als alternativlos erscheinen lassen. Gewalt lässt sich nicht nur unterbrechen, sondern sogar überwinden („Lass dich nicht vom Bösen überwinden, sondern überwinde das Böse mit Gutem", Röm 12:21). Diese „unumkehrbare Denkbewegung" zeigt sich in der „Gesamterzählung", nicht nur des Neues Testament, sondern auch der Hebräischen Bibel, auf die sich das NT fortwährend beruft und ohne die diese Geschichte Gottes mit seinen Menschen nicht zu verstehen ist (vgl. Dietrich & Mayordomo, 2005). Zum Dritten schließlich der Hinweis auf das Kreuz als zentrales Symbol der christlichen Religion. Hier, im Zentrum, wird die Gewalt ein für alle mal und stellvertretend ad absurdum geführt: Ihre Dynamik wird bloßgestellt, durch das gewaltfreie Hinnehmen und freiwillige Erleiden des Menschen- und Gottessohnes. Gerade so aber wird die Begrenztheit der Macht der Gewalt deutlich. Die geglaubte Gottespräsenz in jeder Form der Gewalt befreit letztlich aus den Klauen ihres Gefängnisses und eröffnet gewaltfreie Denk- und Handlungsmöglichkeiten inmitten von Konflikten, weil sie einer anderen Rationalität folgt, die die Bedürfnisse der Menschen (Täter wie Opfer) zentral stellt. Dafür steht das Kreuz, bleibend anstößig, herausfordernd, aber eben auch befreiend.

Gutmann weist dann allerdings auch – völlig zu recht – auf die konkrete Herausforderung hin, im Extremfall für sich selbst eventuell das Martyrium zu wählen, dies aber niemals von anderen fordern zu können. Die „Nächsten" dürfen der Gewalt niemals schutzlos ausgesetzt werden. Es wäre so, als ließe man Jesus erneut am Kreuz sterben, denn das Angesicht Gottes erscheint in allen Notleidenden („Was ihr nicht getan habt einem von diesen Geringsten, das habt ihr mir auch nicht getan", Mt 25:45). Auch für diese Verantwortung steht die stellvertretende Gottespräsenz in der Gewalt.

Im Folgenden will ich zuerst das Phänomen der Ambivalenz näher erläutern, zum Zweiten dann an die ökumenische Diskussion zum „Gerechten Frieden" er-

innern und schließlich noch nach den „spirituellen Ressourcen" fragen, die für
unsere Fragestellung doch relevant erscheinen.

1. Das ambivalente Verhältnis zur Gewalt im Christentum, nicht im Neuen Testament

Der Hinweis auf das ambivalente Verhältnis des Christentums zur Frage der Gewalt ist so richtig und doch zu allgemein, wenn gesehen wird, dass die „Gesamterzählung" eindeutig in eine andere Richtung weist. Das „Christen*tum*" wird mit der
Konstantinischen Wende (313 n. Chr.) eingeleitet: der Übergang von einer verfolgten Minderheitsreligion im Römischen Reich zu einer geduldeten Kirche bis hin zu
einer rechtlich privilegierten Institution und schließlich gar zu einer Reichskirche.
Dieser fundamentale Rollenwechsel einer Religion in der Gesellschaft beeinflusst
ihr Verhältnis zur Gewalt kolossal. Durch den Perspektivwechsel von der Machtlosigkeit hin zur politischen Machtausübung entsteht erst die scheinbare Notwendigkeit, Überlegungen zur Möglichkeit eines „gerechten Krieges" anzustellen (mit
Augustin 354–430). Hier liegt die Wurzel zum folgenden ambivalenten Verhältnis
zur Gewalt. Womöglich lässt sich ein ähnliches Phänomen auch in anderen Religionen beobachten: Wenn Religion und ihre Institutionen der Versuchung der
politischen Macht erliegen, sich womöglich gar zur einzig beherrschenden Religion innerhalb eines Staates proklamieren lassen, dann ist die Ambivalenz im
Verhältnis zur Gewalt bereits impliziert. Freilich – und das kann dann geradezu als
Beleg dieser These gelten – gab es auch in der Geschichte des christlichen Glaubens immer wieder Bestrebungen, eben dieser Versuchung aus den beschriebenen
Gründen zu widerstehen, wie z. B. bei einigen Täufern der Reformationszeit des
16. Jahrhunderts (aus denen die heutigen Friedenskirchen, wie die Mennoniten,
hervorgingen). Diese ‚radikal' Gewaltfreien wurden von der Mehrheitsreligion
aber in aller Regel als Häretiker diffamiert und sahen sich in der Folge einer (oft
tödlichen) Gewalt der eigenen Glaubensgeschwister ausgesetzt. In der Geschichte
der christlichen Kirchen scheinen Mehrheits- und Minderheitssituationen, verbunden mit politischer Macht(losigkeit), stets unmittelbaren Einfluss auf die Haltung
zur Gewalt gezeigt zu haben.

2. Die ökumenische Diskussion zum Gerechten Frieden

Erst die Erfahrung zweier Weltkriege im 20. Jahrhundert hat einen breiteren,
selbstkritischen Reflexionsprozess zur Frage der Gewalt(freiheit) entstehen lassen,
angetrieben durch die internationale ökumenische Bewegung. Die Gründung des
Weltkirchenrates (Ökumenischer Rat der Kirchen, ÖRK) 1948, dessen Anfänge bis
in die Zeit am Vorabend des Ersten Weltkriegs zurück reichen, steht zeichenhaft
für diesen Aufbruch. Seither ist ein Paradigmenwechsel in der innerchristlichen
Friedenstheologie zu beobachten, von der Frage nach einem „gerechten Krieg"

hin zur Herausforderung eines „Gerechten Friedens". Stellvertretend für diese Entwicklung sei der „Konziliare Prozess für Gerechtigkeit, Frieden und Bewahrung
der Schöpfung" genannt (beginnend 1983 in Vancouver) und auch die „Dekade zur
Überwindung von Gewalt" (2001–2010) (vgl. dazu Enns, 2012, 138–246).

Im Zuge dieser keineswegs einheitlich oder geradlinig verlaufenden ökumenischen Diskussionen wird das Verständnis vom Gerechten Frieden inzwischen
so weit gefasst, dass es nicht mehr allein um die Fragen der De-Legitimierung
des Krieges schlechthin geht, sondern ein viel umfassenderer Ansatz zur positiven
Friedensbildung gewählt ist, der sich (selbst-)kritisch mit der gesamten Komplexität direkter, struktureller, kultureller und ökonomischer Gewalt auseinandersetzt
(vgl. Raiser & Schmitthenner, 2012; Enns & Mosher, 2013). Der Gerechte Frieden
wird verstanden als ein

> kollektiver und dynamischer, doch zugleich fest verankerter Prozess …, der darauf
> ausgerichtet ist, dass Menschen frei von Angst und Not leben können, dass sie Feind-
> schaft, Diskriminierung und Unterdrückung überwinden und die Voraussetzungen
> schaffen können für gerechte Beziehungen, die den Erfahrungen der am stärksten
> Gefährdeten Vorrang einräumen und die Integrität der Schöpfung achten. (ÖRK, 2011,
> §11)

So sehr dieser Paradigmenwechsel die gesamte Friedenstheologie und -ethik aus
der Perspektive des christlichen Glaubens in neue Bahnen gelenkt hat, so wenig
darf doch übersehen werden, dass manche altbekannten ethischen Dilemmata damit noch nicht gelöst sind. Das bekannteste und auch in der Öffentlichkeit am
häufigsten diskutierte ist das Dilemma zwischen dem unbedingten Tötungsverbot
und dem unbedingten Gebot des Schutzes unmittelbar bedrohten Lebens. Beide
Gebote finden ihre Letztbegründung in der Überzeugung, dass jedes Leben von
Gott geschenkt ist und daher für den Menschen unverfügbar bleibt. Was also, wenn
es einmal so scheint, als könnte menschliches Leben nur geschützt werden, indem
man riskiert, anderes menschliches Leben dafür zu opfern? – In der politischen
Debatte taucht diese Frage meist in folgender Form auf: Ist eine militärische Intervention – als *ultima ratio* – in Situationen unmittelbarer Bedrohung anderer
legitimierbar? – Die Antworten der Kirchen fallen hier immer noch unterschiedlich aus. Auf Seiten der ehemaligen Staatskirchen lässt sich eine nahezu reflex-
hafte Reaktion beobachten: Unter bewusster Schuldannahme kann es durchaus
möglich sein, militärische Gewalt zu legitimieren, auch unter Einsatz des eigenen
Lebens. Aufseiten der Friedenskirchen lautet die Reaktion meist ebenso reflexhaft:
(Militärische) Gewalt ist aus der Perspektive des christlichen Glaubens niemals
legitimierbar. Vielmehr muss nach gewaltfreien Auswegen aus den Gewaltzirkeln
gesucht werden, auch unter Einsatz des eigenen Lebens.

Der Kontext der ökumenischen Diskussion zum Gerechten Frieden hat hier die
Möglichkeit eröffnet, auch diese Frage aus einer veränderten Perspektive anzu-
steuern: Ausgehend von der gemeinsamen Anerkennung der Verantwortung zum
Schutz der Nächsten (das können nach christlichem Verständnis auch weit Ent-

fernte sein, die durch ihre Not zu „Nächsten" werden), verschieben sich die Fragen von der *nationalen* Sicherheit hin zur *menschlichen* Sicherheit, von der nationalen Souveränität hin zum Schutz der Verwundbarsten, vom Recht auf Intervention zum Recht auf Unversehrtheit des Lebens, von der militärischen Intervention zur gewaltfreien Friedensbildung. Auch in der politischen Debatte sind diese Perspektivwechsel eingeführt worden, als man begann, das Konzept der „*Responsibility to Protect*" (R2P) zu entwickeln – im Dialog mit dem Weltkirchenrat (vgl. Enns, 2012. 220–238). Die Kirchen haben betont, dass dieses Konzept nicht auf die Frage der (militärischen) Intervention reduziert werden darf, sondern – im Kontext des „Gerechten Friedens" – stets die folgenden Elemente beinhalten muss:

- die *responsibility to prevent* – die Verantwortung zur Gewaltprävention durch Ermöglichung von Leben in gerechten Beziehungen und Verhältnissen;
- die *responsibility to react* – der Schutz der unmittelbar Gefährdeten, wobei die Frage der legitimen Mittel weiterhin umstritten bleibt;
- die *responsibility to rebuild* – die Verantwortung zur Heilung und Versöhnung nach einem Konflikt, damit geschehenes Unrecht nicht geradewegs wieder in die Gewalt führt.

Im Kontext dieser Diskussion lässt sich das ethische Dilemma dann sehr genau beschreiben: Kann eine theologisch begründete Ethik einen allein auf Gewaltabwehr und Gewaltminderung begrenzten Einsatz von Gewalt legitimieren, allein zu dem Zweck, diejenigen zu schützen, die unmittelbar an Leib und Leben bedroht sind und die zu solchem Schutz aufrufen, wenn alle gewaltfreien Mittel einen solchen Schutz nicht bieten? (vgl. dazu ausführlicher Enns, 2013).

Katholiken (als vormalige Staatskirche) und Mennoniten (als historische Friedenskirche) haben diese Frage weiter vorangetrieben, indem sie die wichtige Unterscheidung zwischen militärischer Gewalt (*violence*) und polizeilichem Zwang (*coercion*) einführten (vgl. Ökumenische Rundschau, 2008; Schlabach, 2011). Wenn nämlich die Anwendung von Gewalt überhaupt nur in Betracht kommen kann, um unmittelbar bedrohtes Leben zu schützen, dann ist im Weiteren nicht mehr über militärische Interventionen nachzudenken, sondern über die Möglichkeiten von Polizeifunktionen. Unter dem Begriff des „*just policing*" werden folgende Kriterien vorgeschlagen: Eine solche Kraft wäre durch das Internationale Recht der internationalen Gemeinschaft kontrolliert, unbedingt gebunden an die Einhaltung der Menschenrechte. Sie würde nicht den Anspruch auf Konflikt*lösung* erheben, sondern allein zum Schutz eingreifen, somit auch (möglichst) nicht Partei werden in einem Konflikt; sie wäre allein auf Gewalt-Deeskalation ausgerichtet. Eine solche Macht erforderte freilich auch ganz andere Qualifikationen: Training in gewaltfreier Konfliktbearbeitung, Kooperationsfähigkeit mit zivilen Kräften, Kultursensibilität, Entwicklung vertrauensbildender Maßnahmen u. v. m.

Wenn sich die internationale Gemeinschaft bereit fände, solche Kräfte zu entwickeln und zu erproben, dann wäre damit dieses ethische Dilemma noch nicht aufgehoben, aber die Glaubwürdigkeit des politischen Willens zur gewaltfreien Konfliktlösung wäre deutlich gestärkt. Für die Friedenstheologie aus christlicher Perspektive bedeutet dieser Schritt eine Möglichkeit, sich sehr viel ehrlicher an den politischen Diskursen orientierend zu beteiligen, denn sie zeigt auf diesem Wege tatsächlich eine konkrete Handlungsalternative auf, die aus der Erinnerung an die Klarheit der ursprünglichen Glaubenszeugnisse (NT) sowie der selbstkritischen Reflexion der ambivalenten Geschichte des Christen*tums* erwächst. – Auf diesem Weg bleibt noch viel zu tun.

3.   Rückkehr zu den spirituellen Wurzeln der Gewaltfreiheit

Der Weltkirchenrat verfolgt diesen Weg beständig weiter. Auf seiner letzten Vollversammlung in Busan (Südkorea) 2013 haben die Kirchen ein Programm beschlossen, das sie den ökumenischen „Pilgerweg der Gerechtigkeit und des Friedens" nennen (siehe ÖRK, 2013). Hier wird zunächst zweierlei deutlich: Zum einen bedarf dieser Gewalt-Diskurs eines weitergehenden Prozesses, vor allem auch innerhalb der Kirchen. Zum Zweiten ist hier bewusst der Genitiv gewählt – also nicht ein Weg *zu* Frieden und Gerechtigkeit, sondern ein Weg *der* Gerechtigkeit und *des* Friedens. Es wird für die Kirchen immer deutlicher, dass sie selbst herausgefordert sind, Wege *der* Gerechtigkeit und *des* Friedens zu beschreiten, wenn sie tatsächlich zu einem gelingenden Zusammenleben beitragen wollen (vgl. hierzu ausführlicher die Beiträge in Ökumenische Rundschau 1/2015, insbesondere Enns, 2015).

Hierzu besinnen sich die Kirchen erneut auf eine Spiritualität, daher die Wahl der Metapher „Pilgerweg". Die christliche Tradition ist reich an spirituellen Ressourcen, die eben diese Haltung und den Willen zu Frieden und Gerechtigkeit motivieren und stärken. Weg-weisend können hier die Überlegungen von Dorothee Sölle eingeführt werden. In ihrem Buch „Mystik und Widerstand" (2011) analysiert sie diesen Traditionsstrang und zeigt so Möglichkeiten für die Gegenwart auf. Sölle unterscheidet drei verschiedene Dimensionen:

Am Anfang steht das Staunen über das Wunder der Schöpfung und das Bewusstwerden, ein Teil ihrer zu sein. So wächst die Erkenntnis des *in-Beziehung-Seins*, mit Gott, mit allen Mitgeschöpfen und mit einander – lange bevor diese Beziehungen eigenverantwortlich gestaltet werden. Der Weg Gottes mit seiner Schöpfung beginnt nicht mit der „Ursünde", sondern mit dem Ursegen. Dieses Staunen führt unmittelbar zum Lob Gottes, dem gemeinsamen Feiern, als natürliche Reaktion auf die „großartige Gabe des Lebens, die Schönheit der Schöpfung und die Einheit in versöhnter Vielfalt" (ÖRK, 2014, Abs. IV). Dies hält die Vision jener Möglichkeit eines Lebens in gerechten und von Gewalt befreiten Beziehungen aufrecht, nicht allein der zwischenmenschlichen. Das Staunen-Können über das Wunder des Lebens erzeugt auch die Kraft, diese Bedingungen des Lebens in sorgsamer Haushalterschaft zu bewahren zu suchen. – Dies beschreibt Sölle als die *via positiva*.

Die *via negativa* hingegen bezeichnet dann das wachsende Entsetzen über die Zerstörung des Wunders des Lebens. „Eine mystische Spiritualität der Schöpfung wird vermutlich immer tiefer in die dunkle Nacht der Auslieferung an die Mächte und Gewalten, die uns beherrschen, geraten" (Sölle, 2011, S. 127). Ein ökumenischer Pilgerweg wird die Kirchen an Orte führen (müssen), an denen „Gottes menschgewordene Gegenwart inmitten des Leids, der Exklusion und der Diskriminierung (zu) schauen" ist (ÖRK, 2014, Abs. IV). Die Inkarnation Gottes gerade in der scheinbaren Gottverlassenheit zu suchen, dort wo Gewalt und Ungerechtigkeit Leben verletzt oder gar zerstört, das ist der schmerzhafte Teil dieses Pilgerweges. Denn erst hier, durch die Begegnung mit dem konkreten Leid, an den Orten eigener Machtlosigkeit, werden die Kirchen selbst glaubwürdig Buße tun und sich „in einem Prozess der Reinigung von der Besessenheit mit Macht, Besitz, Ego und Gewalt befreien (lassen), so dass wir Christus immer ähnlicher werden" (ebd.)

Im Einswerden mit Christus – nicht als individuelle Verwirklichung missverstanden – wächst die Kraft, der Ungerechtigkeit und der Gewalt zu widerstehen. So aber könnten die Pilger zu „geheilten HeilerInnen" werden: „Heil heißt, dass Menschen in *compassion* und Gerechtigkeit mitschöpferisch leben und, indem sie geheilt sind, das Heilenkönnen erfahren" (Sölle, 2011, S. 127). Diese *via transformativa* ist die dritte Dimension des Pilgerwegs. In der eigenen Verwandlung (der Kirchen) mag der Mut und die Stärke wachsen, „allem Bösen zu widerstehen – aller Ungerechtigkeit und aller Gewalt" (ÖRK, 2014, Abs. IV). Solch ein „Leben *in Gott*" mag dann zu einem achtsamen Umgang mit der Schöpfung und einer Ethik des Genug „transformieren", um den enormen ökonomischen und ökologischen Ungerechtigkeiten zu widerstehen.

In den kommenden Jahren wird sich zeigen, ob dieser eingeschlagene Weg der weltweiten Christenheit tatsächlich zu Transformationen innerhalb der eigenen Religion wie auch in den Gesellschaften, in denen sie orientierend zu wirken beansprucht, führen kann. Die Einladung zu diesem Pilgerweg ist dabei ausdrücklich nicht beschränkt auf die Kirchen, sondern ergeht auch an Glaubende anderer Religionen, ja, an „alle Menschen guten Willens" (ÖRK, 2013). Ich interpretiere dies so: Die Einladung ergeht an alle Menschen, denen die allgemeine Feststellung des ambivalenten Verhältnisses von Religion und Gewalt nicht ausreicht, sondern die sich von ihrer eigenen Religion und Tradition erneut „inspirieren" lassen, die Wurzeln zu einem von Gewalt befreiten Leben freizulegen.

Literatur

Dietrich, W. & Mayordomo, M. (2005). *Gewalt und Gewaltüberwindung in der Bibel*. Zürich: TVZ.

Enns, F. (2012). Ökumene und Frieden. Theologische Anstöße aus der Friedenskirche. *Theologische Anstöße Bd. 4*. Neukirchen-Vluyn: Neukirchener.

Enns, F. (2013). Gerechter Frieden zwischen Interventionsverbot und Schutzgebot. Das ethische Dilemma der Gewaltanwendung. In I.-J. Werkner & D. Rademacher (Hrsg.), *Menschen geschützt – gerechten Frieden verloren? Kontroverse um die internationale Schutzverantwortung in der christlichen Friedensethik* (S. 95–109). Münster: Lit.

Enns, F. (2015). „Behutsam mitgehen mit deinem Gott". Der Ökumenische Pilgerweg der Gerechtigkeit und des Friedens – als Neuausrichtung der Ökumenischen Bewegung. In *Ökumenische Rundschau 1/2015*, 16–30.

Enns, F. & Mosher, A. (Hrsg.). (2013). *Just Peace. Ecumenical, Intercultural, and Interdisciplinary Perspectives*. Eugene/OR: Pickwick Publications.

Ökumenische Rundschau (2008). „Die Dekade zur Überwindung von Gewalt des Ökumenischen Rates der Kirchen". Ein mennonitischer und katholischer Beitrag. In *Ökumenische Rundschau 2/2008*, 222–232. Auch online verfügbar unter: http://www. gewaltueberwinden.org/fileadmin/dov/files/iepc/peace_declarations/Katholisch-Mennonitischer_Beitrag_DOV.pdf (zuletzt geprüft am 14.07.2015).

ÖRK (2011). *Ein Ökumenischer Aufruf zum Gerechten Frieden*. Entgegengenommen, gebilligt und zu Studienzwecken, Reflexion, Zusammenarbeit und gemeinsamem Handeln weiter empfohlen vom Zentralausschuss des Ökumenischen Rats der Kirchen, Februar 2011, Genf, Schweiz. http://www.gewaltueberwinden.org/de/materialien/ oerk-materialien/dokumente/erklaerungen-zum-gerechten-frie/ein-oekumenischer-aufruf-zum-gerechten-frieden.html (zuletzt geprüft am 14.07.2015).

ÖRK (2013). *Schließt euch unserer Pilgerreise der Gerechtigkeit und des Friedens an. Botschaft der 10. ÖRK-Vollversammlung.* http://www.oikoumene.org/de/resources/ documents/assembly/2013-busan/adopted-documents-statements/message-of-the-wcc-10th-assembly (veröffentlicht am 08.11.2013, zuletzt geprüft am 14.07.2015).

ÖRK (2014). *Eine Einladung zum Pilgerweg der Gerechtigkeit und des Friedens.* http:// www.oikoumene.org/de/resources/documents/central-committee/geneva-2014/an-invitation-to-the-pilgrimage-of-justice-and-peace (veröffentlicht am 08.07.2014, zuletzt geprüft am 14.7.2015).

Raiser, K. & Schmitthenner, U. (Hrsg.). (2012). *Gerechter Friede*. Ökumenische Studien Bd. 39. [Begleitdokument des Ökumenischen Rates der Kirchen. Mit Anhang]. Münster: Lit.

Schlabach, G. (2011). „Just Policing". Die Frage nach (De-)Legitimierung von Krieg muss nicht kirchentrennend bleiben. Lernerfahrungen aus dem mennonitisch-katholischen Dialog. In *Ökumenische Rundschau 1/2011*, 66–79.

Sölle, D. (2011). *„Du stilles Geschrei". Wege der Mystik* [Gesammelte Werke, Bd. 6]. Hrsg. von Ursula Baltz-Otto und Fulbert Steffensky. Stuttgart: Kreuz.

Katajun Amirpur

Islam – Gewalt und Gewaltfreiheit

Islam und Gewalt – die Frage, ob sich der Terror des sogenannten Islamischen Staates oder die Gewalttaten von Al Qaida oder Boko Haram islam-theologisch rechtfertigen lassen, ob sie gar im Islam selbst begründet sind, ist *das* Thema der letzten Wochen, vielleicht sogar der letzten Monate und Jahre. So stellte beispielsweise die Zeitschrift „Cicero" in ihrer Ausgabe von August 2014 die Frage: „Ist *der* Islam böse?" Auch wenn hier ein Fragezeichen steht, so ist man eben doch nur ein Fragezeichen entfernt von der Aussage, der Islam sei böse – und nur wenige Zeilen weiter kommt Autor Frank A. Meyer in seinem Beitrag „Islam. Die totalitäre Religion" dann auch zu diesem Schluss. Er bemüht den berühmten – weil einst vom damaligen Papst Benedikt XVI zitierten – Satz:

> Zeig mir doch, was Mohammed Neues gebracht hat, und da wirst du nur Schlechtes und Inhumanes finden wie dies, dass er vorgeschrieben hat, den Glauben, den er predigte, durch das Schwert zu verbreiten.

Meyers Schlussfolgerung: Der IS tut eigentlich nur das, worin der Prophet selbst den Muslimen ein Vorbild war. Auch in der „Zeit" mit ihrer weitaus breiteren Leserschaft liest sich das nicht viel besser: Hier behauptet der palästinensisch-israelische Psychologe Ahmed Mansour in einem Interview (Sadigh, 2014) unwidersprochen, die Inhalte des IS seien im Mainstream-Islam angelegt, den viele Muslime in Deutschland praktizieren. Ebenfalls in der „Zeit" behauptet Hamed Abdel-Samad (2014): „Dass das religiöse Gesetz das oberste sei, wird nicht nur von Islamisten, sondern von vielen frommen Muslimen akzeptiert." Ja, in der Tat, da hat er Recht. Aber die Schlussfolgerung, die er daraus zieht, ist fatal: „Auch deshalb konnte der IS mit wenigen Tausend Kämpfern sogar Millionenstädte erobern."

Wenn man so denkt, ist es nur folgerichtig, allenthalben die Forderung zu erheben, Muslime müssten sich vom Islamischen Staat distanzieren – man hat die grundsätzliche Nähe von Muslimen zum IS-Terror ja gerade erst herbeiargumentiert. Zweierlei ist hierbei für mich besonders bizarr: Wieso glaubt man, deutsche Muslime stünden jenen Muslimen näher, die Jesiden und Christen verfolgen, statt jenen, die ihnen zur Hilfe eilen und ihnen Unterschlupf gewähren? Denn es sind doch gerade Muslime, die versuchen, dem sogenannten Islamischen Staat das Handwerk zu legen.

Es hat sich scheinbar noch nicht überall herumgesprochen: Beim Kampf gegen den Islamischen Staat handelt es sich *nicht* um einen Kampf zwischen dem Westen und den Muslimen. Schließlich sind es zuallererst sunnitische Araber, die in der Freien Syrischen Armee die IS-Terrorbande in Syrien bekämpfen, sowie sunnitische Kurden und schiitische Araber, welche das im Irak tun. Sie nehmen dort die christlichen und jesidischen Flüchtlinge auf und versorgen sie unter den allerschwersten Bedingungen – denn „der Westen" ist ja trotz aller Rhetorik, dass sich die westliche Kultur auf die christlich-jüdische Zivilisation stütze, nicht einmal willens, eines der zentralsten christlichen Gebote zu erfüllen, das da lautet: Notleidenden zu helfen. Die Lage der Flüchtlinge ist katastrophal und ein zum Himmel schreiendes Unrecht.

Die Ignoranz der Islamkritiker

Ebenso merkwürdig an der Debatte über Islam und Gewalt ist, dass die so vehement eingeforderten Distanzierungen kaum registriert werden, wenn sie denn stattfinden – gerade so, als wollte man nicht glauben, dass es sie gibt. Nach dem 11. September 2001 hatten wir das gleiche Phänomen. Auch damals hieß es selbst als Muslime zu Zehntausenden in Köln auf die Straße gingen noch: „Ihr distanziert euch nicht".

Heute haben sich sowohl die muslimischen Dachverbände als auch die Schura in Hamburg mehrfach von der IS-Mörderbande distanziert. Ebenso haben sich die Professorinnen und Professoren für Islamische Theologie eindeutig zu den Gräueltaten positioniert: „Deutungen des Islams, die ihn zu einer archaischen Ideologie des Hasses und der Gewalt pervertieren, lehnen wir strikt ab", heißt es in der Stellungnahme (Agai et al., 2014). Auch die islamischen Autoritäten bis hin zu dezidiert konservativ-traditionalistischen Kreisen haben diese Organisation als rundherum barbarisch und unislamisch verdammt. Das gilt sogar für den Groß-Mufti von Saudi-Arabien, Abdul Asis bin Abdullah al-Scheich, der bisher nicht durch allzu große Liberalität aufgefallen ist.

Aber: Wenn Islamkritiker diese Positionierungen und damit die islamische Theologie ignorieren und dennoch eine Nähe des Islams zum IS-Terror behaupten, dann – so muss man wohl sagen – entspricht ihr Islambild ziemlich genau dem der Fundamentalisten.

Beispiele für ein solch diffamierendes Islambild finden sich nicht nur in der Presse, sondern sie sind weit verbreitet. Nur um wahllos ein Beispiel herauszugreifen: In der Veröffentlichung einer Bürgerinitiative, die sich gegen einen Moscheebau in Hessen richtet, heißt es, angesichts der Entwicklungen um die Terrororganisationen IS, Boko Haram und Al Qaida sei es unverständlich, dass eine Moschee gebaut werden soll. „Dass all diese Exzesse nichts mit dem Islam zu tun haben sollen, können nur die glauben, die das von Amts wegen zu glauben beschlossen haben: Ignorante Politiker."

Mit dem Islam der allermeisten Muslime und ihrer Autoritäten in diesem Land hat ein solches Islambild jedoch nicht viel zu tun. Auf diesen Islam, speziell den Mainstream-Islam, von dem es hieß, in ihm seien die Inhalte des IS-Terrors angelegt, soll im Folgenden ein genauerer Blick geworfen werden.

Es gibt deutlichen Widerspruch gegen den Terror des IS

Um einen Einblick in die Haltung dieses Islam zur Gewalt zu geben, ist der kürzlich veröffentlichte Brief von über 120 namhaften Gelehrten an die Anhänger des sogenannten Islamischen Staates besonders aufschlussreich (siehe http://letterto baghdadi.com). Diese Gelehrten kommen größtenteils aus einem konservativen Spektrum des Islams. Es sind keine modernen Reformer oder islamische Aufklärer, sondern sie setzen sich innerhalb einer dezidiert orthodoxen Denkstruktur mit der Ideologie und den Koranbezügen des IS auseinander. Man kann sie dementsprechend nicht leicht als verwestlicht in eine bestimmte Ecke stellen; man kann ihnen nicht vorwerfen, ihnen würde die große Masse sowieso nicht zuhören.

Unter den Autoren ist der Großmufti von Ägypten Scheich Shawqi Allam, ebenso wie Scheich Ahmad Al-Kubaisi, der Gründer der Ulama-Vereinigung des Irak. Es finden sich unter ihnen Gelehrte vom Tschad über Nigeria bis Sudan und Pakistan. Offensichtlich ist es ihnen ein Bedürfnis, dass sich die islamische Theologie eindeutig gegenüber den Terroristen positioniert. Wie sonst lässt sich erklären, dass islamische Gelehrte an Terroristen schreiben? Sie wenden sich explizit gegen die Behauptung, der IS würde umsetzen, was „im Koran geschrieben steht", wie es erst kürzlich ein IS-Mann, der in der Türkei neue Anhänger rekrutiert, in einem Gespräch mit „Spiegel online" (Kazim, 2014) formulierte.

Adressiert ist der insgesamt 25-seitige Brief an Ibrahim Awwad al-Badri, alias „Abu Bakr al-Baghdadi" und an die Kämpfer und Anhänger des selbsternannten „Islamischen Staates". Angesprochenen sind auch jene Muslime, von denen die Autoren befürchten, dass sie in die Fänge der IS-Propaganda geraten könnten.

Als Kalif wird der 1971 im Irak geborene al-Baghdadi, der sich selbst nach dem ersten Kalifen des Islams, Abu Bakr, nennt und der mit dem Namenszusatz al-Baghdadi seinen Anspruch auf Bagdad, die Hauptstadt der Abbasidenkalifen, geltend macht, von den Autoren allerdings nicht angesprochen. Denn, so die Verfasser, nach islamischem Recht kann die Ausrufung eines Kalifats, also die politische Nachfolge des Propheten, nur im Konsens mit allen Muslimen erfolgen.

Insgesamt benennen die Verfasser 24 Vergehen, derer sich der sogenannte Islamische Staat schuldig macht: „Es ist im Islam verboten, Sendboten, Botschafter und Diplomaten zu töten; somit ist es auch verboten, alle Journalisten und Entwicklungshelfer zu töten." Oder: „Es ist im Islam verboten, Christen und allen anderen Schriftbesitzern – in jeder erdenklichen Art – zu schaden oder sie zu misshandeln." Oder: „Dschihad ist im Islam ein Verteidigungskrieg. Er ist ohne die rechten Gründe, die rechten Ziele und ohne das rechte Benehmen verboten." Oder: „Es ist im Islam verboten, Menschen zur Konvertierung zu zwingen." Oder: „Die Wiedereinführung der Sklaverei ist im Islam verboten. Sie wurde durch universellen Konsens aufgehoben." Und: „Es ist im Islam verboten, Frauen ihre Rechte zu verwehren."

Jede dieser Aussagen wird ausführlich begründet. So bezeichnen es die Autoren etwa als Pflicht aller Muslime, die Jesiden als Schriftbesitzer zu erachten: „Aus islamrechtlicher Sicht sind diese Menschen Majus, über die der Prophet [...] sagte: ‚Behandelt sie wie die Schriftbesitzer.'" Dementsprechend sei es illegitim, sie zu Ungläubigen zu erklären oder gar als vogelfrei zu behandeln. Mit Fußnoten wird fein säuberlich belegt, woher die Zitate stammen. In diesem Falle findet sich das Hadith bei Imam Malik und Imam ash-Shafi'i, also zweien der vier Gründer der vier sunnitischen Rechtsschulen, mithin allergrößte Autoritäten.

„Glaubt Ihr denn nur an einen Teil des Buches und leugnet den anderen?"

Auch auf die Voraussetzungen für die islamische Rechtsprechung gehen die Verfasser ein und sprechen damit indirekt dem selbsternannten Kalifen jegliche Autorität und Kompetenz dafür ab, rechtsverbindliche Aussagen zu treffen. Denn gemäß den Verfassern des Briefes lautet die im Koran durch Gott und in den Hadithen durch den Propheten Mohammed festgesetzte Methodologie: Alles, was zu einer bestimmten Fragestellung offenbart wurde, muss in seiner Gesamtheit betrachtet werden. Der Fokus darf nicht auf einzelnen Fragmenten liegen. Diese Methodologie geht aus der Schrift selbst hervor, unter anderem aus dem folgenden Vers: „Glaubt Ihr denn nur an einen Teil des Buches und leugnet den anderen?" (2:85).

Wenn alle relevanten Textstellen zusammengebracht sind, muss das „Allgemeine" vom „Spezifischen", das „Bedingte" vom „Absoluten" und die eindeutigen Verse von den mehrdeutigen unterschieden werden. Daraufhin müssen die „Anlässe der Offenbarung", die *asbab an-nuzul*, für all diese Verse, sowie alle anderen hermeneutischen Bedingungen, welche die klassischen Gelehrten festgelegt haben, einbezogen werden. Erst dann wird Recht gesprochen oder eine Interpretation gegeben, basierend auf allen vorhandenen schriftlichen Quellen.

Mit anderen Worten: Man darf nicht einen Vers interpretieren, ohne den gesamten Koran und alle Überlieferungen zu beachten. So heißt es in dem Brief: „Es ist nicht gestattet, [...] nur die Rosinen unter den Koranversen herauszupicken, ohne diese in ihrem Gesamtkontext zu begreifen." Die Verfasser des Briefes sehen es als Pflicht, alle Texte soweit wie möglich miteinander in Einklang zu bringen. Sie berufen sich dabei auf Imam ash-Shafi'i und auf einen universellen Konsens unter allen Gelehrten der Rechtstheorie.

Der Koran ist kein Freibrief zur Gewalt

In diesem Zusammenhang setzen sich die Autoren auch mit jenen Versen des Korans auseinander, die scheinbar Gewalt legitimieren: „Denen, die bekämpft werden, wurde es erlaubt [zu kämpfen], weil man ihnen Unrecht tat" (22:39). Meist sind es diese und ähnliche Verse der zweiten Sure, die Islamkritiker im Negativen, Dschihadisten im Positiven zitieren, um die angeblich dem Islam innewohnende Gewaltbereitschaft bzw. -notwendigkeit zu belegen. Demgegenüber beziehen die

Verfasser des Briefes diese Verse ausschließlich auf ein bestimmtes Ereignis – eben weil sie alle anderen Texte und vor allem den Offenbarungsanlass in die Interpretation mit einbezogen haben.

Tatsächlich geht es in dem Vers nur um die folgende konkrete Situation: Im Jahre 630 marschierte der Prophet in Mekka ein, um die heidnischen Mekkaner zu bekämpfen – er brach damit einen Friedensvertrag, den er selbst zwei Jahre zuvor geschlossen hatte. Sein Handeln bedurfte einer Legitimation, die der Vers liefert. Die Mekkaner durften bekämpft werden, weil sie sich zuvor an der Gemeinde des Propheten versündigt hatten. Sie hatten seine Anhänger vertrieben und ihn selbst töten wollen. Eine allgemeine Anweisung für alle Muslime lässt sich aus dem Vers folglich nicht ableiten. Die Autoren erklären: „Daher ist der Dschihad an das Fehlen von Sicherheit, das Berauben der Freiheit der Religion oder an den Betrug sowie das Vertreiben aus dem eigenen Land geknüpft. Diese Verse wurden offenbart, nachdem der Prophet [...] und seine Gefährten dreizehn Jahre lang Folter, Mord und Verfolgung durch die Hände der Götzendiener ausgesetzt waren. Es gibt keinen offensiven und aggressiven Dschihad, nur weil die Menschen einer anderen Religion angehören oder eine andere Meinung vertreten."

Diese Lesart ist keineswegs modern oder westlich inspiriert. Denn hier wird eine Methode angewandt, die es bereits seit Jahrhunderten in den islamischen Wissenschaften gibt. Ein ganzer Zweig von ihr beschäftigt sich mit den besagten Anlässen für die Offenbarung. Schon immer ging man also von einer dialektischen Beziehung zwischen Text und Adressat aus und forschte nach dem Kontext, in den hinein ein Vers offenbart wurde, um seinen Sinn und seinen Wirkungsbereich besser verstehen zu können. Ein Einzelfall wie jener, den der Vers beschreibt, kann dabei nicht als Präzedenzfall für andere, in der Sache ähnliche Situationen gelten. Zwar ist das islamische Recht wesentlich durch ein Denken in Präzedenzfällen bestimmt, aber, wie die Verfasser des Briefes formulieren: „Es ist nicht gestattet, einen bestimmten Vers des Korans auf eine Begebenheit zu beziehen, die 1400 Jahre nach seiner Offenbarung geschehen ist."

Fest steht – und das zeigt der Brief ganz deutlich: Die islamische Theologie besitzt genügend argumentative Ressourcen, um dem sogenannten Islamischen Staat entgegenzutreten.

Das Gegenteil hatte Martin Rhonheimer, Professor für Ethik und politische Philosophie an der Päpstlichen Hochschule Santa Croce in Rom, kürzlich in einem breit rezipierten Artikel in der „Neuen Zürcher Zeitung" behauptet. Rhonheimer (2014) schrieb: „Der IS ist keine Häresie, [...] sondern handelt genau nach dem in der Geschichte wiederkehrenden Muster kriegerischer islamischer Expansion. Das Vorbild ist Mohammed selbst. Legitimationsgrundlage sind der Koran und das islamische Recht, die Scharia." Und weiter: „Darin gründet die theologische Not muslimischer Intellektueller: Sie können aufgrund ihrer religiösen Tradition den IS-Terror nicht prinzipiell verurteilen." Man könnte fast meinen, die über 120 Gelehrten hätten ihren Brief als Antwort auf Rhonheimers Unterstellungen verfasst.

Ein Bekenntnis zur Gleichberechtigung ist nötig

Doch trotz der aufgeklärten Haltung gegenüber dem selbsternannten „Islamischen
Staat" findet sich im Ansatz der Briefverfasser aus liberal-modernistischer Sicht
noch genug Problematisches. Denn auch wenn sie die Anwendung der Körperstrafen an strenge Kriterien binden, halten die über 120 Autoren an deren Gül-
tigkeit fest. Ebenso wenden sie sich zwar gegen sexuelle Gewalt, wenn sie die
Wiedereinführung der Sklaverei kritisieren und missbilligen, dass der Islamische
Staat Frauen ihre Rechte vorenthalte. Doch ein Bekenntnis zur Gleichberechtigung sucht man in dem Brief vergeblich. Was Frauenrechte anbelangt, sind die
Autoren ganz offensichtlich noch in traditionellen Strukturen verhaftet. Hier muss
viel klarer Position bezogen und deutlich gemacht werden, dass Körperstrafen
und Geschlechterdiskriminierung im 21. Jahrhundert nicht nur mit den Werten des
Westens unvereinbar sind, sondern auch mit dem Ethos des Islams.

Andere islamische Denkerinnen und Denker haben dies durchaus schon getan und Gleichberechtigung gefordert. Als Frauenrechtlerin beispielsweise kann
man dabei mit dem Geist argumentieren, der aus den koranischen Bestimmungen
spricht, bzw. den *maqasid ash-shari'a*, den Zielen der Religion. Die Argumentation kann wie folgt lauten: Der Koran hat die Situation von Frauen verbessert: So
verbietet der Koran beispielsweise das Töten weiblicher Säuglinge, was damals
gang und gäbe war. Und er gestand Töchtern die Hälfte des Erbes zu, das die
Söhne bekamen. Vollständige Gleichberechtigung konnte jedoch nicht hergestellt
werden, so dieser Ansatz, weil dies der damaligen Gesellschaft nicht vermittelbar
gewesen wäre. Doch durch die erfolgte Verbesserung ist das Ziel der Prophetie
klar zu erkennen. Und in diesem Sinne muss heute Gleichberechtigung verwirklicht werden. Mit diesem Ansatz kann man auch eine Lösung für Sure 4:34, den
sogenannten Züchtigungsvers, finden – jenen Vers, der Gewalt gegen Frauen
scheinbar legitimiert: Eben wegen der damals herrschenden Situation konnte die
Gewalt gegen Frauen nicht abgeschafft werden, aber das Ziel der Prophetie tritt
allein dadurch hervor, dass der Prophet, mithin der erste Interpret des Korans,
seine Frauen nie geschlagen hat.

Andere, deutlich liberalere Denker als die Autoren des Briefes an den IS, haben
andere Methodologien entwickelt, um die Botschaft des Korans in die heutige Zeit
zu übertragen: etwa die Methode des sogenannten *Double Movement* des Pakis-
taners Fazlur Rahman. Ihm zufolge müsse man zuerst den Kontext studieren, in
den hinein der Koran verkündet worden sei; nur so könne man die ursprüngliche
Botschaft verstehen. Daraus ließen sich dann in einer zweiten Bewegung die Prinzipien und Werte ableiten, die der Koran als Norm propagiere.

Wie die Autoren des Briefes kritisiert auch Rahman einen Ansatz der Exegese,
der den Koran als eine Serie isolierter Verse betrachtet und somit kein Verständnis der koranischen Weltanschauung zu vermitteln vermag. Viele Muslime hätten
nicht begriffen, schrieb er, dass der Koran eine Einheit sei; sie seien stattdessen

atomistisch vorgegangen. Diese bruchstückhafte Behandlung des Korans habe in der Moderne noch zugenommen.

Doch Fazlur Rahman und mit ihm viele, die sehr von ihm geprägt wurden, gehen inhaltlich deutlich weiter als die traditionell denkenden Verfasser des Briefes – so gelangt Rahman über seinen *Double-Movement*-Ansatz zu einer islamischen Begründung für eine pluralistische Religionstheologie und lehnt nicht nur Gewalt gegen Andersgläubige ab, sondern verspricht ihnen sogar einen Platz im Himmel (Rahman, 1980/2009; siehe zu ihm auch Amirpur, 2013, S. 91–116).

Was Fundamentalisten und Islamkritiker verbindet

So unterschiedlich weitreichend die Ansätze der Briefschreiber und der modern-liberalen Autoren auch sein mögen, Tatsache ist: Auch die traditionell denkenden Verfasser des Briefes an al-Baghdadi setzen einen Bezug von Offenbarung und Geschichte voraus und bestehen auf der Notwendigkeit, selbst scheinbar klare Verse einer detaillierten sprachlichen und historischen Interpretation zu unterziehen, statt sie einfach wörtlich zu verstehen. Vor allem verstehen sie den Koran in seinem Gesamtkontext und immer mit Blick auf seine Deutungsgeschichte. Dagegen ist das Verfahren, sich einzelne Verse aus dem Koran herauszupicken, um die eigenen Thesen zu belegen, wie es Islamkritiker und Fundamentalisten gleichermaßen praktizieren, aus islamisch-theologischer Sicht grotesk, ja mehr noch: Es ist ein Zeichen vollständiger Ignoranz. Der Koran ist kein Steinbruch, und Suren-Ping-Pong gehört nicht zum Kanon der islamischen Wissenschaften.

Fundamentalisten, aber auch die bekannten Islamkritiker missachten eine 1400-jährige Gelehrsamkeit, wenn sie davon ausgehen, dass sich der Koran ohne Rückgriff auf die elaborierten Methoden seiner Interpretation von selbst verstünde. So zeigt beispielsweise die Forderung der Publizistin Necla Kelek (2014) in Richtung islamische Gelehrsamkeit, dass sie von diesen Methoden noch nie etwas gehört hat: „Die friedliebenden Muslime werden den Fundamentalisten so lange argumentativ hilflos gegenüberstehen, solange sie nicht bereit sind, auch den Koran als historischen und zu hinterfragenden Text und den Zweifel als legitim zu betrachten."

Genau das aber hat die islamische Gelehrsamkeit schon immer getan: Sie betrachtet den Koran in seinem historischen Kontext – und das nicht erst seit heute. Einen Islam jenseits seiner Deutung durch die Muslime und muslimische Theologie, die ihrerseits äußerst heterogen sind, gibt es jedenfalls nur im Fundamentalismus der Krieger und der Kritiker.

Literatur

Abdel-Samad, Hamed (2014). Die neuen Religionskriege. *ZEIT ONLINE, 03.10.2014.* http://www.zeit.de/2014/39/islam-religion-krieg (zuletzt geprüft am 29.06.2015).

Agai, B., El-Kaisy Friemuth, M., Khorchide, M., Sarikaya, Y., Toprakyaran, E., Ucar, B. (2014). „Die Deutungshoheit über den Islam darf nicht Extremisten und Gewalttätern überlassen werden". Stellungnahme von Islamwissenschaftlern in Deutschland zum Islamischen Staat (IS). *Blätter für deutsche und internationale Politik, 01.09.2014.* https://www.blaetter.de/archiv/jahrgaenge/dokumente/%C2%BBdie-deutungshoheit-ueber-den-islam-darf-nichtextremisten-und-gewalttae (zuletzt geprüft am 30.06.2015).

Amirpur, Katajun (2013). *Den Islam neu denken. Der Dschihad für Demokratie, Freiheit und Frauenrechte*. München: C.H. Beck.

Kazim, Hasnain (2014). Rekrutierer des „Islamischen Staats" im Interview: „Demokratie ist was für Ungläubige". *SPIEGEL ONLINE, 23.10.2014.* http://www.spiegel.de/ politik/ausland/is-islamischer-staat-streitgespraech-mit-einem-islamisten-a-998720. html (zuletzt geprüft am 30.06.2015).

Kelek, Necla (2014). Gewalt und Unterdrückung im Islam. Eine Religion der Beliebigkeit. *Neue Zürcher Zeitung, 20.09.2014.* http://www.nzz.ch/feuilleton/eine-religion-der-beliebigkeit-1.18387125 (zuletzt geprüft am 30.06.2015).

Meyer, Frank A. (2014). Islam. Die totalitäre Religion. *Cicero. Magazin für politische Kultur*, August 2014, 22–24 (zuletzt geändert am 26.12.2014). http://www.cicero.de/ berliner-republik/islam-die-totalitaere-religion/58089 (zuletzt geprüft am 29.6.2015).

Open letter to Al-Baghdadi. http://lettertobaghdadi.com (zuletzt geprüft am 30.06.2015).

Rahman, Fazlur (1980/2009). *Major Themes of the Qur'an*. Chicago: University of Chicago Press.

Rhonheimer, Martin (2014). Töten im Namen Allahs. *Neue Zürcher Zeitung, 06.09.2014.* http://www.nzz.ch/feuilleton/toeten-im-namen-allahs-1.18378020 (zuletzt geprüft am 30.06.2015).

Sadigh, Parvin (Interviewerin) (2014). „Die Inhalte des IS sind im Mainstream-Islam angelegt", Interview mit Ahmad Mansour, *ZEIT ONLINE, 05.09.2014.* http://www. zeit.de/gesellschaft/zeitgeschehen/2014–09/islamisten-mansour-rueckkehrer (zuletzt geprüft am 29.06.2015).

Nachwort

Peter Fischer-Appelt

Gewalt und Gewaltfreiheit in den Religionen

Schlusswort[1]

Im Folgenden sollen vier Punkte angesprochen werden, die für das Thema „Gewalt und Gewaltfreiheit in den Religionen" als wichtig erscheinen, nämlich: Sprache, Gewalt, Religion und Versöhnung.

1.   Sprache

Die Sprache ist das Medium der Selbststeuerung einer Gesellschaft in Einstellung auf befreiende und in Reaktion auf bedrängende Erwartungen der jeweiligen Zeit. Wie wir Sachverhalte artikulieren, ist von größter Bedeutung für die Frage, ob wir ihnen unterliegen, ja verfallen oder ihnen gegenüber unsere Freiheit, Selbständigkeit und Kritik bewahren.

Bundeskanzlerin Merkel sagte gestern zu den Ergebnissen des Klimagipfels in Brüssel: „Mit dem Kompromiss wird Europa ein entscheidender Spieler" (ZDF-Text 124 vom 24.10.2014). Unterkühlter, undramatischer kann man dieses riesige Szenario einer Klimaeinigung wohl kaum kommentieren. Man fragt sich bei diesem Verzicht auf eine selbstgerechte Schubsprache und angesichts der Anspielung auf das paulinische Bild vom Wettkampf (1. Korinther 9, 24–27) – ja, sie hat Hintergrund –, was sie eigentlich offen lassen wollte: ob der Spieler Europa den Joker im Ärmel hat, ob er den Torschuss zur Weltmeisterschaft abzieht oder ob er auf der Weltbühne zur tragischen Hamlet-Figur wird. In jedem Falle aber wollte sie sagen: Es ist ein Spiel, das nach anerkannten Regeln abläuft, nicht der letzte Ernst, bei dem unsere Köpfe rollen.

Wenn die Sprache das Medium der Selbststeuerung der Gesellschaft unter Einflüssen der Zeit ist, dann liegt in ihr auch die Vernunft der Gegensteuerung, um zu verhindern, dass unsere Rede zum rhetorischen Wiederholungstäter aktueller Gewaltausbrüche wird. Sollte diese Gegensteuerung darin bestehen, das Wort „gewaltfrei" vor nahezu jeden Erkenntnis- oder Handlungsvorgang zu setzen, z.B. „Gewaltfreie Gotteserkenntnis in Judentum, Christentum und Islam"? Ich fürchte, wenn wir auf dieses Beschwörungsritual eintreten würden, dann hätten wir bald ein inflatorisches Entwertungsproblem. Besser ist es, die Sprache zu zügeln und

1   Bei diesem Text handelt es sich um eine revidierte Nachschrift einer Bandaufnahme freier Rede, die am 25. Oktober 2014 an der Universität Hamburg vom Verfasser gehalten wurde. Der Beitrag ist auch erschienen in: Maria Eder & Elmar Kuhn (Hrsg.). 25 Jahre Europäische Akademie der Wissenschaften und Künste. „Akademien in Europa – Traum oder Trauma". Festschrift. Danube Edition. Bratislava: Veda 2015, S. 205–209.

zu richten auf die genaue Erfassung von Gewaltphänomenen, die es gibt. Auf dem Podium ist dargelegt worden, wie unterschiedlich sie sind, wie sie sich eindämmen lassen, wie wir ihnen entgegentreten sollten. Aber wir müssen verhindern, dass der Tabubruch, der in der auf Zerstörung gerichteten Bedeutungsrichtung des Wortes „Gewalt" liegt, seine Sprengkraft in den Ritzen der gesellschaftlichen Ächtung ausübt, d. h. fluktuierende Angst erweckt oder zur Nachahmung anstiftet. Kanada gab vor ein paar Tagen ein ziemlich beherrschtes Beispiel, wie ein öffentlicher Gewaltakt gegen das Parlament sachlich und politisch-moralisch zu behandeln ist.

2. Gewalt

Gewalt, lateinisch *potestas*, ist in aufgeklärten Gesellschaften das eindeutige Monopol des freiheitlichen, demokratischen und sozialen Rechtsstaates. Seine Stärke ist die Eindämmung der Gewalt, lateinisch *violentia*, durch Bindungen wie Gewaltenteilung, Grundrechte, Rechtsschutz, regionale Integrationen und internationale Konventionen.

Es ist ein Segen, dass die Politik der Bindung von Macht an Recht, Zeit und Kontrolle nach der Urexplosion eines kühl inszenierten Gewaltrausches gegen unsere jüdischen Mitbürger, den wir hier nicht vergessen dürfen, in den letzten Jahrzehnten durch erinnerungsfeste Entschiedenheit so sehr an Stabilität zugenommen hat. Es ist gleichermaßen eine Wohltat, dass wir die Lehre aus den beiden Weltkriegen mit einer Politik gezogen haben, die Gewaltverzicht und Anerkennung der bestehenden Grenzen zu den tragenden Pfeilern der europäischen Verständigung und Integration gemacht hat. Wenn jüngst gegen diese Grundprinzipien einer europäischen Friedensordnung verstoßen worden ist, auch gegen Buchstabe und Geist der einst von der UdSSR geförderten Schlussakte von Helsinki, dann ist das ein Rückfall in ein Vorkriegsdenken, der eitle Isolation und mangelnde Bemühung um Integration Russlands auf allen Seiten erkennen lässt. Er kann nur durch ein Meisterstück geduldiger Diplomatie und nicht mit der Spirale der Gewalt gelöst werden.

Ich verzichte darauf, die hier ausführlich dargelegte Konstellation von Religion und Politik in ihrer vierfachen Verschränkung im Einzelnen zu wiederholen. Es bleibt festzuhalten, dass die Religion ihr Potenzial ausspielen kann, um die Politik in der Anwendung von Gewalt zu bestärken, wie es in martialischer Form durch die Gruppe „Islamischer Staat" geschieht, oder ihr Potenzial dazu nutzen kann, den Staat an der Ausübung illegitimer Gewalt zu hindern, wofür meistens nur einzelne Menschen und Gruppen im Widerstand eintreten. Umgekehrt ist es eine Frage der Trennung im Sinne einer kritischen Distanz von Politik und Religion, ob es der Politik wie bei Beginn des Ersten Weltkriegs gelingt, die Religion zur Legitimierung des gerechten Krieges zu instrumentalisieren, oder ob der Staat umgekehrt mit Bezug auf weltliches Recht und Gesetz die Ausrufung eines heiligen Krieges unterbinden kann.

Am Ende zählt allerdings auch und zuweilen entscheidend die bürgerliche Verantwortung, mit der Menschen gemeinsam für Freiheit und Recht und gegen den Unrechtsstaat oder gegen Gewalt an oder von Minderheiten eintreten. Dazu muss niemand die Wurzeln seiner Überzeugung offenlegen; es kommt auf die tapfere Tat humaner Gesinnung und vernünftiger Abwägung an.

3. Religion

Was aber, meine Damen und Herren, ist Religion, ein Wort, das wir wie gängige Münze handhaben? Das war das Wort, das hier am unbefragtesten durch die Reihen ging.

Religion ist ein Verhältnis des Menschen zu Gott, das in individueller Betroffenheit und/oder aufgrund einer Verpflichtung durch das Gesetz vom Menschen selbst eingegangen wird, unbeschadet der Möglichkeit, dass Gottes Wirklichkeit durch diese Vorbereitung, die in die Krise führt, in Glaube, Bekenntnis und Gebet erfahren werden kann. Das ist der Begriff von Religion, den wir verwenden, ein Konstrukt des 19. Jahrhunderts. Er passt dem Ursprung des Gottesverhältnisses nach auf keine der drei sog. monotheistischen Religionen.

Denn wenn von Gott in einem genuinen Sinne die Rede sein soll, dann geht aus den Grunddokumenten des Judentums, des Christentums und des Islams eindeutig hervor, dass Gott es ist, der voraussetzungslos zum Menschen und seiner Welt ein Verhältnis eingeht. Wie könnte auch das Geschöpf die Beziehung zu seinem Schöpfer ohne gedanklichen Widersinn oder faktischen Widerspruch von sich aus anfangen wollen?

Sie alle, diese drei Glaubensweisen, sehen in dem geschriebenen, verkündigten und geoffenbarten Wort Gottes den Grund ihres Glaubens. Der Glaube folgt aus der Wortverkündigung, aber er ist nicht ihr Ziel, sodass wir Gott an diesem vermeintlichen Zielpunkt seines Handelns zu fassen kriegten, um ihn seiner Freiheit zu berauben und ihn für unsere Zwecke zu instrumentalisieren. Dieses anthropologische Missverständnis ist der tiefste Grund dafür, warum keine der Religionen jemals Gewalt gegen andere und sich selbst ausschließen konnte.

Im übrigen aber unterscheiden sich diese drei monotheistischen Glaubensweisen doch erheblich durch ihr bestimmtes Bekenntnis. Das Judentum bekennt mit dem Sch'ma Jesroel den einzigen Gott als Gott des Bundes, der die Welt geschaffen hat, um in und mit Israel die Menschheit zu erwählen. Das Christentum bekennt unter dieser Bundesverheißung, dass der gekreuzigte und auferstandene Jesus von Nazareth, das fleischgewordene Wort Gottes, in Einheit mit dem Vater und dem Heiligen Geist der Schöpfer, Versöhner und Erlöser der Welt ist. Der Islam, ein Nachkömmling aus spätantiker Zeit, wünscht den Glauben von anthropomorphen Voraussetzungen zu reinigen, indem er bekennt, Gott habe den Propheten Muhammad mit der Botschaft des Koran als seinem ewigen Wort an die Menschheit gesandt, um von ihr bezeugen zu lassen, er sei der einzige Gott, er kenne keine „Gesellen" (şirk), er durchwalte die Schöpfung, sein Gesetz bestehe auf der Erfüllung fünf einfacher Handlungen, er richte demgemäß jeden Muslim im Endgericht.

Keine Frage, sie verkünden alle denselben Gott und beten zu demselben Gott, aber sie haben es selten geglaubt, weil sie auch aufgrund kultureller Verschiedenheiten der Einwohnung des Wortes und durch Missverständnisse des eigenen wie des anderen Glaubens zu der Überzeugung kamen, sie müssten ihre Ansicht von der Wahrheit göttlichen Handelns verteidigen und selbst durchsetzen, statt sie zu prüfen, zu bekennen und ein ihnen fremdes Bekenntnis gelten zu lassen, in jedem Fall nicht aneinander vorbei, sondern miteinander zu reden, miteinander zu teilen.

Das hört sich doch anders an, als könnten wir mit einem historisch-soziologischen Begriff alle Religionen über einen Leisten schlagen und uns verfügbar machen. Es gibt einen Maßstab, die Barmherzigkeit Gottes, an dem sich die Handlungen des Glaubens messen lassen müssen, denn er gibt der sonst unendlichen Dialektik von Gericht und Errettung von Anfang an einen befreienden Sinn. Wenn Gott sich dem Menschen als sein Richter und Retter, als der Barmherzige, offenbart hat, dann bedeutet dieses Gefälle der Akzeptanz des Menschen in seiner ganzen Schwäche und mit seinen Stärken auf jeden Fall, dass der Mensch sich nicht an die Stelle Gottes setzen kann, um dessen Amt einzunehmen. Also haben die Religionen doch selbst in sich das Kriterium, nach dem sie sich verhalten sollen: nicht ein aus dem Zusammenhang gerissenes Wort, das sie der Heiligung des eigenen Machtanspruchs unterwerfen, sondern das Wort in den Wörtern, das sich ihrem Zugriff entzieht: das Recht der Gnade, das Leben einräumt und es nicht entzieht, das Entgegenkommen der Liebe, die Leben erweckt und nicht tötet, und noch eines:

4.   Versöhnung

Versöhnung! Bleibt nach allem, was schief gegangen ist, der eine Gedanke, der Gedanke der Versöhnung, ungenannt? Ist es ein Gedanke nur, den ein sittliches Gesetz gebieten könnte, so stark als Idee, so schwach ohne Tat? Haben wir hier in diesem Symposion nicht im Kern über moralisch-politische Aufgaben gesprochen, die sich die Vernunft auch selber sagen könnte? Was haben diese Pflichten zur Friedenssicherung durch gewaltlose Verständigung mit Religion überhaupt zu tun, außer dass sie durch ihre Botschaft bestärkt werden könnten? Leben wir nicht im Zeitalter nach der Aufklärung, in dem die kritisch gewordene Vernunft ihre Stärken entfaltet hat?

Es muss doch offenbar ein anderes Proprium in den Religionen unseres weiteren Kulturkreises liegen, und dieses Proprium heißt Versöhnung. Es ist eine Erfahrung der Menschheit, nie wieder zusammenkommen zu können, im Kleinen wie im Großen. Es gibt eine Botschaft der Versöhnung, die diese Entzweiung zwischen Gott und der Menschheit, zwischen Menschen und Nationen als in der Tiefe überwunden verkündet.

Warum aber ist es so, dass diejenigen Religionen, die sich mit beharrlicher Freude und Anstrengung auf das Gesetz als die höchste Lebensordnung stützen, und das sind keineswegs nur das Judentum und der Islam, sondern auch große Teile des Christentums, warum ist es so, dass sie sich so schwer tun mit der Versöhnung? Es wäre doch möglich, im Nahen Osten zwischen Israel und den Palästinensern einen ganz anderen Schritt zu unternehmen, als er immer, immer wieder begonnen und abgebrochen wird! Es wäre doch möglich, zwischen Sunniten und Schiiten ein Hindernis der Verständigung auszuräumen, das keinerlei metahistorische Tragfähigkeit besitzt! Es wäre doch möglich, die Zukunft auf anderen Verhaltensweisen aufzubauen als auf Rache und Vergeltung, aber auch nicht auf Rache und Vergeltung für Nine Eleven! Mag die Krise im Irak, aus der das Ungemach im Nahen Osten entstand, hundert Ursachen haben, aber ein wesentlicher Faktor ist doch die Ingerenz, die dort unter falscher Begründung stattfand. Müssen wir selbst, die wir in einer Allianz stehen, nicht kritischer werden? Deutsche Politik versucht dies, und ich sage: Es ist ein schweres Werk. Aber zum Schluss und besser am Anfang muss doch das eine von den Religionen, eben diesen auf Frieden begründeten Glaubensweisen, gesagt werden: Seid tapfer, bewegt euch, geht über schwankende Brücken, versöhnt euch!

Autorinnen und Autoren

Amirpur, Katajun, Prof. Dr. ist Professorin für Islamische Studien/Islamische Theologie und stellvertretende Direktorin der Akademie der Weltreligionen der Universität Hamburg. Schwerpunkte: Islam und Dialog, Islam und Gender, islamische Geistesgeschichte.

Benedict, Hans-Jürgen, em. Prof. Dr. war Pfarrer in Recklinghausen und Hamburg. Von 1991 bis 2006 war er Professor an der Evangelischen Hochschule für Soziale Arbeit und Diakonie in Hamburg. Seit seiner Emeritierung ist er besonders aktiv im Bereich der Literaturtheologie. Er ist regelmäßiger Autor beim NDR-Kultur, Deutschlandradio Kultur und Deutschlandfunk.

Dehn, Ulrich, Prof. Dr. ist Professor für Missions-, Ökumene- und Religionswissenschaft im Fachbereich Evangelische Theologie der Universität Hamburg. Schwerpunkte: Buddhismus, neue religiöse Bewegungen insbesondere in Japan, Geschichte und Theorie des Religionsbegriffs, Theorie und Praxis des interreligiösen Dialogs und Theologie der Religionen, Geschichte der ökumenischen Bewegung sowie kontextuelle christliche Theologie in den südlichen Kontinenten.

Enns, Fernando, Prof. Dr. ist Leiter der Arbeitsstelle „Theologie der Friedenskirchen" am Fachbereich Evangelische Theologie der Universität Hamburg und Professor für (Friedens-)Theologie und Ethik an der Theologischen Fakultät der Vrije Universiteit Amsterdam in den Niederlanden. Schwerpunkte: Ökumenische und Interkulturelle Theologie, Friedenstheologie und -ethik, Theologie der Friedenskirchen, interdisziplinäre und interreligiöse Friedensbildung. Mitglied im Zentralausschuss des Weltkirchenrates (ÖRK) seit 1998.

Fehrs, Kirsten ist Bischöfin für den Sprengel Hamburg und Lübeck der Evangelisch-Lutherischen Nordkirche. Sie ist engagiert in Fragen von Kirche, Ethik und interreligiösem Dialog. Sie gehört dem Beirat der Akademie der Weltreligionen der Universität Hamburg an.

Fischer-Appelt, Peter, em. Prof. Dr. Dr. h.c. mult. ist evangelischer Theologe im Bereich Systematische Theologie. Er war Mitbegründer und erster Vorsitzender der Bundesassistentenkonferenz in der Bundesrepublik Deutschland und von 1970–1991 Präsident der Universität Hamburg.

Gutmann, Hans-Martin, Prof. Dr. ist Professor für Praktische Theologie und Universitätsprediger an der Universität Hamburg. Arbeitsschwerpunkte: Homiletik und Liturgik, Dialog zwischen Theologie und außertheologischen Wissenschaften, Beziehung zwischen populärer Kultur und Religion, interreligiöser Dialog.

Hasenclever, Andreas, Prof. Dr. ist Professor für Friedensforschung und Internationale Politik am Institut für Politikwissenschaft (IfP) der Universität Tübingen. Arbeitsschwerpunkte: Analyse internationaler Institutionen, das Phänomen des demokratischen Friedens, die Rolle von Vertrauen zwischen Staaten und der Zusammenhang von Religion und politischer Gewalt.

Hofheinz, Marco, Prof. Dr. ist Professor für Systematische Theologie mit dem Schwerpunkt Ethik am Institut für Theologie und Religionswissenschaft der Leibniz Universität Hannover. Schwerpunkte: Grundlegung theologischer Ethik, Friedensethik und biomedizinische Ethik, Gotteslehre/Trinitätstheologie im jüdisch-christlichen Dialog, Person und Werk Jesu Christi, Innerprotestantische Ökumene (insbesondere Dialog mit den Historischen Friedenskirchen).

Jaschke, Hans-Jochen, Dr. ist seit 1994 Weihbischof im römisch-katholischen Erzbistum Hamburg und zuständig für Ökumene, Kultur und Medien sowie für den interreligiösen Dialog. Innerhalb der Deutschen Bischofskonferenz ist er Mitglied der Ökumene-Kommission, Mitglied der Kommission Weltkirche und Vorsitzender der Unterkommission für den interreligiösen Dialog. Er gehört dem Beirat der Akademie der Weltreligionen der Universität Hamburg an.

Kozyrev, Fyodor, Prof. Dr. ist Professor an der „Russian Christian Academy for Humanities" in St. Petersburg, Russland, und ist dort Direktor des Instituts für Religionspädagogik. Im Wintersemeser 2014/2015 war er als „Forum-Humanum-Gastprofessor" für orthodoxes Christentum an der Akademie der Weltreligionen tätig.

Meir, Ephraim, Prof. Dr. ist Professor für moderne jüdische Philosophie an der Bar-Ilan Universität in Ramat Gan, Israel, und regelmäßig „Emmanuel-Lévinas-Gastprofessor für jüdische Dialogstudien und interreligiöse Theologie" an der Akademie der Weltreligionen der Universität Hamburg. Schwerpunkte: moderne jüdische Philosophie, dialogisches Denken, interreligiöse Theologie.

Möller, Antje ist für die GRÜNEN in Hamburg Mitglied der Hamburgischen Bürgerschaft und seit 2013 ihre Vizepräsidentin. Sie ist Sprecherin für Flüchtlingspolitik und für die Innenpolitik der GRÜNEN Bürgerschaftsfraktion in Hamburg.

Palaver, Wolfgang, Prof. Dr. ist Professor für Christliche Gesellschaftslehre und zudem Dekan an der Katholisch-Theologischen Fakultät der Universität Innsbruck, Österreich. Schwerpunkte: Gewalt, Religion und Terrorismus, katholische Soziallehre, Kapitalismus und Religion, Demokratie und Geschwisterlichkeit sowie ethische Aspekte der Informatik.

Raheb, Viola, M.A. ist eine palästinensische Friedensaktivistin und Theologin. Sie ist Universitätsassistentin am Lehrstuhl für Religionswissenschaften an der Evangelisch-Theologischen Fakultät der Universität Wien, an der sie auch ihre

Promotion verfasst. Sie arbeitet ferner als selbständige Beraterin im Bereich der Entwicklungszusammenarbeit und des interkulturellen Dialogs.

Reedijk, Rachel, Dr. wrote a dissertation on "Roots & Routes – Identity Construction and the Jewish-Christian-Muslim Dialogue". She is writer-editor of the Tenachon magazine and a member of the dialogue committee of the progressive Jewish community in the Netherlands.

Rohr, Susanne, Prof. Dr. ist Professorin für Literatur und Kultur Nordamerikas an der Universität Hamburg. Schwerpunkte: Literatur- und Kulturtheorie, Semiotik, amerikanischer Pragmatismus, amerikanischer Literatur des fin de siècle und des 20. Jahrhunderts, jüdisch-amerikanische Literatur, Lyrik der amerikanischen Avantgarde und internationale Holocaust-Darstellungen des ausgehenden 20. Jahrhunderts.

Roloff, Carola, Dr. ist Senior Researcher im Bereich Buddhismus des Forschungsprojekts „Religion und Dialog in modernen Gesellschaften" der Akademie der Weltreligionen der Universität Hamburg und Hauptverantwortliche für ein DFG-Forschungsprojekt zur buddhistischen Nonnenordination. Schwerpunkte: Dialogische Theologie und Gender, Buddhismus in der Moderne.

Schieder, Rolf, Prof. Dr. ist Professor für Praktische Theologie an der Humboldt-Universität zu Berlin. Arbeitsschwerpunkte: Religionspolitik in den USA, Europa und China, Zivilreligion, interreligiöse Bildung, Kirche in der Stadt, Recht und Religion.

Störmer, Christoph ist seit 2002 Hauptpastor der Hauptkirche St. Petri in Hamburg. Er ist an Fragen von christlicher Religion und ihrer Beziehungen zu anderen Religionen im öffentlichen Raum interessiert und ist führend in einer Initiative, die sich gegen Hamburger Waffenexporte in Krisengebiete der Welt richtet. Er ist Begründer der „Internationalen Friedenskanzel", die in Kooperation zwischen der St. Petri-Kirche, der Arbeitsgemeinschaft Christlicher Kirchen in Hamburg und der Akademie der Weltreligionen der Universität Hamburg durchgeführt wird.

Tetzlaff, Rainer, em. Prof. Dr. ist emeritierter Professor für Politikwissenschaft an der Universität Hamburg und war bis 2015 „Wisdom Professor of African and Development Studies" an der Jacobs University Bremen. Er ist Mitglied im Leitungsgremium der Akademie der Weltreligionen der Universität Hamburg. Schwerpunkte: Geschichte und politische Entwicklungen afrikanischer Staaten, internationale und vergleichende Politikwissenschaft.

Van Bijlert, Victor, Dr. is lecturer for Indian religions and Sanskrit at the Faculty of Theology of the Vrije Universiteit Amsterdam. His main research interests: Indian religions and modernity, religious motivations of anticolonial struggles, Hinduism and Buddhism in the Netherlands, translating Sanskrit and Bengali texts.

Van der Braak, André, Prof. Dr. is Professor of Buddhist Philosophy in Dialogue with other World Views, and Director of the Buddhist Chaplaincy Program, Faculty of Theology, Vrije Universiteit Amsterdam. He is Coordinator of the international research projects "Multiple Religious Belonging" and "Religion and Social Cohesion" (with Renmin University of China). Main research areas: Buddhism and modernity, religious diversity, interreligious dialogue.

Walter, Pearly Usha ist ordinierte Pastorin der Madras Diözese der Südindischen Kirche (CSI) und Doktorandin im Fach Neues Testament an der Universität Hamburg mit einem Stipendium der Missionsakademie. Schwerpunkte: Kultur, Religion, Theologie, Religionsphilosophie, Neues Testament, Gender Studies, Hermeneutik.

Weiße, Wolfram, Prof. Dr. ist Seniorprofessor der Universität Hamburg, Direktor der Akademie der Weltreligionen der Universität Hamburg und Leiter des internationalen Forschungsprojektes „Religion und Dialog in modernen Gesellschaften". Arbeitsschwerpunkte: Interreligiöser Dialog in Schule und Gesellschaft, kontextuelle dialogische Theologie, Religionen und Bildung in Europa und Südafrika.

Weingardt, Markus, Dr. rer. soc. ist Politik- und Verwaltungswissenschaftler und Bereichsleiter Frieden der Stiftung Weltethos in Tübingen. Schwerpunkte: Rolle religiöser Akteure in Konflikten und Friedensprozessen, Friedensethik und konstruktive Konfliktbearbeitung. Er arbeitet in kirchlichen und wissenschaftlichen Gremien der Friedenspraxis und Friedensforschung mit und ist zudem als Coach und Mediator tätig.

Wersich, Dietrich, Senator a.D. ist Erster Vizepräsident der Hamburgischen Bürgerschaft und Kultur- und Kirchenpolitischer Sprecher der CDU-Fraktion. Er ist von Beruf Arzt und Kulturmanager und war von 2004 bis 2011 als Staatsrat/Senator u. a. für die Integration in Hamburg zuständig. Er ist Mitglied des Beirates der Akademie der Weltreligionen der Universität Hamburg.

Wysocki, Ekkehard ist Mitglied der Hamburgischen Bürgerschaft. Er ist Vorsitzender des Innenausschusses und Fachsprecher des Eingabenausschusses für die Bürgerschaftsfraktion der SPD Hamburg und ihr Sprecher für Kirchen und Religionsgemeinschaften. Er ist Mitglied des Beirates der Akademie der Weltreligionen der Universität Hamburg.

Yoldaş, Mustafa, Dr. ist seit 1999 Vorsitzender der Schura, dem Rat der islamischen Gemeinschaften in Hamburg, und niedergelassener Arzt. Er engagiert sich für den interreligiösen Dialog und *für* einen Islam, der sich als Teil von Gesellschaft und Politik in Hamburg versteht. Er ist Mitglied des Beirates der Akademie der Weltreligionen der Universität Hamburg.

Katajun Amirpur,
Wolfram Weiße (Hrsg.)

Religionen – Dialog – Gesellschaft

Analysen zur gegenwärtigen
Situation und Impulse für
eine dialogische Theologie

2015, 234 Seiten, br., 29,90 €,
ISBN 978-3-8309-3248-2
E-Book: 26,99 €,
ISBN 978-3-8309-8248-7

Dieser Band nimmt ein Thema auf, das gesellschaftlich und wissenschaftlich hohe Relevanz besitzt: die Frage nach den Möglichkeiten und Grenzen des Zusammenlebens von Menschen unterschiedlicher Religion und Kultur in unserer Gesellschaft. Zwei Ebenen werden beachtet: Zum einen werden sozialwissenschaftliche Analysen zur gegenwärtigen Situation religiöser Pluralisierung vorgelegt. Zum anderen werden Konzeptionen von interreligiösem Dialog in der Theologie entfaltet mit innovativen Ansätzen für eine dialogische Theologie aus dem Hinduismus, Buddhismus, Judentum, Christentum und Islam.

Der Band umfasst Beiträge, die ursprünglich im Rahmen öffentlicher Veranstaltungen gehalten und für diese Publikation überarbeitet worden sind.

volume 7

RELIGIONS IN DIALOGUE | 7

Wolfram Weiße, Katajun Amirpur,
Anna Körs, Dörthe Vieregge (Eds.)

**Religions and
Dialogue**

International Approaches

WAXMANN

2014, 320 pages, pb., € 34,90,
ISBN 978-3-8309-3036-5
E-Book: € 26,99,
ISBN 978-3-8309-8036-0

Wolfram Weiße, Katajun Amirpur,
Anna Körs, Dörthe Vieregge (eds.)

Religions and Dialogue

International Approaches

Over the past decades, the social and religious make-up of Central Europe has changed. This has led to resentment and fears of mass immigration, social disintegration and the emergence of parallel societies. But prejudice is lowest where there is direct contact. Therefore, there appears to be an increasing need for more dialogue.

The project 'Religion and Dialogue in Modern Societies' (ReDi) that started at the Academy of World Religions at Hamburg University in 2011 seeks to contribute to remedying this deficit. Like the ReDi-Project, this book looks at dialogue from different perspectives. It includes both theoretical and empirical approaches as well as a variety of theological viewpoints on a theology of plurality and dialogue from the perspective of different religions.

www.waxmann.com

Carola Roloff, Wolfram Weiße,
Michael Zimmermann (Hrsg.)

Buddhismus im Westen

Ein Dialog zwischen Religion
und Wissenschaft

2011, 196 Seiten, br., 24,90 €,
ISBN 978-3-8309-2555-2
E-Book: 22,40 €,
ISBN 978-3-8309-7555-7

Der Buddhismus, der als eine der vier größten Weltreligionen gilt, hat zwar in Ländern wie Deutschland eine vergleichsweise geringe Verbreitung, das Interesse am Buddhismus sowie die Auseinandersetzung mit ihm sind jedoch groß. Dies war auch der Anlass für die Tagung „Buddhismus im Westen: Ein Dialog zwischen Religion und Wissenschaft", die im November 2010 an der Universität Hamburg stattfand und deren Beiträge hier in überarbeiteter Form und durch weitere Analysen ergänzt vorliegen.

Die zentralen Fragen sind darauf gerichtet, ob es sich beim Buddhismus um eine Religion oder um eine Philosophie handelt, ob es möglich ist, gleichzeitig Christ und Buddhist zu sein, und welchen Beitrag der Buddhismus zum interreligiösen Dialog leisten kann.